Hermann Nägele

Die Restaurierung
der Weißenhofsiedlung
1981 – 87

Anke Zalivako
Flatowallee 16 - 322
14055 Berlin
Tel. 30 10 84 78

Hermann Nägele

**Die Restaurierung
der Weißenhofsiedlung
1981 – 87**

Karl Krämer Verlag Stuttgart

Für Ute, Thomas und Andreas

Fotos	Hermann Nägele, Stuttgart
	mit folgenden Ausnahmen:
	– Titelseite – Luftbild Weißenhof, Nr.: 4856,
	  vom 21.9.1927, Strähle KG, Schorndorf
	– Titelseite rechts unten, beide Bilder auf Seite 98,
	  Seite 107 – Peter Thul, Stuttgart

Zeichnungen	Hermann Nägele, Staatliches Hochbauamt II, Stuttgart

© Karl Krämer Verlag Stuttgart 1992

Alle Rechte vorbehalten. All rights reserved
Satz: Joachim Lambrecht, PC-gestützte Satzdienste, Stuttgart
Druck: Druckerei Wahl, Stuttgart
Printed in Germany

ISBN 3-7828-4013-5

Inhalt

Einführung
Methode und Ziele der Dissertation 6

**1.0 Beschreibung des Sanierungs-
prozesses** 8

1.1 Entwicklungsgeschichte der Siedlung........... 8
1.2 Initiative 77 als Auslöser der Restaurierung ... 17
1.3 Sanierungsbeschluß des Bundes 19
1.4 Ziel der Sanierung....................................... 20
1.5 Grundlegende Arbeiten und Schwierigkeiten bei der ersten, nach denkmalpflegerischen Gesichtspunkten durchgeführten Sanierung... 22
1.6 Quellenverzeichnis zur Einführung und zu Kapitel 1.0.. 31

**2.0 Sanierungsdetails der Häuser
von Le Corbusier, Oud und
Mies van der Rohe**.............................. 33

2.1.0 Le Corbusier und Pierre Jeanneret, Einfamilienhaus, Bruckmannweg 2 35
2.1.1 Die bau- und grundrißlichen Veränderungen von 1927 bis 87.. 35
2.1.2 Bautechnische Instandsetzungen und Verbesserungen des Hauses 40
2.1.3 Die Farb- und Oberflächengestaltung des Hauses 42
2.1.4 Die Gartengestaltung.................................. 46
2.1.5 Die Erhaltung und Ergänzung sowie die Rekonstruktion von denkmalpflegerisch wichtigen Bauteilen und Raumstrukturen 47

2.2.0 Le Corbusier und Pierre Jeanneret, Doppelhaus, Rathenaustraße 1-3 59
2.2.1 Die bau- und grundrißlichen Veränderungen von 1927 bis 87.. 59
2.2.2 Bautechnische Instandsetzungen und Verbesserungen des Hauses 62
2.2.3 Die Farb- und Oberflächengestaltung des Hauses 64
2.2.4 Die Gartengestaltung.................................. 67
2.2.5 Die Erhaltung und Ergänzung sowie die Rekonstruktion von denkmalpflegerisch wichtigen Bauteilen und Raumstrukturen 67

2.3.0 J.J.P. Oud, fünf Reihenhäuser, Pankokweg 1-9 79

2.3.1 Die bau- und grundrißlichen Veränderungen von 1927 bis 87.. 79
2.3.2 Bautechnische Instandsetzungen und Verbesserungen des Hauses 83
2.3.3 Die Farb- und Oberflächengestaltung des Hauses 84
2.3.4 Die Gartengestaltung.................................. 88
2.3.5 Die Erhaltung und Ergänzung sowie die Rekonstruktion von denkmalpflegerisch wichtigen Bauteilen und Raumstrukturen 89

2.4.0 Ludwig Mies van der Rohe, Mehrfamilienhaus, Am Weißenhof 14-20 .. 99
2.4.1 Die bau- und grundrißlichen Veränderungen von 1927 bis 87.. 99
2.4.2 Bautechnische Instandsetzungen und Verbesserungen des Hauses 104
2.4.3 Die Farb- und Oberflächengestaltung des Hauses 105
2.4.4 Die Gartengestaltung.................................. 110
2.4.5 Die Erhaltung und Ergänzung sowie die Rekonstruktion von denkmalpflegerisch wichtigen Bauteilen und Raumstrukturen 110

**3.0 Neue Erkenntnisse aus der
Gesamtsanierung der Siedlung** 119

3.1 Die Schwierigkeiten bei der Erhaltung moderner Gebäude...................................... 119
3.2 Entwurf eines langfristigen Erhaltungs- konzeptes für die Siedlung 129
3.3 Verallgemeinerungen für andere Bauten jener Zeit 137

4.0 Zeichnerischer Anhang................... 142

4.01 Gesamtsiedlung 143
4.02 Gebäude Behrens 146
4.03 Gebäude Bourgeois 152
4.04 Gebäude Le Corbusier, Bruckmannweg 2 154
4.05 Gebäude Le Corbusier, Rathenaustr.1-3.... 157
4.06 Gebäude Frank.. 160
4.07 Gebäude Mies van der Rohe 166
4.08 Gebäude Oud.. 168
4.09 Gebäude Scharoun 172
4.10 Gebäude Schneck, Bruckmannweg 1 177
4.11 Gebäude Schneck, Friedrich-Ebertstr. 114 182
4.12 Gebäude Stam 184
4.13 Ersatzbauten 192
4.14 Zeichenerklärung zu den Grundrissen........ 202

Einführung

1975 mußte Norbert Huse im Vorwort zu seinem Buch ›Neues Bauen 1918 bis 1933‹ noch feststellen, daß für die wichtigsten Bauten und Projekte jener Zeit sorgfältige Untersuchungen meist ebenso fehlen »..wie für die bestimmenden Bauaufgaben und die grundlegenden Probleme dieser Architektur, und in vielen Fällen steht selbst die oberflächlichste Sichtung des Materials noch aus.«[1]
In bezug auf die Weißenhofsiedlung sind in der Zwischenzeit drei Publikationen erschienen[2], die eine Aufarbeitung des vorhandenen Materials vornehmen. Besonders mit dem Buch von Karin Kirsch liegt seit 1987 eine sehr gründliche Sichtung des historischen Materials über die Entstehung der Weißenhofsiedlung vor.[3]
1987, zum sechzigjährigen Geburtstag der Siedlung, wurde aber auch der Abschluß einer fünfjährigen Sanierungsarbeit der Staatlichen Hochbauverwaltung gefeiert, deren Ziel die denkmalgerechte Wiederherstellung der Weißenhofsiedlung war.
In der hier vorliegenden Arbeit wird nun der Versuch unternommen, den Prozeß der ersten denkmalgerechten Sanierung und Rekonstruktion der Weißenhofsiedlung darzustellen und die Veränderungen und erzielten Ergebnisse sorgfältig zu untersuchen und auszuwerten.
Erste Untersuchungen und Vorplanungen für die Sanierung begannen, nach Erteilung des Planungsauftrages durch den Bundesminister für Raumordnung, Bauwesen und Städtebau, im Frühjahr 1981.
Ernst-Werner Krause von der Oberfinanzdirektion Stuttgart leitete eine große Kommission, die sich aus Vertretern der zu beteiligenden Ministerien, Behörden und Institutionen zusammensetzte. Ihre Aufgabe bestand darin, die grundsätzlichen Leitlinien der Sanierung abzustecken und über die Jahre hinweg die konkreten Baumaßnahmen kritisch mitzuverfolgen. Im April 1981 nahm auch die ›Projektgruppe Weißenhofsiedlung‹, unter der Leitung des Architekten Hartmut Kopper, ihre Arbeit auf. Als dieser im Oktober 1982 aus dem Staatsdienst ausschied, um sich selbständig zu machen, wurde dem Verfasser die Aufgabe übertragen, das Begonnene als Projektleiter weiterzuentwickeln. Die Gruppe bestand aus drei Mitarbeitern, den zwei Bauingenieuren Hans-Peter Bender und Karl-Heinz Engler sowie einer technischen Zeichnerin, und blieb in dieser Zusammensetzung bis 1987 bestehen.
Am 23. Juli 1987, »anläßlich der Fertigstellung der Gesamtsanierung und zur 60-jährigen Wiederkehr der offiziellen Eröffnung der Werkbundausstellung ›Die Wohnung‹« [4], bildete ein Festakt der Staatlichen Hochbauverwaltung den krönenden Abschluß der Sanierungsarbeiten.

Die Sanierung war für alle Beteiligten eine große Herausforderung, denn mit der Weißenhofsiedlung sollte ein einmaliges Dokument der modernen Baugeschichte denkmalgerecht instandgesetzt und wiederhergestellt werden.
Ein Anliegen dieses Buches ist es, die seit Bestehen der Siedlung erfolgten baulichen Veränderungen kenntlich zu machen, um für die Zukunft zu gewährleisten, daß das Original und die baulichen Abweichungen erkannt und unterschieden werden können.

Auch sollen mit dieser Arbeit die neuen Erkenntnisse der Sanierung so dargestellt werden, daß sie als Entscheidungsgrundlage dienen mögen bei zukünftig notwendig werdenden Sanierungen der Siedlung, aber auch bei anderen Sanierungsprojekten an Gebäuden des 20. Jahrhunderts.

Die vorliegende Arbeit besteht aus drei Teilen.
- Im ersten Teil wird die Sanierung in allgemeiner Form beschrieben. Vorgeschichte, Ziele und Arbeitsschwerpunkte der ersten denkmalgerechten Weißenhofsanierung werden dargestellt sowie die Sanierungsgeschichte der Siedlung seit 1927 aufgezeigt.
- Im zweiten Teil wird die Sanierung im Detail durch vergleichende Zeichnungen und Tabellen sichtbar gemacht, und zwar an den Häusern der Architekten Le Corbusier, Oud und Mies van der Rohe.
- Der dritte Teil beschäftigt sich mit den neuen Erkenntnissen aus der Gesamtsanierung, und es wird der Versuch unternommen, ein langfristiges Erhaltungskonzept für die Siedlung, als praktische Umsetzung der neuen Erkenntnisse, zu entwerfen.

Die Entscheidung, die Detailuntersuchungen des zweiten Teils auf die Häuser von drei Architekten zu beschränken, hat im wesentlichen drei Gründe: Erstens mußte bei 11 noch original vorhandenen Gebäuden und ihren 8 Architekten schon aus Volumengründen eine Auswahl getroffen werden. Zweitens handelt es sich bei Le Corbusier, Oud und Mies van der Rohe, innerhalb der Weißenhof-Architekten, um drei der herausragenden Teilnehmer, und drittens bieten gerade ihre Häuser das ganze Spektrum der wichtigsten Wohnformen, vom Einfamilien- über das Reihenhaus bis zum Mehrfamilienhaus einschließlich sehr unterschiedlicher Konstruktionsmethoden.

Mein Dank gilt dem Verein der Freunde der Weißenhofsiedlung und seinem Vorsitzenden Bodo Rasch, der die ganze Sanierung kritisch begleitete und viele nützliche Kontakte herstellen konnte.
Besonders bedanken möchte ich mich auch bei Jürgen Joedicke für seine Unterstützung und die wichtigen Anregungen bei der Durchsicht des Manuskriptes, wie auch bei Herbert Fecker, der mir mit seinem Rat immer zur Seite stand.

Gesamtsiedlung von Nord-Osten

1.0 Beschreibung des Sanierungsprozesses

1.1 Entwicklungsgeschichte der Siedlung von 1927 bis 1987

1.1.1 Die Entstehung der Weißenhofsiedlung und ihre bauhistorische Bedeutung

Die Jahre der Inflation waren 1925 überwunden und eine optimistische Aufbruchstimmung machte sich überall bemerkbar. Viele deutsche Städte legten große Wohnungsbauprogramme auf, um die Wohnungsnot der Bevölkerung zu lindern. »Zum ersten Mal in der Geschichte der Baukunst war nicht das Bauen für eine Elite, waren nicht Schloß, Palast oder Kirche die zentralen Bauaufgaben, an denen sich das Wollen einer Epoche ablesen läßt, sondern das Bauen für die Massen.«[5]

Am 30. März 1925 beschloß der Gesamtvorstand des Deutschen Werkbundes in Berlin einstimmig, einen Antrag der Württembergischen Arbeitsgemeinschaft anzunehmen. Diese wurde beauftragt, »im Einvernehmen mit der Geschäftsstelle des Deutschen Werkbundes in Berlin, eine Ausstellung ›Die Wohnung‹ vorzubereiten, die im Jahre 1926 in Stuttgart stattfinden soll.«[6] Völlig neuartig an dieser Ausstellungsidee war der Gedanke, »daß der Teil eines Bauprogramms einer Kommune benützt werden sollte, um die Absichten des Deutschen Werkbundes auf diesem Gebiet zur Anschauung zu bringen.«[7]

Am 27. Juni 1925 wurde der vorläufige Plan zur Durchführung der Werkbundausstellung vorgestellt, unterschrieben von Geheimrat Peter Bruckmann und Geschäftsführer Gustav Stotz der Württembergischen Arbeitsgemeinschaft des Deutschen Werkbundes und dem Stuttgarter Oberbürgermeister Karl Lautenschlager. Durch Rationalisierung sollte in der Wohnungsfrage die Erzielung größter Wirkungen mit den kleinsten Mitteln angestrebt werden, das heißt »..für den Bau von Wohnungen wie für den Wohnbetrieb selbst die Verwendung solcher Materialien und solcher technischer Einrichtungen, die auf eine Verbilligung der Wohnungsanlagen und des Wohnbetriebs sowie auf eine Vereinfachung der Hauswirtschaft und eine Verbesserung des Wohnens selbst abzielen.«[8]

Das Ziel der in Stuttgart geplanten Ausstellung sollte es sein, die ».. Fülle neuer Erfahrungen, neuer Methoden und Möglichkeiten für rationelles Bauen und Wohnen..« durch eine größere Bautengruppe zusammenzufassen und damit der Allgemeinheit in vorbildlicher Weise vor Augen zu führen, »..welche Förderung unsere Wohnkultur dadurch erfährt, daß die hygienischen und ästhetischen Forderungen unserer Zeit in weitestem Maße an einer Gruppe von Wohnbauten verwirklicht werden.«[9]

Erster Bebauungsplanentwurf vom 11. September 1925. Maßstab 1:1500

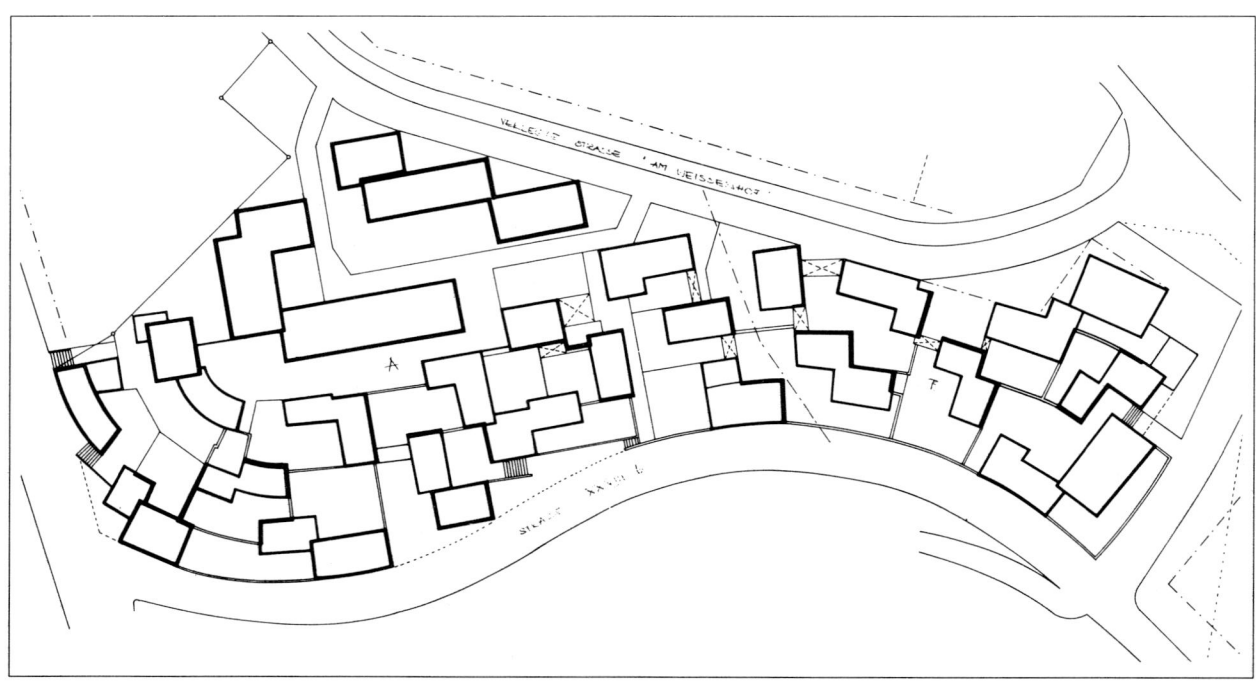

Diese Dauerbauten sollten »..für Familien (darunter kinderreiche) in kleineren und mittleren Verhältnissen bestimmt sein und diesen nach Schluß der Ausstellung zum Bewohnen übergeben werden.«(10)
Mit diesem vorläufigen Plan zur Durchführung der Werkbundausstellung lagen die programmatischen Ziele auf dem Tisch. Auch die Geländefrage war im Juni 1925 mit der Stadt Stuttgart geklärt.

Die künstlerische Leitung der Ausstellung wurde Ludwig Mies van der Rohe übertragen, der Anfang 1925 zum 2. Vorsitzenden des Deutschen Werkbundes gewählt worden war. Im September 1925 legte Mies einen ersten Bebauungsplanentwurf für das Gelände Am Weißenhof vor:
»Ich bin davon ausgegangen, eine in sich zusammenhängende Bebauung anzustreben, einmal weil ich das für künstlerisch wertvoll halte, dann aber auch, weil wir in einem solchen Fall nicht so sehr von den einzelnen Mitbearbeitern abhängig werden.«(11) Der Plan sah eine durch Terrassen gegliederte Anlage vor mit locker verschachtelten niedrigen Bauten. Begrenzt wurde die Anlage durch höherragende Bauten im Süden und Norden, die sich im Westen, am höchsten Punkt des Hanges, zu einer Art Stadtkrone verdichteten.
Während die einen, wie Stuttgarts Baubürgermeister Dr. Sigloch, »..den ganzen Plan ernsthaftester Erwägung würdig...«(12) befanden, waren andere skeptischer.

Vor allem Paul Bonatz und Paul Schmitthenner, die beiden prominentesten Vertreter der konservativen ›Stuttgarter Schule‹, waren in ihrer Kritik unversöhnlich und bezeichneten den Mies'schen Entwurf als »..unsachlich, kunstgewerblich und dilettantisch..«(13).
Stoppen konnten sie das Neue aber nicht mehr.
Im Auftrag der Stadt Stuttgart überarbeitete Ludwig Mies van der Rohe bis Anfang Juli 1926 seinen Plan und dieser 2. Bebauungsplanentwurf, der die geschlossene Staffelung der Hauskuben zugunsten einer versetzten und mehr lockeren Bauweise auflöste, wurde vom Stuttgarter Gemeinderat am 29. Juli 1926 endgültig genehmigt und zur Ausführung freigegeben.

Nun konnte der Werkbund darangehen, die »..charakteristischsten Vertreter der modernen Bewegung..«(14) einzuladen, wie es Mies' Absicht schon 1925 war: »Ich habe die verwegene Idee, alle auf dem linken Flügel stehenden Architekten heranzuziehen; das würde ausstellungstechnisch, glaube ich, unerhört erfolgreich sein. Hierdurch könnte diese Siedlung eine Bedeutung erreichen, wie etwa die Mathildenhöhe in Darmstadt sie seinerzeit erreicht hat.«(15)

Zweiter Bebauungsplanentwurf vom 1. Juli 1926
Maßstab 1:1500

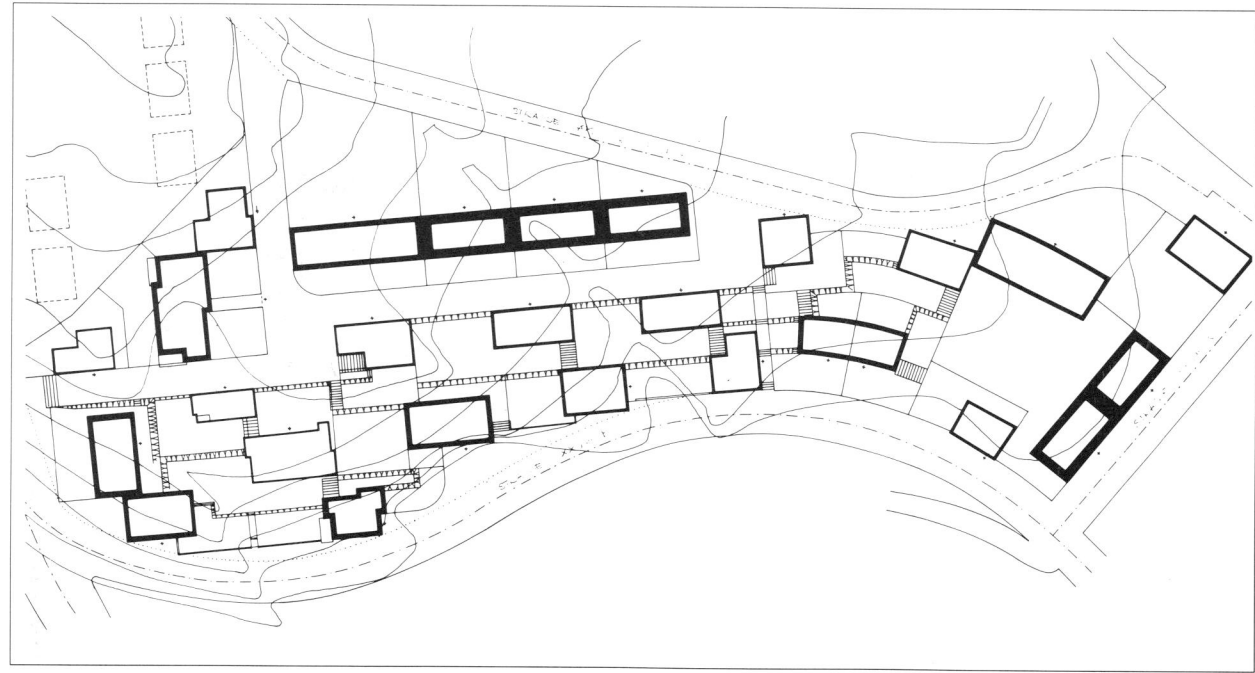

Die Auswahl der Architekten erfolgte durch den Werkbund und die Gremien der Stadt Stuttgart. Die 26 Namen der ersten offiziellen Vorschlagsliste vom 8. Oktober 1925 enthielt bereits 13 der später teilnehmenden Architekten. Nur die Architekten Max Taut und Adolf Rading waren in dieser Liste noch nicht verzeichnet sowie der erst Anfang 1927, aufgrund eines Privatauftrags für das Haus Boll, Friedrich-Ebertstraße 118, hinzukommende Victor Bourgeois.

In der Folgezeit bis zur endgültigen Festlegung der Teilnehmer durch die Bauabteilung des Gemeinderats am 12. November 1926 änderte sich die Zusammensetzung der Teilnehmer auf den Vorschlagslisten mehrfach.

Von Anfang an war aber beabsichtigt, nicht nur Architekten aus Stuttgart und Deutschland, sondern auch aus Österreich, der Schweiz und Holland einzuladen. Einige Architekten verzichteten von sich aus auf eine Teilnahme, wie z.B. Erich Mendelsohn, weil er »..inzwischen neue Aufträge übernommen..«[16] hatte.

Warum andere wie Adolf Loos, Hugo Häring und Tessenow ausschieden, obwohl ihre Namen auf den Vorschlagslisten des Werkbundes genannt wurden, kann nachträglich nicht mehr eindeutig festgestellt werden. Am umstrittensten aber war die Teilnahme von Le Corbusier. Obwohl sein Name von Anfang an auf den Vorschlagslisten des Werkbundes zu finden war, entschied sich die Bauabteilung des Gemeinderats gegen ihn und erst nach zweimaliger Intervention des Werkbundes wurde Le Corbusier wieder in die offizielle Teilnehmerliste aufgenommen.

Nach allem Hin und Her waren es am Ende 16 Architekten, mit dem nachträglich nominierten Victor Bourgeois aus Brüssel, die ausgewählt wurden. Es waren, in alphabetischer Reihenfolge: Peter Behrens, Victor Bourgeois, Le Corbusier und Pierre Jeanneret, Richard Döcker, Josef Frank, Walter Gropius, Ludwig Hilberseimer, Ludwig Mies van der Rohe, J.J.P. Oud, Hans Poelzig, Adolf Rading, Hans Scharoun, Adolf G. Schneck, Mart Stam, Bruno Taut und sein Bruder Max Taut.

Richard Döcker wurde als Stuttgarter Architekt mit der Gesamtbauleitung beauftragt und war somit für die technische Leitung und Durchführung der Bauten verantwortlich.

Die Zeit zur Erstellung der Bauten drängte, war doch ursprünglich die Eröffnung der Ausstellung für den 1. Juli 1927 geplant. Rechnet man vom 12. November 1926, dem Tag der endgültigen Festlegung der Einladungsliste durch die Bauabteilung des Gemeinderates, so blieben lediglich 7,5 Monate Zeit für die Gebäudeentwürfe und Werkplanung der Architekten, die Genehmigung durch die Stadt, den Bau und die Einrichtung der Wohnungen und Häuser. Richard Döcker, auf dem die ganze Verantwortung in Stuttgart für die Ausführung lastete, war sich des knappen Termins wohl bewußt und versuchte verzweifelt, durch ständige Rundschreiben die weit verteilt sitzenden Architekten anzutreiben. Als auch Anfang 1927 die Ausführungspläne der Architekten nur zögernd in Stuttgart eingingen, traf Döcker zusammen mit der Stadt notgedrungen die Entscheidung, auf die vorgesehene normale Ausschreibung und gewerkemäßige Vergabe zu verzichten. Die Aufträge wurden vielmehr hausweise an Generalunternehmer vergeben, um überhaupt noch die Chance zu wahren, einigermaßen zum vorgesehenen Termin, dem inzwischen auf den 23. Juli verlegten Eröffnungstag, fertig werden zu können. Dies war sicher einer der Gründe für eine Verteuerung der Häuser, wie auch die Entscheidung zur Einführung von Doppelschichten, Überzeit- und Sonntagsarbeit in den Monaten Mai, Juni und Juli. Dadurch gelang es aber der Bauleitung bis zum Eröffnungstag zwei Drittel der Siedlung fertig zu stellen[17], so daß der Württembergische Staatspräsident Dr. Wilhelm Bazille wie vorgesehen am 23. Juli 1927 die feierliche Eröffnung vornehmen konnte.

Der Zeitdruck, unter dem die Häuser 1927 geplant und fertiggestellt wurden, war enorm und dies erklärt auch zum Teil bauliche Mängel und Schäden, wie sie schon kurz nach Fertigstellung der Häuser auftauchten. Auch die zurückliegende Sanierung von 1982 bis 87 wurde mit vielen Problemen konfrontiert, die in ihrem Kern auf eine überhastete Erstellung der Häuser zurückzuführen waren.

Die gesamte Werkbundausstellung »Die Wohnung« in Stuttgart 1927 umfaßte neben der Weißenhofsiedlung weitere ergänzende Veranstaltungen von zentraler Bedeutung: Teil 1 mit dem Thema »Der Bau des Hauses« umfaßte die Weißenhofsiedlung und ein Versuchsgelände bei der Siedlung, wo neuzeitliche Baustoffe und neue Konstruktionen gezeigt wurden. Hier waren auch ein Stahlbausystem, das Bausystem Urban-Kersten sowie das Frankfurter Montageverfahren von Ernst May aufgebaut. Teil 2 war eine reine Hallenausstellung am Stuttgarter Gewerbeplatz, im Bereich der heutigen Universitätsbibliothek, und befaßte sich mit dem Thema »Die Einrichtung des Hauses«. Die thematische Gliederung beschäftigte sich mit a) dem Ausbau, b) den Wohnungseinrichtungen, c) den Wirtschaftseinrichtungen, d) den Hygieneeinrichtungen, e) der rationellen Haushaltsführung und f) statistischem Material über Wohnungsbau. Gestaltet wurde alles von Lilly Reich, Ludwig Mies van der Rohe, Bernhard Pankok und Willi Baumeister. Teil 3 war eine »Internationale Plan- und Modellausstellung Neuer Baukunst« in den städtischen Ausstellungshallen. Hier wurde ein Überblick der modernen Weltarchitektur geboten anhand von über 500 Entwürfen aus ganz Europa und Nordamerika. Hinzu kam die Einrichtung der einzelnen Wohnungen der Bauten der Weißenhofsiedlung, die teilweise von den Architekten der Bauten selbst, vor allem aber von anderen ausgewählten Architekten vorgenommen wurden.

Worin besteht nun die bauhistorische Bedeutung der Weißenhofsiedlung ?
»Zum ersten Mal wurde an einem Ort das Neue deutlich, zeigte sich das bei allen Unterschieden Gemeinsame, wurde durch das Gebaute die Öffentlichkeit erreicht. Einige sprachen bereits vom Sieg des Neuen Bauens, was eine euphorische Übertreibung war. Sicher ist nur, daß sich hier das Neue zum ersten Mal als eine gemeinsame, einzelne Personen übergreifende Bewegung darstellte.«[18]
Das Neue war zunächst einmal die Form, die aber nicht für sich betrachtet werden darf. Dahinter stand eine neue Auffassung von Raum. Für Ludwig Mies van der Rohe war ›die Schaffung einer neuen Wohnung‹ zuallererst ein räumliches Problem, welches nur durch schöpferische Kraft zu lösen war. »Was sich in Form darstellte, war die Auflösung geschlossener Volumina, waren scheibenförmige Bauglieder, waren die Trennung von tragendem Skelett und raumbegrenzenden Elementen, freie Grundriß- und Fassadengestaltung, war aber auch die Kargheit quaderförmiger Baukörper.«[19]
Das Neue offenbarte sich auch in dem Bekenntnis zu neuen Konstruktionen und Materialien, allerdings nicht als Selbstzweck, sondern immer nur als Mittel zur Erreichung der eigentlichen Ziele in »..dem großen Kampf um neue Lebensformen.«[20]
Am Weißenhof bot sich für 16 Architekten die einmalige Gelegenheit, ihre Vorstellungen zum Thema ›neue Lebensformen‹ in gebauter Form darzustellen und zwar nicht nur in der Wohnform, sondern auch im Haustypus.
Neben mehrgeschossigen Wohnhäusern von Mies van der Rohe und Behrens umfaßte das Programm Reihenhäuser der Holländer Stam und Oud, Doppelhäuser von Le Corbusier und Frank, sowie 15 Einfamilienhäuser verschiedener Größen.

- Peter Behrens entwickelte als neue Wohn- und Lebensform im mehrgeschoßigen Wohnungsbau ein begrüntes Terrassenhaus, welches »..geeignet sein könnte, den Hauptvolkskrankheiten vorzubeugen oder die Heilung zu begünstigen.«[21]
- Le Corbusier veröffentlichte seine Leitsätze ›Fünf Punkte zu einer neuen Architektur‹ und zeigte am Beispiel seiner Häuser die konsequente Trennung zwischen tragenden und nichttragenden Bauteilen, die dadurch ermöglichte freie Grundriß- und Fassadengestaltung sowie die Wiedergewinnung der überbauten Grundfläche durch Dachgärten.
- Walter Gropius versuchte mit Hilfe der industriellen Vorfertigung der Elemente und ihrer Montage am Bauplatz »..neue Lösungen für den Montagebau zu finden.«[22]
- Ludwig Mies van der Rohe sah im Skelettbau das geeigneteste Konstruktionssystem. »Er ermöglicht eine rationale Herstellung und läßt der inneren Raumaufteilung jede Freiheit.«[23]
Festgelegt war nur Treppe, Bad/WC und Küche. Wohn- und Schlafräume konnten den jeweiligen Bedürfnissen entsprechend angeordnet werden.
Dies war eine prinzipielle Lösung, die auch für den heutigen Massenwohnungsbau als angemessen erscheint.

Manche der hier nur kurz angerissenen Prinzipien sind in den zurückliegenden Jahrzehnten bis heute in Vergessenheit geraten oder wurden als Mittel im Sinne von Rationalisierung und Typisierung für vordergründige Ziele mißbraucht.
Andere Prinzipien jener Zeit haben längst Eingang gefunden in heute geläufige Bau- und Planungsprozesse und gehören zum selbstverständlichen Repertoire heutiger Architekten.
Ihre gemeinsame Quelle aber ist der Weißenhof und das macht die Siedlung als historisches Dokument für uns heute so wertvoll.

1.1.2 Bauliche Veränderungen und Instandsetzungsmaßnahmen von 1927 bis 39
Eigentümer Stadt Stuttgart

Die Weißenhofsiedlung war in den Jahren nach ihrer Entstehung einem kontinuierlichen Veränderungsprozeß unterworfen. Für die mehr oder weniger deutlichen baulichen Veränderungen an und in den Gebäuden der Siedlung waren, nachdem die Ausstellung offiziell am 31. Oktober 1927 beendet wurde, mehrere Faktoren verantwortlich.

Zunächst wurden die Wohnungen ab 1928, wie es vom Beginn der Planungen im Jahr 1925 immer vorgesehen war, ihrer eigentlichen Bestimmung zugeführt und von der Stadt Stuttgart vermietet. Die Mieter waren, im Gegensatz zur ursprünglichen Zielsetzung des Deutschen Werkbundes, in der Mehrzahl besserverdienende Akademikerfamilien mit Kindern. Diese meldeten sehr schnell ihre individuellen Wohnvorstellungen und Bedürfnisse bei der Stadt an, mit dem Ziel diese Änderungswünsche in bezug auf Einrichtung und Grundrißgestaltung der Wohnungen auch erfüllt zu bekommen. Die Stadt gab in vielen Fällen diesen Wünschen nach. Stellvertretend für viele seien zwei Beispiele herausgegriffen:

Mit Datum vom 12. Oktober 1934 wurde für das Einfamilienhaus von Hans Poelzig ein Bauantrag für den teilweisen Ausbau der Terrasse im 1. Stock als zusätzliches Zimmer und am 13. August 1936 ein weiterer Antrag zur Erweiterung desselben zu einem Wintergarten gestellt. Beide Anträge wurden von der Stadt genehmigt und der Ausbau dann auch durchgeführt. Schon 1932 wurde die Wohnqualität des Doppelhauses von Le Corbusier »verbessert«, indem die Dachterrassen zugebaut wurden und einige Umbauten auch im Inneren vorgenommen wurden.

Ein weiterer Grund für Substanzveränderungen am ursprünglichen Gebäude ergab sich durch das Beheben von Baumängeln als Folgeerscheinung der schnellen Bauzeit im Jahr 1927. Einige Ausführungsdetails konnten während der Bauzeit nicht mit der erforderlichen Sorgfalt durchgeführt werden und mußten, beginnend schon 1928, ausgebessert oder erneuert werden. »Zahlreiche Beanstandungen gelten der technisch überaus unsorgfältigen Ausführung und überhasteten Herstellung. Eisentüren sind zum Teil bereits dreimal gestrichen worden (Oud), aber ohne sichtbaren Erfolg, da beim erstenmal das Grundieren verabsäumt worden ist. Wandschränke schließen undicht, an den Wänden klaffen Risse (Behrens, Rading usw.), die bunte Tünche brockelt dermaßen ab, besonders an der Wetterseite, daß das Haus bereits einen halbverwitterten Eindruck macht. (Br. Taut). Hier ist eine Waschküche, dort eine Spüle unbenützbar, weil unordentlicherweise kein Gefälle vorgesehen ist u.v.dgl. mehr.«[24]

Darüber hinaus brachte die Anwendung neuer und teilweise unerprobter Konstruktionen und Materialien weitere Ansatzpunkte für das Auftreten von Schadensbildern. Der Versuch, Gebäude mit neuartigen und teilweise wenig erprobten Konstruktionen und Materialien zu erstellen, bedingte notwendigerweise Mängel in der technischen Ausführung.

Geheimrat Muthesius bemerkte hierzu im Berliner Tageblatt im Oktober 1927: »Es wäre ganz leicht gewesen, tadellose Arbeit zu liefern, wenn es sich um die landläufige Bauweise gehandelt hätte, über die jeder Polier und jeder Bauführer bis ins einzelne von vornherein Bescheid weiß. Aber hier handelte es sich doch um Dinge, die ungewohnt waren und die exakt und tadellos herzustellen einen unverhältnismäßig großen Apparat an sachverständigen Hilfskräften für jede einzelne Bauweise erfordert hätten, zumal fast alle Architekten aus der Ferne bauten.«[25]

Trotzdem waren die Häuser 1939 noch weitgehend in ihrem ursprünglichen Zustand erhalten. Dies sollte sich im Verlauf des zweiten Weltkrieges aber dramatisch ändern, dessen Zerstörungspotential auch die Weißenhofsiedlung nicht verschonte.

Doppelhaus von Le Corbusier mit Dachterrassenausbau

1.1.3 Kriegszerstörungen und bauliche Veränderungen durch militärische Nutzung von 1939 bis 45 Eigentümer Deutsches Reich

Mit Wirkung zum 31. Juli 1939 verkaufte die Stadt Stuttgart die Weißenhofsiedlung an das Deutsche Reich für eine Kaufsumme von ca. 1,3 Mio RM. [26] Zuvor schon war allen Mietern auf den 1. April gekündigt worden. Der Grund für die Eigentumsübertragung war die Zustimmung des Oberkommandos des Heeres in Berlin zum Bau eines neuen Gebäudekomplexes für das Generalkommando V, mit dessen Ausführung auf dem Gelände der Weißenhofsiedlung am 1. April 1939 begonnen werden sollte. »Gegen Ende 1938 wurde ein enger Wettbewerb veranstaltet, der Lösungen vor allem auch zur Wirkung der Gebäudegruppe im Stadtbild erbringen sollte. Eingeladen wurden Paul Bonatz mit Kurt Dübbers, Paul Schmitthenner, Alfred Kicherer, Adolf G. Schneck, Ernst Horsch mit Walter Hehl und Herbert Hettler sowie das Büro Eisenlohr und Pfennig.«[27]

Über die Entscheidung des Preisgerichts gibt es keine definitiven Angaben, aber bekannt ist, daß die Architektengruppe Horsch, Hehl und Hettler in den Jahren 1939 und 40 Ausführungspläne bis hin zu Werkplänen erarbeitet hatte. »Im Jahre 1941 wurde die Planung an diesem gigantischen Projekt eingestellt, da das Generalkommando nach Straßburg verlegt werden sollte.«[28]

Nachdem die Häuser der Siedlung zum 1. April 1939 von den bisherigen Mietern geräumt waren, »belegte man einige der Häuser mit Büros, in anderen bezogen Soldaten einer Flakeinheit Quartier, und der Wohnblock Mies van der Rohes wurde als Krankenhaus für scharlach- und diphteriekranke Kinder verwendet.«[29] Darüber hinaus dienten die Häuser gegen Ende des Krieges als Notwohnungen für ausgebombte Stadtbewohner. Natürlich wurden die Wohnungen und Häuser in den Kriegsjahren den neuen Nutzerbedürfnissen angepaßt und im Inneren umgebaut, wobei sich noch ursprünglich erhaltene Einbauten, wie Wände, Türen, Hausinstallationen und Farbanstriche in vielen Häusern wesentlich veränderten.

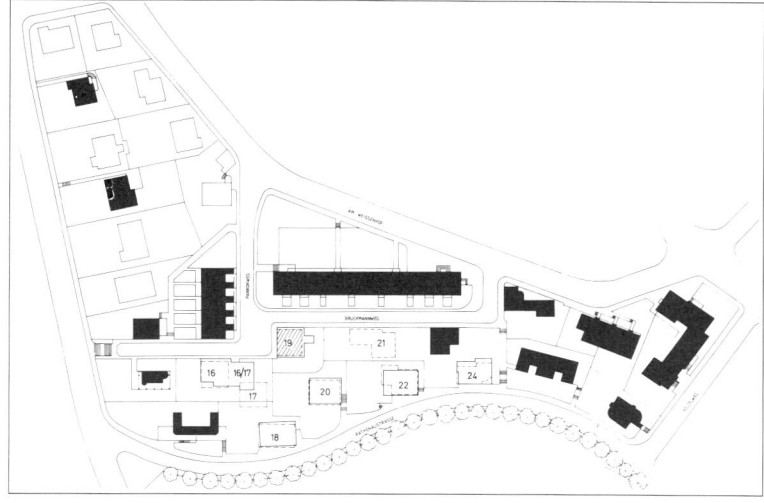

Die acht im Kriegsjahr 1944 zerstörten Einfamilienhäuser der Siedlung.

■ *Die 1945 noch vorhandenen Originalbauten von 1927*
□ *Gebäude, schwer beschädigt*
□ *Die im Krieg zerstörten Originalbauten von 1927*
□ *Die Ersatzbauten nach dem Krieg*

16+17 *Walter Gropius, 2 Gebäude im Bruckmannweg 4+6, heute ein Ersatzbau von 1955 mit Flachdach.*
18 *Ludwig Hilberseimer, Rathenaustraße 5, heute Ersatzbau von 1954 mit Satteldach.*
19 *Bruno Taut, Bruckmannweg 8, heute Ersatzbau von 1959/60 mit Flachdach.*
Das schwerbeschädigte Haus wurde nach dem Krieg durch den damaligen Mieter wieder aufgebaut, sah dem Original ziemlich ähnlich und war bewohnt bis 1958. 1959 erfolgte der vollständige Abbruch des Hauses.
20 *Hans Poelzig, Rathenaustraße 7, heute Ersatzbau von 1949 mit Satteldach.*
21 *Richard Döcker, Bruckmannweg 10, heute leeres Grundstück. Wiederaufbau geplant.*
22 *Richard Döcker, Rathenaustraße 9, heute Ersatzbau von 1951 mit Satteldach. Privateigentum.*
24 *Max Taut, Rathenaustraße 11, heute Ersatzbau von 1956 mit Flachdach.*

Die materiell schwersten Zerstörungen wurden der Siedlung aber durch Luftangriffe zugefügt, die im Jahre 1944 auch weite Teile des übrigen Stuttgarter Stadtgebietes verwüsteten. Durch direkte Bombentreffer wurden 1944 acht Gebäude bis auf die Grundmauern zerstört oder so schwer beschädigt, daß kein Wiederaufbau mehr möglich war. Es waren dies die Einfamilienhäuser von Walter Gropius (2 Häuser), Ludwig Hilberseimer, Bruno Taut (schwer beschädigt), Hans Poelzig, Richard Döcker (2 Häuser) und ein Haus von Max Taut, Rathenaustraße 11.

Aber auch der Zerstörungsgrad der stehengebliebenen Gebäude war erheblich. Zwar hatten sie die Luftangriffe ohne Vernichtung ihrer konstruktiven Grundsubstanz überstanden, aber die Schadensbilanz an einzelnen Bauteilen war enorm. Durch den Druck der Luftminen gingen an den meisten Häusern die Fensterscheiben zu Bruch und in den Reihenhäusern von Oud auch die leichten, 4,5 cm starken Trennwände aus Putz und Ziegeldraht. Da es 1944, aufgrund der weiterhin zu befürchtenden Luftangriffe, nicht sinnvoll war, die Fenster neu zu verglasen, wurden viele Fensteröffnungen bis auf kleine Öffnungen einfach zugemauert. So geschehen z.B. bei den Häusern von Le Corbusier, Josef Frank und Ludwig Mies van der Rohe.

Darüber hinaus wurden durch Brandbomben auch die Flachdächer beschädigt, mit der Folge erhöhter Wasserschäden in den Wohnungen, da gegen Ende des Krieges nur noch notdürftig repariert werden konnte. Auch an einen ausreichenden Bauunterhalt war in den Kriegsjahren nicht zu denken, was die substantielle Schädigung von Fassaden, Flachdächern, Fenstern, Türen und sonstigen Einbauten weiter beschleunigte.

Insgesamt war der bauliche Zustand der Siedlung bei Kriegsende 1945 äußerst desolat und die Bewohner hatten genug damit zu tun, die übriggebliebenen Wohnungen so gut es ging wieder herzurichten.

1.1.4 Geplante und durchgeführte bauliche Veränderungen und Instandsetzungsmaßnahmen nach dem Krieg bis 1987. Eigentümer Bundesrepublik Deutschland.

Die Mangelsituation nach dem Krieg führte dazu, daß bei den Instandsetzungsarbeiten der Kriegsschäden natürlich kein Wert auf originalgleiche Wiederherstellung oder Rekonstruktion gelegt wurde. Teilweise wurden die Steine der zerstörten Gebäude für die Ausbesserungsarbeiten der noch erhaltenen verwandt. Alles konnte nur notdürftig repariert werden, nicht zuletzt, um schnellstmöglich Wohnraum für die ausgebombte Bevölkerung zu schaffen.

Die Ruinen der zerstörten Einfamilienhäuser dienten neben ihrer Funktion als Baumaterialreservoir auch als Viehställe. So wurden die Trümmer des Döcker-Hauses, Bruckmannweg 10, als Ziegenstall benutzt und auch in den Ruinen der beiden Gropius-Häuser waren Viehställe untergebracht.[30]

Die Hausinstandsetzungen der Bewohner direkt nach Kriegsende wurden im Bedarfsfalle auch für zusätzliche Anbauten genutzt. Im Sommer 1945 begann z.B. der Kaufmann Rudolf Schwarz mit dem Ausbau des von ihm gepachteten Einfamilienhauses von Adolf Rading und fügte in Richtung des Hauses von Mart Stam einen garagenähnlichen Abstellraum hinzu. Dem Originalbau half dies allerdings wenig, er wurde trotzdem Mitte der 50er Jahre abgerissen. Dieses Schicksal teilte er mit dem Einfamilienhaus von Max Taut im Bruckmannweg 12, obwohl der bauliche Nachkriegszustand von den damaligen Mietern in der Erinnerung als befriedigend geschildert wurde: »Der bauliche Zustand des Hauses war für die damaligen Zustände befriedigend, wenn auch die Unterhaltsarbeiten vorher mit primitivsten Mitteln durchgeführt worden waren. Bis auf zwei kaputte Scheiben waren die Fenster in Ordnung. Familie Hagdorn (die Bewohner von 1945 bis zum Abriß 1956 – Anm. d. Verf.) renovierte das Haus. Dabei wurde z.B. teilweise ein neuer Bodenbelag aus Marmorbrocken verlegt, die Fassade zum Teil neu verputzt, neue Trennwände gemauert, ein zusätzlicher Kamin gemauert und die Splitterschutzwände entfernt. Das Haus war durch direkte Kriegseinwirkungen nur leicht geschädigt worden.«[31]

Im Sinne dieser Beschreibung der Instandsetzung des Taut'schen Hauses im Bruckmannweg darf man sich auch bei den übrigen Häusern in der Siedlung die Instandsetzungsarbeiten vorstellen.

Wie wenig in den ersten Nachkriegsjahren über die Bedeutung der Weißenhofsiedlung und eine ihr angemessene Instandsetzung der Häuser nachgedacht wurde, markierte nichts deutlicher als die 1950 errichteten Satteldächer über dem Terrassenhaus von Peter Behrens. »Hier haben die Verfechter des ›regionalen Traditionalismus‹ späte Triumphe feiern können«,[32] mit der Begründung, daß Flachdächer sowieso nicht dicht zu kriegen sind und für die Hausbewohner zusätzliche Abstellkammern unbedingt notwendig wären.

Auch die, anstelle der zerstörten Originalbauten, in den 50er Jahren errichteten Neubauten zeigen den Einfluß dieses ›regionalen Traditionalismus‹. Von den bis 1960 neuerrichteten neun Gebäuden wurden die ersten drei mit einem Satteldach versehen. Erst danach, Mitte der 50er Jahre setzte ein Bewußtseinswandel ein, und die restlichen Neubauten erhielten Flachdächer.

Das erste der drei Satteldachhäuser wurde 1949 errichtet. Der Bauantrag sah einen 2½geschossigen Neubau als Einfamilienhaus vor. Die Verwendung von alter Bausubstanz war nicht vorgesehen.

Am 27. September 1949 stimmte das Innenministerium von Baden-Württemberg dem Bauantrag zu, ohne, wie der Briefwechsel von damals belegt, die Stadt Stuttgart in das Genehmigungsverfahren mit einzubeziehen. Bereits im Mai 1950 war der Neubau mit Satteldach bezugsfertig, konnte vom damaligen Finanzminister Kaufmann und seiner Familie bezogen werden, und wurde so zum Wegbereiter[33] für die beiden anderen Satteldachhäuser, die in den folgenden Jahren noch errichtet wurden.

Das Grundstück des früheren Döcker-Hauses, Rathenaustraße 9, wurde in den 50er Jahren an den Privatmann Dr. Thuma verkauft und ist bis heute als einziges Grundstück der ursprünglichen Weißenhofsiedlung nicht in Bundeseigentum.

Wie schon erwähnt, setzte erst danach, ab Mitte der 50er Jahre, ein allmählicher Bewußtseinswandel ein, der bei den weiteren Neubauten zur formalen Adaption des Flachdaches führte.

Trotzdem fällt gerade in diese Zeit der Abriß zweier Originalhäuser, mit der sehr zeittypischen Begründung, z.B. für das Einfamilienhaus von Adolf Rading: »Das vorhandene Einfamilienhaus ist in einem so schlechten baulichen Zustand (alle anderen Häuser waren auch in schlechtem Zustand – Anm. d. Verf.), daß sich eine Wiederherstellung nicht lohnt, zumal auch der Wohnwert sehr gering ist. Die Neuplanung sieht einen 2-geschossigen, den städtebaulichen Gegebenheiten angepaßten Baukörper mit 3 Drei- und 1 Vierzimmerwohnung vor.«[34]

Der Abbruch eines dritten Originalhauses in der Siedlung, des Einfamilienhauses von Le Corbusier, konnte 1956 nur durch massiven Protest einer aufmerksam gewordenen Öffentlichkeit und den Einspruch des damaligen Stuttgarter Oberbürgermeisters Arnulf Klett verhindert werden. Aufgrund seines Antrags im Jahr 1956 wurden die noch erhaltenen Originalgebäude im August 1958 unter Denkmalschutz[35] gestellt. (Siehe hierzu auch Abschnitt 2.1.1).

Dagegen wurde der Abbruch der beiden weniger prominenten Häuser von der Öffentlichkeit kaum wahr- und auch ohne belegbaren Protest hingenommen. Ohne auf den Abbruch einzugehen, fand das Staatliche Amt für Denkmalpflege nur lobende Worte für die Neubauten:
»Mit den uns vorgelegten Bauplänen für die Gebäude Bruckmannweg 8 und 12 sind wir einverstanden. In ihrer ausgewogenen, sachlichen kubischen Form nähern sie sich den Proportionen der Vorgängerbauten von Bruno bzw. Max Taut in schöner Weise, ohne die Formensprache des Jahres 1958 zu verleugnen«.[36]

Bis auf das Döcker'sche Einfamilienhaus im Bruckmannweg 10 wurden alle anderen zerstörten Originalhäuser bis 1961 durch Neubauten ersetzt. Das Grundstück im Bruckmannweg 10 ist bis heute nicht bebaut.

Horst Linde vom Finanzministerium Baden-Württemberg unternahm 1964 einen Vorstoß beim damaligen Bundesschatzminister für ein Gesamtsanierungsprogramm der Weißenhofsiedlung, welches stufenweise den ursprünglichen Charakter der Siedlung wiederherstellen sollte: »Die Vorbereitung und Durchführung der Maßnahmen müßten in enger Fühlungnahme mit dem Landesamt für Denkmalpflege erfolgen.

1. Instandsetzung des äußeren Erscheinungsbildes von 11 Gebäuden, die im Originalzustand erhalten sind, im Zuge der Instandsetzung jedoch Veränderungen (an Fenstern, Außenputz u.a.) erfahren haben. Verbesserung des Erscheinungsbildes von einigen Ersatzbauten durch Erneuerung des Außenputzes und der Anstriche. Instandsetzung der Außenanlagen im Gesamtbereich.
2. Umbau eines Gebäudes, das zwar in seinen Außenwänden im Originalzustand erhalten ist, beim Wiederaufbau aber mit einem Steildach versehen wurde.
3. Umbau der 4 Ersatzbauten. Beseitigung der Steildächer und Angleichung ihres Erscheinungsbildes an die Umgebung.

Das Finanzministerium glaubt, daß die außerordentliche Bedeutung der Weißenhofsiedlung für die Entwicklung der modernen Architektur und der daraus erwachsene historische Wert der Anlage den besonderen Aufwand an einmaligen Baumitteln zur originalgetreuen Wiederherstellung und an laufenden Kosten zur würdigen Instandhaltung des Baudenkmals rechtfertigen und bittet den Herrn Bundesschatzminister, die erforderlichen Maßnahmen entsprechend diesen Anregungen zu ergreifen.«[37]

In den folgenden Jahren wurden tatsächlich einige Häuser neu verputzt und gestrichen, auch Instandsetzungen wurden durchgeführt. Im Sinne einer denkmalgerechten Wiederherstellung aber hat die Initiative des Baden-Württembergischen Finanzministeriums leider nicht viel bewirkt. Fast 15 Jahre später, Anfang 1978, mußten die Vertreter der zuständigen Fachbehörden immer noch feststellen, daß »..in der Vergangenheit Baumaßnahmen in der Weißenhofsiedlung in der Regel ohne vorherige Fühlungnahme mit dem Landesdenkmalamt Baden-Württemberg durchgeführt wurden...«[38]

Auch wenn sich die Teilnehmer jener Besprechung versicherten, daß es »..Verstöße gegen das Denkmalschutzgesetz des Landes Baden-Württemberg nicht gegeben hat..«[39], sprach doch der damalige aktuelle Bauzustand der Siedlung eine deutliche Sprache. Die Häuser machten einen heruntergekommenen, um nicht zu sagen verwahrlosten, Eindruck, obwohl der Bund »..seit Kriegsende zur Erhaltung der Wohnanlage etwa 4 Mio DM investierte...«[40]

Viel Geld auf den ersten Blick. Bedenkt man jedoch, daß diese Summe die Kosten für 7 Neubauten, 3 Totalumbauten von Ein- in Zweifamilienhäuser und viele, das Original verändernde, Grundrißumbauten z.B. bei den Häusern von Le Corbusier, Oud, Mies van der Rohe und Stam beinhaltete, so wird plötzlich klar, daß für den eigentlich notwendigen Bauunterhalt, zur Erhaltung der Häuser, in diesen 33 Jahren gar nicht so viel Geld zur Verfügung stand. Der äußere und innere Gesamteindruck der Siedlung aus jener Zeit bestätigt jedenfalls diese Schlußfolgerung.

In den ganzen Jahren bis 1982 wurden Renovierungsarbeiten hauptsächlich im Zuge von Mieterwechseln durchgeführt. Anstricharbeiten, Grundrißveränderungen und sonstige Reparaturen wurden bei diesen Gelegenheiten je nach Bedarf durchgeführt, ohne sich große Gedanken zu machen über die ursprüngliche Architektur des jeweiligen Hauses. Diese war im Detail auch gar nicht bekannt, weder beim für die Baudurchführung zuständigen Hochbauamt noch beim Landesdenkmalamt.

Erst 1981, mit Erteilung des Planungsauftrages zur »Instandsetzung und Restaurierung der unter Denkmalschutz stehenden Liegenschaft«[41], konnten vom Hochbauamt zum ersten Mal fundierte planerische Grundlagen erarbeitet werden, um in den folgenden Jahren bis 1987 eine umfassende und denkmalgerechte Sanierung der Siedlung vornehmen zu können.

Die Reihenhäuser von J.J.P. Oud 1981 vor der Sanierung

1.2 Initiative 77 des Vereins der Freunde der Weißenhofsiedlung als Auslöser einer qualifizierten Restaurierung

»Am 23. Juli 1977 traf sich ein kleiner Freundeskreis der Weißenhofsiedlung zum 50. Jahrestag der Eröffnung. Es wurde beschlossen, sich für die Wiederherstellung einzusetzen.
Teilnehmer waren:
Berthold Burkhardt, Wilhelm Gall, Harald Hanson, Theo Klemm, Robert Knoll, Karl Krämer, Manfred Lehmbruck, Frei Otto, Bodo Rasch, Mia Seeger, Karl Wilhelm Schmitt, Anton Stankowski, Gerhard Schwab, Wolfgang Schwammberger.
Der Aufruf zur Erhaltung der Weißenhofsiedlung wurde im November 1977 durch Bodo Rasch, Frei Otto und Berthold Burkhardt als Initiatoren formuliert und vorbereitet.«[42]
Am 10. März 1978 war der Aufruf, der an 306 Adressen Ende 1977 versandt wurde, von 226 Persönlichkeiten des In- und Auslandes unterzeichnet. Sein Wortlaut:
»Die Weißenhofsiedlung wurde 50 Jahre alt.
Drittes Reich, Krieg und Wiederaufbau der Nachkriegszeit haben das Original verändert. Sinn und Aussage sind heute verfälscht.
Wir lehnen den Versuch ab, diesen jetzigen Zustand durch Reparaturen einzufrieren.
Wir fordern die Wiederherstellung des ursprünglichen Zustandes in denkmalpflegerischer Genauigkeit.
Die baugeschichtliche Bedeutung und der internationale Rang dieses Architekturdokuments zum Thema ›Wohnen‹ ist unvermindert groß.
Wir empfehlen dem Besitzer der Siedlung, der Bundesrepublik Deutschland, die Wohnungen an solche Mieter zu geben, die ein inneres Verhältnis zur Siedlung gewinnen können.«[43]
Mit diesem Aufruf und der damit verbundenen Aufforderung zu unterschreiben, wurde der Versuch unternommen, »ein allgemeines Interesse für die Weißenhofsiedlung zu entfachen.«[44] Dies gelang auch, wie wir heute wissen, in vollem Umfang, denn es kam in den Folgejahren bis 1981 eine öffentliche Diskussion in Gang, die längst überfällig war.

Aus dem Jahr 1975 lag eine Kostenschätzung des Staatlichen Hochbauamtes III mit dem Titel – Sanierung der Gesamtliegenschaft – über DM 1.791.200,– vor.[45] Die Vermutung wesentlich höherer Sanierungskosten ließ bis April 1980 eine realistischere Schätzung entstehen,[46] die mit DM 6.375.000,– abschloß und in der bereits erste kostenwirksame Sanierungserfahrungen beim Gebäude von Hans Scharoun auf die Gesamtsiedlung hochgerechnet wurden.
Unter denkmalpflegerischen Gesichtspunkten betrachtet war die Siedlung schon immer uninteressant für den Bund (Stichwort: Kulturhoheit der Länder), aber die sich jetzt abzeichnenden Sanierungskosten in Millionenhöhe, bei geringen Mieteinnahmen, wurden Ende der 70er Jahre, auch wirtschaftlich, als zu großer Ballast empfunden. »Beim Bundesfinanzministerium heißt es dazu lapidar: Die Finanzlage des Bundes lasse es nicht zu, die Siedlung zu erhalten, wie es ihr internationaler Ruf eigentlich verdiene.«[47] Was lag somit näher als der Versuch, durch Verkauf die Siedlung loszuwerden, z.B. an den ursprünglichen Eigentümer: die Stadt Stuttgart.

Wollte der Bund 1979 noch 9 Millionen DM als Kaufpreis, so reduzierte sich dieser Betrag ein Jahr später auf 3 Millionen. Aber auch dieser »Schleuderpreis wirft niemand um«[48] in Stuttgart. Denn eigentlich war man bei der Stadt an einem Rückerwerb der Siedlung gar nicht interessiert.
Obwohl ihre Vertreter Lippenbekenntnisse über die einmalige Bedeutung dieser Siedlung abgaben – »Das ist wohl das Bedeutendste, was wir an international beachteten Bauten haben«[49] – wollte die Stadt keinesfalls ein unkalkulierbares Finanzrisiko eingehen. Denn eine inzwischen durchgeführte Kostenschätzung der Stadt ergab für eine denkmalgerechte Sanierung der Siedlung Kosten von ca. 15 Mio DM, bei fortlaufend hohen jährlichen Unterhaltskosten. Im November 1980 konnten die ›Stuttgarter Nachrichten‹ daher melden: »Einstimmig hat der Gemeinderat das Angebot des Bundes, die Siedlung für 3 Millionen DM zu kaufen, abgelehnt.«[50]
Auch die vom Bund schriftlich angedeutete Drohung, »wenn die Stadt jetzt nicht zugreife, sehe sich der Bund gezwungen, die Häuser einzeln zu verkaufen«[51], konnte an der negativen Gemeinderatsentscheidung nichts ändern.
Die Stadt Stuttgart schied damit im November 1980 als Käufer aus und war lieber bereit, einen festen und einmaligen Zuschuß von 3 Millionen DM an den Bund zu bezahlen, wenn dieser, so nun die Forderung der Stadt, die Sanierung durchführte.
Auch das Land Baden-Württemberg hielt sich zurück: Die Landesregierung sehe »keinen Anlaß, die Bemühungen des Bundes, die Lasten aus der Erhaltung und Pflege der Weißenhofsiedlung durch Eigentumübertragung loszuwerden, zu unterstützen.«[52]

Man kann wohl davon ausgehen, daß ernsthafte Verkaufsabsichten des Bundes an private Investoren nie wirklich bestanden, auch wenn mit selbigen Anfang 1980 kurze Zeit verhandelt wurde.[53]

Auch wurde eine Mieterinitiative abschlägig beschieden, mit dem Angebot, das jeweils selbstbewohnte Haus käuflich zu erwerben.[54]

Desweiteren wurde eine »Stiftung Weißenhofsiedlung« vorgeschlagen, und zwar in einem Brief an den Bundeskanzler von dem Stuttgarter SPD-Bundestagsabgeordneten Peter Conradi. Sein Vorschlag: »Die angemessene Lösung für die Weißenhofsiedlung wäre eine gemeinsame »Stiftung Weißenhofsiedlung« von Bund, Land und Stadt. Der Bund sollte Grundstücke und Gebäude, das Land und die Stadt Geldmittel in eine solche Stiftung »Weißenhofsiedlung« einbringen.«[55]

Vorschläge, Diskussionen, Verhandlungen — aber von konkreten Entscheidungen gegen den weiteren Verfall der Siedlung war am Jahresende 1980 nichts zu sehen. In dieser Situation schlugen die Initiatoren des Aufrufs von 1977 Alarm. In einem offenen Brief wandten sie sich an die Öffentlichkeit und forderten:

»1 Stopp aller Restaurierungsarbeiten (außer Sicherung gegen weiteren Verfall).
2 Gründung eines Archivs (bzw. Unterstützung der Dokumentationsarbeit der Freunde der Weißenhofsiedlung e.V.), Einbringung aller noch vorhandenen Unterlagen, die sich zum Teil noch in Privathand befinden (Ankauf oder Schenkung).
3 Herstellung zumindest zweier unabhängiger bauhistorischer Gutachten über den Originalzustand von 1927.
4 Aufstellung eines möglichen Zeit- und Kostenplanes für eine sinnvolle und wirtschaftliche Restauration.
5 Benennung einer Kommission zur Überwachung und Genehmigung aller Entscheidungen in architektonischer, bautechnischer, denkmalpflegerischer und finanzieller Hinsicht.
6 Benennung und Beauftragung des verantwortlichen Planers für das Ensemble und der verantwortlichen Architekten für jedes einzelne Gebäude. Ihre Aufgabe wäre die Betreuung der Bauarbeiten.
7 Benennung der Kunsthistoriker und der Denkmalpfleger, die die betreuenden Architekten beraten.
8 Zugänglichmachung von einer oder mehrerer Wohnungen für die Öffentlichkeit (Ausstellungen, Archiv).

Die wirkliche Schwierigkeit ist die Unsicherheit. Man hat für eine denkmalpflegerische Restauration nicht genau genug recherchiert. Die im Besitz der Stadt befindlichen Bauantragspläne zeigen nicht die Feinheiten der Ausführung. Doch selbst dort, wo die Unterlagen schlüssig sind, müssen Ermessensentscheidungen gefällt werden. Nicht immer sind absolut getreue bauhistorische Restaurierungen technisch möglich. Nicht immer mag sie im Sinne der Urheber sein, das heißt, es müssen Entscheidungen getroffen werden, die aber keinerlei Willkür unterliegen dürfen, jedoch auch keine farblosen Kompromisse sind. Hier liegt die größte Gefahr. Hier sind weitere Verfremdungen möglich. Größtes Wissen und Fingerspitzengefühl sind notwendig.«[56]

Wenige Monate später war die Zeit reif für eine Entscheidung. Am 6. März 1981 erteilte der Bundesminister für Bauordnung, Bauwesen und Städtebau den Planungsauftrag zur »Instandsetzung und Restaurierung der unter Denkmalschutz stehenden Liegenschaft.«[57]

Somit waren die Jahre von 1977 bis 81, insbesondere für die Institutionen bei Bund, Land und Stadt, eine Zeit des Um- und Neudenkens mit erfolgreichem Abschluß. Spürbar und konkret wurde das neue Denken zum ersten Mal beim baulichen und planerischen Umgang mit dem Gebäude von Hans Scharoun, welches in den Jahren 1979 bis 81 von Grund auf saniert wurde.

Bei einem Mieterwechsel im Dezember 1978 war zunächst, wie seither üblich, vorgesehen, das Haus im Rahmen des normalen Bauunterhaltes des Bundes mit relativ bescheidenen finanziellen Mitteln für den nächsten Mieter wieder herzurichten. Weitere Verfälschungen des Originalzustands, die zu stoppen u.a. gerade das Ziel des Aufrufs von 1977 war, hätten in diesem Fall unvermeidbar stattgefunden.

Auf Initiative der Staatlichen Hochbauverwaltung wurde zum ersten Mal eine große Kommission gebildet mit Fachleuten des Landesdenkmalamtes, der unteren Denkmalschutzbehörde, des Vereins der Freunde der Weißenhofsiedlung, der Bundesvermögensverwaltung und der Bauverwaltung. In diesem Expertenkreis wurde der Versuch unternommen, das komplexe Gesamtproblem der denkmalgerechten Sanierung des Einzelhauses von Hans Scharoun, näher zu untersuchen und angemessene Problemlösungen zu finden.

Als Ziel wurde festgelegt, zumindest das äußere Erscheinungsbild des Hauses detailgetreu in seinen Ursprungszustand zurückzuversetzen. Trotz aller anfänglichen Abstimmungsschwierigkeiten, auch abzulesen an der relativ langen Umbauzeit von fast 3 Jahren, gelang die prototypische, denkmalgerechte Erneuerung des Hauses erstaunlich gut. Die gesammelten Erfahrungen leisteten bei der Ende 1982 anlaufenden Gesamtsanierung der übrigen denkmalgeschützten Gebäude wertvolle Hilfe.

Das Haus von Hans Scharoun wurde in wichtigen Detailpunkten wie z.B. Fenster – bis auf ein Fenster im Wohnzimmerbereich –, Türen, Putzprofilierung oder Farbgestaltung wieder in seinen ursprünglichen Charakter gewandelt.

Allen im Rahmen der großen Kommission Beteiligten wurde bei diesem ersten Versuch einer denkmalgerechten Gebäudesanierung aber auch bewußt, daß hier Neuland betreten wurde, sowohl was die denkmalpflegerischen Aspekte betraf, wie auch in bezug auf die Grundlagenforschung. Denn wirklich fundiertes Detailwissen über die Häuser war damals nicht vorhanden und mußte als Grundlage in den nächsten Jahren erst erarbeitet werden.

So konnte Christian Marquart in der Stuttgarter Zeitung vom November 1980 zurecht schreiben: »Eine weitere Achillesferse des Denkmalschutzes ist dessen mangelhafte Kenntnis über das strittige Objekt. ›Denkmalpflege ist nur so viel wert wie ihr Wissen über die Sache‹, sagt Nobert Bongartz vom Landesamt für Denkmalpflege: Die Quellen über den ›Originalzustand‹ des Weißenhofs seien – auch eine Sache der personellen Ausstattung des Denkmalschutzes – noch nicht vollständig erforscht und gesichtet ; schon deshalb sei ein aktives Eingreifen der Behörde vorläufig problematisch.«[58]

Trotz aller Schwierigkeiten – der Anfang war 1981 gemacht. Die weitere Bearbeitung lag nun bei der Projektgruppe »Weißenhof« des Staatlichen Hochbauamtes III, die in den Jahren bis 1987, mit großem Engagement, diese erste umfassende Sanierung der Siedlung mit denkmalpflegerischem Anspruch durchführte.

1.3 Sanierungsbeschluß des Bundes

Als die beiden potentiellen Käufer, die Stadt Stuttgart und das Land Baden-Württemberg, einen Kauf der Siedlung ablehnten, war die Bundesrepublik Deutschland als Eigentümerin in Zugzwang. Denn nach wie vor forderte eine vom Verein der Freunde der Weißenhofsiedlung mobilisierte Öffentlichkeit eine gründliche und zwar denkmalgerechte Sanierung der sehr vernachlässigten Siedlung.

Es war also das erwachende und artikulierte Bewußtsein in der Bevölkerung um die Bedeutung der Weißenhofsiedlung, in Verbindung mit einem unabweisbaren Handlungsbedarf, den trostlosen baulichen Zustand der Häuser betreffend, die den Eigentümer zum Handeln zwangen.

»Der Bund ist bereit, die Siedlung zu renovieren, wenn bestimmte Bedingungen erfüllt sind. Ein Einzelverkauf der architekturhistorisch bedeutsamen Häuser kommt keinesfalls in Betracht.«[59] Dies erklärte Staatssekretär Haehser vom Bundesfinanzministerium Ende 1980 öffentlich im Fernsehen.

Die »bestimmten Bedingungen« des Bundes waren erstens die bereits zugesagte finanzielle Beteiligung der Stadt Stuttgart von 3 Millionen DM und zweitens wünschte sich der Bund einen Sanierungsbeitrag durch das Land Baden-Württemberg, denn »das Land sei schließlich zuständig für den Denkmalschutz«.[60] Ebenfalls vom Tisch war nach dieser Erklärung des Staatssekretärs die, bis zu diesem Zeitpunkt noch im Raum stehende, Möglichkeit eines Verkaufs oder Teilverkaufs der Siedlung an private Investoren.

Am 6. März 1981 erteilte der Bundesminister für Raumordnung, Bauwesen und Städtebau den Planungsauftrag zur Instandsetzung und Restaurierung der Weißenhofsiedlung. In diesem Erlaß heißt es unter anderem: »Im Einvernehmen mit dem Bundesminister der Finanzen ist beabsichtigt, die o. a. Liegenschaft in einem Mehrjahresprogramm instandzusetzen und zu restaurieren. Das durchzuführende Bauvorhaben erhält die Bezeichnung ›Bundeseigene Weißenhofsiedlung in Stuttgart – Instandsetzung und Restaurierung der unter Denkmalschutz stehenden Liegenschaft‹. Im Hinblick auf die besondere Bedeutung des Bauvorhabens beabsichtige ich, den Planungsprozeß und die Leitlinien der Instandsetzung und Restaurierung mit Vertretern des Bundesministeriums der Finanzen, des Finanzministeriums des Landes Baden-Württemberg und der Stadt Stuttgart zu besprechen.«[61]

Mit diesem Planungsauftrag durch den Bundesbauminister war der Startschuß gefallen und eine entscheidende Voraussetzung dafür geschaffen, »eines der wichtigsten Kulturdenkmale unseres Jahrhunderts«[62] langfristig erhalten zu können.

Die Freude über den Beschluß des Bundes zur Sanierung war aber gepaart mit Skepsis, denn, so Herbert Fecker vom Finanzministerium in Baden-Württemberg ».. dieses erfreuliche Zeichen könnte fast vergessen machen, wie viele Anläufe und welcher Mühen es bedurfte, um die zuständigen Ministerien in Bonn zum Verständnis der Wertigkeit und zur Tat zu bewegen.«[63]

1.4 Ziel der Sanierung

Vor dem planerischen und baulichen Beginn der Sanierung mußte zunächst Einigkeit darüber erzielt werden, welche Ziele im Rahmen dieser Aufgabe primär angestrebt werden sollten. Das heißt, Sinn, Zweck und Ziel dieses Vorhabens mußten geklärt und definiert werden. Der 1977 gegründete Verein der Freunde der Weißenhofsiedlung formulierte in seinem Aufruf an bedeutende Persönlichkeiten des In- und Auslandes Ende desselben Jahres ein klares Ziel für die Gesamtsiedlung: »Wiederherstellung des ursprünglichen Zustandes in denkmalpflegerischer Genauigkeit.«[64]

Diese Forderung nach Wiederherstellung des ursprünglichen Zustands bezog sich allerdings auf sämtliche Häuser der Siedlung, also auch auf die zerstörten, und war somit eine maximale Zielvorgabe. Entsprechend differenziert waren die abgegebenen Stellungnahmen. Während die überwiegende Mehrheit der vom Verein angeschriebenen Persönlichkeiten den Aufruf »Erhaltung Weißenhofsiedlung von 1927« unterstützte, blieben »die Stimmen, die eine strikte Ablehnung einer Initiative in dieser Sache äußerten, deutlich in der Minderzahl.«[65]

Ich möchte einige Stimmen zitieren, um die Bandbreite der Meinungen, welches Ziel denn nun bei der Sanierung der Weißenhofsiedlung vorrangig verfolgt werden sollte, aufzuzeigen.

Die einen wollten die exakte Rekonstruktion:
»Die noch existierenden Häuser sollten genau, aber wirklich ganz genau rekonstruiert werden, sowohl in bezug auf Material und Methode, innere Planung und Zweckerfüllung als auch in jeglichem Design-Detail, einschließlich Funktion und Farbe.«[66]

»Ich unterstütze diese Aktivität und würde es sehr begrüßen, wenn im Zuge unserer Umweltpflege nicht nur Fachwerkhäuser mit viel Geld renoviert würden, sondern auch wertvolle Beispiele aus unserer jüngsten Vergangenheit.«[67]

»Eine dokumentarische Restauration der Weißenhofsiedlung halte ich für sinnvoll.«[68]

Nur wenige lehnten die Forderung nach Wiederherstellung des ursprünglichen Zustands kategorisch ab:
»Ich bin allerdings der Meinung, daß diese Siedlung nicht in den ursprünglichen Zustand zurückversetzt werden sollte. Die Weißenhofsiedlung war zweifellos ein interessanter Anfang einer neuen Periode und hat sehr anregend gewirkt. Sie gehört jedoch irgendwie der Geschichte an. Sie enthält vieles, was nicht wieder so gemacht werden sollte. Sie ist daher in vieler Hinsicht kein Vorbild für heutige Weiterentwicklung. Wiederherstellung alter Zustände sollten wir eigentlich nur dort betreiben, wo es sich um reife Früchte einer Periode handelt.«[69]

Die Mehrheit hatte zwar ihre Zweifel und setzte die Erwartungen nicht zu hoch an, sprach sich aber deutlich für eine Restaurierung der Weißenhofsiedlung aus:
»Es soll nichts museales entstehen. Die noch erhaltenen Gebäude, aber auch die später errichteten sollten so gut wie möglich gepflegt werden. Ihr guter Allgemeineindruck sollte beweisen, daß wir als Nachwelt positiv zur Weißenhofsiedlung und zu den von ihr ausgehenden Impulsen stehen.«[70]

»Bitte, verstehen Sie, daß ich eine solche absolute Forderung nicht unterschreibe. Kein noch so wertvolles Baudenkmal kann einen solchen fast unwirklichen Anspruch stellen. In meiner Sicht gewinnt eine solch extreme Forderung museale Züge und das ist lebensfremd. Der Weißenhof ist in seiner Ganzheit so stark auch heute noch, daß er begrenzte Verfremdungen erträgt. D.h. nicht, daß er nicht verbessert und gepflegt werden sollte. Das müßte sein. Und wo finden sich die Menschen, die wirklich dort wohnen möchten?«[71]

»Es sträubt sich etwas in mir, »Leichen« auszugraben nach 35 Jahren; ich wäre eigentlich nur dafür, das Vorhandene zu rekonstruieren, z.B. den arroganten L.C.-Häusern wieder ihre unrealistischen Grundrisse zu geben (und die Leute zu finden, die darin zu leben imstande sind).«[72]

Das Vorhandene zu pflegen und verlorengegangene Teile zu rekonstruieren, diese eher moderaten Zielvorstellungen, welche 1981 zum offiziellen Planungsziel werden sollten, formulierte schon 1977 der Architekt Roland Ostertag folgendermaßen:
»Die Weißenhofsiedlung 1927 wieder so herstellen zu wollen, wie sie ursprünglich war, halte ich für zu weitgehend. Unter historischen Gesichtspunkten für fragwürdig und unrealistisch. Warum soll man eine Baumaßnahme, auch einer so berühmten, nicht ansehen, daß inzwischen 50 Jahre vergangen sind und diese nicht ganz ohne Einfluß auf das heutige Aussehen geblieben sind. Sinnvoller ist es anzustreben, die noch vorhandenen, zumindest im Äußeren noch fast originalen Bauten wie das Haus von Mies, die Reihenhäuser von Oud und die beiden Häuser von Corbusier wieder in ihren ursprünglichen Zustand innen und außen zu versetzen. An je einer Wohnung im Gebäude von Mies, bei Oud und der beiden Le Corbusier Häuser sollte das Wohnen im Geschoß, im Reihenhaus und Einzelhaus demonstriert werden. Es wäre sinnvoll, wenn diese Ge-

bäude, bzw. Wohnungen zum Aufbau und zur Unterbringung einer ständigen Architektur-Ausstellung über die Entwicklung der modernen Architektur in Deutschland dienen würden.«[73]

Die Jahre 1977–81 waren Jahre der Klärung, bis 1981 das offizielle Sanierungsziel folgendermaßen betitelt wurde: »Instandsetzung und Restaurierung der unter Denkmalschutz stehenden Gebäude.«[74]
Hinter diesem nüchternen Arbeitstitel steht eine Zielsetzung, die in dieser Form und mit diesem Inhalt in den Jahrzehnten zuvor nicht denkbar gewesen wäre. Zum erstenmal tauchen bei einer Instandsetzung der Weißenhofsiedlung die beiden Begriffe Restaurierung und Denkmalschutz auf.
Was in all den Jahren vorher, im Rahmen des Bauunterhalts, an Flickschusterei betrieben wurde, sollte nun korrigiert werden. Auch mußte ein Gesamtkonzept erstellt werden, um auf gesicherter Grundlage Planungs- und Bauentscheidungen treffen zu können.
Herbert Fecker, Leiter der Staatlichen Bauverwaltung in Baden-Württemberg, schrieb an den Vorstand des zuständigen Staatlichen Hochbauamtes III in Stuttgart:
»Das Entscheidendste bei aller Anerkennung der Tatsache, daß die finanziellen Mittel des Bundes bislang beschränkt worden sind, scheint mir, daß bei der Sanierung zunächst dem geistigen Sinngehalt eines Hauses nachgespürt und darauf alles an neuen Maßnahmen aufgebaut wird..... Für uns alle ist wohl der Weißenhof eine der wesentlichen Wurzeln für unsere heutige Bauauffassung, die es verdient, auch für die Nachwelt mit größter Behutsamkeit gepflegt und wieder auf den Originalzustand, soweit irgend möglich, zurückgeführt zu werden.«[75]

Ergänzt man nun den offiziellen Planungsauftrag
– »Instandsetzung und Restaurierung der unter Denkmalschutz stehenden Gebäude«[76] – um den Zusatz
– »in denkmalpflegerischer Genauigkeit«[77] – und fügt noch
– unter angemessener Berücksichtigung des bautechnischen Fortschritts – hinzu, »denn technische oder bauphysikalische Fehler des Jahres 1927 sollten mit unserem heutigen Kenntnisstand nicht wiederholt werden«[78], so hat man, meiner Meinung nach, das Ziel dieser Sanierung umfassend beschrieben.

Ein weiteres »Ziel« dieser Sanierung sollte in diesem Zusammenhang nicht unerwähnt bleiben, nämlich, daß die ganzen baulichen Maßnahmen mit knappen finanziellen Mitteln durchzuführen waren. So führte der Erlaß des Bundesministers für Raumordnung, Bauwesen und Städtebau, aus dem Jahr 1981, aus:
»Auf das Denkmalschutzgesetz Baden-Württemberg wird hingewiesen. Im Hinblick auf die angespannte Haushaltslage des Bundes ist auf Maßnahmen, die über die Forderungen des o.a. Gesetzes hinausgehen, zu verzichten. Sollten Ausnahmen zwingend erforderlich werden, sind diese eingehend zu begründen.«[79]
Also Denkmalpflege ja, aber nur wenn sie nicht zuviel Geld kostet. Hier wurden die finanziellen Grenzen der Sanierung deutlich sichtbar.

Trotzdem wurde in den Jahren 1981–87 folgendes erreicht:
1. Die denkmalgerechte Wiederherstellung und bauliche Sanierung der noch erhaltenen Originalbauwerke (11 Gebäude) einschl. der Gärten und Stützmauern, was eine Umkehr des jahrzehntelangen baulichen Niedergangs der Häuser bedeutete.
Mit der Wiederherstellung der Häuser war auch ihre bautechnische Modernisierung verbunden, soweit die Verträglichkeit mit dem Denkmalschutz gegeben war.
2. Wiederherstellen des originalen Grundrißgefüges im Innern, einschließlich, soweit nachweisbar, der ursprünglichen Farbgestaltung in 5 Musterhäusern bzw. Wohnungen.
Das hieß Erhaltung und Bewahrung der noch vorhandenen Originalteile in jedem noch erhaltenen Haus und, wo möglich, auch Rekonstruktion verlorengegangener Bausubstanz und Raumqualität.
3. Die Sensibilisierung breiterer Bevölkerungsschichten für die historische Leistung der damaligen Architektur bei der Schaffung einer neuen modernen Baukultur. Zu dieser Verstärkung des Bewußtseinsprozesses trugen, neben fortlaufender Pressekontakte, auch drei »offene Wochenenden« bei, wo jeder Interessierte die Möglichkeit hatte, die gerade sanierten Gebäude auch von innen zu sehen.
4. Die Erstellung einer Gebäudedokumentation, auf die alle zukünftigen Weißenhof-Sanierungen einschl. Bauunterhaltungsmaßnahmen zurückgreifen können.

Die Sanierung hat nicht erreicht:
5. Für die nächsten 10 oder 20 Jahre problem- und wartungsfreie Baudenkmale geschaffen zu haben. Gerade die erhaltenen und jetzt sanierten Originalbauten bedürfen künftig einer angemessenen baulichen »Pflege« und Unterhaltung. (Siehe Kapitel 3.0).

1.5 Die grundlegenden Schwierigkeiten und Arbeiten bei der ersten, nach denkmalpflegerischen Gesichtspunkten, durchgeführten Sanierung

Nachdem Anfang März 1981 der Planungsauftrag des Bundesministers für Raumordnung, Bauwesen und Städtebau vorlag, wurde im April eine Arbeitsgruppe unter Leitung von Ernst-Werner Krause gebildet.
Die Arbeitsgruppe setzte sich zusammen aus kompetenten Vertretern des Bundesfinanz- und Bundesbauministeriums, des Finanzministeriums Baden-Württemberg und der Oberfinanzdirektion Stuttgart – Bauabteilung und Bundesvermögensabteilung –, des Landesdenkmalamtes Baden-Württemberg und der unteren Denkmalschutzbehörde der Stadt Stuttgart, des Vereins der Freunde der Weißenhofsiedlung und des Staatlichen Hochbauamtes III Stuttgart. Im Rahmen dieser umfassenden Beteiligung sollte auf möglichst breiter Basis die weitere Vorgehensweise festgelegt und ein konkretes Sanierungskonzept entwickelt werden.
Gleichzeitig übernahm eine neu gebildete Projektgruppe im Hochbauamt III, zunächst unter der Leitung von Hartmut Kopper und ab November 1982 unter der Leitung von Hermann Nägele, die eigentliche Projektbearbeitung vor Ort.
Dabei stellte sich schnell heraus, daß verläßliche Planungsgrundlagen über die Originalgebäude und ihre zwischenzeitlich eingetretenen baulichen Veränderungen so gut wie nicht vorhanden waren.
Weder beim Landesdenkmalamt, noch bei der zuständigen unteren Denkmalschutzbehörde war abrufbares Wissen vorhanden, wie für Denkmale aus weit früheren Epochen. Die Siedlung war 1981 sozusagen noch ein »weißer Fleck« auf der Landesdenkmalkarte, obwohl sie doch seit 1958 unter Denkmalschutz stand. Die Projektgruppe mußte also zunächst Grundlagenforschung betreiben, um überhaupt die Voraussetzungen für eine erfolgreiche Sanierung und Restaurierung zu schaffen.
Denn entscheidend für die Sanierung war ein möglichst exaktes Detailwissen in dreierlei Hinsicht:
Erstens über den baulichen Zustand der Häuser in ihrem Entstehungsjahr 1927; zweitens über die in den 60 Jahren bis heute eingetretenen baulichen Veränderungen und drittens, auf den beiden ersten Stufen aufbauend, der neu zu planende, technisch und denkmalpflegerisch gewünschte, künftige Sanierungs- und Restaurierungszustand.

Der erste Arbeitsschritt bestand somit in der detaillierten Ermittlung des Originalzustandes der Siedlung und ihrer Häuser im Jahre 1927. Dies erfolgte einmal über die Erstellung einer Bauaufnahme für alle noch erhaltenen Originalgebäude und zum anderen durch das Auffinden von Originalzeichnungen und Dokumenten der Architekten aus dieser Zeit.

Die weltweit verstreuten Nachlässe der Weißenhof-Architekten[80] mußten zusammengesucht und durchgeschaut werden und die noch existierenden Originaldokumente, wie Zeichnungen oder Schriftstücke über ihre Gebäude, analysiert und, wo Lücken waren, auch interpretiert werden, um dem Charakter und ursprünglichen Zustand der Architektur so weit wie möglich nachzuspüren.

Natürlich gehörte hierzu auch das Gespräch mit noch lebenden Zeitzeugen wie Mia Seeger, Alfred Roth und Bodo Rasch sowie das Sammeln und Auswerten aller nur irgendwie erreichbarer Zeitdokumente, wie z.B. alter Gebäudephotos. Denn mehr als einmal konnten schwierige Detailfragen, wie z.B. Sprossierung alter Türen und Fenster oder eine Dachrandausbildung, nur durch das genaue Studium noch erhaltener alter Photos eindeutig geklärt werden. Die Lupe war somit, zum Erkennen von Ausführungsdetails auf Photos, ein unentbehrliches Arbeitsgerät für die Projektarbeit.

Der zweite Arbeitsschritt umfaßte die Erstellung einer Bauaufnahme in Form von Gebäudegrundrissen, Ansichten und Schnitten im Maßstab 1:50. Damit war es möglich, den im Jahr 1981 vorhandenen, aber baulich veränderten Baubestand mit dem Original zu vergleichen und schon geringfügige Abweichungen zu erkennen.

Im dritten Arbeitsschritt konnte nun, auf der Grundlage der beiden vorangegangenen und in enger Zusammenarbeit zwischen Hochbau- und Landesdenkmalamt, ein denkmalpflegerisches Sanierungskonzept für jedes einzelne Haus der Siedlung ausgearbeitet werden.
Dieses sah vor, die Verbauungen der letzten 60 Jahre so weit wie möglich zu entfernen, die Fassaden und alle damit in Verbindung stehenden Bauteile wieder auf ihren Ursprung zurückzuführen und in den Gebäuden von Scharoun, Le Corbusier, Oud, Stam und Mies van der Rohe mindestens je eine Wohnung in ihrem ursprünglichen Zustand wiederentstehen zu lassen. Die Wiederherstellung und Rekonstruktion dieser Wohnungen war ein ganz wesentlicher Punkt des Sanierungskonzepts, hieß doch die Werkbundausstellung in Stuttgart 1927 ›Die Wohnung‹:

»Die Bedeutung eines Kulturdenkmals läßt sich nicht nur an seinen der Öffentlichkeit zugewandten Fassaden messen...
Es bedarf eigentlich keiner Begründung für die konservatorische Hinwendung zu Innenräumen und Ausstattungsdetails, wenn man sich vergegenwärtigt, daß das Innere eines Gebäudes den Hauptteil an historischer Substanz birgt. Erst deren qualitative Bestandsanalyse ermöglicht es, das Kulturdenkmal in seiner Gesamtheit als historische Einheit zu würdigen.. Die Öffentlichkeit hat daher ein Anrecht auf den pfleglichen Umgang mit historischen Innenräumen, die gleichsam die ›Archivkammern‹ eines Hauses darstellen.«[81]

Zusammengefaßt ergaben sich bei der Erarbeitung der Planungsgrundlagen in den Jahren 1981 und 82 folgende Schwerpunkte:
1. Ermittlung des Originalzustandes 1927
   – Sammeln und Auswerten aller erreichbaren Originaldokumente und Planunterlagen über die einzelnen Gebäude einschl. der Gartenanlagen.
   – Farbbefunduntersuchungen zur eindeutigen Feststellung der ursprünglichen Farbigkeit der Gebäude im Inneren und Äußeren.
2. Bauaufnahme
   – Erstellung einer genauen Bauaufnahme für jedes Gebäude 1981
   – Statisch-konstruktive Nachrechnungen anhand der Originalberechnungen, zur Überprüfung der Sicherheit der tragenden Bauteile.
   – Arbeitsmodell im Maßstab 1:100 zur Überprüfung wichtiger Entscheidungen.
3. Erarbeitung eines Sanierungs- und Restaurierungskonzeptes
   – Entwicklung eines bautechnischen Konzeptes zur Verbesserung des Wärme- und Schallschutzes an den einzelnen Gebäuden.
   – Entwicklung eines haustechnischen Konzeptes zur Erhöhung des Ausbaustandards (Heizung, Sanitär, Küche) in den einzelnen Wohnungen.
   – Erstellung eines Mieterumsetzungskonzeptes, denn alle Wohnungen waren und sind wieder bewohnt.
   – Kostenüberlegungen zur wirtschaftlichen Durchführung der geplanten Maßnahmen.
   – Detailpläne zur denkmalgerechten Wiederherstellung der Originalhäuser.
   – Erstellung einer Haushaltsunterlage (Baugesuch) mit einer Kostenschätzung von 7,904 Mio DM.

Die Haushaltsunterlage, die sich in die drei Bereiche Instandsetzung, Modernisierung und denkmalpflegerische Maßnahmen gliederte, wurde im Mai 1983 mit einer Gesamtsumme von 7,904 Mio DM vom Bundesminister für Raumordnung, Bauwesen und Städtebau genehmigt.

Im Vergleich zu den geschätzten Sanierungskosten im Rahmen der Verkaufsverhandlungen mit der Stadt Stuttgart – bis zu 15 Mio DM schätzte die Stadt 1981 – erscheint die Summe von 7,904 Mio DM wenig. Und in der Tat, der Kostenansatz der Haushaltsunterlage umfaßte in weiten Bereichen nur die notwendigsten Reparaturen. Bei größter Sparsamkeit und genauer Abwägung der unbedingt erforderlichen baulichen Maßnahmen ließen sich aber Mehrkosten nicht vermeiden, die in zwei Nachträgen des Hochbauamtes zusammengefaßt wurden und schließlich, bis zum Abschluß 1987, zu Gesamtbaukosten von 9,474 Mio DM führten.

Viele, gerade auch denkmalpflegerisch wesentliche Maßnahmen konnten vom Hochbauamt im Rahmen der Sanierungsarbeiten durchgeführt werden. Besonders augenfällig veränderte sich das Mehrfamilienhaus von Peter Behrens, dessen Satteldach aus dem Jahr 1950 Ende 1983 wieder entfernt wurde. Der Erläuterungsbericht der genehmigten Haushaltsunterlage des Hochbauamtes kommentierte dies folgendermaßen:

»Die in den 50er Jahren aufgesetzten Dachstühle sowie die damit in Zusammenhang stehenden Veränderungen (Balkon, Stützen an der Südwestseite, Lisene an der Nordwestseite) stellen gravierende Eingriffe in die inhaltliche Substanz der gesamten Siedlung dar:
a) als entscheidende Verunstaltung der Gesamtanlage und ihrer Struktur
b) als präzises Gegenteil des ursprünglichen Planungswillens des Erbauers.

Durch das als Terrassenhaus geplante Gebäude von Peter Behrens kommt der Siedlung ein hoher, nach außen dokumentierter sozialer und gleichermaßen hygienischer Aspekt zu, der heute durch den Zustand des Gebäudes nicht mehr ablesbar ist. Somit hat die geplante Korrektur, die Wegnahme der oben genannten Bauteile, einen wesentlichen Stellenwert im Rahmen des gesamten Restaurierungsvorhabens.«[82]

1.5.1 Bauabschnitte und Mieterumsetzung

Um die geplanten umfangreichen Grundinstandsetzungs- und Modernisierungsmaßnahmen überhaupt durchführen zu können, war es bei den meisten Häusern notwendig, vorher die Räumung der vermieteten Wohnungen durchzuführen.

Im Erläuterungsbericht der Haushaltsunterlage des Hochbauamtes heißt es hierzu: »Bei den Baumaßnahmen müssen verschiedene Gebäude temporär geräumt werden... Die Einteilung nach 3 Bauabschnitten erfolgt unter Berücksichtigung der Möglichkeiten für die Mieterumsetzung... Die Kosten für Mieterumsetzungen werden in der Kostenzusammenstellung mit DM 200.000,– durch die Bundesvermögensabteilung angegeben.«[83]

Die Weißenhofsiedlung ist ein bewohntes Baudenkmal und viele Mieter wohnen schon sehr lange in der Siedlung, manche schon über 40 Jahre. So mußte das Hochbauamt zunächst die Bewohner informieren, welche Baumaßnahmen für die nächsten Jahre geplant waren. Gerade bei den älteren Mietern mußten Ängste abgebaut und Überzeugungsarbeit geleistet werden, um ihr Vertrauen zu erhalten, denn ohne das Einverständnis der Mieter hätte sich die Sanierung um Jahre verzögert. Der zeitlich begrenzte Umzug in eine Austauschwohnung geschah dann auf freiwilliger Basis, denn kein Bewohner konnte aufgrund der bestehenden Mietverträge zur vorübergehenden Räumung gezwungen werden.

Entscheidend für die positive Reaktion der Mieter war auch die Zusicherung des Eigentümers, daß nach der Sanierung jeder Mieter in seine frühere Wohnung, so er noch wollte, zurückkehren konnte.

Da die Anzahl der dem Bund zur Verfügung stehenden Austausch- oder Ersatzwohnungen begrenzt war, konnten nicht alle Bewohner der denkmalgeschützten Gebäude gleichzeitig umgesetzt werden.

Deshalb mußte die Gesamtbaumaßnahme in drei ungefähr gleich große Abschnitte unterteilt werden, was eine zeitliche Streckung der Sanierung zur Folge hatte.

Übersicht:

Bauabschnitt 1   Gebäude 1   Le Corbusier, Bruckmannweg 2
1983/84   Gebäude 2   Le Corbusier, Rathenaustr. 1–3
                   Gebäude 3   J.J.P. Oud, Pankokweg 1–9
                   Gebäude 4   P. Behrens, Am Weißenhof 30–32, Hölzelweg 3–5
Bauabschnitt 2   Gebäude 5   J. Frank, Rathenaustr. 13–15
1984/85   Gebäude 6   M. Stam, Am Weißenhof 24–28
                   Gebäude 7   L. Mies v.d. Rohe, Am Weißenhof 18+20
Bauabschnitt 3   Gebäude 8   L. Mies v.d. Rohe, Am Weißenhof 14+16
1985/86   Gebäude 9   A.G. Schneck, Bruckmannweg 1
                   Gebäude 10 A.G. Schneck, Friedr.-Ebertstr. 114
                   Gebäude 11 V. Bourgeois, Friedr.-Ebertstr. 118

1.5.2 Die wichtigsten Instandsetzungs- und Modernisierungsmaßnahmen

Unter Instandsetzungsmaßnahmen ist die Summe der Arbeiten zu verstehen, die zur Bestandserhaltung des Gebäudes und zur Aufrechterhaltung seiner eigentlichen Zweckbestimmung (in diesem Fall Wohnnutzung) erforderlich sind.

Vergegenwärtigt man sich den schlechten baulichen Zustand der einzelnen Häuser vor der Sanierung 1981, so kann die Feststellung nicht überraschen, daß der weitaus größte Teil der Gesamtinvestitionen für Arbeiten aufzuwenden war, die der substantiellen Erhaltung der Wohngebäude dienten, um ihre künftige wirtschaftliche Verwertbarkeit zu sichern.

Zwei Maßnahmen, die an den meisten Häusern von besonderer Dringlichkeit waren, möchte ich hervorheben: Erstens die Beton- und Eisensanierungsarbeiten an den tragenden Konstruktionsteilen und zweitens die UG-Wand- und Fundamentsanierungen.

Die Überprüfung der Eisenbeton- und Eisenskelettkonstruktionen an den Häusern von Le Corbusier, Stam und Mies ergab zwar erhebliche Schadensbilder, aber glücklicherweise konnten die angerosteten Eisenteile und abgeplatzten Betonstücke repariert und saniert werden. Nur beim Doppelhaus von Le Corbusier waren die Fußpunkte zweier Eisenstützen so stark angerostet, daß eine Erneuerung mit erheblichem Aufwand unumgänglich war.

In ihren UG- und Fundamentbereichen waren die meisten Häuser nicht oder nur sehr unzureichend gegen die natürliche Erdfeuchtigkeit isoliert. Hieraus ergaben sich, durch aufsteigende Feuchtigkeit, Schadensbilder am Außenputz, aber auch im Inneren der Gebäude waren feuchte Tapeten, quellende Bodenbeläge und Schimmelbildungen die Folge. Um hier Abhilfe zu schaffen, erhielten alle denkmalgeschützten Häuser eine UG-Wand- und Fundamentisolierung mit Drainage, soweit dies aufgrund der örtlichen Gebäudesituation möglich war.

Die wichtigsten Instandsetzungsarbeiten waren:
- Erneuerung der Außenputze und der Flachdachisolierungen. (Modernisierungsanteil Wärmedämmung)
- Erneuerung von Fenstern und Türen. (Modernisierungsanteil Wärmedämmung)
- Erneuerung und Reparatur von Blech- und Eisenteilen, wie z.B. Fallrohren, Regenfangkästen, Verwahrungen, Treppen und Geländerstäben.
- UG-Wand- und Fundamentisolierungen mit Drainage, d.h. Trockenlegung der Kellerwände zum Schutz vor aufsteigender Feuchtigkeit.

- Beton- und Eisensanierungen an den tragenden Gebäudeteilen der einzelnen Häuser.
- Stützmauersanierung im Bereich der Gesamtsiedlung.
- Erneuerung- oder Teilerneuerung der Heizungs-, Sanitär- und Elektroinstallationen. (mit Modernisierungsanteil)

Vom Volumen wesentlich geringer, aber für die Verbesserung des Wohnwertes der einzelnen Wohnungen entscheidend, waren die durchgeführten Modernisierungsmaßnahmen.

Das Ziel war, eine allgemeine Erhöhung des Ausbaustandards (in Küchen und Bädern bei Heizungs- und Sanitärinstallation) sowie bautechnische Verbesserungen (Drainagen, Wärmedämmungen, Isolierverglasungen usw.) für alle Gebäude gleichermaßen zu erreichen, um ein bautechnisches Sanierungsgefälle innerhalb der Siedlung zu vermeiden.

Die Verbesserungen wurden behutsam durchgeführt und nicht um jeden Preis, denn die vorhandene originale Grundsubstanz der Häuser sollte soweit als möglich erhalten bleiben.

1.5.3 Die wichtigsten denkmalpflegerischen Maßnahmen

Neben der Erhaltung der noch vorhandenen Originalsubstanz, war das denkmalpflegerische Interesse darauf gerichtet, die Gebäude in ihrem inneren und äußeren Originalzustand so genau wie möglich wiederherzustellen.

Um dieses Ziel zu erreichen, mußten vom Hochbauamt einerseits die Zubauten der letzten sechzig Jahre entfernt, andererseits aber auch zerstörte Originalteile rekonstruiert werden.

Vor allem im Inneren der Häuser konnten viele Grundrisse nicht so auf ihr Original zurückgebaut werden, wie dies wünschenswert gewesen wäre – in der ganzen Siedlung erhielten nur fünf Wohnungen bzw. Einfamilienhäuser ihren Originalgrundriß zurück. Im äußeren Erscheinungsbild dagegen konnten alle elf denkmalgeschützten Originalgebäude originalähnlich wiederhergestellt werden, so daß die Staatliche Hochbauverwaltung anläßlich der Fertigstellung der Sanierung und zum 60jährigen Jubiläum der Siedlung 1987 feststellen konnte:

»Das äußere Erscheinungsbild aller 11 Originalgebäude entspricht heute wieder weitestgehend dem historischen Vorbild. Im Inneren konnte bei 5 Haus- bzw. Wohnungsgrundrissen der ursprüngliche Zustand wiederhergestellt werden. Sie können somit insgesamt als Muster für die damalige Zeit gelten:

Le Corbusier	Einfamilienhaus	Bruckmannweg 2
Le Corbusier	Doppelhaushälfte	Rathenaustraße 3
J.J.P. Oud	mittleres Reihenhaus	Pankokweg 5
M. Stam	mittleres Reihenhaus	Am Weißenhof 26
L. Mies van der Rohe	Wohnung 2.OG links	Am Weißenhof 16«[84]

Die wichtigsten Maßnahmen waren in Stichworten:
- Wiederherstellung des ursprünglichen äußeren Erscheinungsbildes der Häuser in bezug auf Form, Farbe und Material.
- Im Inneren der Häuser das Einrichten von fünf Musterwohnungen (siehe oben).
- Pflege, Erneuerung und Rekonstruktion von Einzelbauteilen.
- Farbuntersuchungen zur ursprünglichen Farbigkeit der Häuser.
- Gutachten zur Gartengestaltung der Siedlung.
- Erstellung einer Bauaufnahme für jedes Haus.

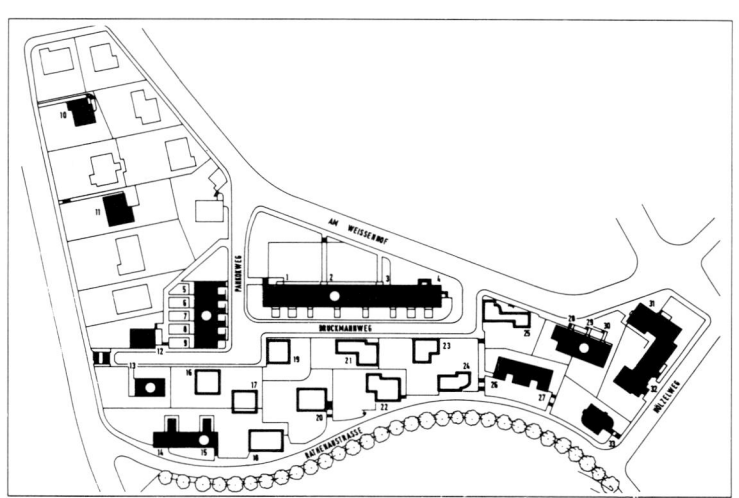

Lageplan der 11 noch erhaltenen und sanierten Originalgebäude

- ■ erhaltene Originalgebäude, die unter Denkmalschutz stehen.
- ▫ wiederhergestellter Originalzustand von Innenräumen (Musterwohnung)
- ☐ Gebäude zwischen 1927 und 1933 gebaut.
- ☐ zerstörte Originale (siehe Kapitel 4.14).

1.5.4 Die Farbgestaltung der Gebäude

Zusammen mit den grundrißlichen und räumlichen Veränderungsanstrengungen des Hochbauamtes zur Wiedererlangung der ursprünglichen Raumstrukturen bildeten die Untersuchungen zur Originalfarbigkeit der einzelnen Häuser einen Schwerpunkt im denkmalpflegerischen Bemühen.

Um über die, in den zurückliegenden Jahrzehnten verlorengegangene oder verfälschte, ursprüngliche Farbgebung der Häuser, sowohl innen wie außen, eine verläßliche Aussage zu erhalten, mußte das Hochbauamt umfangreiche Farbbefundanalysen durchführen. Unabhängige Restauratoren[85] untersuchten im Auftrag des Hochbauamts, in den Jahren 1982 bis 86, die Gebäude auf ihre ›ursprüngliche‹ Farbfassung und stellten einen, in der Zwischenzeit vielfach in Vergessenheit geratenen, relativ farbigen Erstzustand der Fassaden- und inneren Wandflächen fest.

Die Siedlung war also nie einheitlich weiß, auch wenn der Name Weißenhof dies vielleicht suggerieren mag.[86]

Die Farbwertbestimmung der ermittelten Originalfarbigkeit:

Nr. Farbton/Farbwert	Farbwertbestimmung nach »Keimpalette«	Farbwerte neutral, n. Taschenlexikon der Farbe	Bemerkungen
1 gebrochenes weiß	Nr. 871	—	—
2 gebr. siena mit viel weiß = rosa	Nr. 44 H 60	7 A 2	—
3 orangeweiß	Nr. 54 H 62	5 A 2	—
4 blaßorange, gelblicher	—	5 A 3	—
5 gelbweiß, heller	Nr. 376	4 A 3	—
6 gelbblaß, rötlicher	Nr. 37 H 56	3 A 3	—
7 lavendelblau, knallblau	—	20 A 8	grauer, rötlicher
8 blaßgrün	Nr. 68 H 52/54	26 A 2/3	grauer
9 oker	Nr. 372		Ersatzhäuser mit Satteldach
10 hellgrau	Nr. 634		Ersatzhäuser mit Flachdach

Die Farbverteilung der ermittelten Originalfarbigkeit:

Zeichenerklärung: Nr. 1 – 8 = Farbtöne von 1927
Nr. 9 + 10 = Bei der Sanierung 1982–87 festgelegte Farbtöne für die Ersatzbauten.
S = Ersatzhäuser mit Satteldach
F = Ersatzhäuser mit Flachdach

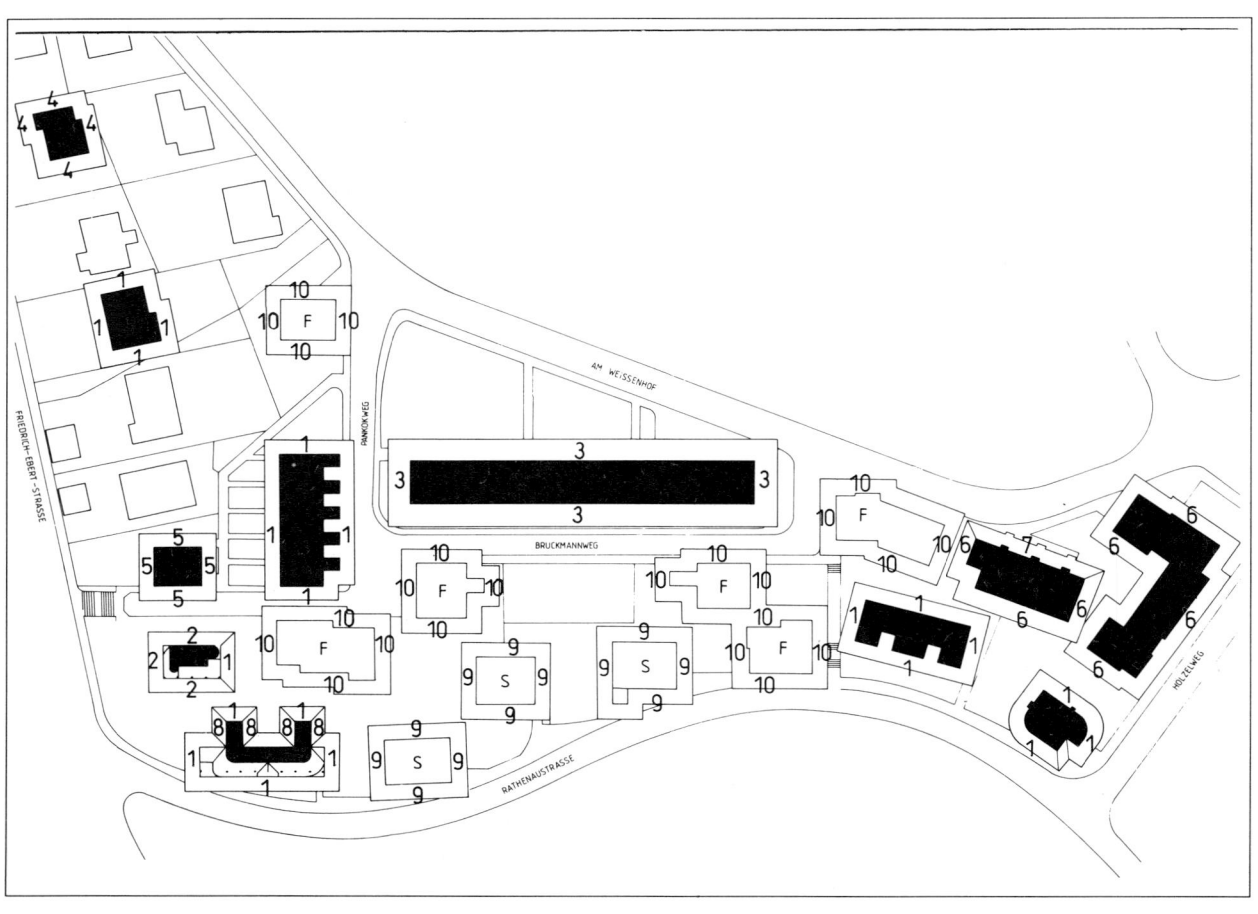

Andreas Menrad, einer der beteiligten Restauratoren, schrieb über die Schwierigkeiten, die ›ursprüngliche‹ Farbfassung festzulegen, folgendes: »Die Problematik des ›ursprünglichen Zustandes‹, dessen Ermittlung der Rekonstruktion dienen soll, wird gerade beim letzten Akt der Bauausführung, beim Anstrich, evident. Dies wird vor allem beim großen Block von Mies van der Rohe noch zu zeigen sein: Er war ›...vier Wochen nach Eröffnung der Ausstellung zur Besichtigung noch nicht freigegeben‹. Auch das Haus Scharoun war ›...Mitte August noch nicht ganz fertig...‹. Spätere Häme bezeugt oftmaliges Nachstreichen und Nachverputzen, so daß die heutige Farbrekonstruktion allenfalls den Zustand einer kurzen Zeitspanne wiedergeben kann. Trotz dieser Einschränkung ist eine solche Farbrekonstruktion in der Lage, das Bild zu korrigieren, welches die Rezeption der Siedlung in den vergangenen fast 60 Jahren festgeschrieben hat.«[87]

Wie die Untersuchungen ergaben, waren nicht nur die Fassadenflächen in ihrem Erstzustand bei vielen Gebäuden farblich akzentuiert – auch bei den Innenräumen war Farbe in vielen Fällen ein wesentliches Gestaltungsmittel. Sie wurde flächenhaft zueinander in Beziehung gesetzt und verstärkte so eine Raumwirkung, die der kubistischen Kunstauffassung der Mehrzahl der Weißenhofarchitekten entsprach. Besonders ausgeprägt bei Le Corbusier, aber auch in den Wohnungen von Oud, Stam und Mies van der Rohe wurden starke farbliche Akzente gesetzt.

Das Hochbauamt stützte sich bei der Wiederherstellung der Farbigkeit, im Rahmen der Sanierung der einzelnen Häuser, auf folgende »Quellen«:

1   Farbbefundanalysen vor Ort mit Hilfe freier Restauratoren an allen denkmalgeschützten Gebäuden im Fassadenbereich und im Gebäudeinneren.
2   Literaturhinweise aus der zeitgenössischen Literatur.
3   Schriftliche Angaben der Architekten selbst in Originalplänen oder Briefen.
4   Bilder, wie Schwarzweißphotos, ein koloriertes Photo, eine kolorierte Postkarte, ein Ölbild von Reinhold Nägele.
5   Farbangaben von noch lebenden Zeitzeugen aus der Erinnerung.

Widersprachen sich die Aussagen verschiedener »Quellen«, wie z.B. geschehen bei der Bestimmung der ursprünglichen Fassadenfarbigkeit des Gebäudes von Mart Stam, so gab das Hochbauamt in Abstimmung mit dem Landesdenkmalamt der oft mehrfach überprüften eigenen Farbbefundanalyse den Vorzug.

1.5.5 Die Garten- und Freiflächengestaltung

Was die Wiederherstellung der Gärten für die einzelnen Häuser betraf, so waren sich alle Beteiligten in Ämtern und Organisationen 1981 darüber einig, daß auch hier der Wildwuchs der letzten sechzig Jahre zumindest korrigiert werden mußte.
Im Auftrag des Staatlichen Hochbauamtes III wurde zur Ausarbeitung einer Sanierungskonzeption für die Aussenanlagen ein gartenbaufachliches Gutachten von dem Stuttgarter Gartenarchitekten Hans Luz erstellt.
Grundlage des Gutachtens war eine Bestandsaufnahme der Gärten, um auf dieser gesicherten Grundlage die neue Sanierungskonzeption für die einzelnen Gärten vorzuschlagen. Diese Neukonzeption war um so schwieriger, als eine gestalterische Gesamtkonzeption für die Gärten 1927 nicht erreicht wurde, also nie existiert hatte. Das Gutachten schrieb hierzu:
»Da auf eine der Architektur und Gartenauffassung der Zeit entsprechende Konzeption am Weißenhof nicht zurückgegriffen werden kann und auch von den tatsächlich angelegten Gärten nur vereinzelt Unterlagen vorhanden sind, kann auch die Sanierung der Gärten nicht oder nur ganz sporadisch auf einen ursprünglich vorhandenen Zustand zurückführen.
Die fehlende übergeordnete Konzeption für die Anlage der Gärten ergab folglich auch keine Grundsätze für die Pflege der Gesamtanlage, sondern nur unterschiedliche Pflegeintensität in den einzelnen Gärten. Der allgemeine Zustand des Erscheinungsbildes ist eher ein Zuviel als Zuwenig der Vegetation. Aber selbst wenn Gartenpläne bestanden hätten, wäre es, weil Vegetation ein lebendiges Material ist, schwierig, nach mehr als 50 Jahren wieder einen ursprünglichen Zustand zu erreichen.
Der Baumbestand ist inzwischen herangewachsen, aber noch nicht überaltert. Viele Bäume sind zur vertrauten Gewohnheit geworden, einige tragen zur Stadtbildprägung bei.
Man kann jetzt die ausgewachsenen Bäume nicht ohne Not entfernen, auch wenn sie an zufällige Standorte geraten sind. Eine dem Geist der Zeit entsprechende Konzeption jetzt im nachhinein zu entwickeln, würde bei ihrer Durchführung bedeuten, daß fast der gesamte Baumbestand beseitigt werden müßte. Dies scheidet aber aus.
Eine Wiederherstellung der Gärten kann daher nur in einem behutsamen Vorgehen bestehen mit dem Ziel, die Gartenräume wieder freizumachen und in ihrer Ausformung und Detailausbildung so gut als möglich der damaligen Gartenauffassung anzunähern.

Auf der Suche danach, wie wohl eine damalige Gesamtkonzeption ausgesehen hätte, wäre sie vorhanden gewesen, gibt es in der Gartengeschichte dieser Zeit nur wenige Vorbilder. Die Vorschläge von Heicke einer zurückhaltenden Gestaltung mit Platten- und Kieshöfen, geschnittenen Hecken, Schling- und Kübelpflanzen wäre sicher der Architektur angemessener gewesen als das, was dann mehr oder weniger zufällig entstanden ist.«[88]

Das Gutachten machte dann konkrete Vorschläge über eine Neugestaltung der einzelnen Gärten unter Berücksichtigung der inzwischen vorhandenen Vegetation. Leider muß man aber heute feststellen, daß nicht alle gartengestalterischen Vorschläge des Gutachtens verwirklicht wurden. Schuld daran waren die knappen finanziellen Mittel.

So war es z.B. nicht möglich in den Gärten der beiden Corbusier-Häuser die wichtigen Gestaltungselemente wie Sitzbank mit Laubengang, Verbindungswege und nierenförmigen Betonweg wiederherzustellen. Auch Anpflanzungen mit Büschen, Hecken oder Stauden sowie Bodenverbesserungen konnten vom Hochbauamt bei einigen Häusern nicht im erforderlichen Umfang durchgeführt werden. Der Eigentümer, die Bundesrepublik Deutschland, vertraut hier mehr den Selbstformungskräften der Natur, wie auch jenen der jeweiligen Mieter, denen, zumindest bei den Einfamilienhäusern, die Pflege der Gärten anvertraut wurde.

Lageplan des Gartenbestandes der Siedlung vor der Sanierung. Zustand 1981 M 1:1500.

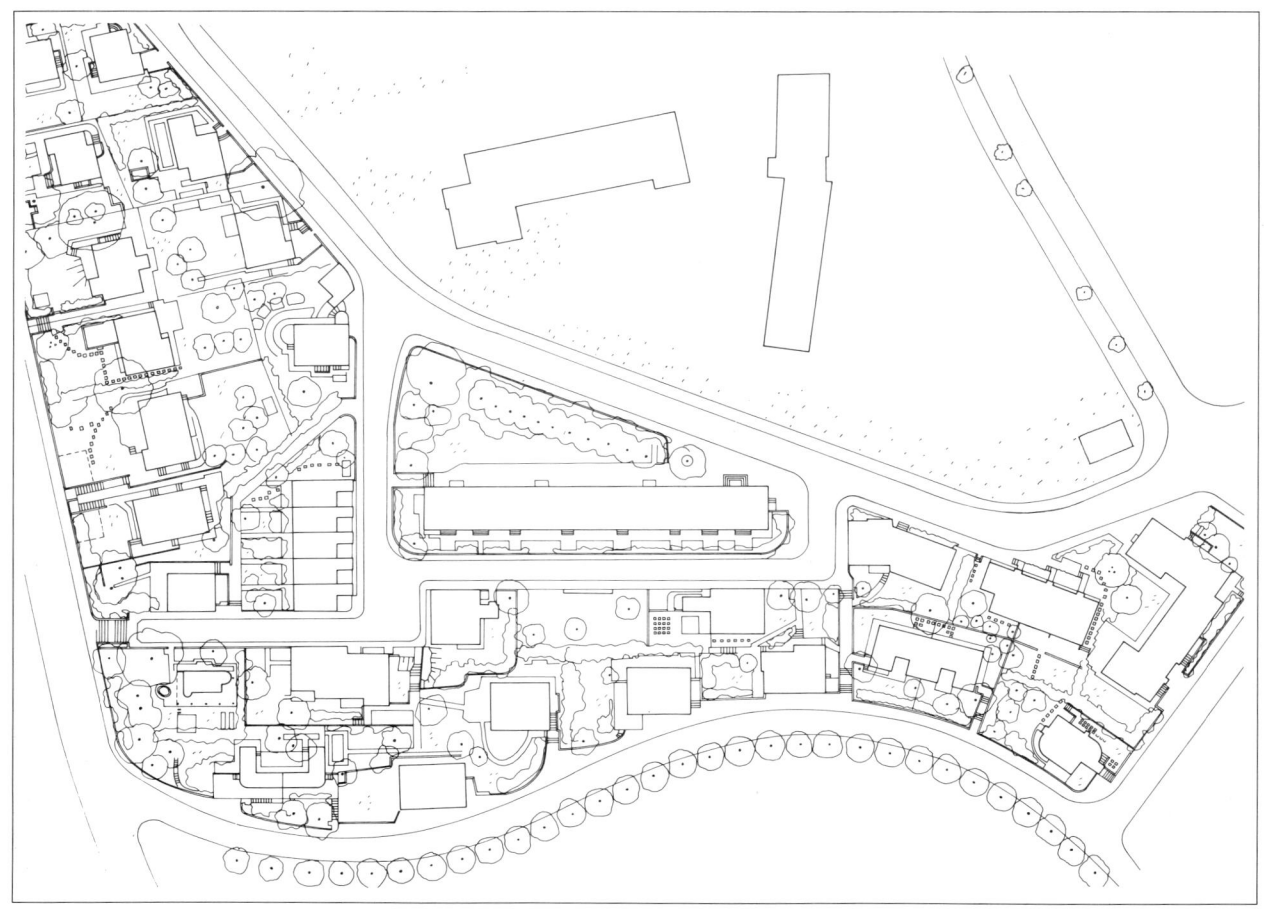

Reihenhausgruppe von Mart Stam

Doppelhaus von Josef Frank

1.5.6 Kosten

Die Staatliche Hochbauverwaltung veröffentlichte 1987 folgende Gesamtbaukosten:
»Die 1987 abgerechneten Gesamtkosten der Sanierung der Weißenhofsiedlung betragen 9,474 Mio DM. Die Stadt Stuttgart beteiligte sich hieran mit einem Zuschuß von 3 Mio DM.

Schlüsselt man nun die Gesamtkosten von 9,474 Mio DM in die drei Kostengruppen – Instandsetzung, Modernisierung und Denkmalpflege auf, so ist bemerkenswert, daß über zwei Drittel der verfügbaren Mittel ausgegeben wurden, um reine Instandsetzungs-Maßnahmen zur Erhaltung und Vermietbarkeit der Wohnungen durchzuführen.

Nur ein verhältnismäßig geringer Teil, nämlich 15 % der Gesamtkosten, wurde für »rein denkmalpflegerische Belange« verwendet.

Kostengruppe	DM	%
1. Instandsetzung	ca. 6.634.000,–	70
2. Modernisierung	ca. 1.420.000,–	15
3. Denkmalpflege	ca. 1.420.000,–	15
4. Gesamtkosten	= 9.474.000,–	100 «[89]

Übersicht zu Kosten, Flächen, Bewohnern und Sanierungsmaßnahmen im Vergleich 1927 zu 1987

Architekt Gebäude	Gebäudeart	Zeit	Erste Bewohner 1927	Bewohner 1987	Vermietete Wohnfläche m²	Umbauter Raum m³	Baukosten in RM 1927	Kosten je m³ 1927	Sanierungskosten incl. Stützmauern und Garten gesamt 1987 je m³ 1987	Mietkosten je m²/Mnt. 1927	Mietkosten je m²/Mnt. 1.1.1988	Die wichtigsten Sanierungsmaßnahmen 1987	Bemerkungen
Quellen				Joed./Plath die WH-Sdl.	BV-Amt Stgt.	Joed./Plath die WH-Siedlung			Staatl. Hochbauamt III-Stgt.	Joed./Plath die WH-Sdl.		Staatl. Hochbauamt III Stuttgart	
1 P. Behrens Am Weißenhof, Hölzelweg 3-5	12-Fam.-Haus 8x3-Zim. 4x4-Zim.	1927 bis heute	Bankbeamte Kaufmann Architekt	Rentner, Beamte, mittlere Angestellte	636	3325	193.730,-	58,-	882.200,- 265,-	1,30 RM	5,92 DM bzw. 6,12 DM	– UG-Wandsanierung mit Drainage – Erneuerung des Außenputzes – äußere und innere Farbgestaltung nach Befund – Entfernung der Satteldächer und Wiederherstellung der Dachterrassen, – Stützmauersanierung entspr. Original	Außengestaltung incl. Farbgebung 1987 wie 27
2 V. Bourgeois Friedr.-Ebertstraße 118	1-Fam.-Haus seit 1956 2-Fam.-Haus	1927 bis heute		mittlere Angestellte Beamte	120 EG: 57 OG: 58	697			105.400,- 151,-	Bewohnt vom Eigentümer	5,94 DM	– UG-Wandsanierung mit Drainage, – äußere Farbgebung nach Befund, – Rekonstruktion äußerer Treppenaufgang, – Wartung und Instandsetzung, – Elektroarbeiten	Befund für Farbgebung im Treppenhaus
3 R. Döcker Bruckmannweg 10	1-Fam.-Haus leeres Grundstück	1927-1944	Kaufmann, Ehepaar, 1 Hausang.	Leeres Grundstück	118	576	34.046,-	59,-		1,90 RM			Diskussion über Rekonstruktion des Originals
4 R. Döcker Rathenaustr. 9	1-Fam.-Haus seit 1951 2-Fam.-Haus	1927-1944	Architekt, Ehepaar, Pensionär MD	Ersatzbau Privatbesitz	105 EG: 44 OG: 85 DG: 64	720 1023	42.693,-	59,-		2,70 RM	Bewohnt vom Eigentümer	– In Privateigentum	Ersatzbau mit Satteldach
5 J. Frank Rathenaustr.	Doppel-Haus	1927 bis heute	Rechtsanwalt Oberstleutn.	Höherer Beamter Angestellter	je 122	1044	61.502,-	59,-	363.300,- 348,-	1,50 RM	8,10 DM bzw. 8,50 DM	– UG-Wandsanierung mit Drainage, – Vollwärmeschutz der Fassade, – Rekonstruktion von Fenstern und Türen, – Stützmauersanierung entsprechend Original, – Instandsetzung	OG-Grundrisse nicht original
6 W. Gropius Bruckmannweg 4 und 6	zwei 1-Fam.-Hs. seit 55 4-Fam.-Haus	1927-1944	Akademiker (3 Kinder) Kunstgew. (9 Kinder)	Pensionäre Beamte und Angestellte	130 140 EG: 2x85 OG: 2x85	525 460 1700	38.146,- 36.708,-	73,- 80,-	Instandsetzungsmaßnahme 89.000,-	1,90 RM		– Allgemeine Instandsetzungsarbeiten, Malerarbeiten	Ersatzbau mit Flachdach
7 L. Hilberseimer Rathenaustr. 5	1-Fam.-Haus seit 54	1927-1944	Studienrat (3 Kinder)	Angestellte und Beamte	123 240	600 1192	38.534,-	64,-	Instandsetzungsmaßnahme 89.000,-	2,00 RM		– Allgemeine Instandsetzungsarbeiten, Malerarbeiten	Ersatzbau mit Satteldach
8 Le Corbusier Bruckmann. 9	1-Fam.-Haus	1927 bis heute	Privatdozent	Kunstdirektor	130	788	64.695,-	82,-	314.200,- 399,-	3,50 RM	10,50 DM	– UG-Wandsanierung mit Drainage, – Wärmedämmung von Fassaden, Dachterrassen, Flachdächern und abgehängten Decken, – Eisenbeton- und Stahlsanierung der tragenden Skelettkonstruktion, – Bauliche Rekonstruktion, – Farbgebung entspr. Befund, – Erneuerung der Haustechnik, – Gartengestaltung in reduzierter Form	Einige Baudetails wurden aus Geldmangel nicht ausgeführt
9 Le Corbusier Rathenaustraße 1 + 3	Doppel-Haus	1927 bis heute	Prof. Kunstmaler	Prof. der Malerei Zahnarzt	113 130	1457	92.501,-	64,-	1.036.300,- 711,-	4,30 RM	10,50 DM		
10 L. Mies van der Rohe, Am Weißenhof 14-20	24-Fam.-Hs seit 86 28-Fam.-Hs	1927 bis heute	Akademiker Eisenb.-Ass. Kaufmann	Akademiker Rentner Beamte Angestellte	1450 1642	8300	430.361,-	52,-	3.810.000,- 459,-	1,95 RM	7,50 DM bzw. 8,50 DM	– UG-Wandsanierung mit Drainage, – Wärmedämmung von Fassaden, Dachterrassen und Flachdächern, – Stahlsanierung der Skelettkonstruktion, – Farbgebung nach Befund, – Erneuerung der Haustechnik, – Stützmauersanierung	Alle Wohnungen blieben verbaut, bis auf eine rekonstruierte Wohnung
11 J.J.P. Oud Pankokweg 1-9	5 Reihenhäuser	1927 bis heute	Arzt Opernsänger	Rentner Architektin Angestellte	je 73	1675	114.300,-	68,-	1.223.000,- 730,-	2,00 RM	9,00 DM	– UG-Wandsanierung mit Drainage soweit möglich, – Bauliche Rekonstruktionen, – Einbau einer Zentralheizung, – Rekonstruktion der Gartenanlage, – Stützmauersanierung	Alle Wohnungen verbaut, Eine Wohnung rekonstruiert
12 H. Poelzig Rathenaustraße 7	1-Fam.-Haus seit 49 2-Fam.-Haus	1927-1944	Architekt (4 Kinder)	Angestellte Beamte	140 EG: 100 OG: 82	680 1020	39.628,-	58,-	Instandsetzungsmaßnahme 89.200,-	1,95 RM	6,40 DM	– Allgemeine Instandsetzungsarbeiten	Ersatzbau mit Satteldach
13 A. Rading Am Weißenhof 22	1-Fam.-Haus seit 56 4-Fam.-Haus	1927-1956		Angestellte Beamte	146 EG: 139 OG: 178	555 1553	38.205,-	69,-		1,70 RM	6,80 DM	– Allgemeine Instandsetzungsarbeiten	Ersatzbau mit Flachdach
14 H. Scharoun Hölzelweg 1	1-Fam.-Haus	1927 bis heute	Kaufmann	Höherer Beamter	110	565	48.385,-	85,-	260.000,- 460,-	2,95 RM	10,50 DM	– UG-Wandsanierung mit Drainage, – Wärmedämmung von Fassade und Dach, – Rekonstruktion von Tür- und Fensterelementen, – Farbgebung nach Befund, – Stützmauersanierung	Vorgezogene Sanierung von 1979-81
15 A.G. Schneck Friedr.-Ebert-Straße 114	1-Fam.-Haus seit 60 2-Fam.-Haus	1927 bis heute	Architekt	Angestellte Beamte	152 EG: 81 OG: 81	900			215.000,- 240,-	Bewohnt vom Erbauer	5,90 DM	– UG-Wandsanierung mit Drainage, – Farbgebung nach Befund, – Außenputz- und Malerarbeiten, – Stützmauersanierung, – Gartengestaltung in reduzierter Form	Grundrisse nicht rekonstruiert
16 A.G. Schneck Bruckmannweg 1	1-Fam.-Haus seit 45 2-Fam.-Haus	1927 bis heute	Professor	Beamte Angestellte	120 EG: 50 OG: 55	620	36.190,-	58,-	250.100,- 403,-	1,95 RM	7,50 DM	– UG-Wandsanierung mit Drainage, – Erneuerung des Außenputzes, – Rekonstruktion von Bauteilen, – Farbgebung nach Befund, – Stützmauersanierung, – Gartengestaltung	Grundrisse rekonstruiert
17 M. Stam Am Weißenhof 24-28	3 Reihenhäuser	1927 bis heute	Akademiker	Angestellte Beamte	111 104 105	1542	98.070,-	63,-	819.000,- 530,-	1,65 RM	9,00 DM	– UG-Wandsanierung mit Drainage, – Wärmedämmung von Fassade, Dachterrasse und Flachdach, – Farbgebung nach Befund, – Rekonstruktion von Bauteilen, – Stützmauersanierung	Mittleres Haus im Innern original rekonstruiert
18 B. Taut Bruckmannweg 8	1-Fam.-Haus seit 60 2-Fam.-Haus	1927-1944	Akademiker	Angestellte Beamte	100 EG: 81 OG: 82	483	36.892,-	76,-	Instandsetzungsmaßnahmen 53.000,-	2,40 RM		– Allgemeine Instandsetzungsarbeiten, Malerarbeiten	Ersatzbau mit Flachdach
19 M. Taut Bruckmannweg 12	1-Fam.-Haus seit 60 2-Fam.-Haus	1927-1956	Akademiker	Angestellte Beamte	110 EG: 85 OG: 85	560 980	37.685,-	67,-	Instandsetzungsmaßnahmen 53.000,-	2,30 RM		– Allgemeine Instandsetzungsarbeiten, Malerarbeiten, Stützmauersanierung	Ersatzbau mit Flachdach
20 M. Taut Rathenaustraße 11	1-Fam.-Haus seit 56 2-Fam.-Haus	1927-1944	Kaufmann	Angestellte Beamte	115 EG: 98 OG: 98	570 1109	44.445,-	78,-		2,45 RM		– Allgemeine Instandsetzungsarbeiten	Ersatzbau mit Flachdach
21 Sonstiges z.B. Stützmauersanierung									197.300,-				
22 Gesamtkosten (ohne Ersatzhäuser)									9.474.000,-				

1.6 Quellenverzeichnis
Einführung und Kapitel 1.0

1. Norbert Huse, ›Neues Bauen 1918 bis 1933‹, Vorwort zur ersten Auflage von 1975. Ernst und Sohn. Berlin 1985.
2. a) Karin Kirsch, ›Die Weißenhofsiedlung‹, Deutsche Verlags-Anstalt Stuttgart, 1987.
   b) Jürgen Joedicke, ›Weißenhofsiedlung Stuttgart‹, Karl Krämer Stuttgart, 1. Auflage 1968, Neuauflage 1989.
   c) info-bau 87, ›Weißenhof 1927–87‹, Staatliche Hochbauverwaltung B-W, Stuttgart 1987.
3. wie (2a)
4. Text der Einladungskarte des Staatlichen Hochbauamtes III zum Festakt am 23. Juli 1987.
5. Jürgen Joedicke: ›Weißenhofsiedlung Stuttgart‹.S. 8 Karl Krämer Stuttgart 1989.
6. Aus »Vorläufiger Plan zur Durchführung der Werkbundausstellung »Die Wohnung« Stuttgart 1926. 27. Juni 1925.
7. Ausführungen des 1. Vorsitzenden des Deutschen Werkbundes Geheimrat Peter Bruckmann aus dem Protokoll der Vorstandssitzung der Württ. Arbeitsgemeinschaft 14. Mai 1926
8. Vorläufiger Plan zur Durchführung der Werkbundausstellung »Die Wohnung« Stuttgart 1926. 27. Juni 1925.
9. wie (8)
10. wie (8)
11. Brief von Ludwig Mies van der Rohe an Gustav Stotz vom 11. September 1925
12. Auszug aus der Niederschrift der Bauabteilung des Gemeinderats vom 16.Oktober 1925 – Zitat von Baubürgermeister Sigloch
13. Paul Bonatz im Schwäbischen Merkur vom 5. Mai 1926.
14. Vorwort von Ludwig Mies van der Rohe in Bau und Wohnung, Stuttgart 1927, S.7, Dr. F. Wedekind und Co., Stuttgart 1927.
15. wie (11)
16. Brief von Erich Mendelsohn an Ludwig Mies van der Rohe vom 13. Oktober 1926
17. Auszug aus der Niederschrift der Bauabteilung des Gemeinderats vom 8. Juli 1927.
18. wie (5), S.19
19. wie (5), S.20
20. Ludwig Mies van der Rohe, Vorwort Austellungskatalog »Die Wohnung«, Stuttgart 1927.
21. Peter Behrens in ›Bau und Wohnung‹ Stuttgart 1927, S.17, Dr. Fr. Wedekind, Stuttgart 1927.
22. Walter Gropius in ›Bau und Wohnung‹ Stuttgart 1927, S.59, Dr. Fr. Wedekind, Stuttgart 1927.
23. Mies van der Rohe in ›Bau und Wohnung‹ Stuttgart 1927, S.77, Dr. Fr. Wedekind, Stuttgart 1927.
24. Bericht über die Siedlung in Stuttgart am Weißenhof, Reichsforschungsgesellschaft für Wirtschaftlichkeit im Bau- und Wohnungswesen e.V. Jg. 2, Sonderheft Nr. 6, 1929 S.47.
25. Geheimrat Dr.-Ing. Muthesius in ›Berliner Tageblatt‹ Nr.512 vom 29.10.27, zitiert in: Reichsforschungsgesellschaft für Wirtschaftlichkeit im Bau- und Wohnungswesen e.V. Jg. 2, Sonderheft Nr. 6, 1929 S.47.
26. Vorlage des Liegenschaftsamtes der Stadt Stuttgart im August 1939.
27. Jürgen Joedicke / Christian Plath: Die Weißenhofsiedlung. S. 69, 70, Karl Krämer Stuttgart 1968.
28. wie (27)
29. wie (27), S.70, 71.
30. Gesprächsnotiz des Staatlichen Hochbauamtes III Stuttgart mit der Familie Hagdorn, Pankokweg 9, vom 5. Februar 1982.
31. Gesprächsnotiz des Staatlichen Hochbauamtes III Stuttgart mit der Familie Weber, vom 10. Februar 1982.
32. wie (27), S.71
33. In den Bauanträgen wurden die beiden weiteren Satteldächer damit begründet, daß sie eine städtebauliche Fortsetzung dieses ersten Hauses darstellten.
34. Anschreiben zum Bauantrag ›Neubau eines Wohngebäudes, Am Weißenhof 22‹ der Oberfinanzdirektion Stuttgart an das Regierungspräsidium Nordwürttemberg vom 19. April 1956.
35. Ausnahme: die beiden Einfamilienhäuser von A.G.Schneck, Friedrich-Ebertstr. 114, und Victor Bourgeois, Friedrich-Ebertstr. 118, wurden erst 1968 unter Denkmalschutz gestellt.
36. Schreiben des Staatlichen Amtes für Denkmalpflege an das Staatliche Sonderbauamt in Stuttgart vom 7. November 1958.
37. Brief von Horst Linde, Finanzministerium Baden-Württemberg an den Herrn Bundesschatzminister, 31. 3. 1964.
38. Ergebnisniederschrift des Bundesministers der Finanzen über eine Besprechung am 14. Februar 1978 in Stuttgart zum Thema: ›Maßnahmen zur Erhaltung und Verbesserung der Bausubstanz sowie zur Wiederherstellung des Originalzustandes bei den unter Denkmalschutz stehenden Gebäuden‹. Teilnehmer: Vertreter des Bundesfinanz- und Bundesbauministeriums, der Oberfinanzdirektion Stuttgart, des Landesdenkmalamtes BW und des Staatlichen Hochbauamtes III Stuttgart.
39. wie (38)
40. wie (38)
41. Erlaß des Bundesministers für Raumordnung, Bauwesen und Städtebau vom 6. März 1981.
42. Fünfzig Jahre Weißenhofsiedlung – Eine Dokumentation von Bodo Rasch, Frei Otto, Berthold Burkhardt. Stuttgart, 13. März 1978, S. 1.
43. wie (42), S. 3
44. Architekt Bodo Rasch am 3. Dezember 1987 im Gespräch mit dem Verfasser.
45. Kostenschätzung des Staatlichen Hochbauamtes III Stuttgart vom 3. März 1975. Die Zusammenstellung der geschätzten Kosten über insgesamt DM 1.791.200.– gliedert sich in:
   1) Maßnahmen zur Erhaltung der Bausubstanz DM 1.376.150,–

2) Maßnahmen zur Wiederherstellung des Originalzustandes im Sinne der Denkmalpflege DM 415.050,–
46 Kostenschätzung des Staatlichen Hochbauamtes III Stuttgart vom 1. April 1980.
47 Stuttgarter Zeitung vom 3. September 1980.
48 wie (47).
49 ›Die Welt‹ 16. September 1980. Zitat Stuttgarter Baubürgermeister Bruckmann.
50 Stuttgarter Nachrichten 21. November 1980.
51 Stuttgarter Nachrichten 2. September 1980.
52 wie (50).
53 Stuttgarter Zeitung 14. Februar 1980.
54 In einem Brief an den Bundesfinanzminister boten zwei Mieter der Siedlung an, ihre jetzige Mietwohnung käuflich zu erwerben.
55 Peter Conradi in einem Brief an den Bundeskanzler Helmut Schmid.
56 Stuttgarter Zeitung vom 29. Dezember 1980, offener Brief von Berthold Burkhardt und Frei Otto an die Öffentlichkeit.
57 wie (41)
58 Christian Marquart in »Vom Umgang mit Denkmälern«. Stuttgarter Zeitung 6. November 1980.
59 Staatssekretär Haehser vom Bundesfinanzministerium. Stuttgarter Zeitung 1981
60 wie (59)
61 wie (41)
62 Herbert Fecker in: die Bauverwaltung Heft 3, 1983.
63 wie (62).
64 wie (42).
65 wie (42), S. 18.
66 wie (42), Begründung von Konrad Wachsmann, S. 17.
67 wie (42), Begründung von Detlev Schreiber, S. 16.
68 wie (42), Begründung von Hans Hollein, S. 10.
69 wie (42), Begründung von Fritz Leonhardt, S. 12.
70 wie (42), Begründung von Julius Hoffmann, S. 10.
71 wie (42), Begründung von Horst Linde, S. 12.
72 wie (42), Begründung von Manfred Sack, S. 15.
73 wie (42), Begründung von Roland Ostertag, S. 13.
74 wie (41).
75 Herbert Fecker: »Zum Thema« S. 6. info-bau Heft 2–83, 10. Jahrgang, der Staatlichen Hochbauverwaltung Baden-Württemberg.
76 wie (41).
77 wie (64).
78 wie (75), S. 7.
79 Erlaß des Bundesministers für Raumordnung, Bauwesen und Städtebau vom 26. März 1981.
80 Die Werknachlässe der noch erhaltenen Originalgebäude und ihrer Architekten:
 – Peter Behrens – Wien
 – Victor Bourgeois – in Brüssel, archive d'architecture moderne
 – Le Corbusier – in Paris, fondation Le Corbusier.
 – Josef Frank – in Wien, Hochschule f. angew. Kunst.
 – Ludwig Mies van der Rohe – in New York, museum of modern art.
 – J.J.P. Oud – in Amsterdam, Architektur-Museum.
 – Hans Scharoun – in Berlin, Akademie d. bildenden Künste.
 – Adolf G. Schneck – in München, Universitätsbibliothek.
 – Mart Stam – kein gesammelter Nachlaß.
81 Rainer Laun in: Denkmalpflege in Baden-Württemberg. Nachrichtenblatt des Landesdenkmalamtes, Heft 3, 1987.
82 Erläuterungsbericht für das Gebäude von Peter Behrens. Genehmigte Haushaltsunterlage – Bau des Staatlichen Hochbauamtes III vom 14. April 1982.
83 Erläuterungsbericht für die Gesamtsiedlung. Genehmigte Haushaltsunterlage – Bau des Staatlichen Hochbauamtes III vom 14. April 1982.
84 info-bau 87, Staatlicher Hochbau Baden-Württemberg, 14. Jahrgang, Heft 2, 1987.
85 Gutachten zur Untersuchung der Originalfarbigkeit für alle denkmalgeschützten Gebäude der Weißenhofsiedlung, im Auftrag des Staatlichen Hochbauamtes III Stuttgart:
 1) Farbuntersuchung für das Gebäude von Hans Scharoun durch den Kunstmaler und Restaurator Kurt Elsässer, vom 21. Februar 1981.
 2) Farbuntersuchung an den Fassaden der übrigen zehn denkmalgeschützten Gebäude der Siedlung sowie der inneren Farbigkeit des Corbusier-Hauses, Bruckmannweg 2, durch Studenten des Instituts für Technologie der Malerei von Prof. Richter an der Kunstakademie in Stuttgart – Hans Cabanis, Ute Hack, Andreas Menrad, Caroline Walther – in den Jahren 1982 und 83.
 3) Farbuntersuchung der Fassaden der denkmalgeschützten Gebäude einschließlich ihrer innenräumlichen Farbigkeit durch die Restauratoren Werner Koch und Thomas Wieck in den Jahren 1983 bis 86.
86 Entstanden ist der Name Weißenhof schon vor über 200 Jahren, als der Stuttgarter Bäckermeister Georg P. Weiss auf der Feuerbacher Heide einen Gutshof errichtete, der nach ihm benannt wurde. Der sogenannte ›Weißenhofbäck‹ wurde 1741 geboren, machte ein Vermögen als Heeresverpflegungsmeister und starb 1822. Nach mehreren Eigentümerwechseln gelangte ein Teil des großen Weißenhofgeländes 1922 in den Besitz der Stadt Stuttgart, die es dann für die Errichtung der heutigen Weißenhofsiedlung zur Verfügung stellte.
87 Andreas Menrad: ›Die Weißenhofsiedlung – farbig.‹
88 ›Weißenhofsiedlung Stuttgart – Wiederherstellung der Gärten‹. Gutachten von Hans Luz und Partner, Stuttgart vom März 1983, im Auftrag des Staatlichen Hochbauamtes III.
89 wie (84), S. 96

2.0 Sanierungsdetails der Häuser von Le Corbusier, Oud und Mies van der Rohe

Das Neue der Architektur der 20er Jahre, und die Architekten Le Corbusier, J.J.P. Oud und Ludwig Mies van der Rohe gehörten zu ihren herausragenden Vertretern, war die Abkehr von der üppigen Dekoration der Jahrhundertwende durch eine schlichte, aber wohlproportionierte, flächig-räumliche Gestaltung. Das bedeutete im Detail knappste Abmessungen der Bauteile und Profile, und dies machte, wie noch zu zeigen sein wird, bei Fenstern, Türen, Dachaufkantungen, Stützen- oder Wandanschlüssen große Probleme bei der denkmalgerechten Sanierung.

Betrachten wir heute, zwei Jahre nach Beendigung der umfangreichen Instandsetzungs- und Restaurierungsarbeiten, die noch erhaltenen Originalhäuser, so stellt sich die Frage, was baulich im einzelnen verändert wurde und in welcher Detailgenauigkeit der heutige Zustand dem Original von 1927 entspricht.
Die folgenden Abschnitte mit den Häusern von Le Corbusier, J.J.P. Oud und Ludwig Mies van der Rohe versuchen, durch eine detaillierte Darstellung der Veränderungen hier eine Antwort zu geben.
Besonders wichtig erscheinen mir die vergleichenden Detailzeichnungen von Fenstern, Türen und anderen konstruktiven Einbauten zu sein, bei denen das originalähnlich rekonstruierte Bauteil in seinen exakten Abmessungen dem Original von 1927 gegenübergestellt wird.

Einfamilienhaus von Le Corbusier nach der Sanierung 1983

2.1.0 Le Corbusier und Pierre Jeanneret, Einfamilienhaus, Bruckmannweg 2

2.1.1 Die bau- und grundrißlichen Veränderungen von 1927 bis 87

Ganz allgemein kann festgestellt werden, daß es weniger die Zerstörung der Großform war, obwohl auch dies, wie wir noch sehen werden, in den 50er Jahren geplant war, welche die Architektur des Einfamilienhauses entstellte, als vielmehr die, im Verlauf von sechs Jahrzehnten vorgenommen, vielen kleinen und größeren baulichen Veränderungen. Der zeichnerische Grundrißvergleich der Jahre 1927, 82 und 87 macht dies deutlich.
Die Grundrißpläne von 1927 zeigen das Haus in seinem damaligen Originalzustand, während die Pläne mit Datum 1982 und 1987 den Zustand vor und nach erfolgter Sanierung darstellen.
Dieser Vergleich erlaubt es dem aufmerksamen Beobachter, die auch heute noch bestehenden Grundrißabweichungen gegenüber dem Original sofort festzustellen.
Zunächst, in chronologischer Reihenfolge, die wesentlichsten Bau- und Nutzungsänderungen im Inneren und Äußeren des Hauses, soweit sie noch rekonstruierbar waren:
Beide Häuser von Le Corbusier wurden als letzte der Weißenhofhäuser zwischen 1928 und 29 vermietet. Der Privatdozent Dr. Reiher bewohnte das Einfamilienhaus bis zur Räumung 1939.
Zu diesem Zeitpunkt war das Haus noch weitgehend original erhalten. Erste Umbauten fanden im Verlauf der Kriegsjahre 1940 bis 43 statt. Im Eingangs- und Galeriegeschoß wurden die ersten Wände hochgemauert, und die deutsche Flugabwehr benutzte in dieser Zeit das Haus als Kabellager. Auch die ursprüngliche Farbigkeit veränderte sich in dieser Zeit. Ende 1943 wurde das Haus dann wieder zum Wohnen vermietet. Der zweite Mieter blieb bis 1960. Durch Bombenschäden 1944 gingen die Schiebefenster zu Bruch und die großen Öffnungen wurden bis auf kleine Löcher zugemauert. Erst im Jahre 1949 fand eine provisorische Instandsetzung des Hauses statt, einschließlich des Einbaues von Behelfsfenstern in die verkleinerten Fensteröffnungen.
In den Jahren 1955 und 56 wurde zunächst ein Umbau des Hauses in ein 2-Familienhaus und dann, aus wirtschaftlichen Gründen, der Abbruch des Hauses geplant. Beides konnte, zum Glück, verhindert werden. Die Vorgänge aber, im Zusammenhang mit dem vorgesehenen Abbruch der Gebäude, waren 1956 der Auslöser für einen Antrag, die noch erhaltenen Originalgebäude unter Denkmalschutz zu stellen. Als zeittypisches Beispiel aus den 50er Jahren verdient der damals spektakuläre Vorgang eine nähere Betrachtung:
Am 5. April 1955 lag dem Regierungspräsidium Stuttgart ein Bauantrag für den völligen Um- und Ausbau des Einfamilienhauses von Le Corbusier vor. Der Einbau einer zweiten Wohnung war geplant.
Da »der geplante Umbau und die Erweiterung das Gebäude in einen wirtschaftlicheren und brauchbareren Zustand versetzen soll«[1] und da dem »Bauvorhaben keine städtebaulichen Bedenken entgegenstehen«[2], wurde dem Umbauantrag der Oberfinanzdirektion sowohl vom Baurechtsamt der Stadt Stuttgart als auch vom Regierungspräsidium mit Schreiben vom 21. Juni 1955 zugestimmt.
Der Umbau wurde allerdings nicht durchgeführt, denn fast ein Jahr später, am 18. Mai 1956, teilte die Oberfinanzdirektion Stuttgart dem Baurechtsamt der Stadt mit, »daß der Umbau zur Unterbringung von zwei Wohnungen der hohen Kosten wegen nicht wirtschaftlich sei, da die Wohnung im EG, bzw. im 1.OG, gegenüber dem ursprünglichen Zustand nicht wesentlich verbessert würde.«[3] und bat um Prüfung, »ob das Gebäude Bruckmannweg 2 zweckmäßigerweise abzubrechen und wieder neu aufzubauen wäre...Es wird baldmöglichst um Stellungnahme gebeten ob und inwieweit – evtl. aus Gründen des Denkmalschutzes – gegen den Abbruch Hinderungsgründe gegeben sind.«[4]
Das Bekanntwerden dieser Abbruchsabsicht löste eine große Protestwelle aus und bis hin zum damaligen Bundespräsidenten Theodor Heuß erhoben Bürger Einspruch. Der Oberbürgermeister der Stadt Stuttgart, Arnulf Klett, lehnte im Juli 1956 schriftlich den Abbruch des Hauses ab – »ich bedaure daher, meine Zustimmung zu einem Abbruch des Gebäudes nicht geben zu können...«[5] – und stellte am 7. August 1956 den Antrag, die noch erhaltenen Gebäude der Weißenhofsiedlung unter Denkmalschutz zu stellen:
»Ich bitte unter Bezugnahme auf Art. 97 der Bauordnung in Verbindung mit der Verfügung des Ministeriums des Innern vom 14. 1. 1912 in der Fassung vom 1. 9. 1920 und 17. 1. 1925, die in der Anlage aufgeführten Gebäude der Weißenhofsiedlung in Stuttgart mit Rücksicht auf die bahnbrechende Bedeutung dieser von international anerkannten Architekten geschaffenen Bauwerke in das Landesverzeichnis der Baudenkmale aufzunehmen...«[6]
Die Befürchtungen des schwäbischen Albvereins aus jener Zeit, daß »der ganze Denkmalschutz durch die Genehmigung eines solchen Antrags blamiert sein würde«[7], erwiesen sich als ziemlich unbegründet.

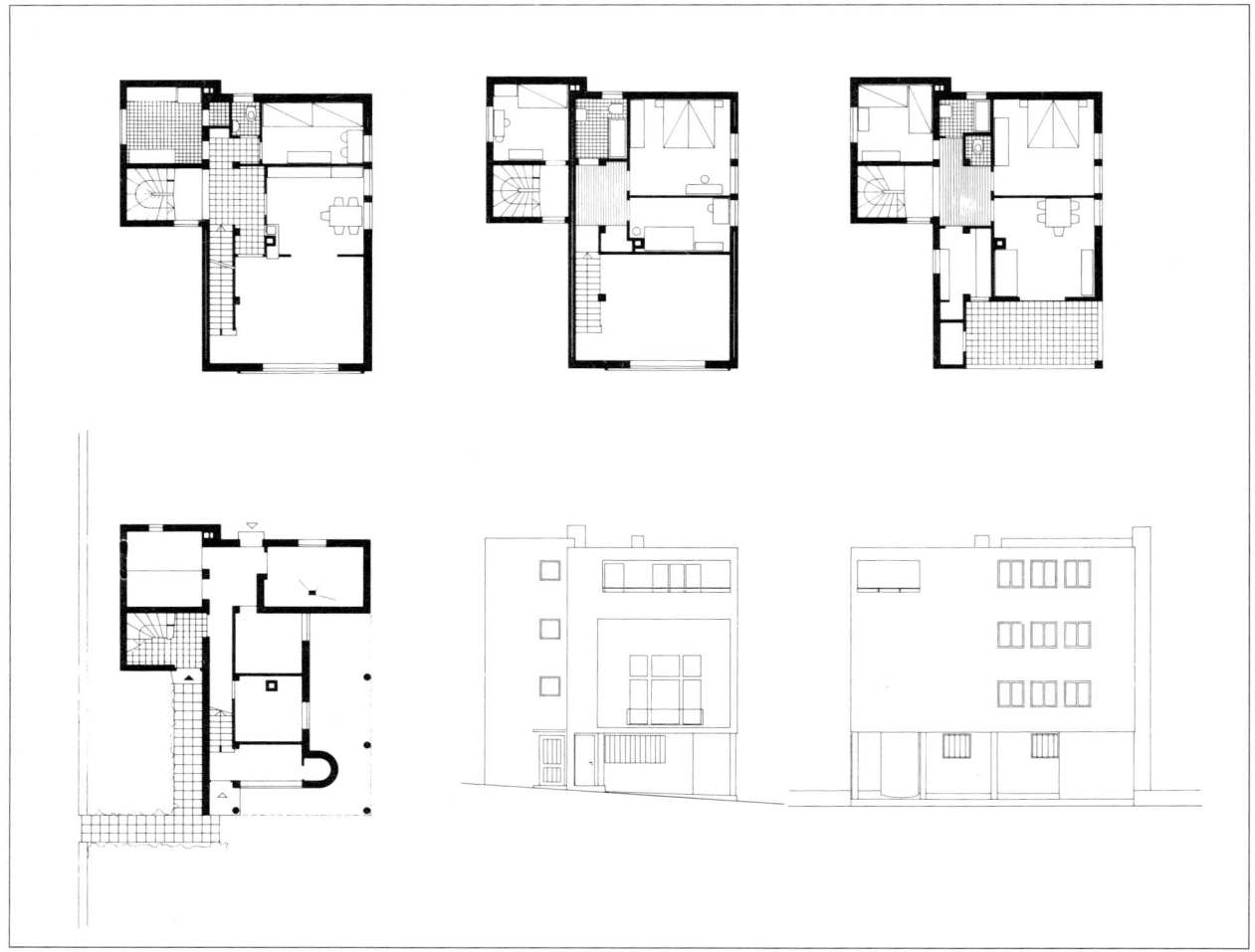

Die genehmigte Baugesuchsplanung vom März 1955 für den Umbau des Einfamilienhauses in ein Zweifamilienhaus[8]

Nach der Verhinderung des Abbruchs wurde das Haus bis Anfang 1957 instandgesetzt. Die Stuttgarter Zeitung schrieb damals:
»Die Außenfronten des Corbusier-Hauses hinterlassen einen farbig wohl abgewogenen, lichten Eindruck. Vorherrschend ist ein strahlendes Weiß, das mit dem Steingrau der Stützen (Rundsäulen), der Tönung der Erdgeschoßwände und dem Olivgrau der Fenster kontrastiert.«[9] Im Inneren wurden ›kleinere‹ Veränderungen vorgenommen. So wurde die Betonschreibplatte im Galeriegeschoß entfernt und »die Wand des Badezimmers im 1. Obergeschoß wurde gerade geführt,«[10] stellte der damalige Landeskonservator nach einer Besichtigung des Hauses 1956 fest.
Beim Mieterwechsel 1960 zog der dritte Mieter seit Bestehen des Hauses ein und blieb bis 1982. 1968, zum Jubiläumsjahr ›50 Jahre Bauhaus‹, wurden die Fassaden des Gebäudes, im Rahmen eines größeren Instandsetzungsprogramms für mehrere Häuser der Siedlung, rauh verputzt und in einem gebrochenen Weißton gestrichen. Die Fenster dazu hatte man, wie schon 1957, olivgrün abgesetzt.
1979 wurde unter Beratung des Landesdenkmalamtes das 2geschoßige Südfenster erneuert und mit 3fach verglasten Schiebeflügeln versehen. Dies führte leider zu einer eklatanten Verfälschung der Fensterprofilstärken und damit insgesamt zu einer Verfälschung der Südfassade. Da die Fensterfront 1983 aber erst 4 Jahre alt war, konnte sie nicht gegen eine originalähnlichere Rekonstruktion ausgetauscht werden. Verzichtet wurde auch auf die Wiederherstellung der zweiten inneren Glaswand.
Nach Auszug des Mieters im Herbst 1982 erfolgte von Dezember 1982 bis Mai 1983 eine Grundinstandsetzung und denkmalgerechte Wiederherstellung des Hauses. Seit Juni 1983 ist das Einfamilienhaus von Le Corbusier wieder vermietet.

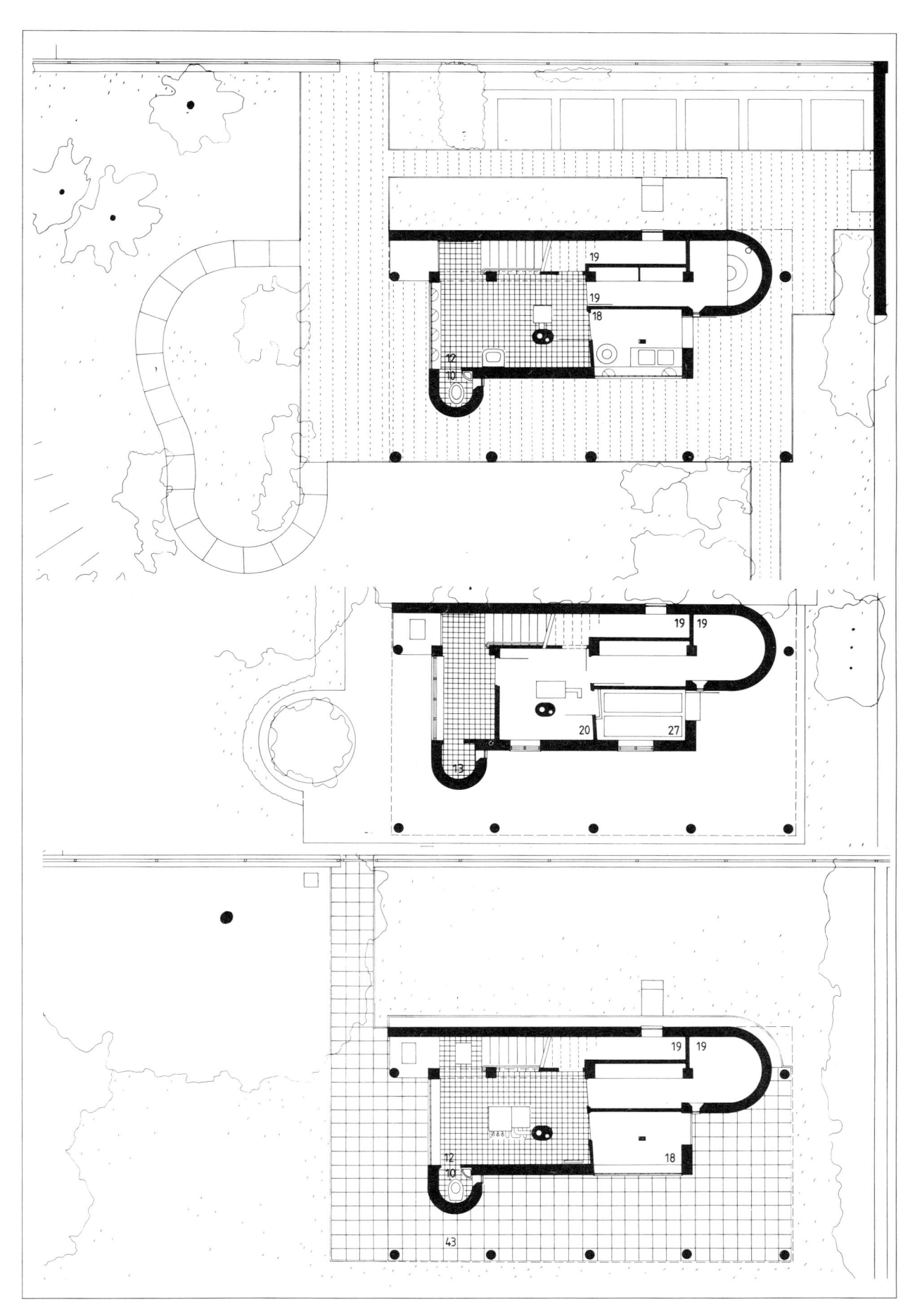

*Erdgeschoß-Grundrisse mit Gartenanlage. Maßstab 1:150
Zustand 1927, 1982 und 1987 (von oben nach unten).*

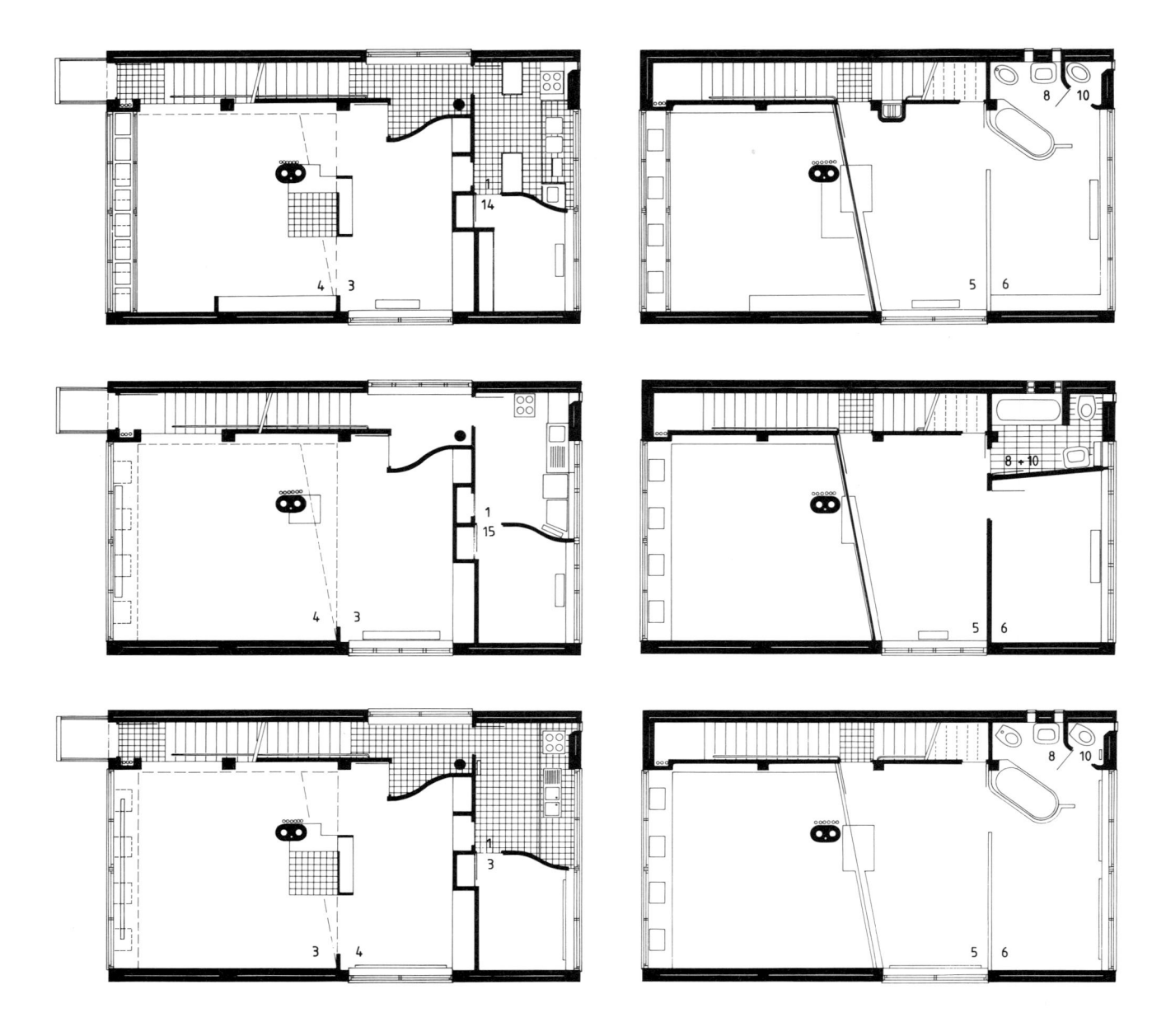

Erstes Obergeschoß. Maßstab 1:150
Zustand von 1927, 82 und 1987

Galeriegeschoß. Maßstab 1:150
Zustand von 1927, 82 und 1987

Ein umfangreicher denkmalpflegerischer Maßnahmenkatalog, aufgestellt vom Staatlichen Hochbauamt III in der genehmigten Haushaltsunterlage von 1982, konnte, wie die Grundrißvergleiche zeigen, erfüllt werden.

Auszug aus dem Erläuterungsbericht:
- »Das Gebäude wird konsequent detailgetreu im Äußeren wiederhergestellt. Besonders der Rückbau der Fenster auf die bekannten historischen Details ist entscheidend. Lediglich das 1979 eingebaute große Wohnraumfenster über zwei Geschosse bleibt zunächst bestehen; bei späterer Abgängigkeit sollte hier ebenfalls der Rückbau auf das Originaldetail erfolgen.
- Proportionen der Fensteröffnungen, Leibungstiefen, Attika-Ausbildung sind besonders entscheidend für das Erscheinungsbild des Gebäudes...
- Die glatte Putzstruktur wird wiederhergestellt.
- Originaldetails werden – soweit vorhanden – sorgsam überarbeitet.

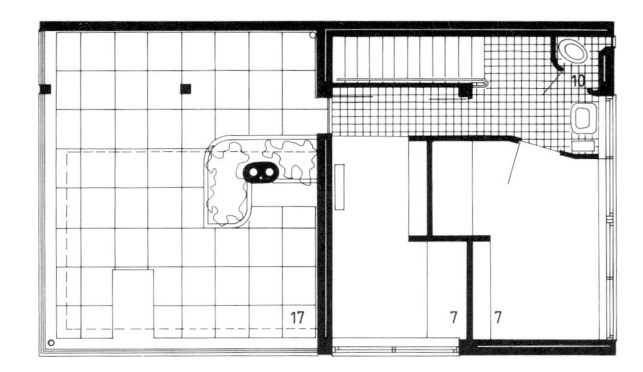

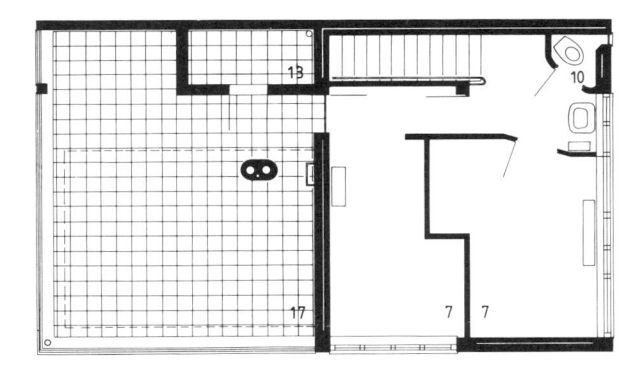

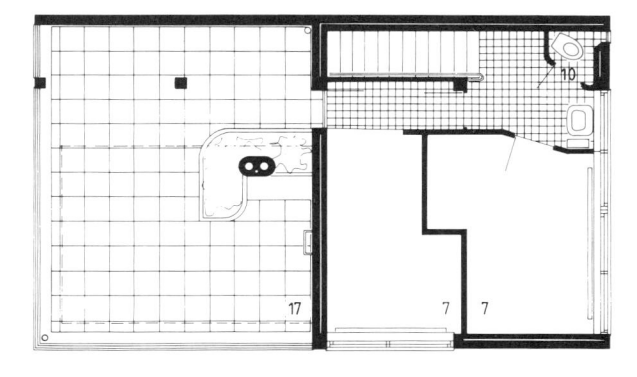

*Dachgeschoß. Maßstab 1:150
Zustand von 1927, 82 und 1987*

- Wesentliches Ziel der denkmalpflegerischen Überlegungen zum Gebäudeinnern ist die Wiederherstellung der grundrißlichen Strukturen und raumbildenden Elemente. Gleichermaßen wird die Nutzbarkeit einiger Räume angemessen verbessert oder wiederhergestellt.

EG-Eingangsgeschoß
- Das WC im Eingangsbereich wird wiederhergestellt.
- Die Trennwand im Vorplatzbereich wird entfernt.
- Bei Umstellung von Öl- auf Gasheizung wird ein Kessel an der alten Stelle eingebaut. Der Heizkessel hat eine bestimmende Wirkung im Raum.
- Bei Umstellung von Öl auf Gas entfallen die Öltanks. Die ehemalige Waschküche kann somit einer Nutzung als Hausarbeitsraum zugeführt werden

1.OG-Wohnraumebene
- Das große Wohnraum-Fenster soll bei Abgängigkeit gemäß dem historischen Zustand ersetzt werden. Die innere zweite Verglasung soll dann gemäß Detail von 1927 im Zusammenhang mit dem Pflanztrog eingebaut werden. Diesem Detail kommt erhebliche Bedeutung zu. Der schmale Wintergarten nimmt die Aufgaben als Sonnenschutz, Schallschutz wahr und kann im Zusammenhang mit der Beheizung des Gebäudes wesentlich zum Klimahaushalt des Gebäudes beitragen.
- Der offene Kamin und die damit im Zusammenhang stehenden Einbauten (Hängeregal aus Beton) sollten wiederhergestellt werden.
- Die Durchreiche zwischen Küche und Eßbereich wird wieder eingebaut.
- Die Küche wird mit einigen neuen Einbauten eine angemessene – mit dem Standard von 1927 vergleichbare – Einrichtung erhalten.

Galeriegeschoß
- Der betonierte Schreibtisch sollte wieder – gemäß dem historischen Detail – eingebaut werden.
- Wesentlich für dieses Geschoß ist der Rückbau von Schlafzimmer und Bad
- Die Ausfachungen zum Treppenraum werden entfernt.
- Die Glasschiebewand auf der Brüstung wird abgebaut.

DG-Dachgarten
- Der Abstellraum im Dachgartenbereich wird abgebaut.
- Die Dachterrasse und der Pflanztrog werden gemäß den Details von 1927 wiederhergestellt.

Außenanlagen
- Die Kohleeinwurftreppe wird wieder aufgebaut.
- Der Baumbestand wird innerhalb eines gärtnerischen Gesamtkonzepts überprüft und teilweise weggenommen, um die Gebäude besser einsehbar zu gestalten.«[11]

2.1.2 Bautechnische Instandsetzungen und Verbesserungen des Hauses

2.1.2.1 Konstruktive Beschreibung des Hauses

In »Bau und Wohnung«, der offiziellen Publikation des Deutschen Werkbundes über die Weißenhofsiedlung von 1927, wurde das konstruktive System des Einfamilienhauses folgendermaßen beschrieben: »Das konstruktive Gerippe besteht ausschließlich aus Eisenbeton-Rahmenwerk. Die Pfosten entwickeln sich nach oben bis unter das Dach und tragen in Abständen von 2,20 m (Geschoßhöhe) die vier Decken. In der Decke verbinden Träger von 25 cm Breite die einzelnen Pfosten zu einem Rahmenwerk. (Die Decke selbst ist eine sog. ›Rohrzellendecke‹ – Anm. d. Verf.).
Die Ausmauerung besteht ausschließlich aus Bimshohlblocksteinen. Die Rückwand des Hauses ist von unten bis oben ein ununterbrochenes Mauerwerk aus diesem Stein. Sie hat absolut keine tragende Funktion und ist nur lose, aber genügend mit dem Konstruktionssystem verbunden.«[12]

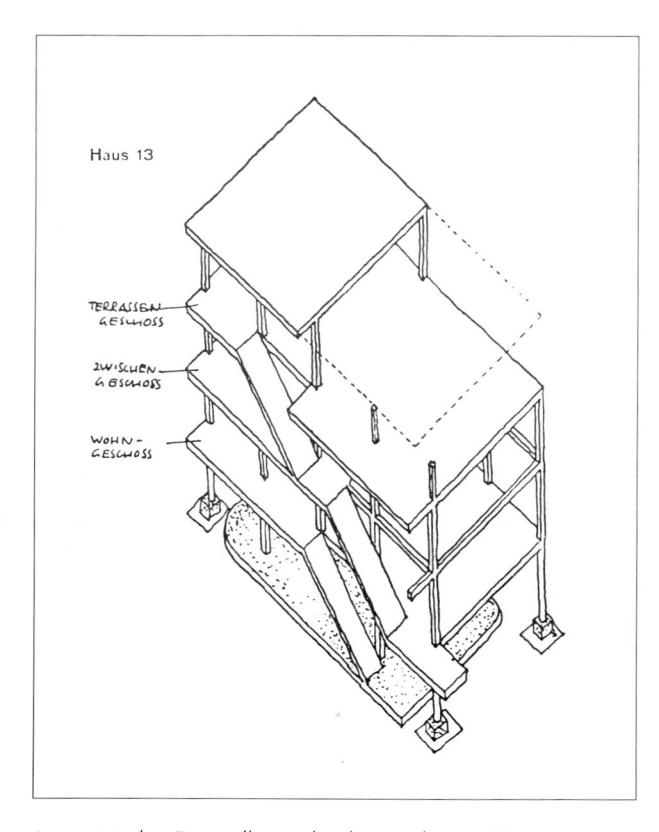

Isometrische Darstellung des konstruktiven Gerippes, Eisenbetonskelettkonstruktion, aus »Bau und Wohnung«, 1927

2.1.2.2 Betonsanierung

Der Zustand des Hauses vor der Sanierung 1982 zeigte, vor allem im Bereich der Eisenbetonkonstruktion, ausgeprägte Rißbildungen. Besonders stark beschädigt waren die, der Witterung direkt ausgesetzten, Sichtbetonelemente, wie Kragbalken und Brüstungen auf der Dachterrasse. Der Beton war an vielen Stellen bereits großflächig abgesprengt und die korrodierte Eisenbewehrung lag offen. Diese Bereiche waren besonders gefährdet, denn hier verlor der Beton durch direkte Witterungseinflüsse seine Alkalität und dies führte mit der Karbonatisierung des Betons zwangsläufig zur Korrossion der Eisenbewehrung von 1927.
Im ›gesunden‹ Beton sind die Stahleinlagen im Beton durch das in chemischer Reaktion zwischen Wasser und Zement entstandene Calciumhydroxid, in alkalischer Verbindung (pH-Wert 12–13) vor Korrosion geschützt. Durch Witterungseinflüsse wird das in der Luft enthaltene Kohlendioxid in Verbindung mit Wasser zu Kohlensäure, und nur in dieser Konstellation wird die Karbonatisierung des Betons erst möglich, d.h. die Alkalität des Betons wird im Laufe der Jahre von der Oberfläche her abgebaut. Diesbezügliche Messungen der vorhandenen Karbonatisierung des Betons wurden vom Hochbauamt vor der Sanierung zwar nicht durchgeführt, aber es kann davon ausgegangen werden, daß bei beiden Häusern von Le Corbusier in den zurückliegenden Jahrzehnten eine Karbonatisierung des Betons bis in tiefere Betonschichten stattgefunden hat.
Erst diese Putz- und Betonrisse des Hauses, hervorgerufen durch fehlende Dehnungsfugen und hohe Zug- und Druckspannungen in Wechselwirkung aus Temperaturdifferenzen, ermöglichten in der Vergangenheit das verstärkte Eindringen der Witterung. Hat der Beton aber einmal seine alkalischen (korrossionsschützenden) Eigenschaften verloren und kann aggressives Niederschlagswasser bzw. Sauerstoff im Verbund mit der natürlichen Luftfeuchtigkeit in die Konstruktion eindringen, wie dies über Jahre hinweg bei den Corbusier-Häusern der Fall war, müssen die Eisen korrodieren. Die mit der Korrosion verbundene Volumensvergrößerung des Stahls führte zu den Beton- und Putzabsprengungen sowohl an der Fassade wie auch bei den Sichtbetonteilen auf der Dachterrasse.
Zu geringe Betonüberdeckungen und teilweise schlechte Betonqualitäten beim Bau 1927 trugen weiter dazu bei, diesen Prozeß zu beschleunigen, der, hatte er erst einmal begonnen, eine immer größere Dynamik entwickelte. Da das Eisenbetonskelett das tragende Gerüst des Gebäudes darstellt, wäre am Ende dieses Kor-

rossionsprozesses die Substanzvernichtung des ganzen Hauses gestanden.

Das Sanierungskonzept des Hochbauamtes war 1982 so ausgelegt, eine möglichst umfassende Betonsanierung zu erreichen, allerdings mußte sie wirtschaftlich vertretbar bleiben. Das bedeutete:

Nur die sichtbaren, punktuellen Betonschäden wurden ausgebessert und nur dort wurde die korrodierte Eisenbewehrung behandelt. Die übrigen Betonflächen wurden belassen, obwohl Grund zu der Annahme bestand, daß der alkalische Schutz der Eisenbewehrung in weiten Bereichen der Eisenskelettkonstruktion nicht mehr ausreichend vorhanden war. Hier, sozusagen vorbeugend, einen passivierenden Betonschutz für die ganze Eisenbewehrung wiederherzustellen, hätte bedeutet, daß alle Eiseneinlagen freigestemmt und mit Spritzbeton wieder hätten geschlossen werden müssen. Dadurch wäre der zur Verfügung stehende finanzielle Rahmen dieser Sanierung bei weitem gesprengt worden.

Die Ausführung der Betonsanierung erfolgte im einzelnen so, daß die zu sanierenden Betonbereiche abgeklopft und alle karbonatisierten und gerissenen Betonstücke bis auf den ›gesunden‹ Beton abgestemmt wurden, wobei der Begriff des ›gesunden‹ Betons sich in erster Linie auf die Festigkeit des Betongefüges bezog.

Bild rechts, Bruckmannweg 2: Freigelegter Eisenskelettpfosten

Bild rechts unten, Rathenaustrasse 1–3: Vom Putz freigelegter Betonbalken des Regendaches

Bild unten, Rathenaustrasse 1–3: Betonschäden an der Dachterrassenbrüstung vor der Sanierung.

Auch die Bewehrungseisen mit blätterndem Rost wurden freigelegt.

Die Randbalken auf der Dachterrasse und die Betonbalken an den Fensterleibungen wiesen die größten Beschädigungen auf. Alle diese Flächen wurden im Sandstrahlverfahren abgestrahlt und die korrodierten Bewehrungseisen metallisch rein entrostet. Daran anschliessend erhielten sie einen Zweikomponenten Epoxidharz-Bleimennige-Anstrich.

Die Ausbesserungen der abgeschlagenen Betonteile erfolgte mit einem hydraulisch abbindenden, kunststoffvergüteten Reparatur-Fertigmörtel, der in mehreren Schichten aufgebracht wurde, nachdem vorher die Betonflächen gereinigt und mit einer Haftbrücke versehen worden waren. Die beschädigten Stellen der Betonstützen und Sichtbetonteile auf der Dachterrasse wurden in ihrer ursprünglichen Form eingeschalt und anschließend ausbetoniert.

2.1.2.3 Mauerfeuchtigkeit und der Versuch ihrer Beseitigung.

Die Durchfeuchtung der im Erdreich liegenden Mauer- und Fußbodenbereiche war bei praktisch allen Weißenhof-Häusern ein kritischer Punkt. Die Bauausführung mußte 1927 in drei bis sechs Monaten erfolgen mit der Konsequenz, daß die Feuchtigkeitsisolierung der Fundamente, Kellerwände und nichtunterkellerten Erdgeschoßdecken damals sträflich vernachlässigt wurde und in den Folgejahren bis heute zu erhöhter Bauschadenshäufigkeit führte.

Sichtbare Folgen waren an den Fassaden Putzausblühungen in bis zu drei Meter Höhe, abblätternder Putz und Farbe und im Inneren der Häuser abgelöste Tapeten, fleckige Wände, sich werfende Bodenbeläge und insgesamt ein klammes, feuchtes Raumklima.

In abgeschwächter Form waren diese Schadensbilder auch beim Einfamilienhaus von Le Corbusier zu beobachten, obwohl das Haus auf die Bergkuppe gebaut wurde und nur über seine 90 cm tiefen Streifen- und Einzelfundamente sowie eine gegen Grund betonierte Bodenplatte überhaupt mit dem Erdreich in Berührung kam.

Die Sanierung des Hochbauamtes beschränkte sich in diesem Fall auf eine Isolierung und Drainierung des westlichen Streifenfundamentes zum Bruckmannweg hin. Natürlich war aufgrund dieser begrenzten Maßnahme eine völlige Trockenlegung der Fundamente nicht möglich, so daß die allgemeine Erdfeuchtigkeit weiterhin die Möglichkeit hat, wenn auch in eingeschränktem Maße, über die kapillare Wasseraufnahme des teilweise lockeren Fundamentbetons und der Bodenplatte in das Gebäude einzudringen. Dieser Schwachpunkt einer nur teilweise möglichen Trockenlegung von durchfeuchteten UG-Wänden und die sich hieraus ergebenden Folgen waren beim Einfamilienhaus von Corbusier zu tolerieren, führten aber bei seinem Doppelhaus und bei den Reihenhäusern von Oud zu größeren Problemen.

2.1.3 Die Farb- und Oberflächengestaltung des Hauses

»Le Corbusier anerkennt in der Erscheinung kein Material, sondern nur Materialformen. Infolgedessen gibt es bei ihm kein gewachsenes Holz, blankes Eisen, rohen Beton usw., ihm liegt es lediglich an der Erscheinung der fertigen Form, als Träger von Funktion und Idee...

Le Corbusier hat zum Grundakkord der farbigen Gestaltung beider Häuser Umbra, Dunkelgrau, roten Okker, Hellgrau, Rosa und lichtes Blau gewählt. Damit ist in Verbindung mit Weiß die farbige Stimmung festgelegt. Die Verteilung von Weiß ist von vornherein bestimmt: 1. Die Fensterfläche als die unbeleuchtete und daher dunkelste Fläche ist weiß. Ein Stich ins Blau oder ein ausgesprochenes Hellblau hat bei früheren Bauten schon Anwendung gefunden. Blau weist in die Ferne und kann an der Fensterwand dazu beitragen, den Raum zu weiten. 2. Die Decken; Weiß ist hier am Platze zufolge seiner Unkörperlichkeit, um Höhe zu geben, und seiner Eigenschaft, das Licht zu reflektieren. 3. Wände, die seitlich von Licht gestreift werden, zufolge der reflektorischen Wirkung.«[13] Dies schrieb Alfred Roth 1927.

Le Corbusier benutzte Farbe zur Steigerung seiner architektonischen Gesamtform, aber gerade hiervon war 1982 nicht mehr viel zu spüren. »Die Farbgebung des Einfamilienhauses entsprach bis zur Wiederherstellung im Mai 1983 nicht mehr der ursprünglichen Farbgestaltung.«[14] Diese einfache Feststellung des Hochbauamtes ergab sich schon aus dem Vergleich des vorgefundenen Zustandes mit der Roth'schen Farbbeschreibung und bestätigte sich anhand genauer Farbbefundanalysen in den Jahren 1982 und 83.

Entweder waren die originalen Farbschichten mehrfach überstrichen und überputzt oder Farbträger einschließlich Farbe waren entfernt oder zerstört. Die Detailbestimmung der Farbigkeit, unerläßliche Voraussetzung für eine exakte Rekonstruktion, war somit schwierig.

»Ich bin selbstverständlich sehr gerne bereit, hier behilflich zu sein...«[15] schrieb Alfred Roth 1982 in einem Brief an das Staatliche Hochbauamt III nach Stuttgart und fuhr fort: »Glücklicherweise bin ich im Besitz der seinerzeit von Le Corbusier persönlich mir nach Stuttgart gesandten Farbtonmuster in Form von Ausschnitten aus der damaligen Sulabratapeten-Kollektion. Außerdem sandte er mir persönliche Angaben über die Verteilung der einzelnen Farbtöne in der Außenarchitektur der beiden Häuser in Form von Farbstifteintragungen in ihm von mir nach Paris gesandten Axonometrien.
Die drei Blätter sind bei mir noch immer vorhanden.
Für die innere farbige Gestaltung, d.h. die Verteilung der einzelnen Farbtöne ist das Problem nun leider schwieriger, da ich dafür keine direkten Unterlagen mehr besitze. In der recht umfangreichen Korrespondenz mit Le Corbusier – nicht nur aus jener Zeit – finden sich zwei Handschreiben (anbei Fotokopie) vom 24. Juni 1927 und 4.Juli, in denen kurze Angaben über die äußere und innere farbige Gestaltung stehen. Im zweiten Schreiben bat er mich, ihm perspektivische Skizzen der Innenräume zu senden, die er mir dann mit seinen Farbstifteintragungen zurück gesandt hatte. Diese Skizzen sind bedauerlicherweise nicht mehr vorhanden.«[16]

Brief von Le Corbusier an Alfred Roth vom 4. Juli 1927

Diesen Skizzen wäre bei der Rekonstruktion der inneren Farbigkeit des Hauses große Bedeutung zugekommen als authentischer Willensbekundung von Le Corbusier, aber sie blieben verschwunden. Vom Hochbauamt wurde 1982 eine unabhängige Farbbefunduntersuchung zur exakten Bestimmung der originalen inneren und äußeren Farbgebung an kompetente Restauratoren[17] in Auftrag gegeben. Das Ergebnis dieser Untersuchungen ist in auf der nächsten Seite zusammengefaßt.
Alfred Roth war als Bauleiter der beiden Stuttgarter Wohnhäuser von Le Corbusier weitgehend auf sich allein gestellt.
Während er sich bei der äußeren Farbgestaltung auf die eindeutigen, schriftlichen Angaben von Le Corbusier in zwei Isometrien stützen konnte, hatte er diese Möglichkeit bei der inneren Raumgestaltung nicht. Die von Le Corbusier beigefügten Farbmuster gaben zwar die Farbtöne an, aber nicht deren Verteilung in den Räumen.
In der farblichen Ausgestaltung der Innenräume übertraf Alfred Roth seinen Meister, indem er starkfarbige Flächen, z.B. Umbra und Anthrazith an der Westwand des zweigeschossigen Wohnraumes, aneinandersetzte, obwohl er wußte: »Le Corbusier setzt allgemein nie Farbe an Farbe, Farbe ringsum, oben, unten usw., sondern er setzt immer Farbe neben Weiß.«[18]
Die Roth'sche Farbverteilung, 1983 wiedergefunden, wird auch in zeitgenössischen Berichten bestätigt: »Im Hausinnern herrschen dunkle Farben vor: Schwarz, Blau, Braun, Grau, zu denen das gebrochene Weiß von Betonumrahmungen und ein intensives Blau der Heizrohre tritt.«[19] Dies berichtete Edgar Wedepohl 1927 ganz sachlich, während Rudolf Pfister in der Fachzeitschrift Baumeister polemisierte und von »Ölfarben à la Metzgerei« und »à la Blutwurst mit Graphit«[20] sprach.
Trotz Wiederentdeckung der Originalfarbigkeit konnte das Hochbauamt die innere, kraftvolle Farbgestaltung nicht wiederherstellen. Der neue Mieter, der im Juni 1983 nach der Sanierung des Hauses, einzog, hatte andere Vorstellungen:
»Beim Innenanstrich haben wir uns nicht an Le Corbusier gehalten«, erklärte Tilman Osterwold. »Er hatte für die Räume sieben Farben festgelegt. Das ist nach unserem Empfinden einfach zuviel.«[21]
Aufgrund der Untersuchungsergebnisse aus den Jahren 1982 und 83 ist es aber jederzeit möglich, auch im Inneren des Hauses die Originalfarben wieder anbringen zu lassen (siehe Farbwertbestimmung und Verteilung auf der nächsten Seite).

Die Farbwertbestimmung der ermittelten Originalfarbigkeit:

Nr.	Farbton/Farbwert	Farbwertbestimmung nach »Keimpalette« und »RAL«	Farbwerte neutral, nach: Taschenlexikon der Farbe	Bemerkungen
1	gebrochenes weiß	Nr. 871	–	–
2	reine gebrannte siena	Nr. 54 H 50	7 E 8	dunkler
3	gebr. siena mit weiß = hellrot	Nr. 53 H 52	7 D 6	heller
4	gebr. siena mit viel weiß = rosa	Nr. 44 H 60	7 A 2	–
5	umbra = dunkelbraun	Nr. 015 820	7 F 5	dunkler, gelber
6	blau	Nr. 704	21 C 5	grauer
7	hellblau	Nr. 015 821	21 B 4	grauer
8	hellblau, blass	Nr. 015 819	21 B 3	–
9	dunkelgrau	Nr. 88 H 52		
10	mittelgrau	Nr. 88 H 56	17 E 2	gelber
11	hellgrau	Nr. 88 H 58	20 C 1	–
12	graublau	–	–	–
13	hellgelb	Nr. 37 H 52	4 A 5	–
14	schokoladenbraun	RAL 8017	RAL 8017	–
15	graphitschwarz	RAL 9011	RAL 9011	–
16	schiefergrau	RAL 7015	RAL 7015	–
17	mittelgrau	RAL 7005	RAL 7005	–
18	weiß	RAL 9010	RAL 9010	–

Entsprechend dem Farbgestaltungskonzept von Le Corbusier, welches kein Material sondern nur Materialformen kannte, wurden 1927 praktisch alle Bauteile im Inneren und Äußeren des Gebäudes mit Farbe überzogen. Die, innen wie außen, generell glatt gescheibten Putzflächen erhielten Leim- bzw. Silikatfarbenanstriche mit Ausnahme von Ölfarbe in den Küchen, Bad- und WC-Bereichen. Mit einem Ölfarbanstrich wurden auch alle Holz- und Eisenfenster versehen sowie, nur in einem anderen Farbton, die aus Beton geformten inneren Fensterbänke. Die wandflächenbündigen Eisenzargen der Zimmertüren waren im gleichen Farbton wie die jeweiligen Wandflächen.

Die Baustoffe Holz, Eisen, Beton, Putz oder Blech dienten Le Corbusier als Farbträger und fanden Verwendung entsprechend den, zur baulichen Realisierung

Die Farbverteilung der ermittelten Originalfarbigkeit:

Zeichenerklärung: Nr. 1–18 = Farbton/Farbwert
F = Fensterfarbton
R = Farbton für Rundrohre und Eisenteile

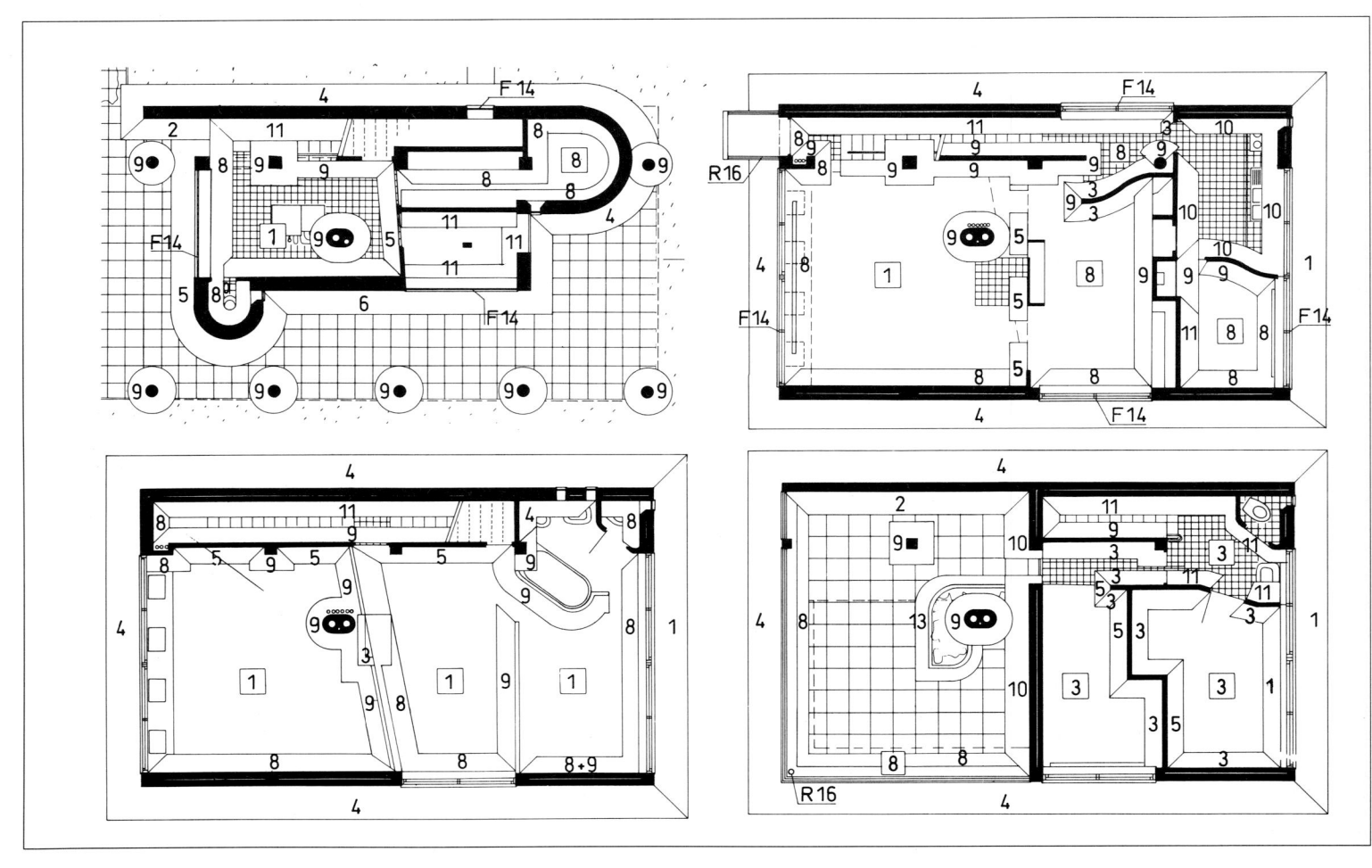

benötigten, konstruktiven und materiellen Eigenschaften, nicht aber aufgrund ihrer eigenständigen materiellen Erscheinung. Diese Eigenständigkeit des Materials war ausdrücklich unerwünscht, was durch die Tatsache belegt werden mag, daß Alfred Roth, kurz vor Eröffnung der Ausstellung am 23. Juli 1927, die für die Inneneinrichtung ausgesuchten Thonet-Stühle aus Holz in dunkelgrauer Ölfarbe anstreichen mußte[22], um eben diesen Holzcharakter verschwinden zu lassen. Die Farbe, in Öl, Emulsions- oder Leimfarbentechnik aufgetragen, wurde also verwendet, um eine Steigerung des architektonischen Gesamtausdrucks zu erreichen. Ihre flächenmäßige Verteilung bei den beiden Stuttgarter Häusern erfolgte nach Gesetzmäßigkeiten, die von Le Corbusier aufgestellt wurden und von Alfred Roth, zumindest im Inneren der Häuser, eigenständig interpretiert werden mußten.

Übersicht: Bauteil, Material und Farbe. Vergleich 1927/87

Bauteil	Material 1927	Material 1987	Farbe 1927	Farbe 1987
Außenputz	Kalkzementputz, 2 cm glatt gescheibt	Wärmedämmputz, 4 cm mit Armierung, glatt gesch.	Silikatfarben	Silikatfarben
Innenputz	Gipsputz glatt, darauf Anstrich.	Gipsputz mit feiner Rauhfasertapete	Leimfarben, außer in Küche, Bad, Fensterbänken, Brüstung	Dispersionsfarben, außer Bad, Fensterbänken, Brüstung
Dachrandabschluß	Betonteil, glatt gescheibt. Siehe Detailvergleich Seite ...	Zinkblechabdeckung Siehe Detailvergleich Seite ...	KB = Kein Befund	Zinkgrau
Dachterrasse	Keine Wärmedämmung Zementbelag aus einem Guß, mit eingeschnitt. Fugen 90/90 cm	Wärmedämmung, 10 cm in Kiesschüttung verlegte Zementplatten 50/50 cm	Begrenzende Wände: Silikatfarben	Begrenzende Wände: Silikatfarben nach Befund
Fensteraußensimsen	Blech gestrichen, ohne seitliche Putzkante	Zinkblech mit seitlicher Putzkante	KB wahrscheinlich aber graue Ölfarbe	Zinkgrau
Fenster EG	Eisenfenster mit Einfachverglasung	Stahlfenster feuerverzinkt mit Einfachvergl.	Ölfarbe, dunkelbraun	Ölfarbe, außen dunkelbraun, innen weiß
Fenster OG	Horizontalschiebefenster aus Holz mit Verbundverglasung	Horizontalhebeschiebefenster aus Holz mit Isolierverglasung	Ölfarbe, dunkelbraun	Ölfarbe, außen dunkelbraun, innen weiß
Türen nach Außen	Wandbünd. Eisenzargen Normbreite 90 cm Sperrholz-Türblätter mit Blech beschlagen	Zargen wie 1927 Normbreite 90 cm Holztürblatt, wärmegedämmt, m. Blech beschl.	Ölfarbe, Mittelgrau	Ölfarbe, außen mittelgrau, innen weiß
Zimmertüren	Putzbündige Eisenzargen Normbreite 75 cm Sperrholz-Türblätter gestrichen,	Zargen wie 1927 Normbreite 75 cm Sperrholz-Türblätter gestrichen, Dr.-Garn.: FSB Nr. 1075	KB wahrscheinlich Ölfarbe	Ölfarbe weiß
Bodenbelag	Linoleum, auf 2-3 cm Holzestrich in d. Zimm. Tonplatten 15/15 cm in Küche, Flur, Treppen	PVC, »Pegulan graphic« Tonplatten 15/15 cm wie 1927, für Ausbes.Arb. Fabrikat: Mosa	Weiß, – blanc poussière – schwarz, matt	weiß, gebrochen schwarz, matt
Heizung	Warmwasser-Zentralheizung mit Kessel für Holz, Kohle	Warmwasser-Zentralheizung Gas-Heizkessel	KB	Ölfarbe, mittelgrau
Warmwasserversorgung	dezentral	zentral über Kessel		
Heizkörper	Eisen-Radiatoren	Röhren-Radiatoren	KB	Ölfarbe, weiß
Hängeregal mit Holzlege	Beton armiert, glatt gescheibt	Holzrahmenkonstruktion, glatt verspachtelt	KB, Rückseite wahrscheinlich umbra	Ölfarbe, weiß
Galerieschreibtisch	Beton armiert, glatt gescheibt	Betonplatte mit Hilfskonstruktion	Ölfarbe, mittelgrau und hellrot	Ölfarbe, weiß
Gartenwege	Gestampfter Kiessplit	Zementplatten 40/40 cm		

2.1.4 Die Gartengestaltung

Die unzureichende Einbeziehung des Gartens in das Gesamtkonzept der Werkbundausstellung »Die Wohnung« in Stuttgart wurde im Abschnitt 1.5.5, Gartenkonzept für die Gesamtsiedlung, ausführlich dargestellt. Nur wenige Weißenhof-Architekten nahmen sich oder fanden 1927 die Zeit, neben dem Entwerfen und Bauen ihrer Häuser auch noch die, der gestellten Aufgabe angemessene, Gartengestaltung zu entwickeln. Le Corbusier und Pierre Jeanneret gehörten zu den Wenigen. Die Entwicklung ihres Gartens läßt sich anhand noch existierender Zeichnungen gut nachvollziehen. Gegenüber der ausgeführten Lösung zeigt z.B. die Variante vom 5. Juni 1927 schon einige der wesentlichen gartenarchitektonischen Elemente wie Kieswege, Laubengang und Sitzbänke, die dann in veränderter und abgewandelter Form auch zur Ausführung kamen.

Alfred Roth beschrieb 1927 die neue ›Sachlage‹ folgendermaßen: »Die Zeit der ›Gartenarchitektur‹ ist vorbei. Die Zeit verlangt von uns Rücksichtnahme, Beobachtung der Natur, welche viele Gewalttaten erfahren hat. Der Garten ist Natur ums Haus. Seine Elemente sind Rasen, Bäume, Sträucher, Blumen, Wasser, Amseln, Tauben, Schildkröten usw. Die kristallinen Formen konkreten Denkens gehen nicht über den Architekturkörper hinaus, sondern treffen hier auf gegensätzliche, Spannung bereitende Formen: die der Natur. Die Natur erscheint wild. Im Garten will man sie ruhig betrachten, will drum herum gehen. Man will vom Blumenbeet zum Apfelbaum kommen. Der Rasen leidet unter dem Betreten, vor allem bei Regen. Infolgedessen braucht man Wege; Wege zum Schlendern und zum Hingelangen an einen bestimmten Ort. Diese werden verschieden sein. Vor dem Einfamilienhaus liegt ein betonierter Serpentinenweg. In wohliger Gelassenheit schlendert man der Kurve entlang. Es weichen Beklemmungen. Da und dort streift man ein paar Blumen, die unbekümmert auf architektonische Gruppenwirkung leicht und luftig verteilt sind. Zugleich ist der Weg ein Gartenornament, welcher als solches einen gegensätzlichen Reiz zur Architektur bildet.«[23]

Links: Gartenplanstudie vom 5. Juni 1927[24]
Rechts: Gartenplanung vom 2. Juli 1927[25]
Ausgeführte Lösung

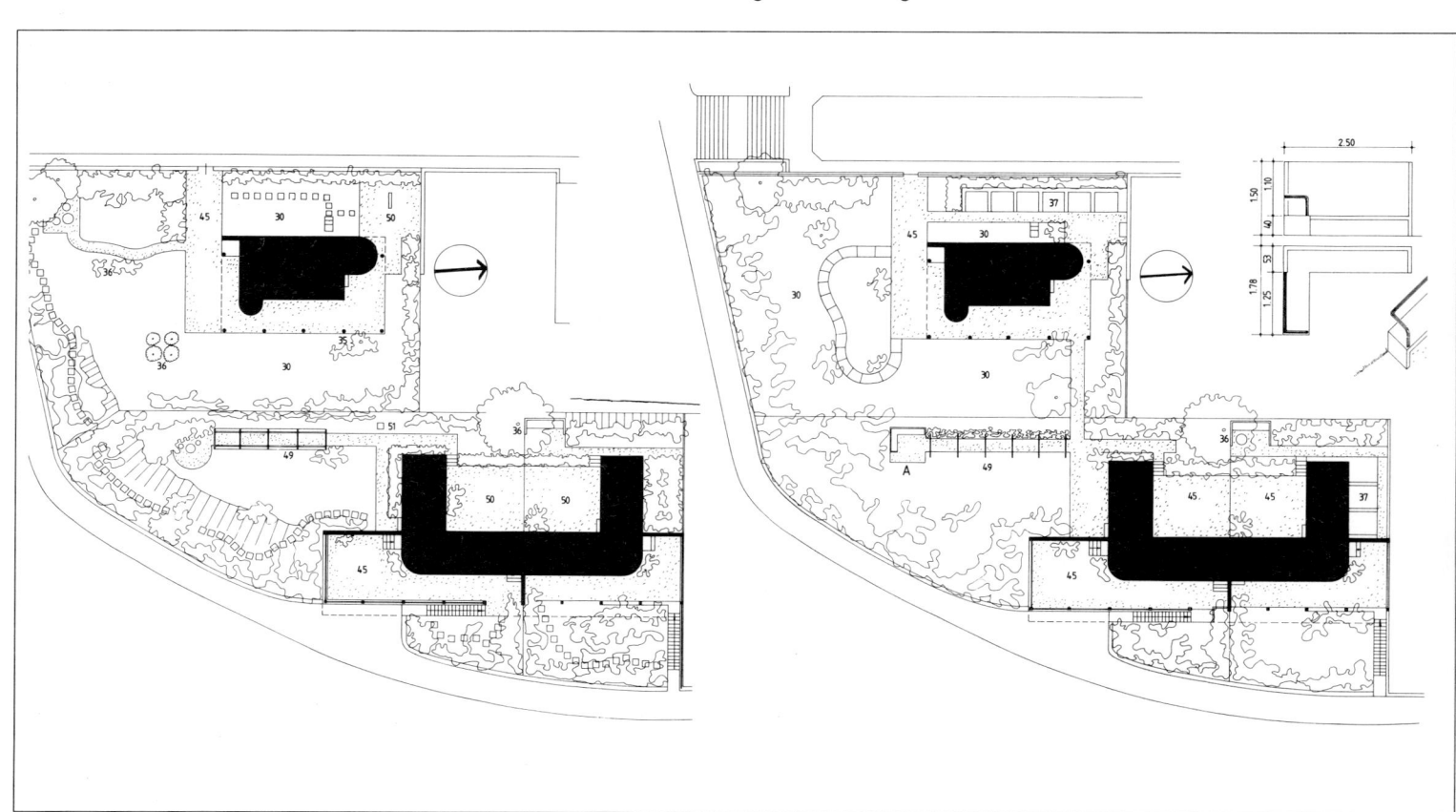

Wie sahen nun die Gärten vor der Sanierung im Jahr 1982 aus? Hans Luz hatte den Auftrag, den Gartenbestand wie er vor der Sanierung war aufzunehmen:

»Im Vergleich zu den ursprünglichen Plänen ist der Garten bis heute stark verändert worden. Vor allem ist das Gesamtkonzept mit dem Garten zum Gebäude Rathenaustraße 1–3 nicht mehr spürbar. Die Wegeführungen verlaufen anders und vor allem der Baumbestand wurde zu dicht und zu hoch, so daß die freie Sicht von Süden auf das Haus sehr beeinträchtigt ist. Die übrige Pflanzung weist eine zufällige Anordnung auf.«[26]

Leider konnte, bis auf das Auslichten einiger Bäume und Sträucher, weder die Wegeführung im Garten des Einfamilien- noch des Doppelhauses, vollständig auf den jeweils ursprünglichen Zustand zurückgeführt werden, obwohl dies im Gutachten ausdrücklich gefordert wurde: »Alle Wiederherstellungsmaßnahmen müssen gleichzeitig mit dem Garten zum Gebäude Rathenaustraße 1–3 gedacht werden, weil nur so die ursprüngliche Vorstellung einer Gesamtkonzeption verwirklicht werden kann. Vor allem sind die früheren Wege wiederherzustellen.«[27]

Insbesondere die Rekonstruktion des ›betonierten Serpentinenweges‹, die Wiederherstellung der Betonsitzbänke und des Laubenganges wie auch des Verbindungsweges zwischen Einfamilien- und Doppelhaus, konnten wegen Geldmangel vom Hochbauamt nicht ausgeführt werden. Es sei aber nicht verschwiegen, daß z.B. heute eine Wiederherstellung des Verbindungsweges zwischen Einfamilien- und Doppelhaus, nicht zuletzt aufgrund der völlig getrennten mietrechtlichen Nutzung der Gartenteile, auch keinen rechten Sinn gemacht hätte.

2.1.5 Die Erhaltung und Ergänzung sowie die Rekonstruktion von denkmalpflegerisch wichtigen Bauteilen und Raumstrukturen

Um das Einfamilienhaus wieder in seinen ursprünglichen baulichen Zustand zu versetzen, war neben der Kenntnis der originalen Farbigkeit und Gartengestaltung auch die Pflege und Instandsetzung der noch vorhandenen Originalbausubstanz, wie das Rekonstruieren und Wiederherstellen der wichtigsten, in den zurückliegenden Jahrzehnten aber zerstörten Bauteile, notwendig. Die Erhaltung und Instandsetzung der originalen Bausubstanz umfaßte als wichtigste Maßnahme die Sicherung der baulichen Grundsubstanz des Hauses, die im Wesentlichen durch zwei Faktoren gefährdet war:

Erstens durch eine fortschreitende Oxydierung der Bewehrungseisen in der tragenden Eisenbetonskelettkonstruktion und zweitens durch aufsteigende Feuchtigkeit aufgrund der unzureichenden Isolierung der Fundamente gegen das Erdreich. (siehe Abschnitt 2.1.2).

Darüber hinaus war besonders im Gebäudeinneren die Erhaltung und Pflege der noch vorhandenen Originalteile von großer Bedeutung. So konnten die schwarzen Bodenfließen in den Flur- und Treppenbereichen des Hauses erhalten werden, wobei nur besonders beschädigte Platten durch neue ersetzt wurden. Das gleiche geschah mit Innenwänden, Wandeinbauten, Türzargen, wie auch der Kohleneinwurfklappe an der Westfassade, die etwas überarbeitet als Originalteil erhalten blieb.

Leider wurde auch das einzige erhaltene große Eisenfenster des Hauses an der Eingangsseite des Sockelgeschosses entfernt und durch eine originalgleiche Rekonstruktion ersetzt.

Die Rekonstruktion und Wiederherstellung verlorengegangener Bauteile und Raumzusammenhänge bildete den zweiten Schwerpunkt der Sanierung. Der offene Grundriß mußte an zwei wichtigen Stellen wiederhergestellt werden, nämlich im Bad- und Galeriebereich des Zwischengeschosses und in der Eingangszone des Sockelgeschosses mit der ehemals sichtbaren Heizungsanlage.

Die betonierten Möbel, wie Hängeregal mit Holzlege, Schreibtisch, eingebaute Bettnischen sowie der Blumentrog auf der Dachterrasse waren nicht mehr vorhanden. Auch die für Fassade und Innenraum besonders wichtigen Holzschiebefenster waren nach dem Krieg durch Drehkippfenster ersetzt worden und mußten vom Hochbauamt rekonstruiert werden.

Auf den folgenden Seiten sind die wichtigsten Rekonstruktionen beschrieben.

2.1.5.1 Die Rekonstruktion des offenen Wohn-Schlafbereiches

Alle Bewohner des Hauses hatten bis zur Sanierung 1982 das mehr oder weniger starke Bedürfnis, die von Le Corbusier absichtsvoll geplante Offenheit des Grundrisses so zu verändern, daß einzelne, in sich abgeschlossene Räume entstanden. So war die Galerie vom zweigeschossigen Wohnraum durch bewegliche

Schiebeelemente aus Glas abgeteilt, was sich sogar als Planungsabsicht durchaus im Sinne von Le Corbusier nachweisen läßt, auch wenn seine Planung von 1927 Elemente aus Blech vorsah, die aber nicht zur Ausführung kamen.

Die ehemals halbhohen Bad- und Schlafzimmerwände waren hochgemauert und mit Türen versehen. Nur so konnten sich die damaligen Bewohner des Hauses ein ›normales‹ Wohnen vorstellen. Die wesentliche Grundidee des Hauses, nämlich der fließende Raum, ging dadurch aber verloren.

Alfred Roth erklärte die neue Raumqualität folgendermaßen: »Le Corbusier löst das Problem so, daß er zum Raum minimale Flächen und minimale Höhen vereinigt, aber das bisherige System abgeschlossener Zimmer und Zellen verläßt. Er durchbricht die Trennungswände und bildet eine dynamisch zusammenhängende Raumfolge.«[28]

Dem Hochbauamt gelang es, im Rahmen der Instandsetzungsarbeiten 1983, diese zusammenhängende Raumfolge wiederherzustellen und auch den neuen Mieter, trotz anfänglicher Bedenken, von der Stimmigkeit der historischen Konzeption zu überzeugen.[29]

Heute, nach mehr als 7jähriger Neuvermietung, kann eindeutig festgestellt werden, daß die Raumvorstellungen von Le Corbusier sich im täglichen Gebrauch bewähren, ja sogar zu einer Steigerung des persönlichen Lebensgefühls beitragen können, wenn auch die Hausbewohner bereit sind, ihre ›eingefahrenen‹ Wohnvorstellungen kritisch zu überdenken. So gab der heutige Mieter 1986, nach drei Jahren praktischer Wohnerfahrung in diesem Haus, folgendes zu Protokoll: »Das Schlafen im Galeriegeschoß bewährt sich nicht. Aus diesem Grund haben wir unser Schlafzimmer in eines der beiden Dachgeschoßzimmer verlegt. Somit klammern wir das Schlafen von der übrigen offenen und freien Wohnnutzung aus. Wir haben aus der Not eine Tugend gemacht und die Lösung bewährt sich für uns ausgezeichnet.«[30]

Die von Le Corbusier geplante, aber nie ausgeführte Raumtrennung zwischen Galeriegeschoß und zweigeschossigem Wohnraum mittels Blech-Schiebeelementen.

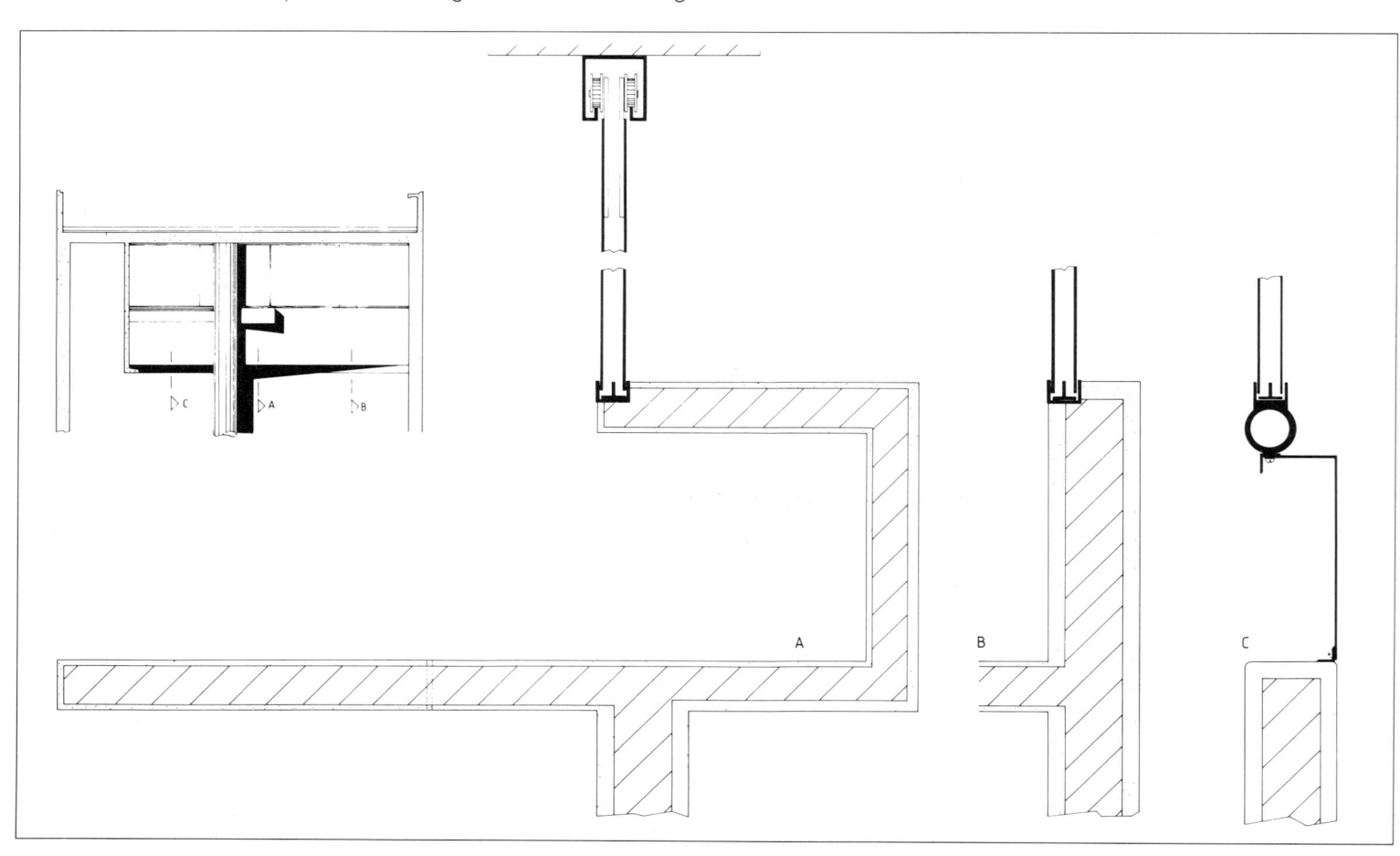

| A | B | C |

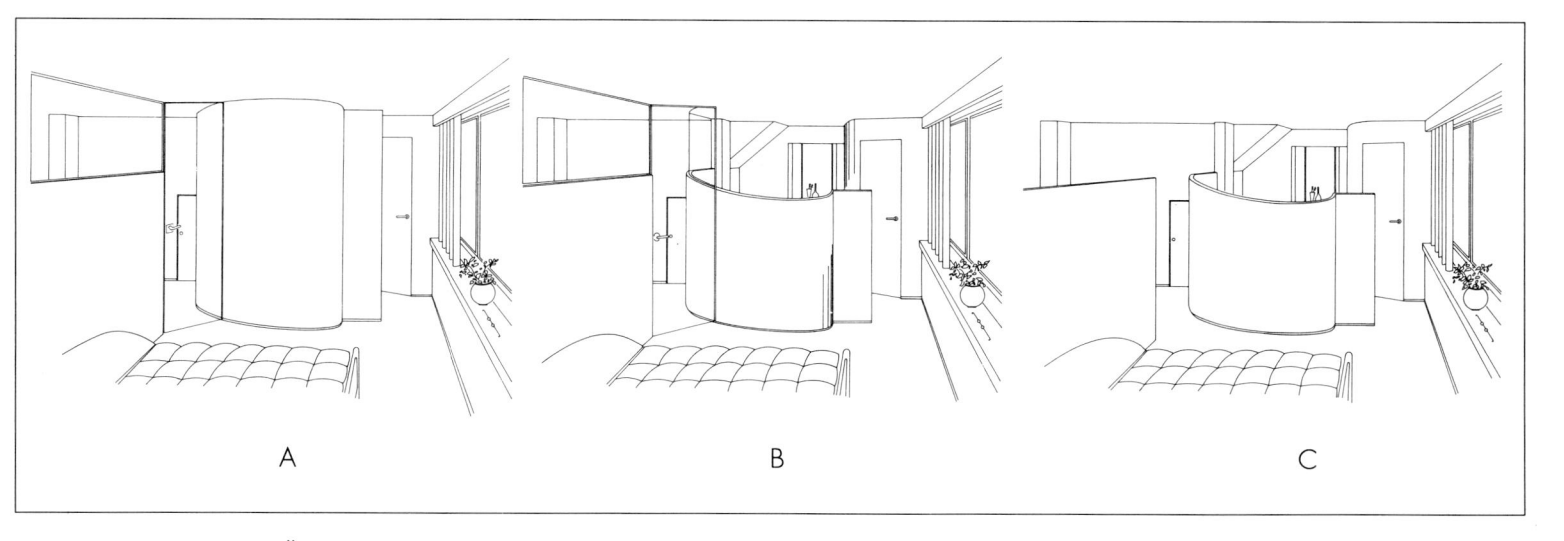

*Überlegungen, den Bad-Schlafbereich durch Glaselemente abzutrennen, wurden nicht verwirklicht.
Ausgeführt wurde 1983 die Lösung C, nämlich der Rückbau auf den Originalzustand 1927.*

2.1.5.2 Die Rekonstruktion der Horizontalschiebefenster aus Holz

Eine ganz wesentliche Aufgabe im Rahmen der denkmalgerechten Instandsetzung des Hauses war es, die nach dem Krieg eingebauten Drehkippfenster durch, entsprechend dem Original zu rekonstruierende, Horizontalschiebefenster zu ersetzen. Die Pläne des alten Fensters wurden in Paris gefunden[31], so daß es über die frühere Konstruktion und Dimensionierung auch im Detail keinen Zweifel geben konnte.
Alfred Roth beschrieb seine Funktion folgendermaßen: »Das Horizontalschiebefenster dient zum Abschluß der Maueröffnungen. Es ist das Grundelement Le Corbusiers Architektur.... Der Maurer hat die erforderliche Öffnung vorbereitet. Der Schreiner setzt es ein und befestigt es mittels Holzdübeln, unten, oben und seitlich. Der Hauptvorteil und das Wesen des Elements liegen aber darin, daß es in beliebiger Anordnung und von Fall zu Fall zu größeren Fenstern zusammengestellt werden kann. Es können damit ganze Reihen aneinandergefügt werden, und man kann durch aufeinandertürmen derselben irgendwelche beliebige Fensterflächen bilden.«[32]
Le Corbusier plante seinen Schiebefenstertyp 1927 in ganz erstaunlicher Perfektion, was schon durch die Tatsache belegt wird, daß es ihm gelang, die Fenster patentieren zu lassen (P-Nr.619254). Durch Gegeneinanderschieben der großflächigen Scheiben war es auch möglich, die äußeren Fensterflächen von innen zu reinigen, auch wenn nicht verschwiegen werden darf, daß dazu jedesmal der Beschlag abgeschraubt werden mußte.
Die Rekonstruktion der Fenster erfolgte originalähnlich: Um die Funktionstüchtigkeit der Fenster garantieren zu können, entschloß sich das Hochbauamt diese, gegenüber dem Original, um zwei wesentliche technische Neuerungen zu ergänzen: Erstens wurde aus dem Schiebefenster von 1927 ein Hebeschiebefenster und zweitens wurde die frühere Verbundglaskonstruktion durch eine solche mit Isolierglas ersetzt.
Beide Neuerungen führten, wie der exakte zeichnerische Vergleich zeigt, zu Detailabweichungen bei Konstruktion und Dimensionierung der Holz- und Metallprofile. Aber trotz dieser Veränderungen in der technischen Detailausbildung des Fensters zeigt der Vergleich der Fensteransichten von 1927 und 87, daß die Gesamtproportionierung des Fensters nur unwesentlich verändert wurde. Mit der originalähnlichen Rekonstruktion dieses Fensters gelang dem Hochbauamt die Wiederherstellung eines, für die Architektur des Hauses, wesentlichen Grundelementes bei gleichzeitiger Antizipierung des bautechnischen Fortschritts.

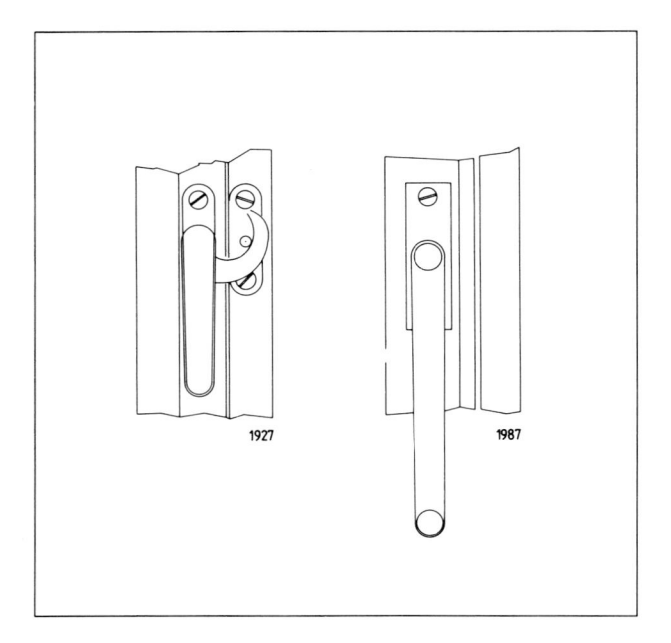

Zeichnerischer Vergleich der Fensterkonstruktion des Originals von 1927 mit der Rekonstruktion durch das Hochbauamt von 1983

Links: Fensterbeschläge 1927 und 1987

Unten: Vertikalschnitt. Maßstab 1:5, 1927 und 1987

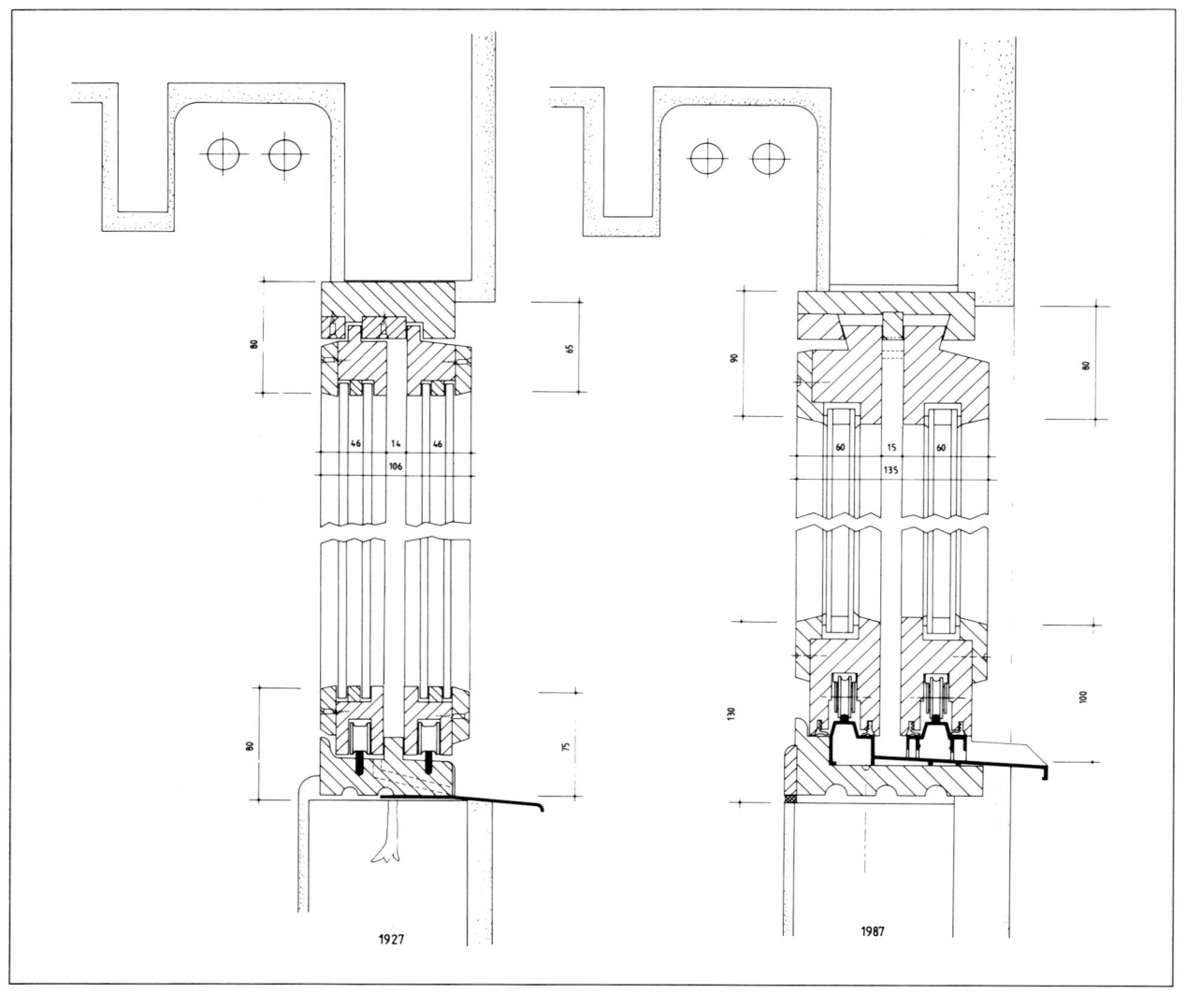

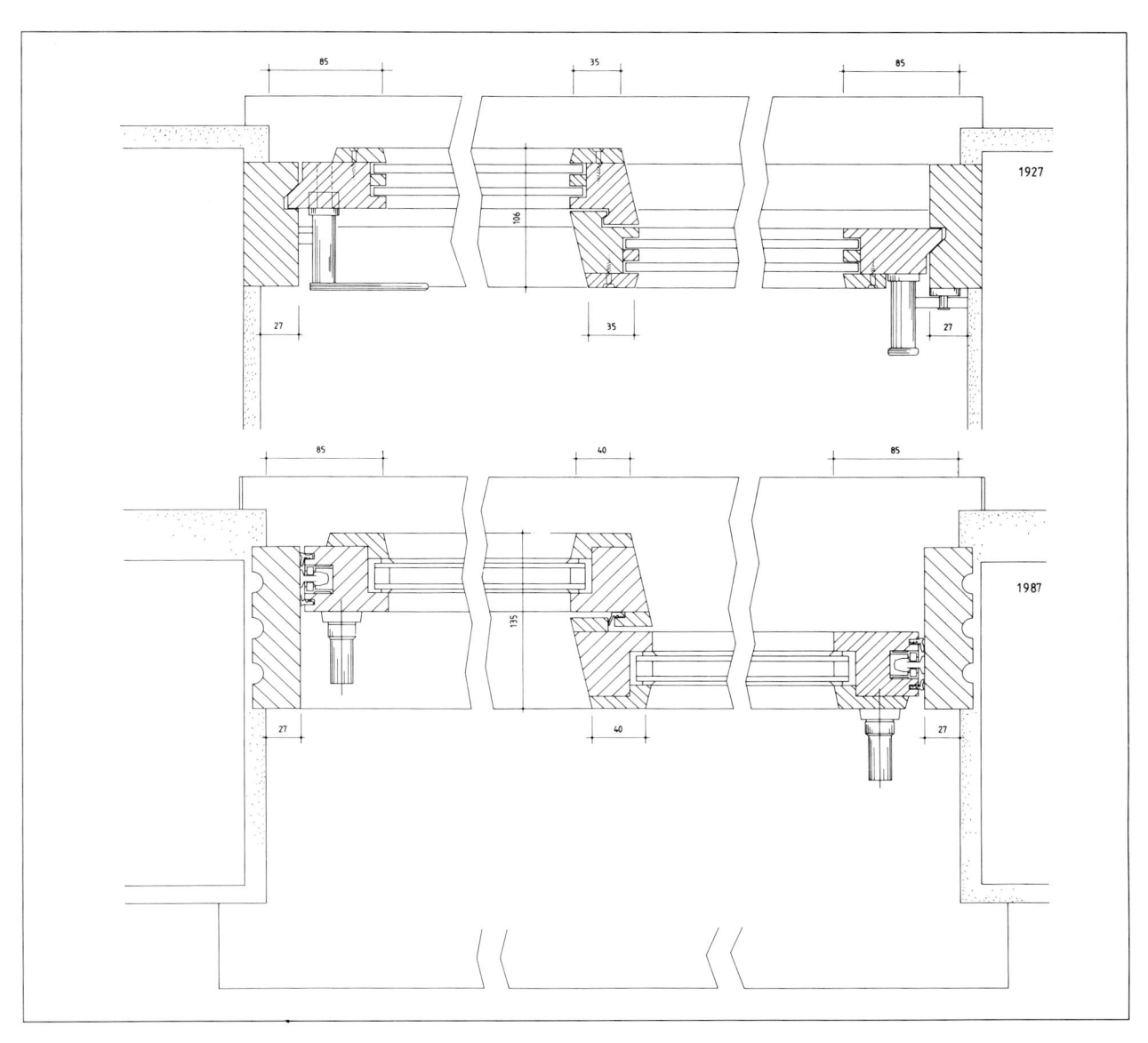

Horizontalschnitte. Maßstab 1:5, 1927 und 1987

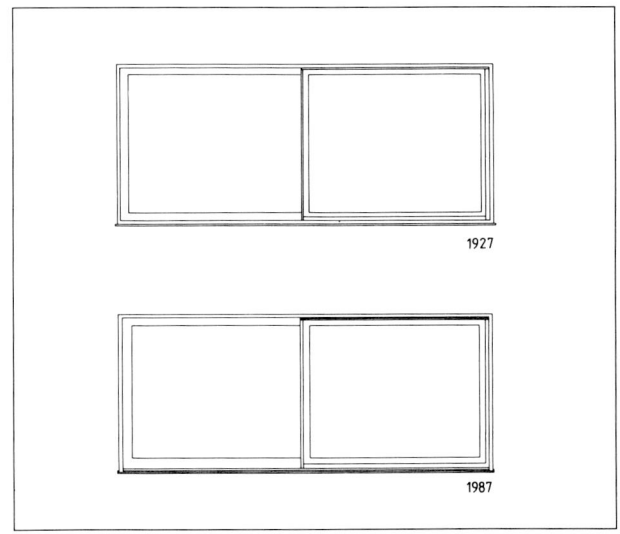

Fensteransicht 1972 und 1987

Die frühere Glastüre war 1982 längst durch eine Holztüre ersetzt worden und existierte nur noch als Zeichnung aus dem Büro Le Corbusier. Ob die Türe in dieser Konstruktion auch tatsächlich eingebaut war, ist nicht bekannt. Glaubt man der Zeichnung von damals, so bestand die Türe, den Eisenfenstern gleich, aus schlanken Eisenwinkelprofilen und einer einfachen Glasscheibe.
Bei der Rekonstruktion der Türe wich das Hochbauamt deutlich von der Originalzeichnung von 1927 ab und wählte eine Konstruktion mit etwas kräftigeren Profilen sowie Isolierverglasung.

Der dritte wesentliche Sanierungspunkt auf der Dachterrasse war die Wiederherstellung der architektonischen Einheit Kaminkopf mit Blumentrog und Sitzbank. Obwohl der Kaminkopf als Einzelstück in sehr schlechtem Zustand noch vorhanden war, entschloß sich das Hochbauamt zum Abriß desselben und zur detailgetreuen Rekonstruktion der ganzen Einheit. Alle Teile wurden wieder, im Gegensatz zu den Blumentrögen der Dachterrasse des Doppelhauses, aus massivem, gescheibtem Sichtbeton hergestellt, was genau dem historischen Vorbild entsprach.

brüstung aufgrund eines Rechenfehlers des Statikers schon 1927 zu schwach bewehrt wurde. Der Prüfstatiker bemerkte zwar den Rechenfehler im Juni 1927, aber zu diesem Zeitpunkt war das Haus im Rohbau schon fertiggestellt, so daß der Prüfstatiker den Rechenfehler nur noch auf dem Papier korrigieren konnte. 1983 blieb somit bei der Rekonstruktion des Hängeregals nichts anderes übrig, als dieses aus Gewichtsgründen in Holzleichtbauweise auszuführen. Durch Verspachteln der Holzoberfläche wurde aber eine dem gescheibten Sichtbeton von 1927 entsprechende Oberflächenstruktur erreicht.

Zur Wiederherstellung der in den 50er Jahren abgesägten betonierten Schreibtischplatte war eine Hilfskonstruktion, bestehend aus zwei Stahlwinkeln, erforderlich, um die wieder anzufügende, nur 6 cm dünne Betonplatte paßgenau auflegen zu können.
Die Ergänzung der Tischplatte durch zwei Stahlwinkel war notwendig, da eine kraftschlüssige direkte Verbindung zwischen alter und neuer Betonbewehrung konstruktiv nicht mehr möglich war.

2.1.5.5 Die Rekonstruktion des Hängeregals mit Holzlege und die Wiederherstellung des Betonschreibtisches als skulpturale Elemente des offenen Wohnraumes

»Die betonierten Möbel und Schränke erscheinen zunächst dem Material zu widersprechen. Seine Anwendung bejaht er nicht nur im großen Konstruktionsprinzip des Hauses, sondern verbindet Eisenbeton überhaupt zu zwecklichen Formen. Dadurch gelangt er zur Materialeinheit.... Le Corbusier baut durch den Maurer. Mit dem Moment, wo er das Haus verläßt, ist das Haus bis auf bewegliche Möbel (Stühle, Tische, Diwane) fertig.«[33]
Mit der Rekonstruktion des Hängeregals und der Holzlege in Verbindung mit dem offenen Kamin gelang es dem Hochbauamt, ein für den großen Wohnraum wesentliches gestalterisches Element wiederherzustellen. Leider konnte das Hängeregal, welches 1927 an Ort und Stelle eingeschalt und betoniert wurde, 1983 nicht auch wieder in massivem Sichtbeton hergestellt werden, da eine vom Bauamt durchgeführte statische Nachrechnung ergab, daß der Unterzug der Galerie-

Galeriebrüstung mit betoniertem Schreibtisch 1927 und 1987, Vertikalschnitt. Maßstab 1:40

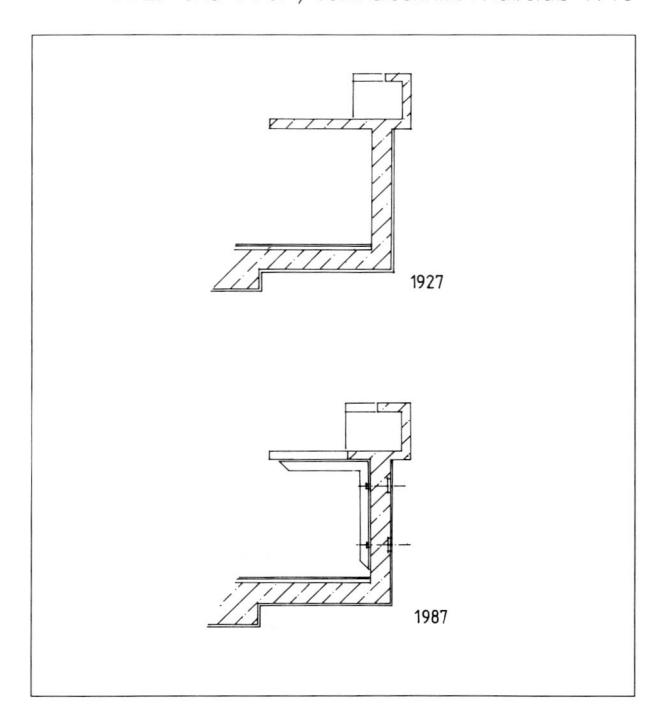

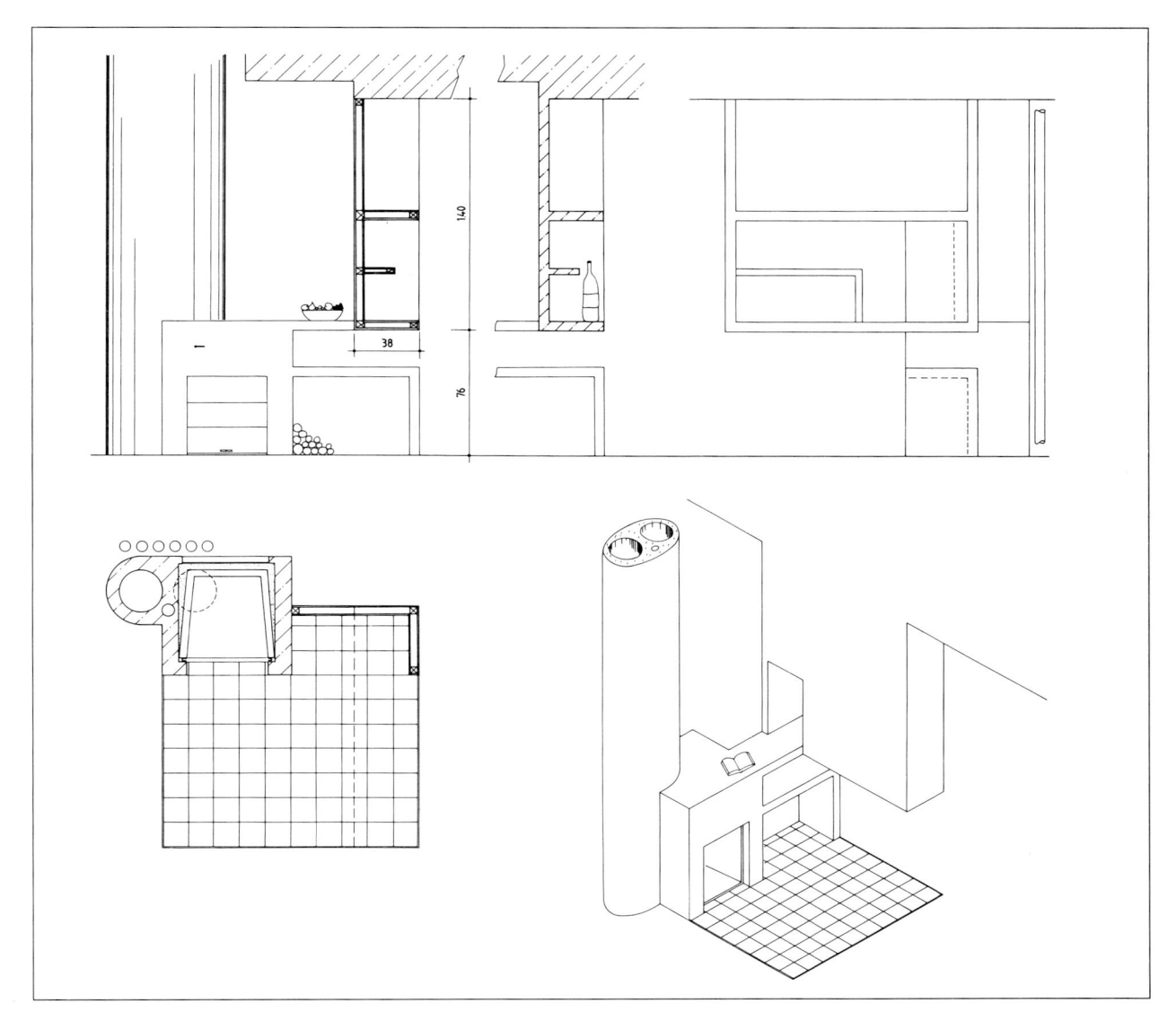

Der offene Kamin mit Hängeregal und Holzlege 1927 und 1987. Vertikal- und Horizontalschnitte. Maßstab 1:40

2.1.5.6 Die zerstörten und nicht wiederhergestellten Bauteile

Mit der Sanierung des Hauses 1982/83 gelang es dem Hochbauamt, die für die Gesamtarchitektur des Hauses wesentlichen Bauteile und Raumstrukturen wiederherzustellen. (Vergleiche Abschnitte 2.1.5.1–5). Trotzdem blieben einige verlorengegangene Bauteile, einschließlich der Farbgestaltung, bei der Rekonstruktion unberücksichtigt, was aber zukünftig, aufgrund detaillierter Unterlagen, jederzeit nachgeholt werden könnte. Es handelt sich um das zweigeschossige Südfenster, das Wandregal an der Wohnen-Ostwand, die Bettböden und Einbauschränke in Kinder- und Gästezimmer, die Ablagen in Mädchen- und Schlafzimmer, das Galerie-Brüstungsrohr sowie den Besenschrank im Treppenaufgang zum Dachgeschoß.

Was das große Südfenster betraf, konnte die 1979 eingebaute, nicht dem Originaldetail entsprechende, unproportionierte Fensterfront nicht wieder ausgetauscht werden. Dies war nach so kurzer Zeit finanziell nicht vertretbar. Sie soll aber bei späterer Abgängigkeit der Fenster, so die Absicht des Hochbauamtes, durch die Rekonstruktion der Originalfenster ersetzt werden. Bei dieser Gelegenheit könnte dann auch die zweite innere Glasfront aus Stahlprofilen wieder nachgebaut werden. (Siehe nächste Seite).

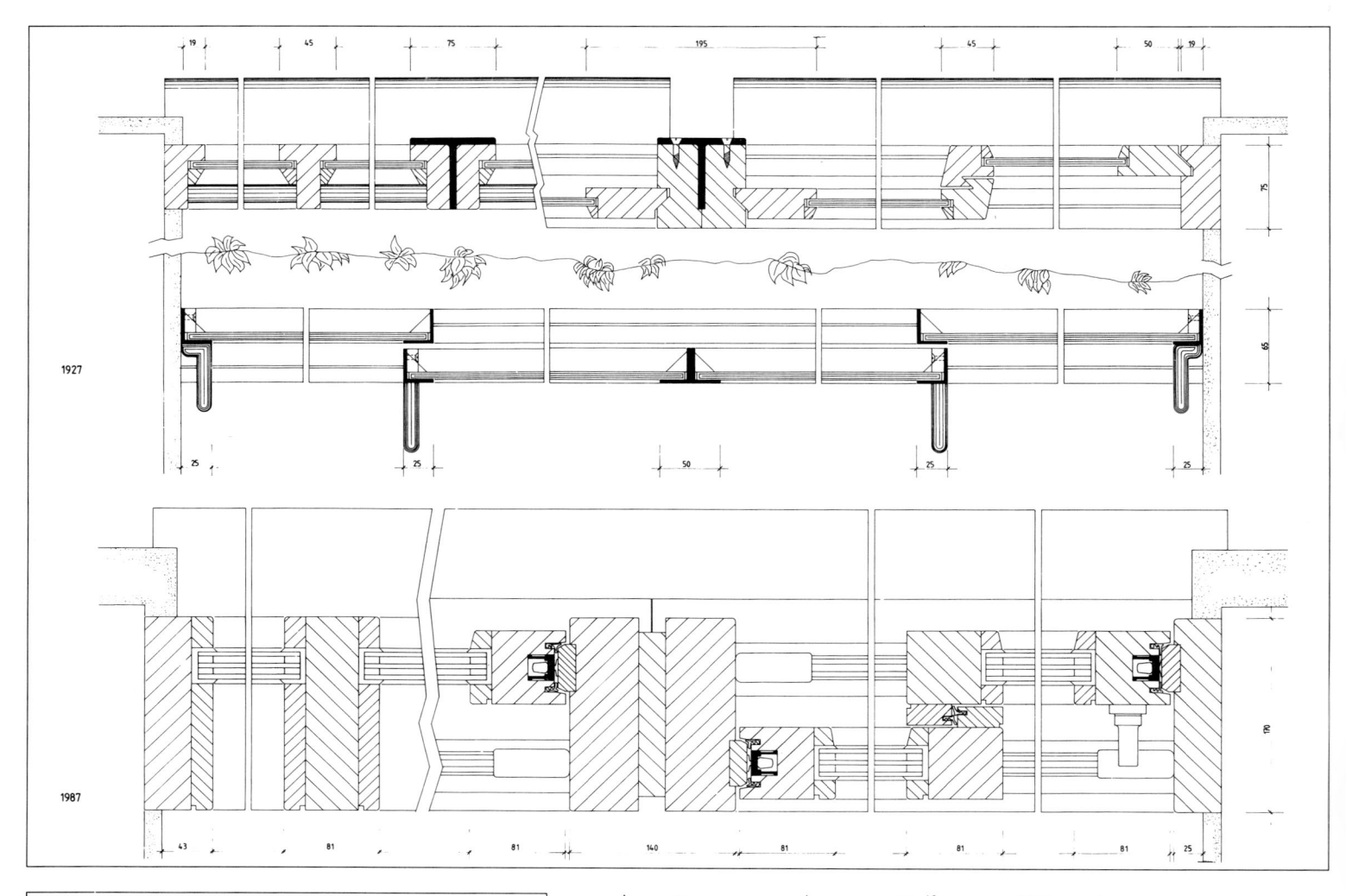

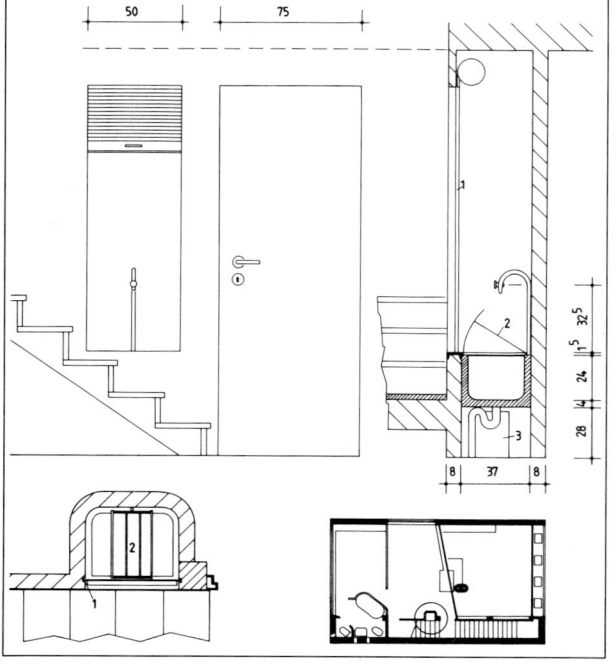

oben: Das zweigeschossigen Südfensters 1927 und 1987, Horizontalschnitte. Maßstab 1:4,5

links: Besenschrank im Treppenaufgang zum Dachgeschoß 1927, Vertikal- und Horizontalschnitte. Maßstab 1:4

*Der zweigeschößige Wohnraum mit
offenem Kamin nach der Sanierung 1983*

Dachterasse nach der Sanierung 1983

Doppelhaus von Le Corbusier nach der Sanierung 1984

2.2.0 Le Corbusier und Pierre Jeanneret, Doppelhaus, Rathenaustraße 1–3

2.2.1 Die bau- und grundrißlichen Veränderungen von 1927 bis 87

Ähnlich seinem Einfamilienhaus mußte auch das Doppelhaus von Le Corbusier viele kleine und große bauliche Veränderungen in den zurückliegenden Jahrzehnten ertragen. Der zeichnerische Grundrißvergleich der Jahre 1927, 82 und 87 macht auf den folgenden Seiten die wichtigsten Veränderungen sichtbar. Zunächst jedoch, in chronologischer Reihenfolge, eine Beschreibung der wesentlichen Bau- und Nutzungsänderungen im Äußeren und Inneren des Hauses, soweit sie noch rekonstruierbar waren:
Wie das Einfamilienhaus, so wurde auch das Doppelhaus von Le Corbusier nach der Ausstellung in den Jahren 1928 und 29 regulär vermietet. Aber bereits 1933, also sechs Jahre nach seiner Fertigstellung, mußte das ganze Haus wieder geräumt werden, um größere Umbauten vornehmen zu können. So vergrößerte das Hochbauamt der Stadt die Kellerräume. Im Hauptwohnbereich des ersten Obergeschosses wurden alle Betonschränke entfernt und durch einfache Zwischenwände ersetzt. Auf der Dachterrasse erhielt jede Haushälfte ein zusätzliches Zimmer, was einerseits zu der gewünschten Verkleinerung der Dachterrassenflächen führte, aber eben auch zur Beseitigung wichtiger Originalsubstanz wie Plattenbelägen, Pflanztrögen und anderen Sichtbetonteilen.
Ein Jahr später, 1934, wurde der Straßenname in Scharnhorststraße umgeändert, um nach dem Krieg wieder in Rathenaustraße rückbenannt zu werden.
Im Krieg waren in der größeren linken Haushälfte eine Zahnstation sowie Sanitätspersonal und ab 1945 französische Besatzungssoldaten untergebracht, während spätestens ab 1941 die kleinere Haushälfte wieder als Wohnhaus genutzt wurde. Nach dem Krieg erfolgten weitere Umbauten.
1968 zum Jubiläumsjahr »50 Jahre Bauhaus« wurden wie beim Einfamilienhaus die Fassadenflächen überarbeitet und die Fenster olivgrün abgesetzt. 1973 erneuerte das Hochbauamt auf der Ostseite das durchgehende Fensterband, allerdings nicht durch eine Rekonstruktion der ursprünglichen Schiebefenster, sondern durch Drehkippfenster.
Nach dem Auszug beider Mietparteien im Sommer 1983, erfolgte von Juli 1983 bis Juni 1984 die Grundinstandsetzung und denkmalgerechte Wiederherstellung des Hauses, wobei die kleinere rechte Haushälfte auch im Inneren weitestgehend original rekonstruiert wurde. Seit Juli 1984 sind beide Haushälften wieder vermietet.
Wie die Grundrißvergleiche zeigen, konnte das Hochbauamt mit der Sanierung des Hauses 1983/84 einen umfangreichen denkmalpflegerischen Maßnahmenkatalog erfüllen, wie er in der genehmigten Haushaltsunterlage von 1982 beschrieben wurde:
»Vorgesehen ist im Bereich der Denkmalpflege die originalgetreue Wiederherstellung einer Haushälfte im Inneren (Rathenaustr. 3).
Außen (Rathenaustraße 1–3)
- Das Gebäude Rathenaustraße 1–3 wird bei allen Maßnahmen im räumlichen Zusammenhang mit dem Gebäude Bruckmannweg 2 gesehen.
- Ausgeführt wird die konsequente detailgetreue Wiederherstellung des Gebäudes im Äußeren. Besonders entscheidend ist der Rückbau der Fenster auf die bekannten historischen Details unter maßvollem Einsatz moderner Technik.
- Proportionen der Fensteröffnungen, Leibungstiefen, Attika-Ausbildung sind in hohem Maße entscheidend für das Erscheinungsbild des Gebäudes. Maßnahmen des Wärmeschutzes an den Außenflächen sind hier nur im »cm«-Bereich bei Wegnahme des alten Putzes möglich. Deshalb müssen hier auch andere Möglichkeiten des Wärmeschutzes im Bereich Dach, Decke über UG, Untergeschoß ausgleichend wirken.
- Die Farbigkeit wird anhand nochmaliger Befundstellungen (Pigment-Analysen) überprüft und im Zusammenhang mit den Original-Zeichnungen und Original-Farbangaben von Le Corbusier neu interpretiert.
- Die glatte Putzstruktur wird in jedem Fall erhalten.
- Original-Details werden – soweit vorhanden – sorgsam überarbeitet.

Innen (Rathenaustraße 3)
- Wesentliches Ziel der denkmalpflegerischen Überlegungen zum Gebäudeinnern ist die Wiederherstellung der grundrißlichen Strukturen und raumbildenden Elemente. Ebenfalls soll die Nutzbarkeit einiger Raumeinheiten angemessen verbessert werden.

UG-Kellergeschoß
- Über die Kellerräume liegen derzeit keine historischen Pläne vor. Der heutige Zustand wird belassen.

EG-Eingangsgeschoß
- Die ehem. Waschküchen können als Hausarbeitsräume genutzt werden. Hier werden jeweils, ersatzweise für die weit entfernten Heizungsanlagen im UG, Gasthermen eingebaut. (Wurden nie eingebaut, Anm. des Verfassers).

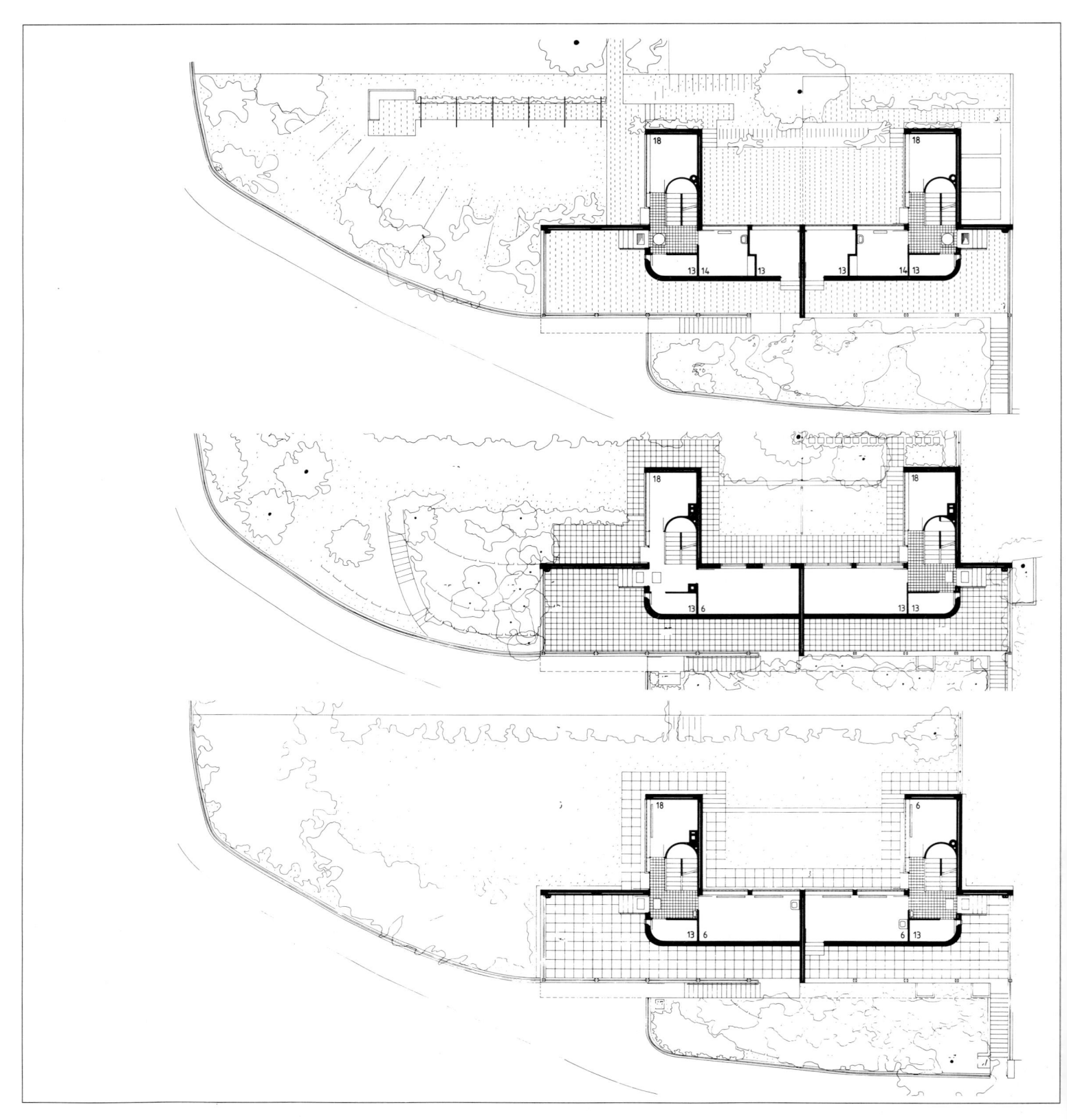

Erdgeschoß-Grundrisse mit Gartenanlage. Maßstab 1:275.
Zustand 1927, 1982 und 1987 (von oben nach unten.)

OG-Wohnraum-Ebene
- Die ehemalige Flursituation wird wiederhergestellt. Die Ausführung wird jedoch von der früheren Breite von 60 cm auf ca. 70 cm abweichen, ohne das geplante Raumgefüge zu zerstören.
- Bad und Küche werden wieder in der alten Lage hergestellt.
- In den Wohnräumen wird der Rückbau des Raumgefüges einschließlich Schiebetüren und Grundrahmen der festen, möbelähnlichen Einbauten ausgeführt. Innerhalb des Raumgefüges ist die konventionelle Nutzung für Schlafräume als Eltern-Schlafzimmer/Kinderzimmer möglich.
- Der Bereich Treppenanbau wird gemäß dem ursprünglichen Zustand einschließlich offenem Treppenhaus wiederhergestellt.

DG-Dachterrasse
- Ausgeführt wird die detailgetreue Wiederherstellung der Dachterrasse mit Plattenbelägen und Pflanzbeeten.
- Die in den 30er Jahren entstandenen Dachaufbauten werden wieder entfernt. In diesem Zusammenhang entfällt im Gebäudeteil Rathenaustraße 1 die zweite Wohneinheit.«[34]

links: 1. OG 1927, 1982 und 1987. Maßstab 1:275
rechts: DG 1927, 1982 und 1987. Maßstab 1:275

2.2.2 Bautechnische Instandsetzungen und Verbesserungen des Hauses

2.2.2.1 Konstruktive Beschreibung des Hauses

In »Bau und Wohnung«, der offiziellen Publikation des Deutschen Werkbundes über die Weißenhofsiedlung von 1927, wurde das konstruktive System des Doppelhauses folgendermaßen beschrieben:
»Das konstruktive Gerippe ist wiederum ein klares Rahmenwerk. Die Pfosten bestehen in der hinteren Mauerflucht aus Eisenbeton und in der vorderen, offenen Flucht aus Eisen. In der Längsrichtung sind die einzelnen Pfosten durch in der Decke liegende Träger verbunden. In der Querrichtung bildet die 24 cm starke Eisenbetonstegdecke die notwendige Versteifung. Das Pfostensystem ruht auf einem Gürtelfundament. Das abfallende lose Terrain machte es notwendig, diese Pfosten bis auf guten Grund, das heißt bis auf Straßenhöhe zu führen. Im vorderen Teil tritt infolgedessen das Fundament als 3-m-Stützmauer hervor. Hier war Ausnützung zu Garagenräumen vorgesehen. Doch mußten diese wegen der beschränkten Geldmittel weggelassen werden. Die Ausmauerung erfolgte an den Außenwänden in Bimshohlblocksteinen und in den Zwischenwänden in Backsteinen.«[35]

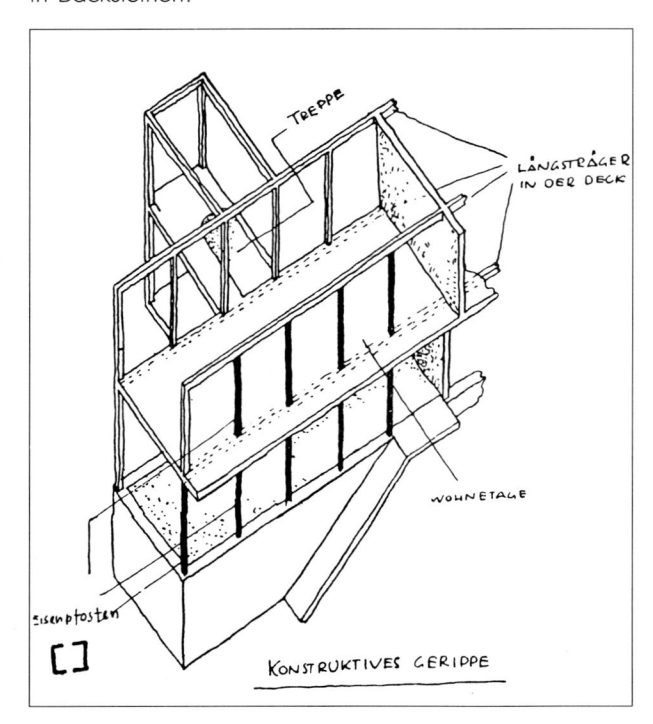

Isometrische Darstellung des konstruktiven Gerippes, Eisen- und Eisenbetonskelettkonstruktion, aus »Bau und Wohnung«, 1927

2.2.2.2 Die Sanierung der Eisenstützen

Die neun filigranen Eisenstützen parallel zur Rathenaustraße haben ganz wesentlichen Anteil an der ›schwebenden‹ architektonischen Raumwirkung des Doppelhauses von Le Corbusier. Die Stützen sind Doppelstützen, bestehend aus zwei U-180 Profilen, die im Erdgeschoß durch je zwei genietete Bindebleche verbunden waren. Aufgrund der konstruktiven Erfahrungen beim Einfamilienhaus wurde vom Hochbauamt die gesamte vorhandene Gebäudestatik von 1927 nachgerechnet und überprüft. Tatsächlich bestätigten sich die Vermutungen, indem gravierende Rechenfehler und unzureichende Lastannahmen für die, der Hauskonstruktion zugrundeliegende, Originalstatik nachgewiesen werden konnten.

Für die Eisenstützen ergab die Nachrechnung, daß die Nietverbindungen zwischen Eisenstützen und Bindeblechen locker waren und dadurch die statisch wirksamen Querkräfte nicht ausreichend aufgenommen wurden. Die naheliegende Lösung unter denkmalpflegerischen Gesichtspunkten, nämlich ersetzen der lockeren Nietenverbindungen durch neue vorgespannte HV-Schraubenverbindungen unter Beibehaltung der innenliegenden Bindebleche, war bei den alten Eisenstützen nicht möglich. Die Statiker kamen hier leider zu dem Ergebnis, daß die alten Eisenprofile für eine notwendige Vorspannung der Schrauben nicht ausreichend belastbar waren. Ohne Vorspannung der Schrauben wäre der senkrechte Abstand der Schraubverbindungen von 9 cm für die Aufnahme der Querkräfte nicht ausreichend gewesen und hätte bei Vergrößerung der Bindebleche wesentlich verlängert werden müssen. Das Bauamt entschied sich daher, in Abstimmung mit dem Denkmalamt, für folgende Lösung:
Die alten innenliegenden Bindebleche wurden durch neue außenliegende Bleche in der geichen Größe ersetzt. Allerdings wurden die Bindebleche, anstelle der ursprünglichen Nietenverbindung, mit den Eisenstützen verschweißt, um die statisch erforderlichen Querkräfte aufzunehmen. (Die Schweißbarkeit der Eisenstützen mußte vorher durch Versuche der Materialprüfungsanstalt nachgewiesen werden.) Die optischen und substantiellen Veränderungen an den Stützen gegenüber dem Originalzustand wurden dabei in Kauf genommen. Hinzu kam, daß diese Lösung mit Abstand die kostengünstigste war.
Eine weitere statisch-konstruktive Notwendigkeit war die Erneuerung der Stützenfußpunkte beider Eckstützen. Die Eisenprofile waren stark verrostet und teilweise

durchgerostet, so daß der erforderliche und statisch wirksame Profilquerschnitt nicht mehr gegeben war. Nachdem die Schweißbarkeit des Eisens nachgewiesen war, konnten beide Stützenfüße durch Einschweißen eines neuen Profilstückes saniert werden.

Die Eisenstützen im Erdgeschoß 1927 und 1987. Maßstab 1:10. Die Zeichnung in der Mitte zeigt die nicht ausgeführte Variante mit vergrößerten Bindeblechen.

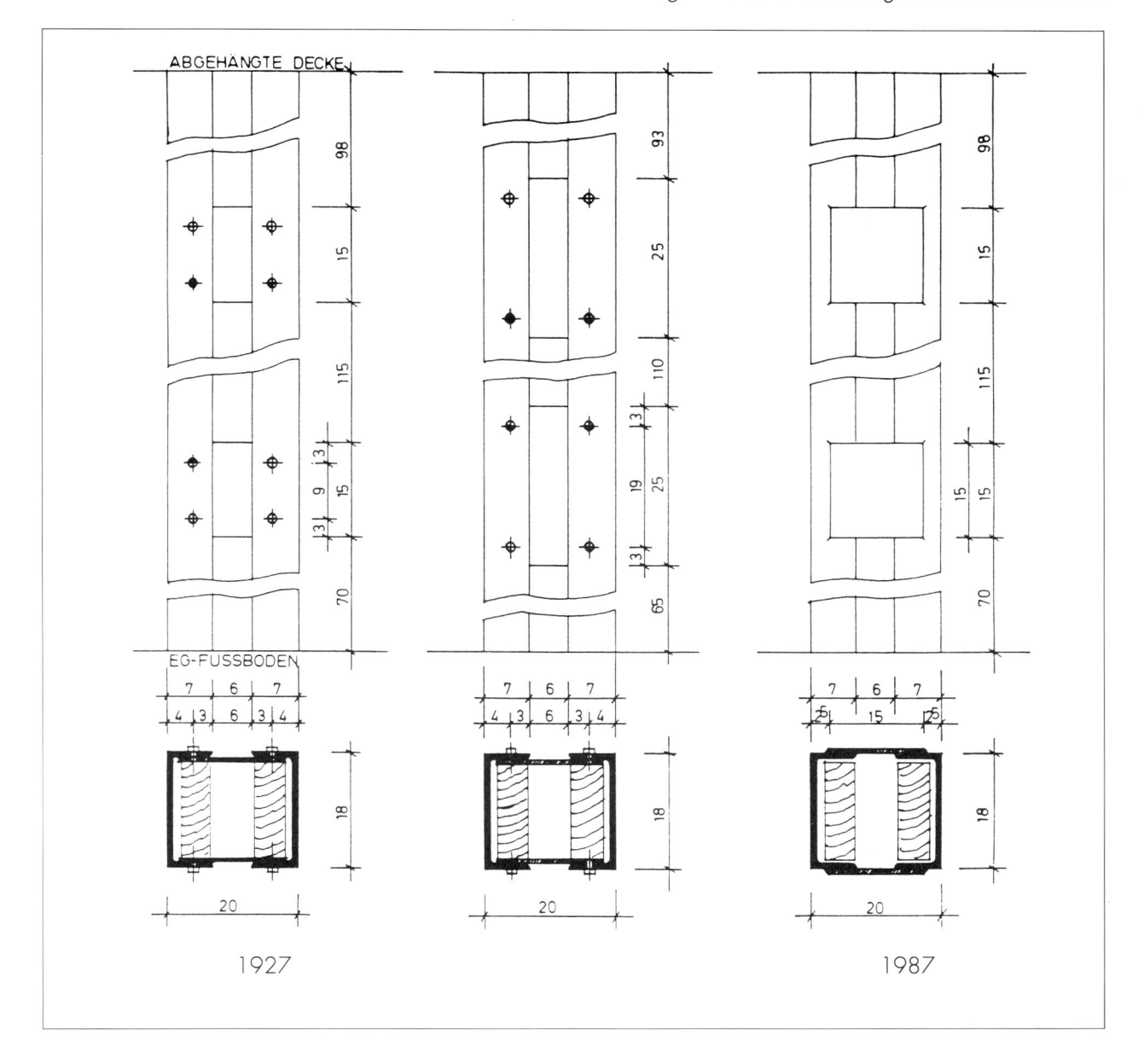

1927

1987

2.2.3 Die Farb- und Oberflächengestaltung des Hauses

Hinsichtlich der Farbgestaltung und der Oberflächenbehandlung seiner beiden Häuser machte Le Corbusier keine grundsätzlichen Unterschiede. Beide Gebäude erhielten innen wie außen glatt verputzte Wandflächen, welche mit Leim- und Ölfarben in verschiedenen Farbtönen gestrichen wurden. Bis auf wenige Ausnahmen wiederholten sich die verschiedenen Farbtöne in beiden Häusern, wenn auch in anderen Kombinationen. Während z.B. die eingezogene Sockelzone des Einfamilienhauses die Farben Siena, Umbra und Blau umfaßte, kamen die beiden Farbtöne Umbra und Blau im Sockelbereich des Doppelhauses nicht vor, tauchten dafür aber wieder an den Wandflächen des Dachterrassengeschosses auf.

Nur den Farbton Siena hell der Einfamilienhausfassade findet man beim Doppelhaus nicht, während umgekehrt der Farbton helles Grün ausschließlich im Bereich der Treppenhäuser sowie der Untersicht des betonierten Regendaches des Doppelhauses seine Anwendung fand.

Nachdem es dem Hochbauamt beim Einfamilienhaus nicht gelang, die wiederentdeckte ursprüngliche Farbigkeit im Inneren des Hauses anzubringen (siehe Abschnitt 2.1.3), konnte ebendies 1984 beim Doppelhaus für die kleinere Haushälfte verwirklicht werden.

Dank einer sehr gründlich durchgeführten Farbbefunduntersuchung[36], die auf den folgenden Seiten aus Platzgründen nur in ihren wesentlichsten Befunden wiedergegeben werden kann, verfügen wir heute über ein weitgehend geklärtes Bild der inneren Farbgestaltung, die 1927 von Alfred Roth, im Sinne seines Meisters, festgelegt wurde.

Wie differenziert und nuanciert die Farben bis ins einzelne bestimmt waren, möge ein Ausschnitt aus der Farbuntersuchung der Restauratoren für den sogenannten transformablen Wohnraum der kleineren Haushälfte belegen (siehe unten Nr. 1–14). Während die den Grundriß bestimmenden, betonierten Schrankelemente schon seit 1933 entfernt waren und ein Befund an diesen Stellen entfiel, konnten Farbspuren an vielen anderen wichtigen Detailpunkten noch gesichert werden.

Nr.	Wohn- und Schlafraum OG = transformabler Wohnraum	Farbton/ Farbwert	Farbwertbestimmung n. Keim-Palette und RAL	Farbwert neutral, nach Taschenlexikon der Farbe
1	Westwand (Wohnraum)	umbra	Farbmuster	6 F 5
2	Stauraum (Wohnraum)	blau	Nr. 704	21 C 4
3	Südwand (ü. Schiebetür)	blau	Nr. 704	21 C 4
4	Nordwand (Schlafraum)	blau	Nr. 704	21 C 4
5	Stauraum (Schlafraum)	blau	Nr. 704	21 C 4
6	Südwand (Schlafraum)	blau	Nr. 704	21 C 4
7	Ostwand (durchgehend)	graugelb	Farbmuster	4 B 4
8	Stützen	mausgrau	RAL 7005	–
9	Türrahmen	schiefergrau	RAL 7015	–
10	Nordwand (Wohnraum)	blau	Nr. 704	21 C 4
11	Decke (Schlafraum)	gelbweiss	Nr. 37 H 58	3 A 2
12	Decke (Wohnraum)	gelbweiss	Nr. 37 H 58	3 A 2
13	Fensterbrett (Draufsicht)	perlweiss	RAL 1013	–
14	Fensterbrett (Stirnfläche)	d-braun	RAL 8017	–

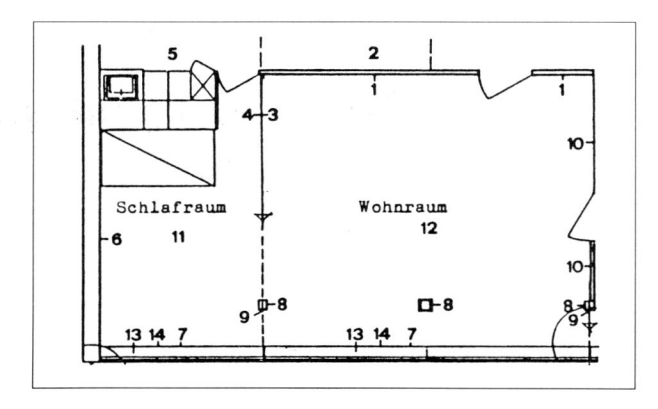

Die Farbwertbestimmung der ermittelten Originalfarbigkeit [37]

Nr.	Farbton/Farbwert	Farbwertbestimmung nach Keim-Palette und RAL	Farbwert neutral nach: Taschenlexikon der Farbe	Bemerkungen
1	gebrochenes weiss	Nr. 871	–	–
2	gelbweiss	Nr. 37 H 58	3 A 2	–
3	grünweiss	Nr. 68 H 52/54	26 A 2/3	grauer, etwas dunkler
4	reine gebrannte siena	Nr. 54 H 50	7 E 8	dunkler
5	gebr. siena mit weiss = hellrot	Nr. 53 H 52	7 D 6	dunkler
6	umbra = dunkelbraun	Farbmuster	6 F 5	–
7	blau	Nr. 704	21 C 4	grauer
8	grau	Nr. 88 H 58	20 C 2	heller
9	violettgrau	Nr. 88 H 56	17 E 2	–
10	graubraun	Nr. 806	5 E 3	heller
11	dunkelgrau	Nr. 88 H 50/52	16 F 1	dunkler
12	graugelb	Farbmuster	4 B 4	–
13	braunorange	Nr. 362	5 C 6	–
14	schokoladenbraun	RAL 8017	RAL 8017	–
15	graphitschwarz	RAL 9011	RAL 9011	–
16	achatgrau	RAL 7038	RAL 7038	–
17	staubgrau	RAL 7037	RAL 7037	–
18	schiefergrau	RAL 7015	RAL 7015	–
19	mausgrau	RAL 7005	RAL 7005	–
20	taubenblau	RAL 5014	RAL 5014	dunkler
21	enzianblau	RAL 5010	RAL 5010	–
22	perlweiss	RAL 1013	RAL 1013	–

Untersuchungsstellen
Erstes Obergeschoss, Rathenaustraße 3

Erdgeschoß

Obergeschoß

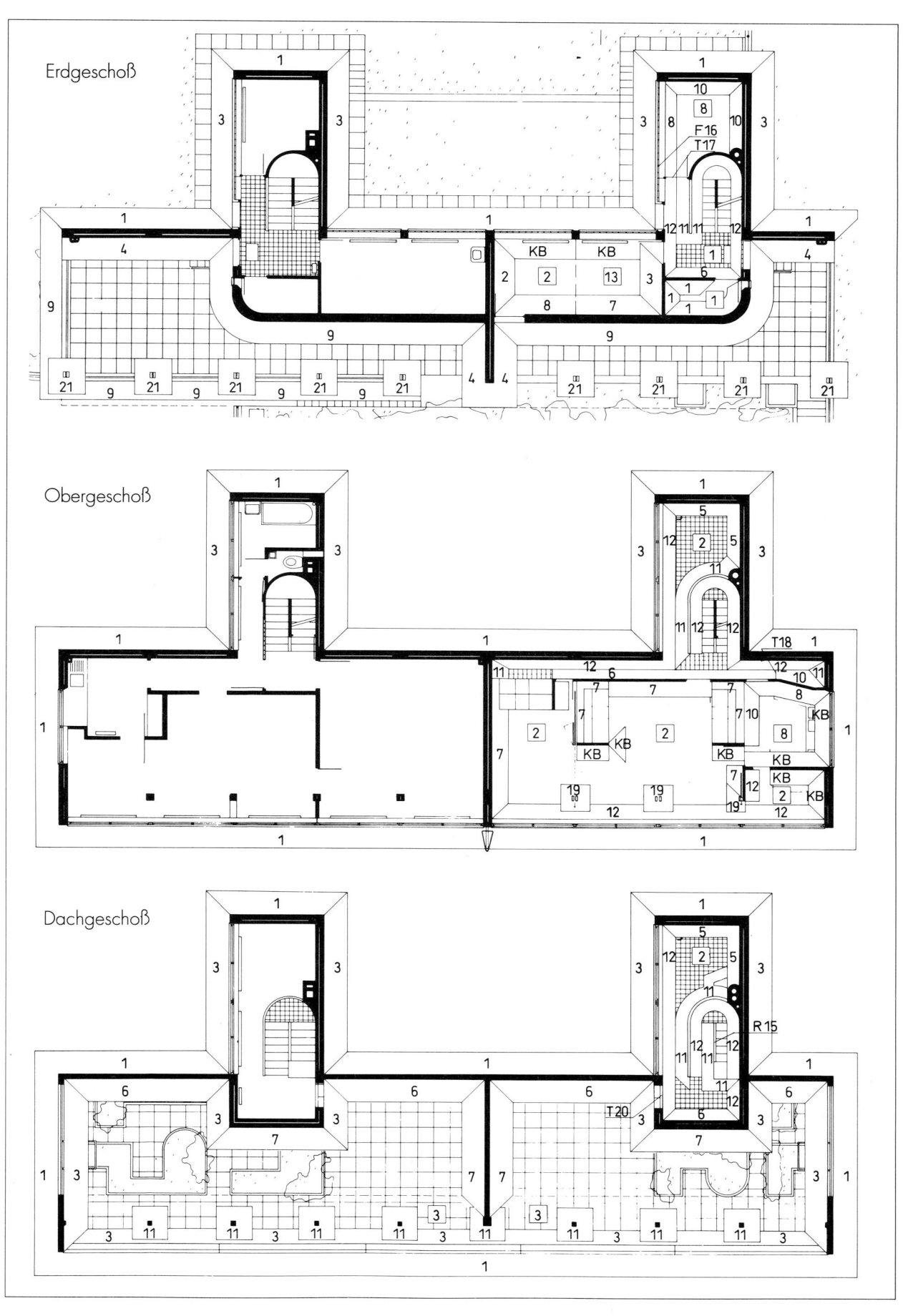

Dachgeschoß

Die Farbverteilung der ermittelten Originalfarbigkeit:

Zeichenerklärung: Nr. 1–22 = Farbton/Farbwert

F = Fenster T = Türzargen
R = Rundrohre/Eisenteile KB = Kein Befund

Übersicht: Bauteil, Material und Farbe. Vergleich 1927 mit 87.

Bauteil	Material 1927	Material 1987	Farbe 1927	Farbe 1987
Außenputz	Kalkzementputz o. Sockel 2 cm glatt gescheibt	Wärmedämmputz, 4 cm mit Armierung, glatt gesch. ohne Sockelzone	Silikatfarben	Silikatfarben
Innenputz	Gipsputz glatt, darauf Anstrich	Gipsputz mit feiner Glasvliestapete	Leimfarben, außer in Küche, Bad, Fensterbänken, Brüstung	Dispersionsfarben, außer Bad, Fensterbänken, Brüstung
Dachrandabschluß	Treppenhäuser: Betonteil glatt gescheibt. Siehe Detailvergleich Seite ... Betonregendach: Kalkzementputz ohne Abdeckung	Treppenhäuser: Zinkblechabdeckung. Siehe Detailvergleich Seite ... Betonregendach: Kunststoffbeschichtung o. Abd.	KB = Kein Befund weiß, Silikatfarbe	Zinkgrau weiß, Kunstharzfarbe
Dachterrasse	Keine Wärmedämmung Zementbelag aus einem Guß, mit eingeschnitt.	Wärmedämmung, 10 cm in Kiesschüttung verlegt Zementplatten 50/50 cm	Begrenzende Wände: verputzt ohne Sockel Silikatfarben	Begrenzende Wände: verputzt mit Blechsockel. Silikatfarben
Fensteraußensimsen	Blech gestrichen, ohne seitliche Putzkante	Zinkblech mit seitlicher Putzkante	KB wahrscheinlich aber graue Ölfarbe	Zinkgrau
Fenster EG	Eisenfenster mit Einfachverglasung	Stahlfenster, feuerverzinkt mit Einfachverglasung	Ölfarbe, achatgrau RAL 7038	Ölfarbe, außen dunkelbraun, innen weiß
Fenster OG	Horizontalschiebefenster aus Holz mit Verbundverglasung	Horizontalhebeschiebefenster aus Holz mit Isolierverglasung	Ölfarbe, dunkelbraun	Ölfarbe, außen dunkelbraun, innen weiß
Hauseingangtür	Wandbünd. Eisenzargen »Mannstädt«, Normbr.90cm Sperrholz-Türblatt mit Blech beschlagen	Zargen wie 1927 Normbreite 90 cm Holztürblatt, wärmegedämmt, mit Blech beschlagen	Ölfarbe, mittelgrau KB	Ölfarbe, mittelgrau Ölfarbe, mittelgrau
Gartenausgangstür	Eisenzargen, Normbr.90cm Blechtüren	Zargen wie 1927 Blechtüren	Ölfarbe, KB	Ölfarbe, mittelgrau Ölfarbe, mittelgrau
Zimmertüren	Putzbündige Eisenzargen Normbreite 75 cm Sperrholz-Türblätter gestrichen	Zargen wie 1927 Normbreite 75 cm Sperrholz-Türblätter gestrichen, Dr.-Garn.: FSB Nr. 1075	teilweise Befunde Ölfarbe KB	nach Befund, sonst einheitl. staubgrau staubgrau lackiert
Bodenbelag	Linoleum, auf 2-3 cm Holzestrich in den Zimmern Tonplatten 15/15 cm in Flur-Treppenbereich	PVC, »Pegulan graphic« Tonplatten 15/15 cm wie 1927, für Ausbes.Arb. Fabrikat: Mosa	weiß, einfarbig – blanc poussière – schwarz, matt	gebrochenes weiß, einfarbig schwarz, matt
Heizung	Warmwasser-Zentralheizung mit Kessel für Holz, Kohle	Warmwasser-Zentralheizung Gas-Heizkessel	KB	–
Heizkörper	Eisen-Radiatoren	Röhren-Radiatoren	KB Literatur: blau	blau lackiert RAL 5010
Warmwasserversorgung	dezentral	dezentral		
Blumentröge Dachterrasse	Sichtbeton, glatt gesch. Wandstärke massiv 8 cm	Glasfaserzement, dünnwandig, Einzelt. geschraubt	KB	zementgrau
multifunktionale Einbauschränke	massiver Sichtbeton, gestrichen, mit Holzaus-	Holzrahmenkonstruktion glatt verspachtelt und	KB, wahrscheinlich Ölfarbe grau + weiß	Ölfarbe, grau und weiß
Eisenstützen EG	Aussteifungsbleche verschraubt	Aussteifungsbleche verschweißt	Ölfarbe, blau	Ölfarbe, blau
Gartenwege	Gestampfter Kiessplit	Zementplatten 50/50 cm		

2.2.4 Die Gartengestaltung

Die Wiederherstellung der Gartenanlage des Doppelhauses in allen ihren wesentlichen Teilen hatte sehr darunter zu leiden, daß die vom Bauamt beantragten und im gartenfachlichen Gutachten geschätzten Kosten von DM 21.300,- zur Wiederherrichtung des Gartens vom zuständigen Ministerium in Bonn auf DM 10.000,- gekürzt wurden.

Das hatte zur Folge, daß die Rekonstruktion baulicher Gartenbestandteile wie Laubengang oder Betonsitzbänke entfallen mußten und auch die notwendigen Neu- und Umpflanzungen nicht im gewünschten Umfang durchgeführt werden konnten.

Le Corbusier betrachtete die Gärten seiner beiden Stuttgarter Häuser als Einheit. Beide Grundstücke waren räumlich verbunden, und insofern gelten die beim Einfamilienhaus getroffenen Feststellungen auch für das Doppelhaus.

Der ganze Garten machte 1982 einen verwilderten Eindruck, war ungeordnet und die Böschung zur Straße enthielt zufällige Mäuerchen und Treppen. Auch die gebogene Stützmauer zur Ecke Friedrich-Ebert-, Rathenaustraße entsprach mit ca. 80 cm Höhe nicht mehr dem Original. Vor allem aber war das ›Rückgrat‹ des Gartens, der Laubengang mit dem Sitzplatz, nicht mehr vorhanden. Hans Luz schlug daher 1982 in seiner konzeptionellen Untersuchung für die Wiederherstellung des Gartens folgendes vor:

»Wichtigstes Element für den westlichen Gartenbereich ist die Wiederherstellung des Laubenganges mit dem Sitzplatz und dem Verbindungsweg zum Haus Bruckmannweg 2. Die im Südosten anschließende bepflanzte Böschung soll zum größten Teil als Rasen angelegt werden, wie es früher war.

Die Pflanzungen am Rande werden erneuert und die störenden Treppen und Mäuerchen herausgenommen. Die steile Vorgartenböschung erfordert durch die Aufgrabungen für die Gebäudesanierung und der Gartenmauer eine Neuanlage der Pflanzung, dabei sollen die Natursteinschichtungen herausgenommen und auch nur noch die Birke am Eingang zum Haus Nr. 3 erhalten werden. Die Neupflanzung der Fläche soll durch eine ruhige Bodendecke und nur wenige Einzelsträucher an den Treppen erfolgen.

Im Wirtschaftsgarten wird der Wäschetrockenplatz als Rasenfläche wiederhergerichtet und die Beete müssen in Absprache mit den Bewohnern neu geordnet werden. Der schöne Apfelbaum mit der Efeuberankung ist dabei unbedingt zu erhalten.«[38]

Wie erwähnt, gelangte aus Kostengründen eine sehr reduzierte Form der Gartengestaltung zur Ausführung, was für die Gesamtanlage der beiden Corbusier-Häuser bedauert werden muß. Darüber hinaus obliegt die künftige Pflege des Gartens, wie aller Gärten in der Siedlung, der Verantwortung der jeweiligen Hausbewohner.

Es bleibt abzuwarten, ob sich diese Regelung, im Sinne einer Bewahrung der historischen Gartenanlage, in der Zukunft bewährt.

2.2.5 Die Erhaltung und Ergänzung sowie die Rekonstruktion von denkmalpflegerisch wichtigen Bauteilen und Raumstrukturen

Wie für alle denkmalgeschützten Häuser wurde vom Hochbauamt auch beim Doppelhaus von Le Corbusier das Ziel angestrebt, das Haus so weit und so genau wie möglich wieder in seinen ursprünglichen baulichen Zustand zu versetzen. Erhaltene Originalbauteile mußten instandgesetzt oder ergänzt, verlorengegangene Teile mußten rekonstruiert werden. Hierzu waren genaue Kenntnisse über die ursprüngliche Bausubstanz in ihrer grundrißlichen wie detailmäßigen Ausformung notwendig. Detailkenntnisse waren auch notwendig, um das möglichst beschädigungsfreie Herauslösen der erhaltenen Originalsubstanz aus den Verbauungen der letzten 50 Jahre, hauptsächlich im Inneren des Gebäudes aber auch auf der Dachterrasse, zu gewährleisten.

Wie beim Einfamilienhaus umfaßte die Instandsetzung des Doppelhauses einerseits die Sicherung der originären baulichen Grundsubstanz, welche einmal durch eine fortschreitende Oxydierung der tragenden Eisenskelett- und Eisenbetonskelettkonstruktion gefährdet war, darüber hinaus aber auch durch die fehlende Isolierung der Fundamente und Kellerwände gegen das feuchte Erdreich. Andererseits erfolgte die Instandsetzung des Hauses durch möglichst weitgehende Pflege der Originalbausubstanz in Form von Bodenfließen, Einbauschränken, Türzargen, Beschlägen und anderer sichtbar erhaltener Bausubstanz.

Die Wiederherstellung der architekturbestimmenden Raumstrukturen und Bauteile bildete den zweiten Sanierungsschwerpunkt.

Entscheidend für die Rückgewinnung der ursprünglichen Wohnidee war im 1. OG die Rekonstruktion des sogenannten ›transformablen Wohnraums‹ mit den betonierten Einbauschränken, dem Bibliotheks- und Frühstücksraum, dem offenen Treppenhaus und der Wieder-

herstellung der Dachterrassen mit allen früher vorhandenen Sichtbetonelementen.
Leider konnte nur die kleinere Haushälfte des Doppelhauses in dieser Weise wiederhergestellt werden, aber hier gelang dem Bauamt eine am Originaldetail orientierte, weitestgehende Rekonstruktion des Hauses.

Der transformable Wohnraum im ersten Obergeschoß nach der Sanierung, Rathenaustraße 3

2.2.5.1 Die ordnende Geometrie des Hauses

Durch die Verbauungen der zurückliegenden Jahrzehnte war auch die geometrische Ästhetik des Hauses an einem entscheidenden Punkt empfindlich gestört. Die von Le Corbusier bewußt angewandte lineare Geometrie der Fensterbänder und Wandteile war durch den nachträglichen Einbau der Dachterrassenzimmer und das Schließen der Korridor-Längsfenster auf der Westseite des Hauses verloren gegangen. Alfred Roth schrieb über die linearen Zusammenhänge 1927 folgendes: »Im Doppelwohnhaus finden sich in ähnlicher Weise derartige lineare Zusammenhänge: der abstehende Treppenbau ist durch die durchgeführte Fensteroberkante linear an den Hauptbau gebunden. Wesentlich ist noch dabei, daß die Fenster prinzipiell in der Hausfläche liegen und diese nicht unterbrechen. Dadurch wird der betrachtende Blick in geordnete Bahnen gelenkt, ergleitet in denselben flüssig über die Fläche und sucht sich das geschlossene Bild der Ordnung zusammen. Auf diese Weise kommt Le Corbusier zum reinen Hauskubus und schafft damit die klassisch straffe Form des Wohnhauses.«[39]

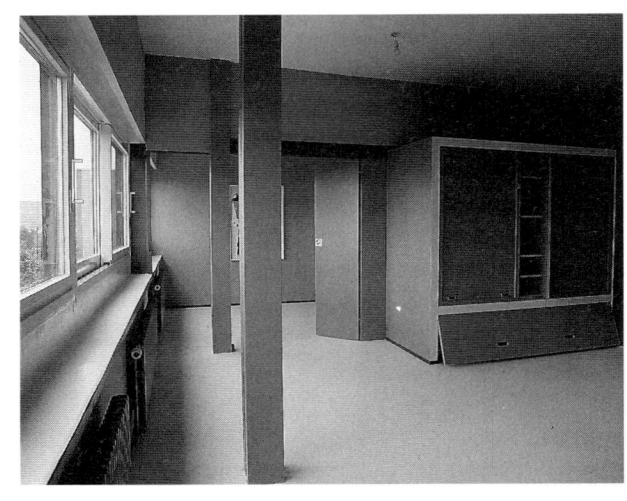

Mit dem Abbruch der Dachterrassenzimmer und der Rekonstruktion der Oberlichtfenster im 1. OG wurde der von Le Corbusier festgelegte reine Hauskubus 1984 wiederhergestellt.

Zustand vor der Sanierung 1982

Zustand nach der Sanierung 1984 wie 1927

2.2.5.2 Die Rekonstruktion des transformablen Wohnraumes

Eine der Hauptaufgaben der denkmalpflegerischen Sanierung 1984 war es, zumindest in der kleineren Haushälfte des transformablen Doppelwohnhauses, die Wohnidee von Le Corbusier wieder erstehen zu lassen. Nicht mehr vorhanden waren 1982, neben Küche (A), Bad (B) und dem im Treppenbau beliebig verwendbaren Raum (C), in den bis zur Sanierung die Küche eingebaut war, die betonierten Einbauschränke (D), die beiden Schiebewände aus Holz zwischen Wohnraum, Bad (E) und Kinderzimmer (F), die beiden Zimmertüren einschließlich Zargen zum Längskorridor (G), die dünne Wand zwischen transformablem Wohnraum und Längskorridor (H), der Bodenbelag aus Linoleum sowie die Horizontalschiebefenster (I). Der Längskorridor selbst (K), mit seiner abgehängten Decke in Höhe der Oberkante der betonierten Einbauschränke (L) und dem schwarzen Tonplattenbelag, sowie die Beleuchtung des engen Verkehrsflures mittels 20 cm hoher Längsfenster, dies alles war verloren und verbaut.

Isometrie des transformablen Wohnraums.
Zustand nach der Sanierung wie 1927.

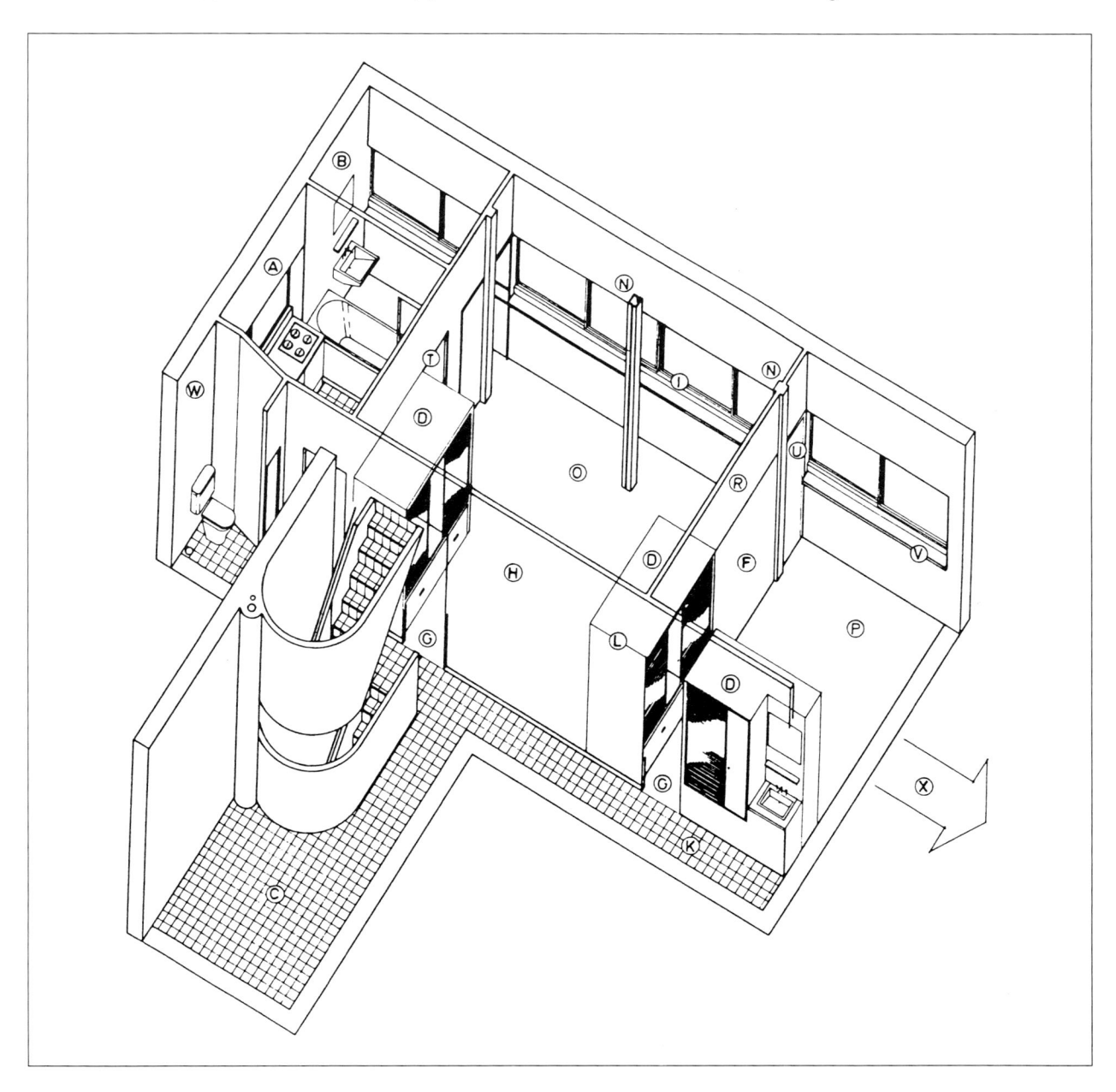

Die früher sichtbaren Eisenstützen (N) waren wohnlich verputzt und tapeziert und mußten nur wieder freigelegt werden. Zum Vorschein kam auch, beim Abbruch der nachträglich eingefügten Trennwand zwischen Wohnraum (O) und Kinderzimmer (P), ein freitragender beidseitig verputzter Eisengitterträger (R), an dessen unterem Flansch die raumtrennende Schiebewand (F) befestigt wurde. Erhalten waren auch noch die Türzargen zwischen Wohnraum und Küche (T), Wohnraum und Kinderzimmer (U) sowie die betonierten Fenstersimsen (V).

Alfred Roth beschrieb 1927 den Originalzustand folgendermaßen: »Das Wohngeschoß gliedert sich in transformablen Wohnraum (O), 60 cm breiten Längskorridor(K), Küche (A), Bad (B), Klosett (W) und den im Treppenbau übrigbleibenden beliebig verwendbaren Raum (C). Man gelangt von der Treppe durch eine normale Türe von 75 cm Breite direkt in den Wohnraum (O). Dieser ist durch verschiedene plastische Elemente gegliedert, nämlich: durch die eingesetzten Einbauschränke (D) mit Kasten für das Schiebebett, durch die sichtbar aufsteigenden Konstruktionsträger (N) und die zwischen Möbel und Decke sich spannenden Mauerstücke (R). Dadurch bilden sich längs der Fensterflucht offene Nischen und längs der Rückwand räumlich ausgesprochene Nischen. Durch das Hervorziehen der Schiebewände (E,F), welche sich tags vor die Einbauschränke schieben, werden diese Nischen zu einzelnen Räumen zusammengeschlossen: aus dem Wohnraum entstehen einzelne Schlafkabinen. Der kleine Längskorridor (K) verbindet sie untereinander mit Bad, Klosett und Treppe. Dadurch bekommt das System eine gewisse Ähnlichkeit mit einem Eisenbahnschlafwagen. Es ist dabei gedacht, daß die Raumfolge in der Längsrichtung um beliebige Zahl von Pfostenabständen erweitert werden kann (X), je nach der Kopfzahl der Bewohner. Dabei wird das architektonische System nicht geändert. Das Haus vergrößert sich nur in der Längsrichtung (X). Es besitzt in dem ausgeführten Beispiel der südliche Flügel fünf Abstände, während der nördliche deren nur vier besitzt.«[40]

2.2.5.3 Die Rekonstruktion der betonierten Einbauschränke mit Schiebewand

Entscheidend für die Funktion und den Charakter des transformablen Wohnraumes war die Rekonstruktion der drei betonierten Einbauschränke in Verbindung mit den Schiebewänden. Wie bereits erwähnt, wurden die Einbauschränke schon 1933 zerstört. Trotzdem war ihre Konstruktionsart genau bekannt, denn die damaligen Detail- und Ausführungszeichnungen liegen im Original in Paris bei der Fondation Le Corbusier und konnten dort auch vom Hochbauamt eingesehen werden. Obwohl der detailgetreue Nachbau durch das Hochbauamt ohne weiteres möglich gewesen wäre, wurden die Schränke an zwei entscheidenden Punkten gegenüber dem Original modifiziert, um sie den heutigen Gegebenheiten anzupassen. Einmal wurde das Material Beton der Originalschränke durch Holz ersetzt und dann die Länge der Schränke von 2 m auf 2,10 m erhöht. Warum?

Die Erfahrungen bei der Rekonstruktion des Betonhängeregals im Einfamilienhaus zeigten, daß sowohl statische Rechenfehler, wie auch unzureichende Lastannahmen 1927 in das tragende Betongerippe mit eingebaut wurden. Das Hochbauamt ließ daher die noch vorhandene Originalstatik des Doppelhauses nachrechnen und die Befürchtungen bestätigten sich:

Sowohl die Dachterrassen – wie auch die Wohngeschoßdecken – waren so knapp dimensioniert, daß auch bei wohlwollender Betrachtung keine massiv betonierten Schränke auf die Wohngeschoßdecke gestellt werden konnten. Ähnlich dem Betonhängeregal wurden alle drei Einbauschränke in Holzrahmenbauweise ausgeführt, um das Gewicht zu reduzieren. Die äußerlich massiv wirkenden Holzrahmen wurden mehrfach gespachtelt, rauh lackiert, um die ehemals glatt gescheibte Betonoberfläche nachzuempfinden und in sie hinein wurden dann, wie beim Original, die Rollschränke und Fachböden aus Holz montiert. Die Endlackierung der Schränke erfolgte im Farbton Mittelgrau, während die Stirnseiten der ›Betonschränke‹ weiß abgesetzt wurden.

Bei der Verlängerung der Schrankmaße um ca. 10 cm stand für das Hochbauamt eine praktische Erwägung im Vordergrund. Beim Originalschrank hatte das Schiebebett eine Länge von 190 cm, was für heutige Verhältnisse nicht sehr benutzerfreundlich wäre. Daher sollte ein Bett von 200 cm Länge im Schrankunterbau Platz finden, um auf jeden Fall die Möglichkeit zu haben, das in Deutschland gebräuchlichste Bettmaß unterzubringen. Erwähnenswert ist in diesem Zusammenhang noch, daß nur die beiden quergestellten Einbauschränke des transformablen Wohnraumes eine maßliche Verlängerung erfahren haben. Der dritte, zum Längskorridor hin geöffnete Einbauschrank behielt dagegen seine Originalmaße, da durch die Fixpunkte Zimmertüre und Schiebewand, welche in ihrer Lage zum tragenden Eisenpfosten unverrückbar waren, eine solche Verlängerung nicht möglich war.

Die Holzschiebewand mit schmaler Drehtüre zur räumlichen Trennung des transformablen Wohnraumes wurde in ihrer ganzen technischen Einfachheit originalgetreu rekonstruiert. Ein wirksamer Schallschutz wird dadurch natürlich nicht erreicht, dies war auch 1927 nicht der Fall. Der schon erwähnte originale Eisengitterträger, der bei den Rekonstruktionsarbeiten 1983/84 wieder zum Vorschein kam und an dessen unterem Flansch bis 1933 die Laufschiene der Schiebewand befestigt war, wurde vom Hochbauamt durch eine beidseitig verputzte Leichtmetallunterkonstruktion ersetzt.

Rekonstruktion der Einbauschränke in Holzleichtbauweise mit Schiebewand. Maßstab 1:55

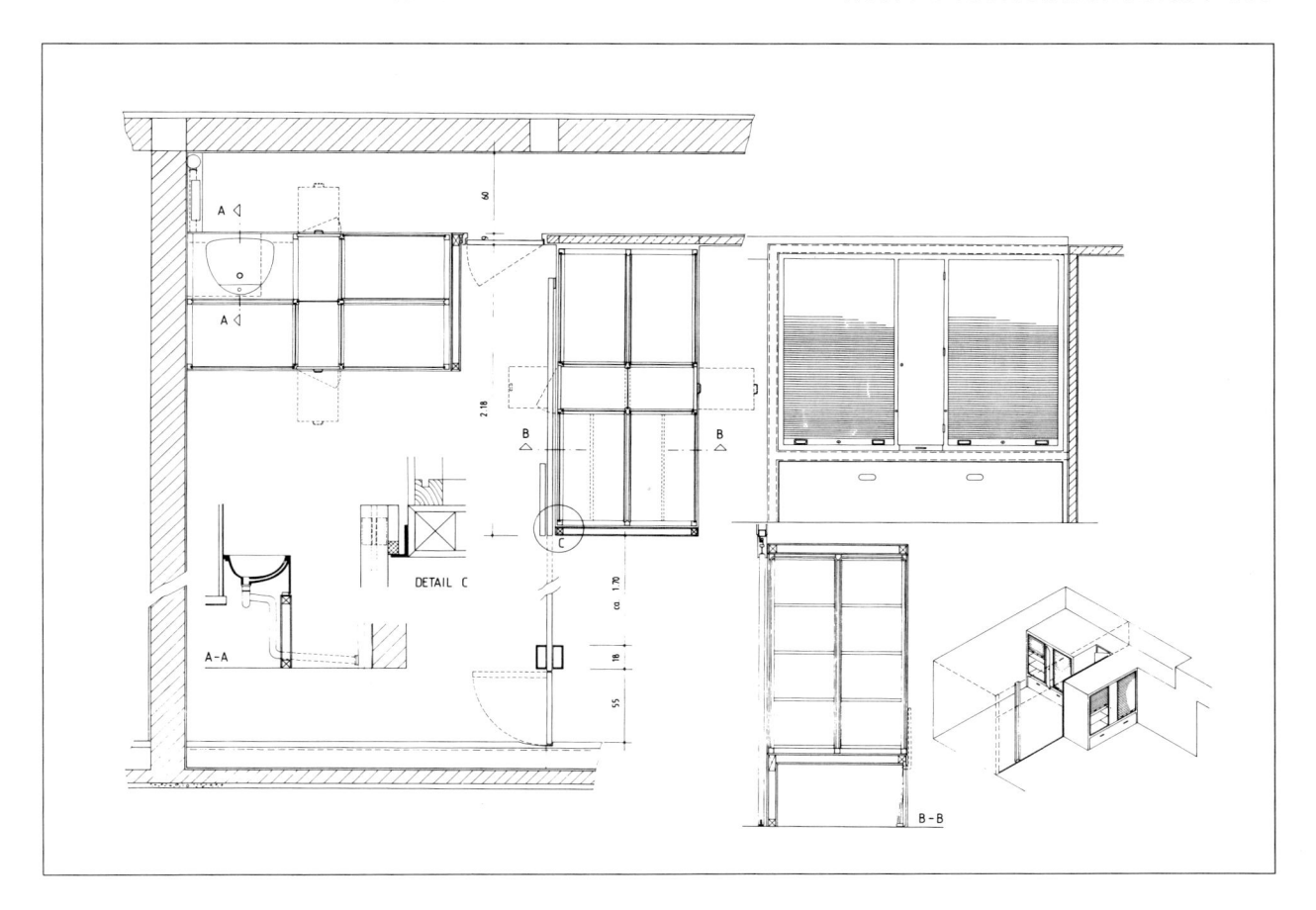

2.2.5.4 Die Wiederherstellung des Bibliothek- und Frühstückraumes

Beide Räume werden in den Obergeschossen durch den jeweils im offenen Treppenbau übrigbleibenden Raum gebildet. Der Frühstücks- oder Arbeitsraum im 1. Obergeschoß wurde von Le Corbusier als vielfältig verwendbarer Raum entworfen, während die Bibliothek im Dachgeschoß mit offenem Kamin wohl eher als besinnliche Ecke gedacht war.
Beide Bereiche, welche 1927 mit dem offenen Treppenhaus zusammen eine räumliche Einheit bildeten, waren in der Zeit danach zugemauert und mit Türen versehen worden. Im 1. OG wurde die Küche installiert und im Dachgeschoß das Bad. Diese Entwicklung wurde bei der Sanierung rückgängig gemacht, indem die nachträglichen Zubauten abgebrochen, abgebrochene Originalteile rekonstruiert und noch vorhandene Originalteile instandgehalten wurden.
Nicht mehr vorhanden war z.B. der offene Kamin der Bibliothek. Seine Rekonstruktion erfolgte ebenfalls nach Detailzeichnungen, die noch erhalten waren. Einige kleine Detailabweichungen mußte das Hochbauamt trotzdem vornehmen. Anstelle des nie funktionierenden

Rollgitters gegen den Funkenschlag von 1927 wurden drehbare Glastüren angebracht. Da außerdem die Abzugshöhe des Kamins von ca. 2,5 m über Dach denkbar gering ist, wurde vom Hochbauamt vorsorglich am Kaminkopf ein elektrischer Anschluß eingebaut, um im Bedarfsfalle jederzeit ein elektrisch betriebenes Rauchabzugsgerät anschließen zu können.

Die wiederhergestellte Bibliothek im DG mit offenem Kamin.

2.2.5.5 Die Rekonstruktion der betonierten Blumentröge auf der Dachterrasse

Wie im Abschnitt über die Einbauschränke bereits erwähnt, unterzog das Hochbauamt die gesamte Originalstatik des Hauses einer Überprüfung. Das Ergebnis war, daß auch für den Bereich der Dachterrassen eine konstruktive Unterdimensionierung der Deckenfelder festgestellt wurde. Ursache hierfür waren unzureichende Lastannahmen 1927 über den tatsächlich erfolgten Terrassenaufbau mit Blumentrögen und Betonplatten.

Dies hatte zur Folge, daß zunächst ein bis zu 20 cm hoher Aufbeton bis auf die Rohdecke entfernt werden mußte und daß auch die ursprünglich massiv betonierten und erdverfüllten sechs großen Blumentröge in dieser Art nicht mehr rekonstruierbar waren. Das bedeutete entweder den Verzicht auf die Rekonstruktion der Blumentröge und eventuell nur eine bauliche Andeutung ihres ursprünglichen Standortes auf der Dachterrasse, oder eine Rekonstruktion mittels Leichtbauweise.

Das Hochbauamt entschied sich für die äußerlich identische Rekonstruktion der Blumentröge in Leichtbauweise mit Hilfe von dünnwandigen Glasfaserzementelementen. Diese Elemente waren, als Schale von 1 cm Wandstärke, in ihrer äußeren Form und ihrem Aussehen gleich wie die ursprünglichen Blumentröge, aber sie waren wesentlich leichter als das Original. Aus 41 solchen Elementen wurden die 6 Blumentröge für beide Terrassen zusammengeschraubt und bis auf die Stoßfugen in den auf Gehrung geschnittenen Ecken entstand nach der Erdanfüllung wieder der äußere Eindruck massiven Sichtbetons. Die frühere schwere Erdfüllung der Tröge wurde durch Styropor, Blähton und, als obere Pflanzschicht, 10 cm Erdsubstrat ersetzt. Natürlich ist der Bewuchs der Blumentröge dadurch auf flachwurzelige Blumen und Pflanzen beschränkt.

Ein baurechtliches Problem sollte nicht unerwähnt bleiben:

Da die Blumentröge im Süden und Norden direkt an die Terrassenbrüstung anstoßen und damit im Trogbereich die Brüstungshöhe auf ca. 50 cm reduziert ist, mußte das Hochbauamt die Blumentröge zusätzlich in diesem Bereich mit einem Zaun versehen.

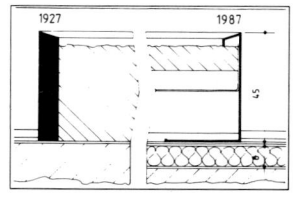

Blumentrog 1927 und 1987. Vertikalschnitt

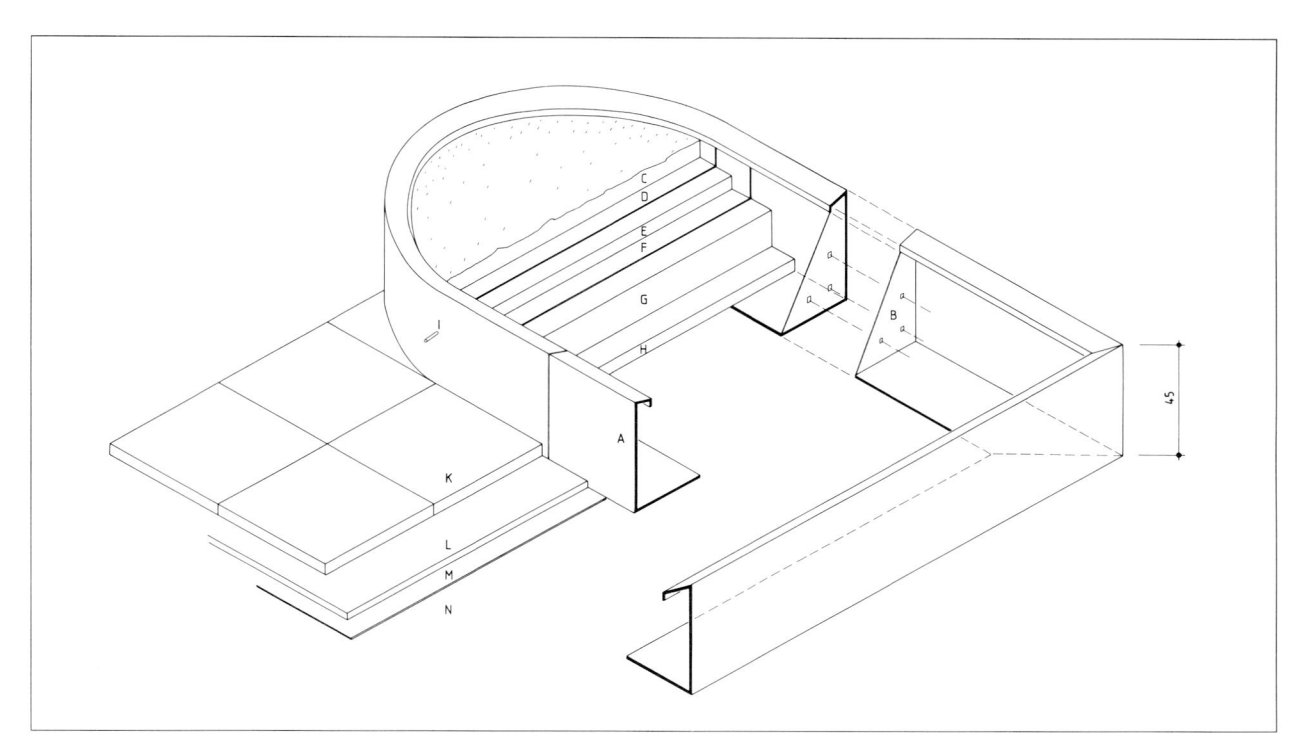

Rekonstruktion des Blumentroges in Leichtbauweise. Schnittisometrie
A – Glasfaserzement, B – Verbindungsstoß,
C – Erdsubstrat, D – Folie, E – Blähtonschicht,
F – Wurzelschutzfolie, G,H – Hartschaum,
I – Entwässerungsrohr, K – Zementplatten, L – Kies,
M – Schutzfolie, N – Rohdecke

2.2.5.6 Die übrigen skulpturalen Sichtbetonelemente auf der Dachterrasse

Neben den Blumentrögen gab es weitere skulpturale Sichtbetonteile, die den Charakter der Dachterrasse prägten. Zu nennen sind das Regendach mit seinen Verstrebungen nach rückwärts zum Treppenbau, die beiden betonierten Sitzbänke, die Mauerkrone der westlichen Rückwände, die Brüstungsabdeckung zur Rathenaustraße und nicht zuletzt die Regenrinne auf der Haustrennwand. Auf die Rekonstruktion der beiden Sitzbänke verzichtete das Hochbauamt nicht zuletzt aus baurechtlichen Gründen, denn mit ihrem Einbau wäre die vorgeschriebene Brüstungshöhe von 90 cm verlorengegangen, was das Anbringen eines Zaunes, wie im Fall der Blumentröge, zur Folge gehabt hätte.
Das betonierte Regendach war im Mittelteil, im Bereich der beiden nachträglich eingebauten Dachzimmer, beschädigt. Diese Betonschäden wurden wieder nahtlos ergänzt. Die anderen Sichtbetonteile wurden entweder rekonstruiert, wie die schon 1933 zerstörte Regenrinne, oder vollständig erneuert, wie die Mauerkrone der westlichen Rückwände und die Brüstungsabdeckung zur Rathenaustraße. Der Betonzustand dieser Sichtbetonteile war so schlecht, daß selbst eine Reparatur durch Betonsanierung nicht mehr möglich war. Die Rekonstruktion erfolgte originalähnlich, d.h. mit geringfügigen maßlichen Veränderungen der Betonquerschnitte, um z.B. die Verstärkung des Außenputzes von 2 auf 4 cm konstruktiv aufnehmen zu können, oder bei der Regenrinne heute gebräuchliche Regenfallrohre verwenden zu können. Die rekonstruierten Teile wurden als Sichtbetonfertigteile angeliefert und mit Hilfe eines Autokranes auf die dafür vorbereiteten Mauern gesetzt und verfugt.

Dachterrasse Brüstungsabdeckung zur Rathenaustraße 1927 und 1987. Vertikalschnitt. Maßstab 1:20

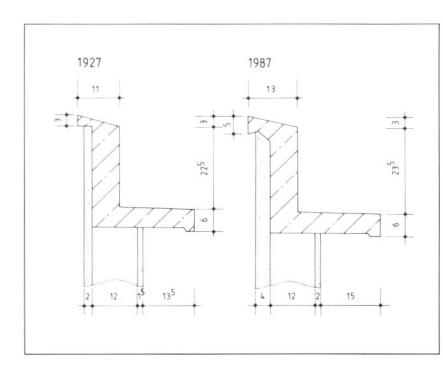

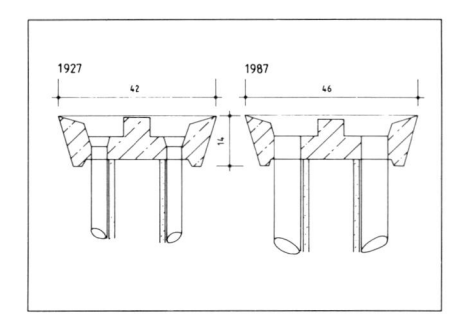

Dachterrasse: Regenrinne auf der Haustrennwand 1927 und 1987. Vertikalschnitt. Maßstab 1:20

Dachterrasse: Mauerkrone der westlichen Rückwände 1927 und 1987. Vertikalschnitt. Maßstab 1:20

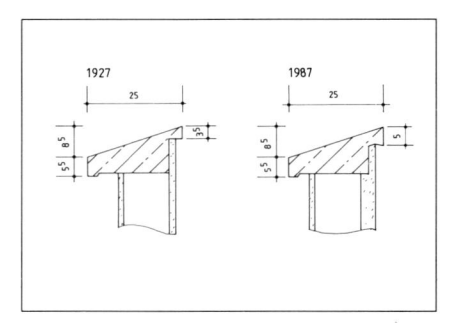

Die Sichtbetonteile auf der Dachterrasse
A Die Regenrinne aus der Haustrennwand
B Die Mauerkrone der westl. Rückwände
C Die Brüstungsabdeckung zur Rathenaustr.
D Das Regendach

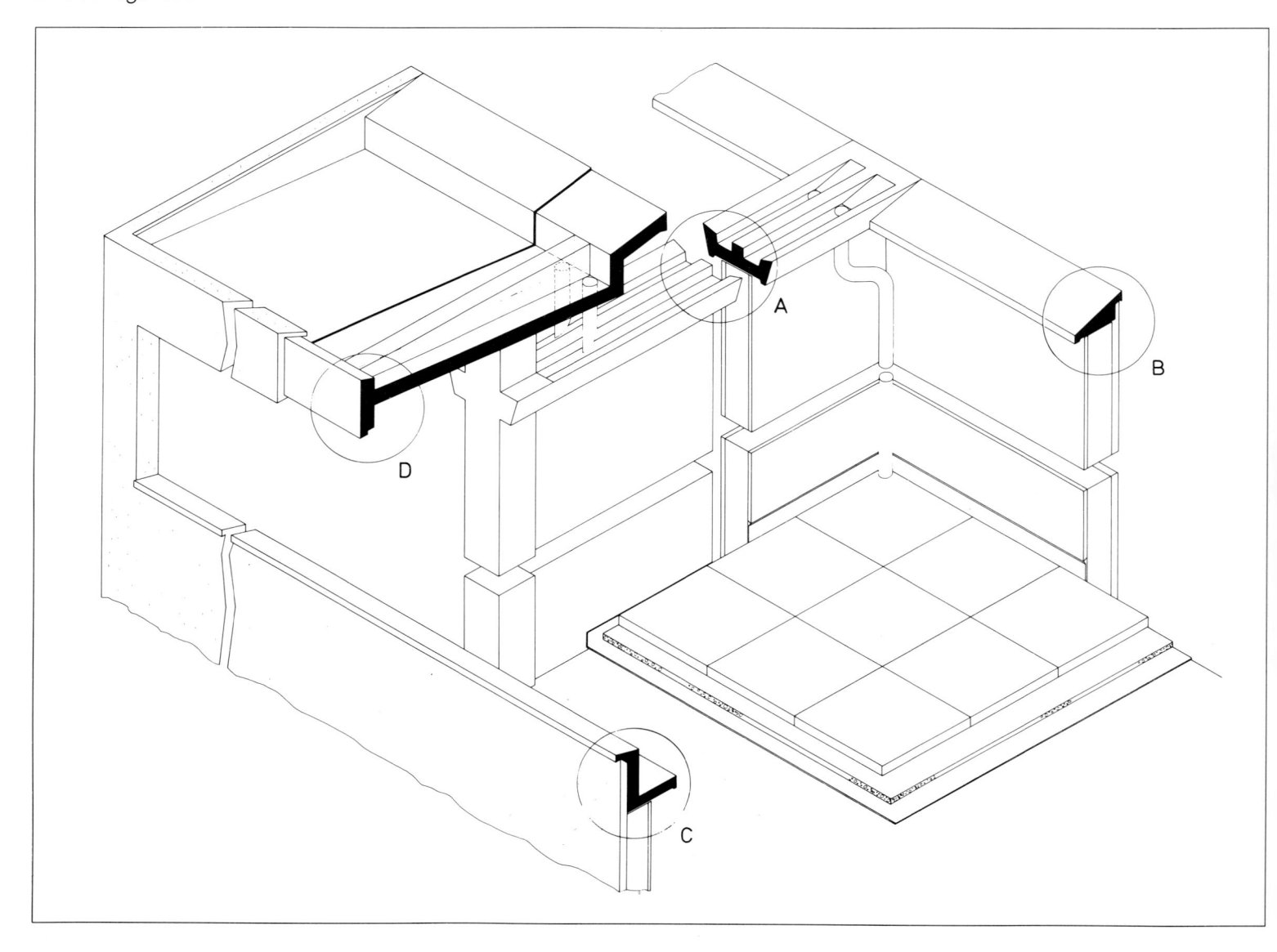

Dachrandabschluß beim Einfamilienhaus 1927, 1982 und 1987. Vertikalschnitte. Maßstab 1:20

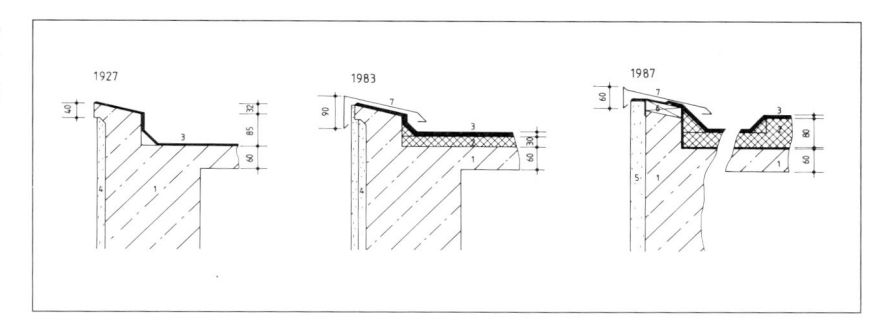

2.2.5.7 Die konstruktive Ausbildung der Flachdachabschlüsse

Für das Stuttgarter Doppelhaus wählte Le Corbusier zwei sehr unterschiedliche Dachrandlösungen. Bei den beiden rückwärtigen Treppenbauten entschied er sich für eine deutliche Markierung des Dachrandabschlusses durch einen umlaufenden, 4 cm schlanken und betonierten Gesimsbalken (gleiches Detail wie beim Einfamilienhaus). In deutlichem Gegensatz hierzu steht beim Doppelhaus der Dachrandabschluß des Regendaches, bei dem die aufsteigenden Putzflächen ohne sichtbaren Abschluß enden. Die Sanierung beider Punkte sah folgendermaßen aus:
Bei beiden Treppenbauten wurden vom Bauamt die betonierten Gesimsbalken entfernt und durch Abdeckbleche aus Zink ersetzt. Darüber hinaus mußte die Attika um ca. 5 cm erhöht werden, um die zusätzliche Wärmedämmung des Flachdaches aufzunehmen.
Auch bei den aufsteigenden Putzflächen des Regendaches war das Bauamt bemüht, eine möglichst dauerhafte Lösung zu finden. Aus diesem Grund wurde der 4 cm starke Wärmedämmputz im oberen Bereich durch eine umlaufende Leichtbauplatte ersetzt und diese durch mehrfache Kunststoffbeschichtungen auf PVC-Acrylharzbasis wasserdicht ummantelt.
Besonders dieser Sanierungspunkt ist nicht unproblematisch und wird auch in Zukunft erhöhte Instandhaltungsmittel in Anspruch nehmen.

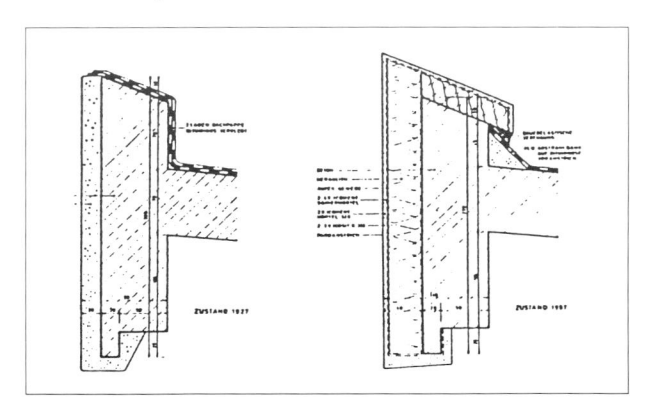

2.2.5.8 Die Rekonstruktion der Fenster.

Da sich bei beiden Corbusier-Häusern die Eisen- und Holzfenster konstruktiv nicht unterscheiden, braucht dem ausführlichen Detailvergleich in Abschnitt 2.1.5.2 und 2.1.5.3 des Einfamilienhauses hier nichts mehr hinzugefügt werden.

Der Vollständigkeit wegen möchte ich aber erwähnen, daß die großen erdgeschossigen Eisenfenster des Doppelhauses, welche direkt der Witterung ausgesetzt sind, ein zusätzliches Fenstersimsblech haben. Auch muß heute, 4 Jahre nach Einbau der rekonstruierten Eisenfenster, beim Doppelhaus festgestellt werden, daß bei starkem Regen Wasser durch die Fensterkonstruktion dringt. Der Grund sind die stumpf schließenden und daher undichten Fensterflügel, an deren Eisenwinkel nur unzureichend Gummidichtungen angebracht werden können. Einigermaßen aufgefangen wird das eindringende Wasser durch eine schon von Le Corbusier vorsorglich vorgesehene Wasserrinne, die mittels dünner Röhrchen ins Freie entwässert.
Bei den Horizontalschiebefenstern aus Holz ist beim Doppelhaus eine maßliche Unregelmäßigkeit nachzutragen. Bis auf die beiden Langfenster des Doppelhauses auf der Ostseite mit ihren Gesamtlängen von 13,45 m für die größere, bzw. 10,76 m für die kleinere Haushälfte, entsprechen alle anderen Fenster dem Grundelement, Le Corbusiers Architektur von 2,50 m oder einem vielfachen davon. Teilt man dagegen die Gesamtlängen der Ostseitenlangfenster durch die Anzahl der einzelnen Schiebefensterelemente, so stellt man fest, daß das einzelne Fensterelement hier eine Länge von 2,69 m hat. Die Gründe für diese Abweichung im Fenstermaß von 2,5 m sind wohl im Grundrißentwurf des Hauses zu suchen. In der Literatur jedenfalls ist hierüber nichts vermerkt.

Dachrandabschluß des Regendaches beim Doppelhaus 1927 und 1987. Vertikalschnitt. Maßstab 1:10

2.2.5.9 Die Rekonstruktion des Trennungsaushängers

Auch der Trennungsaushänger, funktional als Sichtschutz zwischen den beiden Haushälften im 1. Obergeschoß vorgesehen, war, bis auf seine beiden Befestigungspunkte in der Stirnseite der Haustrennwand, 1982 nicht mehr vorhanden. Auch zu diesem Bauteil war der ursprüngliche Konstruktionsplan von 1927 im Corbusier-Archiv in Paris noch vorhanden, so daß der exakte, originalgleiche Nachbau des Trennungsaushängers ohne Probleme möglich war.

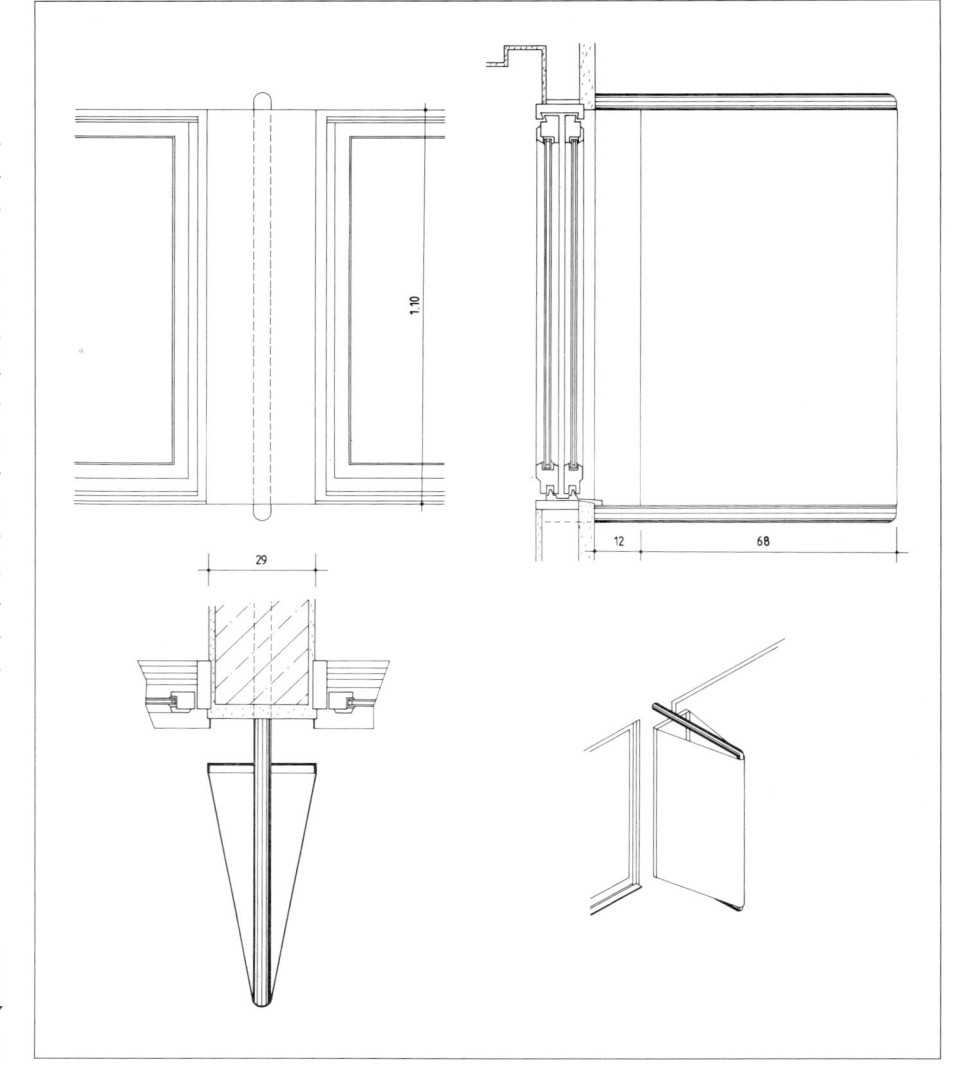

Ausführungszeichnung des Trennungsaushängers 1984 wie 1927 Maßstab 1:4

*Dachterrasse des Doppelhauses
nach der Sanierung 1984*

Blick in den offenen Treppenaufgang

Fünf Reihenhäuser von J.J.P. Oud nach der Sanierung 1984

2.3.0 J.J.P. Oud, fünf Reihenhäuser, Pankokweg 1–9

2.3.1 Die bau- und grundrißlichen Veränderungen von 1927 bis 87

Die Reihenhausgruppe des holländischen Architekten Jacobus Johannes Pieter Oud war 1982 in äußerst schlechtem Allgemeinzustand. Vor allem die Feuchtigkeit in Kellern, Decken und Wänden ließen die Häuser immer mehr verfallen. Die Fassadenputze waren rissig, mehrfach ausgebessert und die Salzausblühungen im Außenputz, durch aufsteigende Erdfeuchte, reichten bis in das erste Obergeschoß. Hinzu kamen, wie bei allen Häusern, bauliche Veränderungen der Grundrisse und Fassaden aufgrund von Wünschen und Bedürfnissen der jeweiligen Bewohner. Ein zeichnerischer Grundrißvergleich der Jahre 1927, 82 und 87 macht auf den folgenden Seiten die wichtigsten Veränderungen sichtbar.
Zunächst jedoch, in chronologischer Reihenfolge, eine Beschreibung der wesentlichen Bau- und Nutzungsänderungen im Äußeren und Inneren der Häuser, soweit sie noch rekonstruierbar waren:
Im Jahr 1928 zogen die ersten Mieter in die Reihenhäuser ein.
Als die Stadt Stuttgart 1939 die Häuser an das Deutsche Reich verkaufte, waren diese, zusammen mit der Gartenanlage, noch weitgehend original erhalten. Erst 1944, mit den Bombenangriffen der Amerikaner, wurden die Häuser schwer beschädigt. Allerdings nicht durch direkte Treffer, sondern indirekt durch die Druckwellen dicht daneben niedergehender Luftminen und Brandbomben.
Der Druck der Luftminen zerstörte die Fensterscheiben und die für Oud typischen, nur 4,5 cm dicken, Innenwände aus Putz und Ziegeldraht. Nach dem Krieg 1945 war der Zustand der Häuser sehr schlecht. Die Fenster der Anbauten zur Straßenseite wurden seitlich zugemauert. In den Wohnzimmern wurden Wände eingezogen und Kachelöfen installiert. Eine grundlegende Instandsetzung der Häuser fand bis 1982 nicht statt. In den 50er und 60er Jahren wurden die Häuser weiter verändert. Unter anderem wurden die unbrauchbaren Stahlfenster und Türen großteils gegen solche aus Holz ausgetauscht. Diese waren aber nicht mehr fassadenbündig wie die Originalfenster.

Von Juli 1983 bis Juni 1984 wurde die erste denkmalgerechte Sanierung der Häuser durchgeführt und die Bewohner erhielten Austauschwohnungen für diese Zeit. Seit Juli 1984 sind alle fünf Häuser wieder bezogen.
Die Sanierung führte einen umfangreichen denkmalpflegerischen Maßnahmenkatalog durch, welcher im Erläuterungsbericht zur genehmigten Haushaltsunterlage des Hochbauamtes 1982 wie folgt beschrieben wurde:

»Erläuterung der wesentlichen Maßnahmen im Bereich Denkmalpflege
- Der Baukörper zeigt im Wesen heute noch nahezu unverändert die Struktur von 1927. Ebenfalls liegen hier die umfangreichsten Planunterlagen vor. Der hohe Stellenwert dieses Gebäudes resultiert unter anderem aus dem nach außen, durch einfachste und funktionsgerechte Details, dokumentierten Planungswillen des Erbauers. Dieser Planungswille erfordert die möglichst detailgetreue Rekonstruktion, allerdings nach Maßgabe der heutigen technischen Möglichkeiten, um Bauschäden auf Dauer zu vermeiden.
- Ein wesentlicher Aspekt der Denkmalpflege ist die Wiederherstellung der ehemals geplanten Zugänglichkeit.
Angestrebt wird, die Erschließung über den im Süden liegenden halböffentlichen Fußweg zu führen und der Straßenfront nur Andienungsfunktion zukommen zu lassen. Nur diese Art der Erschließung wird den Gebäuden gerecht. Möglich ist dies aber nur in Zusammenarbeit mit den Mietern.
- Die heute in ihrer geplanten Funktion nicht mehr als Waschküche oder Trockenräume genutzten Vorbauten im Pankokweg sollten in Zusammenarbeit mit den Mietern einer angemessenen Nutzung zugeführt werden.
- Die Fassadenflächen werden unter maßvollem Einsatz technischer Mittel wie Isolierverglasung und Wärmedämmputz nahezu exakt wiederhergestellt gemäß den Details und Proportionen des Baukörpers von 1927.
- Eine Wärmeschutz-Maßnahme wird auf den Rohbauuntergrund aufgetragen, um erforderliche Mehrstärken in Bereichen um 4 cm zu halten. Die kubische, einfache Gestaltung des Gebäudes macht dies nur unter Beachtung der Vor- und Rücksprünge möglich. Die Proportionen der Fassadengliederung dürfen jedoch nicht verunklart werden.
- Der Garteneingang am Bruckmannweg wird entsprechend dem Detail von 1927 wiederhergestellt.
- Bei der Neubearbeitung der Oberlichtöffnungen ist auf ein angemessenes Detail zu achten, auch wenn diese vom Straßenraum her nicht einsehbar sind.

- Die Schachtdeckel entlang des Gehweges Pankokweg können belassen werden.
- Die aus statischen Gründen verändert neu angebauten Balkone sind gemäß einem Rechteck-Querschnitt zu überarbeiten. Ein Abriß ist hier nicht erforderlich, wenn durch ein entsprechendes Detail der Rechteck-Querschnitt hergestellt werden kann.
- Die Farbigkeit des Gebäudes wird anhand von Befundstellungen überprüft und gemäß einer neuen Interpretation ausgeführt.
- Der halböffentliche Zugangsweg wird wieder mit den ursprünglichen Toren von 1927 versehen. Am Zugang Bruckmannweg wird dies mit den Außenanlagen Gebäude Bruckmannweg 1 im Zusammenhang gestaltet.
- Briefkästen und Klingelanlagen werden den Gartenzugängen zugeordnet. Die Stahltüren entlang des Pankokwegs nehmen nur Hausnummern und Hinweise auf den eigentlichen Zugang auf.
- Der Bearbeitung der Fenster kommt erhebliche Bedeutung zu. Ein angemessener Rückbau auf das Detail von 1927 erfolgt unter Berücksichtigung heutiger bauphysikalischer Notwendigkeit. Gleiches gilt für alle historischen Detailpunkte, wie Türen, Mülleimer-Klappe, Zäune im Außenbereich.
- Die Außenanlagen werden – soweit durch Zeichnungen und Detailblätter belegt – gemäß dem Originalzustand wiederhergestellt. (siehe hierzu auch gartenfachliches Gutachten).

Die den Mietern zugeordneten Vorgärten können nur in Zusammenarbeit mit den Mietern angemessen gestaltet werden.

- Exemplarisch wird der Erhalt bzw. die angemessene Rückführung eines Grundrisses im EG ausgeführt. (Gebäudenummer 5).
- Die Obergeschosse sind ohnehin nahezu in ihrem Grundriß unverändert. Hier werden keine Rückbauten durchgeführt.
- Der Erhalt bzw. die sorgsame Überarbeitung der im Inneren vielfältig erhaltenen Originaleinbauten, Türen, Beschläge, Möbel etc. wird bei der Sanierungsmaßnahme genauestens berücksichtigt.«[41]

Zwei Dinge sind nachzutragen: Zunächst die Wiederherstellung der ehemals geplanten Zugänglichkeit. Natürlich wurde die Erschließung über den im Süden liegenden halböffentlichen Fußweg wiederhergestellt. Trotzdem ging das Hochbauamt in Absprache mit den zukünftigen Bewohnern davon aus, daß der größte Teil der Besucher die Häuser von der Straßenseite her betreten würde, was zur Folge hatte, daß Klingel mit Sprechanlage und Briefkasten dieser Seite zuzuordnen waren.

Der zweite Punkt war die Heizungsfrage. 1927 wurde aus Kostengründen statt der von Oud gewünschten Zentralheizung eine Warmluftheizung in alle fünf Häuser eingebaut. Zunächst wollte das Bauamt, ganz im Sinne des Denkmalschutzes, die noch bestehende, aber äußerst unwirksame Warmluftheizung richten und instandsetzen. Dabei wäre aber für die zukünftigen Bewohner nicht mehr herausgekommen, als einen unbefriedigenden Zustand zu verewigen. Um hier eine entscheidende Verbesserung in der Wohnsituation herbeizuführen, entschied sich das Bauamt 1983 für die vom Architekten ursprünglich gewünschte aber nicht verwirklichte Zentralheizung.

Die Reihenhausgruppe von J.J.P. Oud nach der Sanierung 1983

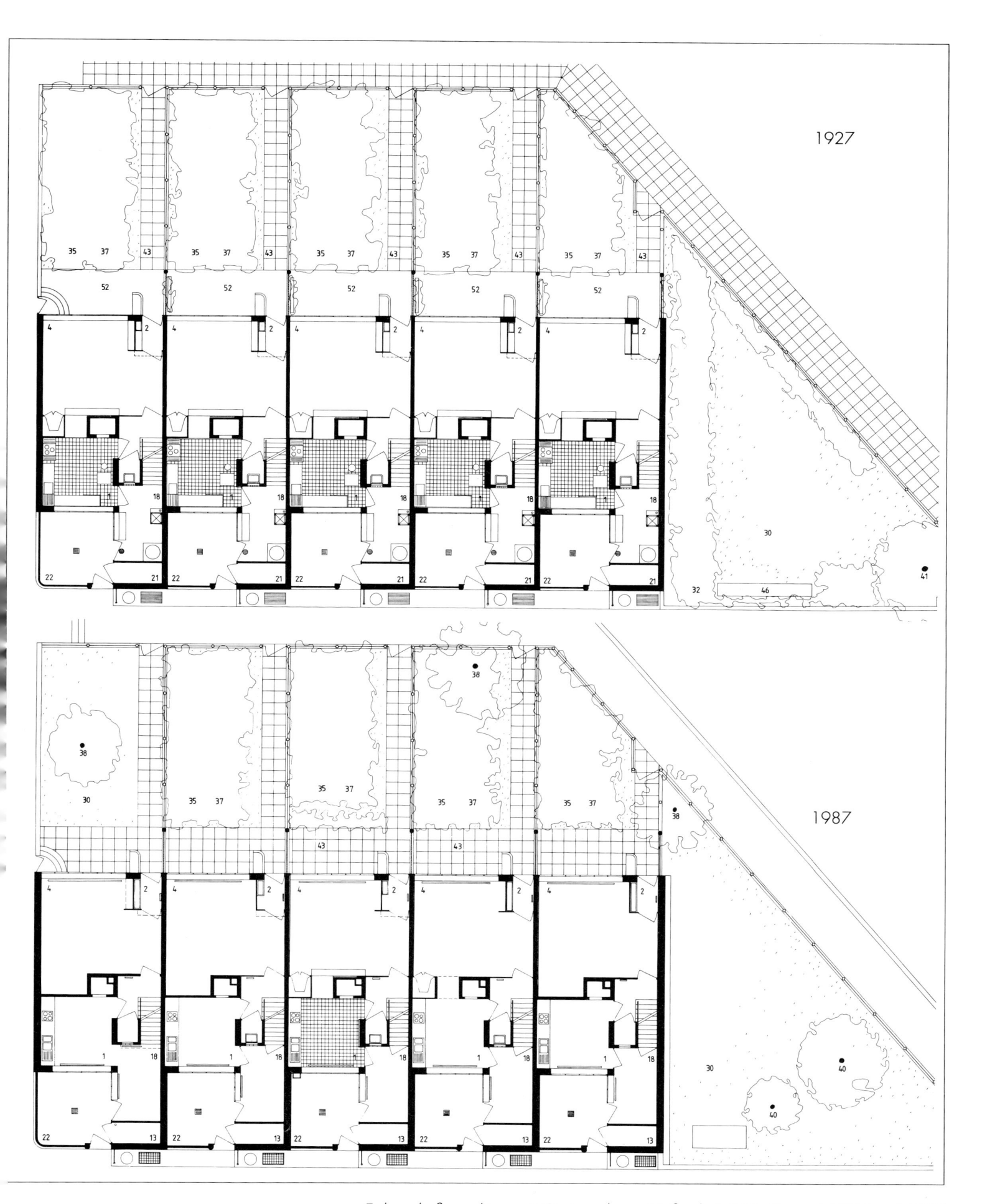

Erdgeschoßgrundrisse mit Gartenanlage. Maßstab 1:200. Zusatnd 1927 und 1987

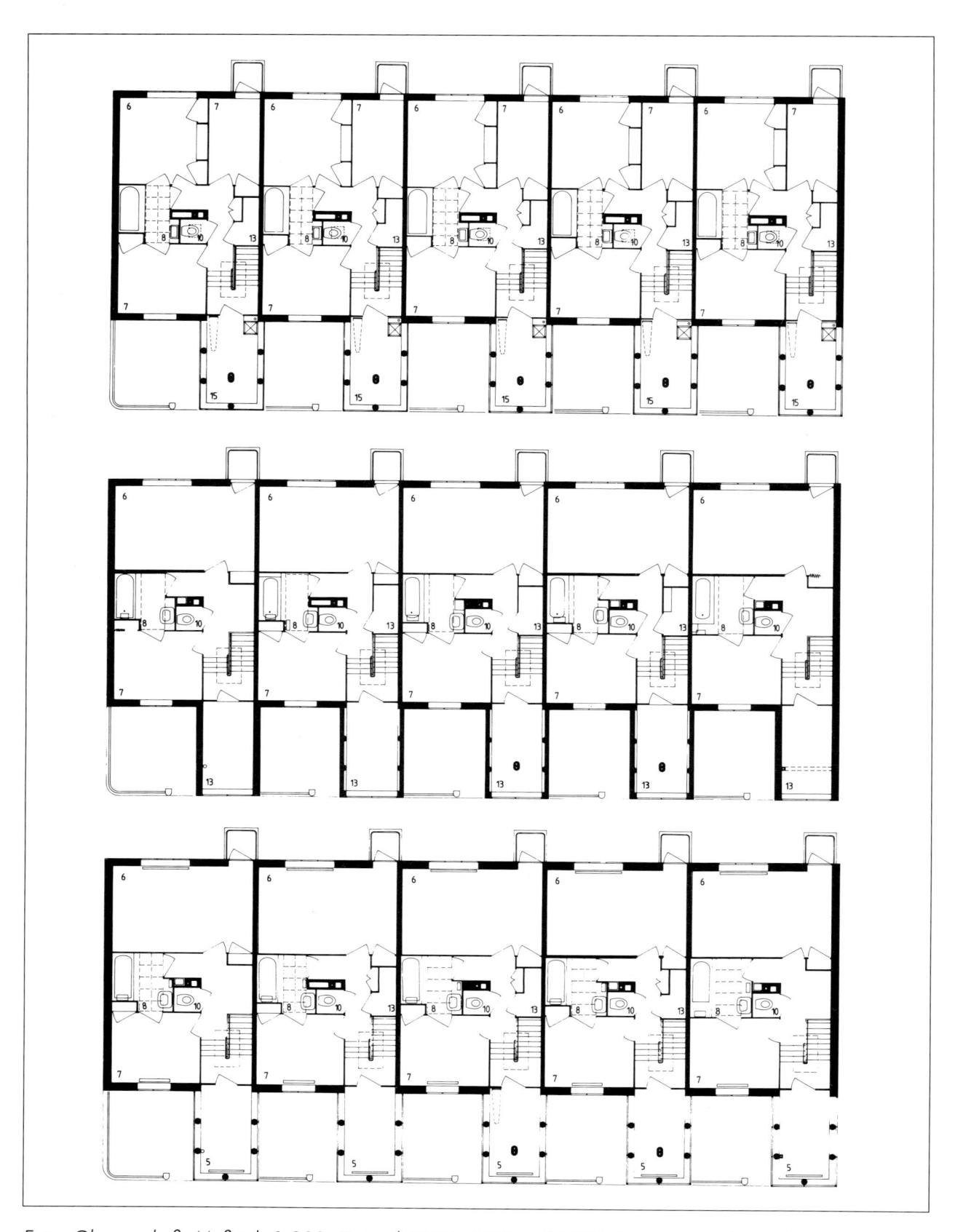

Erstes Obergeschoß. Maßstab 1:200. Zustand 1927, 1982 und 1987. (von oben nach unten)

2.3.2 Bautechnische Instandsetzungen und Verbesserungen der Hausgruppe

2.3.2.1 Konstruktive Beschreibung des Hauses

J.J.P. Oud selbst beschrieb in »Bau und Wohnung«, der offiziellen Publikation des Deutschen Werkbundes über die Weißenhofsiedlung von 1927, die Konstruktion seiner Hausgruppe folgendermaßen:
»Der Bau war anfänglich in Schwemmstein gedacht, ein billiges Material, das für Wohnhausbau sehr geeignet ist wegen seiner porösen Zusammensetzung (nützlich für Isolierung gegen Feuchtigkeit, Wärme, Kälte, Schall), dennoch viel zu wenig angewendet wird.
Unbegreiflicherweise erwies sich der Bau in diesem Material viel teurer als in Beton. Der Bau in Beton wurde der Firma Kossel, Bremen, übertragen (System ›Schnellbau Kossel‹). Erster Grundsatz des Verfahrens ist: Verwendung kohlensparender Baustoffe (Kies, Sand, Bims, Hochofenschlacke, Müllverbrennungsschlacke) gebunden durch eine verhältnismäßig geringe Menge Zement. Das aus diesen Bestandteilen hergestellte Gemenge ist sehr porös, hat hohe wärmeschützende Eigenschaften und ist gut nagelbar. Es wird infolgedessen bei allen dem Wärmeschutz dienenden Wänden (in den Wohngeschossen) angewendet. Die Fundamente und alle konstruktiven Teile sind aus Kiesbeton hergestellt...
Der Ernst, mit dem dieses System übrigens durchgearbeitet ist, mag zum Beispiel daraus hervorgehen, daß an diesem Bau gemäß den verschiedenartigen Anforderungen nicht weniger als sechs Sorten Beton verwendet sind: Eisenbeton, Kiesbeton, Leichtbeton, Schlakkenbeton, Bimsbeton, Kiesschlackenbeton. Die Trennungswände sind Drahtziegelwände, 4 1/2 Zentimeter stark. Die Zargen und Fenster sind innen und außen aus Eisen. Die Bearbeitung ist durchweg möglichst glatt, aus praktischen Gründen (Staub).«[42]

Zeichnung von 1928 mit Eintragung der verschiedenen Betonsorten. Vertikalschnitt

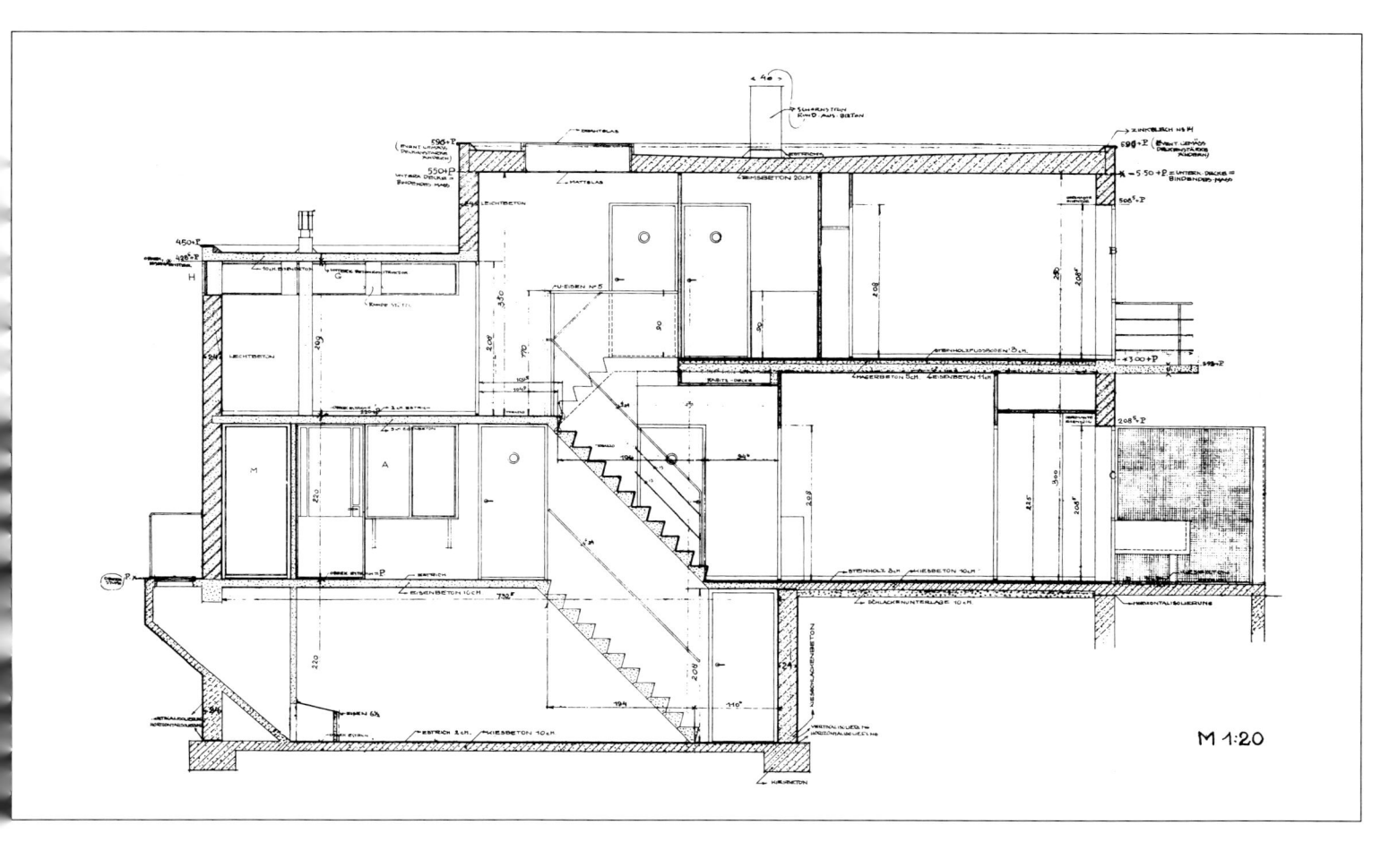

2.3.2.2 Die Trockenlegung der Kellerräume und Fundamente.

Die Reihenhäuser von J.J.P. Oud gehörten bei der Sanierung zu den Gebäuden, die von aufsteigender Feuchtigkeit im Mauerwerk und daraus resultierenden Putz- und Feuchtigkeitsschäden sehr stark betroffen waren. Klagen kamen von den Hausbewohnern, besonders nach starken Regenfällen, über feuchte Wände in den Kellerräumen und Erdgeschoßzimmern. Durch die Teilunterkellerung der Häuser wurde allerdings die vollständige Trockenlegung der UG-Wände praktisch unmöglich gemacht, da die Gebäudeüberbauungen ein Aufgraben der Wände von Außen nicht zuließen.
Eine wirksame äußere Drainage mit Außenwandisolierung war nur entlang der Süd- und Westfassade möglich, alle übrigen Kellerwände und Fundamente blieben ohne Drainage.
Mit dieser Teildrainierung konnte die Wandfeuchtigkeit in den Kellern verringert aber nicht völlig beseitigt werden. Die aufsteigende Mauerwerksfeuchtigkeit stellt somit für die Oud'schen Reihenhäuser auch zukünftig einen bautechnischen Schwachpunkt dar und in abgemilderter Form muß auch weiterhin mit Feuchtigkeitsschäden im Bereich des Innen- und Außenputzes gerechnet werden.

Die Drainierung des Kellergeschoßes.
Im Bereich der Teilunterkellerung (schraffierte Flächen) ist eine Drainage wirtschaftlich nicht sinnvoll.

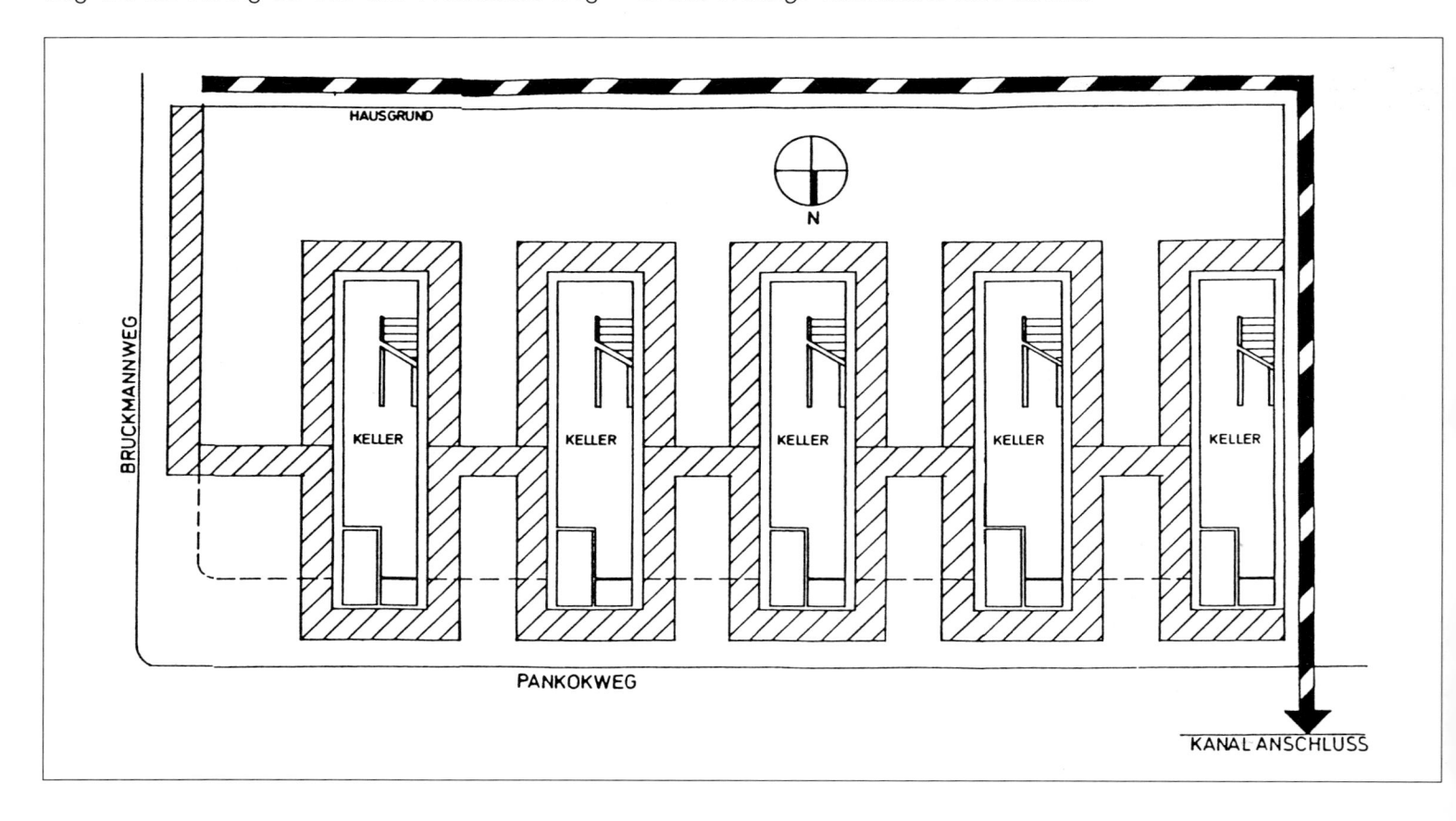

2.3.3 Die Farb- und Oberflächengestaltung der Häuser

In einem Brief an Edgar Wedepohl ging J.J.P. Oud 1927 auf die Farbgestaltung seiner Häuser ein: »Auch heute halte ich Farbe für am Platze in der Großstadt, wo überhaupt (im Zentrum) das Leben starke Einwirkungen braucht! Im Grünen, zwischen den Bäumen gibt es Atmosphäre: dort soll man sehr vorsichtig sein mit Farbe, wegen des wechselnden Lichtes und deshalb den wechselnden Farben von Bäumen, Grün, Pflanzen usw. Grün und Blumen bei einer Wohnung sind mir heute lieber als Farben; eben auch weil die Wohnung ein unauffälliges Stück Natur ist; anders als der große

Bau, der dominiert, jedenfalls für sich sprechen darf. Im Inneren kann man etwas mehr Farbe ertragen, weil man dort die Atmosphäre beherrscht gewissermaßen: zuviel aber auch nicht, weil dann die Gegenstände im Raum zuviel festgelegt werden von der alles bestimmenden Farbe. Aufdringlich darf der Raum auch nicht sein und dazu veranlaßt Farbe. Im Äußeren (auch im Inneren selbstverständlich, doch hier etwas weniger störend) ändert man die Form des Hauses sehr durch die Farbe: oft zerstört man die Form sogar, weshalb meiner Meinung nach nur 'formlose' Häuser – wie die späteren Häuser Le Corbusiers – Farbe vertragen. Ich habe mir lange überlegt, ob ein wenig Farbe oder nicht: ich fand besser so. Das Leben selber kann dann draußen und drinnen jede Farbe bringen, welche es beliebt ohne zu stören. So wird mein Haus in der Benutzung 'lebendig'. 'Puritanisch' scheint es mir nur so lange es noch Besuchsobjekt ist. Das Leben soll sich frei ausleben können und nicht von einem Bau unterdrückt werden: das empfinde ich als das 'moderne' dem akademischen gegenüber.«[43]
Der Brief zeigt, daß Oud 1927 bei seinen Häusern eine zurückhaltende Farbgestaltung bevorzugte, bei der Fassade mehr noch als im Inneren.

Die vom Hochbauamt 1982 veranlaßten Farbuntersuchungen[44] ergaben für die Fassade weiß gestrichene, glatte Putzflächen, welche nur durch die dunkelgrau gestrichenen Eisenteile der Fenster und Türen akzentuiert wurden.
Während heute für die Außenflächen der fünf Reihenhäuser ein exakter Farbbefund vorliegt, muß für die Innenflächen der Häuser eine wesentlich ungünstigere Befundlage festgestellt werden.
Neben Oud, der Haus Nr. 8, Pankokweg 3, einrichtete, waren noch die Architekten Lutz, Ravestein und Kramer mit der Inneneinrichtung je eines Hauses (Pankokweg 5,7,9) beauftragt. Einzig das Eckhaus Pankokweg 1 blieb während der Ausstellungszeit 1927 leer. Bei keinem der fünf Häuser blieben Farbangaben zu den Innenräumen erhalten, die 1982 Grundlage einer Farbrekonstruktion hätten sein können.
Leider war es auch 1982 nicht möglich, neben der farblichen Untersuchung der Fassade, auch alle Häuser im Inneren auf ihre Originalfarbigkeit hin zu untersuchen, da die Häuser vermietet und somit nur schwer zugänglich waren. Als dann Anfang 1984 versucht wurde, nachdem die Mieter ausgezogen waren, dies nachzuholen, waren die Umbauarbeiten zur Sanierung der Häuser in vollem Gange, was die Untersuchungen wiederum erschwerte. Die Farbbefunduntersuchungen durch freie Restauratoren[45] wurden nur in einem Haus, Pankokweg 7, durchgeführt, da zunächst dieses Haus als sogenanntes ›Musterhaus‹,für die originalgleiche Rekonstruktion der Innenräume vorgesehen war.

Aber das Untersuchungsergebnis fiel mager aus, denn »..durch die bereits weit vorangeschrittenen Renovierungsarbeiten im Haus ist die Untersuchung und ihr Ergebnis, ausgerichtet auf ein Farbkonzept, nur noch bedingt aussagekräftig. Die noch vorgefundenen Farbreste ließen dabei nur noch vereinzelt Rückschlüsse auf die ursprüngliche Ausmalung der Räume zu. Unter diesen Umständen besitzt die Untersuchung mehrheitlich dokumentarischen Charakter, ohne damit Grundlage für ein entsprechendes Farbkonzept darzustellen.«[46]
Im Erdgeschoß des Hauses Pankokweg 7, welches der Stuttgarter Architekt Rudolf Lutz eingerichtet hatte, kommt der Untersuchungsbericht der Restauratoren Koch und Wieck zu folgendem Ergebnis: »Der Schwerpunkt der Untersuchung lag im Bereich des Wohnraumes, d.h. im speziellen im Bereich des sog. Einbau-'Regales'. Eine vermutete variierende und kräftige Farbigkeit als ursprünglicher Anstrich war dabei für die 1. Fassung nicht feststellbar, sondern ist erst in der 3. Überfassung belegt.
Somit ergibt sich für diesen Raum, soweit es die Befunde zuließen, eine eher schlichte Farbigkeit. Man kann dabei von einer hellen (›Weiß gelblich‹) Raumschale ausgehen, die im angrenzenden Eingangsbereich und im Bereich des 'Regales' mit einem ›Ocker gelblich‹ abgesetzt worden ist.«[47]
Im Obergeschoß des gleichen Hauses »..ergab die Untersuchung nur im Bereich des Raumes vor dem Badezimmer einen eindeutigen Befund, aber auch nur für die Wandflächen. Danach war dieser Raum ehemals umlaufend ›Siena gebrannt‹ gefaßt.«[48]
Aufgrund dieses, für eine umfassende Farbrekonstruktion unzureichenden Ergebnisses, schlugen die Restauratoren für die farbliche Restaurierung des Musterhauses vor, ».. die Gestaltung der Innenräume an der gegenwärtigen Nutzung zu orientieren und auf eine Rekonstruktion am ursprünglichen Konzept mangels Maße zu verzichten.«[49]
Entsprechend dieser Empfehlung wurde vom Hochbauamt 1984 dann auch verfahren, indem alle Innenwände einen weißen Anstrich erhielten.

Die Farbwertbestimmung der ermittelten Originalfarbigkeit:

Nr.	Farbton/Farbwert	Farbwertbestimmung nach »Keimpalette« und »RAL«	Farbwerte neutral nach: Taschenlexikon der Farbe	Bemerkungen
1	gebrochenes weiss	Nr. 871	–	–
2	weiss, gelblich	Nr. 318	3 A 2	–
3	ocker, gelblich	Nr. 37 H 52	4 A 4	ein Ton heller
4	ocker, rötlich hell	Nr. 452	5 B 4	ein Ton heller
5	siena gebrannt	Nr. 44 H 52	8 C 7	–
6	graublau	RAL	RAL	–
7	anthrazitgrau	RAL 7016	RAL 7016	–

Die Farbverteilung der ermittelten Originalfarbigkeit:

Zeichenerklärung:

Nr 1–7 = Farbton/Farbwert auf Wandteil
  F = Farbton der Eisenfenster
  T = Farbton der Eisentüren

Erdgeschoß Pankokweg 7

Obergeschoß Pankokweg 7

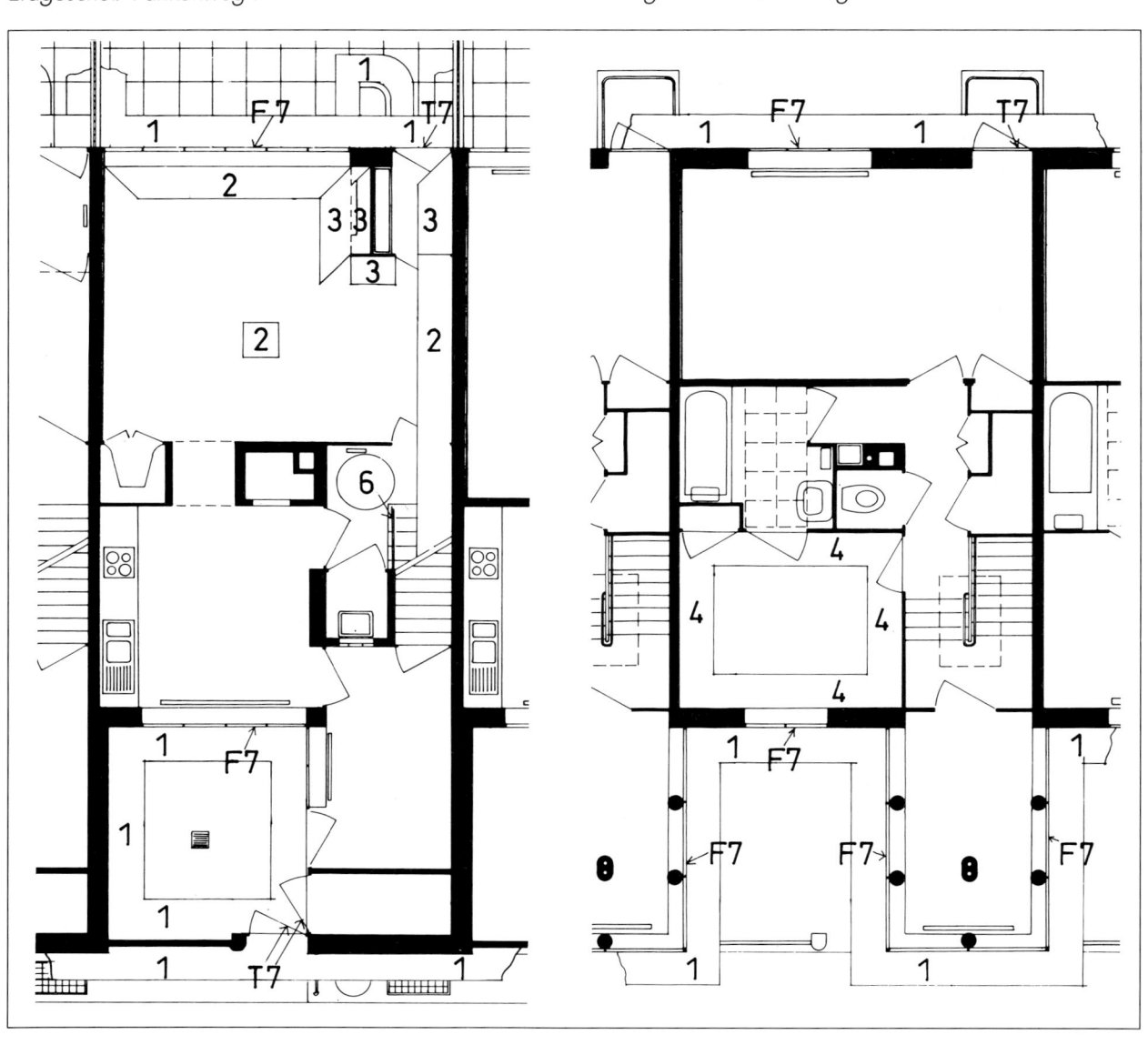

Übersicht: Bauteil, Material und Farbe. Vergleich 1927 mit 1987

Bauteil	Material 1927	Material 1987	Farbe 1927	Farbe 1987
Außenputz	Kalkzementputz ohne Sockel 2 cm glatt gescheibt	Wärmedämmputz, 6 cm mit Armierung, glatt gesch. ohne Sockelzone	Silikatfarben	Silikat-Dispersionsfarben
Innenputz	Gipsputz glatt darauf Anstrich	Gipsputz mit feiner Rauhfasertapete	Leimfarben	Dispersionsfarben
Dachrandabschluß	Blechabdeckung	Erhöhung ca 15 cm wg. Wärmedämmung Dach. Zinkblechabdeckung.	KB = Kein Befund	zinkgrau
UG - Wände	Betoniert gegen Erdreich, keine Isolierung	Isolierung mit Drainage an Süd, Westseite	–	–
Fenster	Eisenprofile putzbündig Einfachverglasung mit Drehflügeln nach außen	Stahlprofile putzbündig Isolierverglasung, mit Drehflügeln nach außen, austragenden Bändern und Schwitzwasserrinnen.	Ölfarbe außen: dunkelgrau	Ölfarbe, außen: dunkelgrau, innen: weiß
Fensterinnensimsen	Holzbrett gestrichen	Naturstein, Schwäb.Jura Oberfläche poliert	Ölfarbe	–
Pultoberlichtfenster mit Staubdecke	wahrsch. Einfachverglasung Öffnungsmechanismus zum Lüften unbekannt	Isolierverglasung. Manuelles Öffnen mittels Seilzug	–	–
Türen	Eisenprofile mit Blech teilweise Einfachverglasung Türblatt nicht wärmegedämmt	Stahlprofile mit Blech teilweise Isolierverglasung Profilserie B 48 Türblatt wärmegedämmt	Ölfarbe außen: dunkelgrau	Ölfarbe außen: dunkelgrau innen: weiß
Zimmertüren	Eisenzargen 4,5 cm wandbündig Sperrholz-Türblätter	Eisenzargen 4,5 cm teilweise wandbündig Sperrholz-Türblätter	lackiert, KB	lackiert, weiß
Zimmerwände	Drahtziegelwände 4,5 cm beidseitig glatt verp. Küche: Fließen 15x15 bis Türsturz	teils Drahtziegel-teils Mauerwände, beids.verp. Rauhfasertapete Küche Hs Nr.5 wie 1927	Leimfarbe Küche: Fließen weiß	Dispersionsfarbe Küche: wie 1927
Bodenbelag	Linoleum Küche: Tonfließen 15x15	PVC Küche Hs Nr.5 wie 1927	KB Küche: schwarz	PVC: grau-grün Küche: schwarz
Heizung	5 Luftheizungsanlagen mit Wandauslässen für jedes Zimmer außer Bügelz.	Warmwasserzentralheizung für jedes Haus mit Gaskessel.	–	–
Heizkörper	Wandauslässe mit Verstellgittern, auf – zu	Röhren-Radiatoren	–	weiß
Warmwasserversorgung	dezentral mit Durchlauferhitzern	dezentral mit Durchlauferhitzern	–	–
Südliche Gartenterrasse	betoniert in einem Stück mit Höhenstufe zum Gartenweg	Zementplatten 50x50 cm ebenerdig mit Gartenweg	–	–
Betonierter Windfang Gartenseite	Drahtziegelwände 4,5 cm beidseitig glatt verputzt mit Holzeinbauten	Drahtziegelwände 4,5 cm beidseitig glatt verputzt Hs Nr.5:wieder Originalform ohne Holzeinbauten	Siehe Befund S. ...	Dispersionsfarbe weiß
Betonsitzbank Terrasse	betoniert, glatt gesch. Wandstärke 6 cm	Sichtbetonfertigteil Wandstärke 6 cm	weiß	weiß
Gartenmauern	betoniert, glatt gesch. ohne Armierung, ohne Dehnfugen	betoniert, glatt gesch. mit Armierung, mit Dehnfugen	weiß	weiß

2.3.4 Die Gartengestaltung

Gegenstand der zurückliegenden Sanierung war neben einer Wiederherstellung der Gebäude auch die genaue Rekonstruktion der Gartenanlage, einschließlich der dazugehörigen Stützmauern.

Eine handsignierte Zeichnung der Gartenanlage im Maßstab 1:100 zeigte in schematischer Form alle für J.J.P. Oud wesentlichen Gestaltungselemente des Gartens:

a) Erschließung durch den halböffentlichen Weg auf der Südseite mit schmalen Stichwegen zu den Hauseingängen.
b) Teilung des Gartens in eine große betonierte Platte als Sonnenterrasse und einem Pflanzbeet vor jedem Haus.
c) Betonierte Einzelelemente wie Sitzbänke, Mauern und Pfosten zur Einfriedung der Gärten.
d) Gemeinschaftlich zu nutzende Gartenfläche (Dreiecksgrundstück)

Alle unter a)–d) genannten Elemente wurden, wenn auch teilweise in leicht abgewandelter Form, bei der Sanierung 1984 wiederhergestellt. So wurde der südliche Gartenzugang beibehalten, aber nicht unbedingt wieder als Hauptzugang für Besucher, denn sowohl Briefkasten wie Sprechanlage wurden zur Straßenseite hin angeordnet. Die südlichen Terrassenflächen sind nicht wie früher in einem Stück betoniert, sondern mit Zementplatten 50x50 cm ausgelegt.

Originalgleich wurden die unter c) aufgeführten betonierten Einzelelemente rekonstruiert. Sowohl die strukturbestimmenden, weiß gestrichenen Betonpfosten auf den flachen Gartenbetonmäuerchen wie auch die an das Haus betonierten Sitzbänke prägen heute wieder das Bild der Reihenhausgärten.

Verzichtet wurde hingegen auf eine Rekonstruktion der Betonbänke im Dreiecksgrundstück westlich der Hausgruppe. Auch wurde diese Fläche zur alleinigen Nutzung und Pflege dem Eckhaus, Pankokweg 9, zugeordnet. Die künftige Pflege der Gärten obliegt den jeweiligen Hausbewohnern.

Gartenplan von 1927.

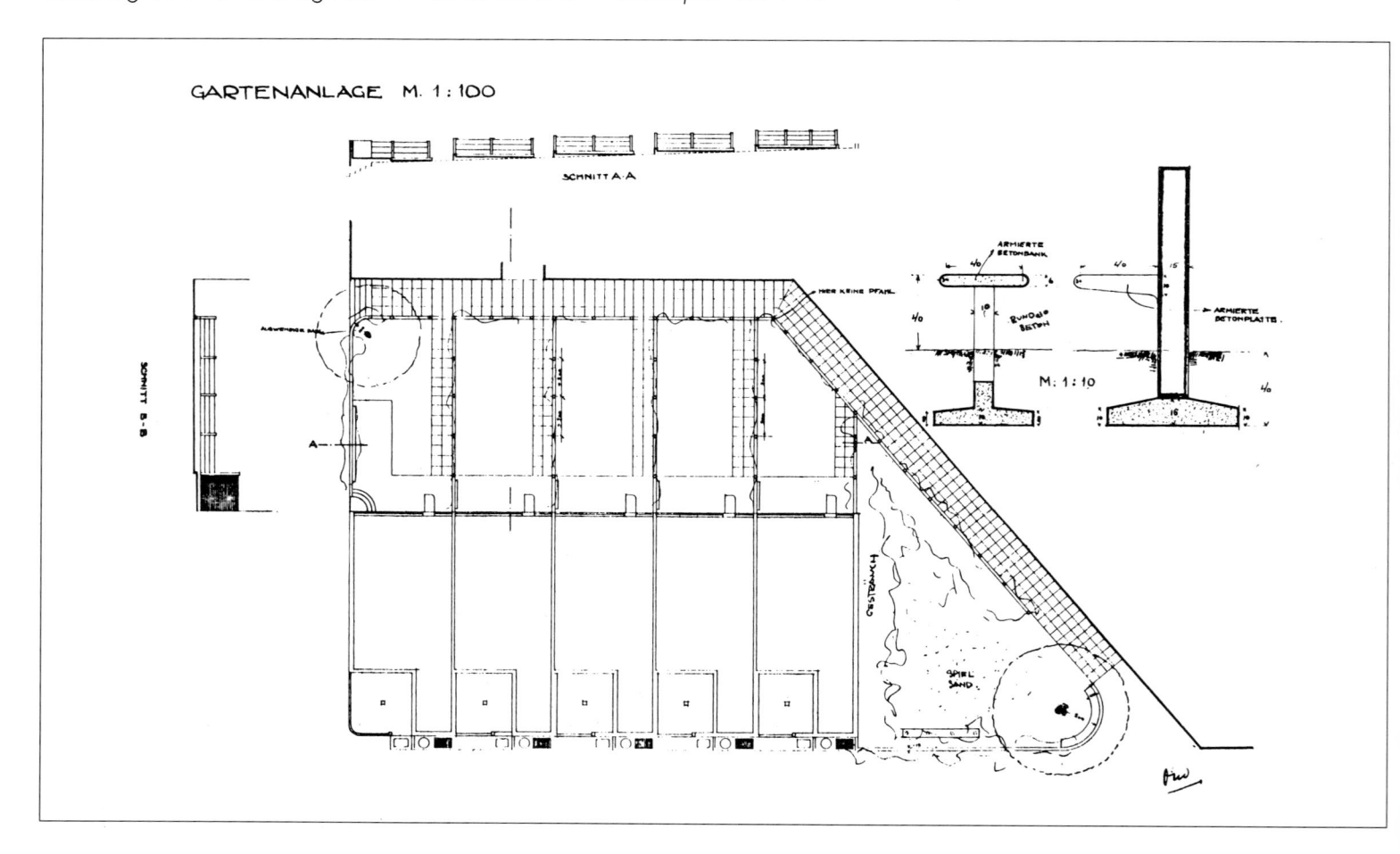

2.3.5 Die Erhaltung und Ergänzung sowie die Rekonstruktion von denkmalpflegerisch wichtigen Bauteilen und Raumstrukturen

2.3.5.1 Die Putzfassade

Die Fassade der Oud'schen Reihenhäuser besteht im wesentlichen aus zwei Elementen: erstens den glatt verputzten Wandflächen als Verkleidung der monolithischen Betonaußenwände und zweitens den putzbündig eingebauten Tür- und Fensterelementen aus Eisen. Diese Kombination von glatter Putzfassade und bündigen Eisentüren und Fenstern ist das architekturbestimmende Charakteristikum der äußeren Fassadengestaltung der Hausgruppe. Dieser ursprüngliche Zustand von 1927 sollte mit der Sanierung in den Jahren 1983/84 wieder hergestellt werden, allerdings mit der wichtigen Ergänzung, daß auf jeden Fall die bautechnischen Mängel von damals vermieden werden sollten.

Die Putzfassaden entwickelten schon 1928 hauptsächlich in den Attika-, Tür- und Fensterbereichen starke Rißbildungen. Darüber hinaus führte eine ungenügende Wärmedämmung der Fassade, verbunden mit einem völlig unzureichenden Luftheizungssystem in den einzelnen Häusern, zu feuchten Innenwänden und einem klammen Raumklima. Auch an den einfach verglasten Eisenfenstern und -türen bildete sich innenliegend Schwitzwasser und Schimmel.

In einer Stellungnahme zum Wärmeschutz der Außenwände wurde die Situation vor der Sanierung wie folgt beschrieben: »Messungen an den Außenwänden des Hauses Oud ergaben für den Wärmedurchlaßwiderstand einen Wert von $1/\Lambda = 0,30\,m^2\,K/W$. Der in der DIN 4108 geforderte Mindestwert von $1/\Lambda = 0,55\,m^2\,K/W$ wird bei weitem nicht erreicht... Der Wärmeschutz der Außenwände muß sowohl im Hinblick auf Heizenergieeinsparung als auch im Hinblick auf Behaglichkeitskriterien erhöht werden.«[50]

Den Wirtschaftsvorbau im Bereich der Oberlichtfenster 1927 und 1987. Nach der Sanierung Fensterverlängerung um 8 cm = 3,2 %. Maßstab 1:20.

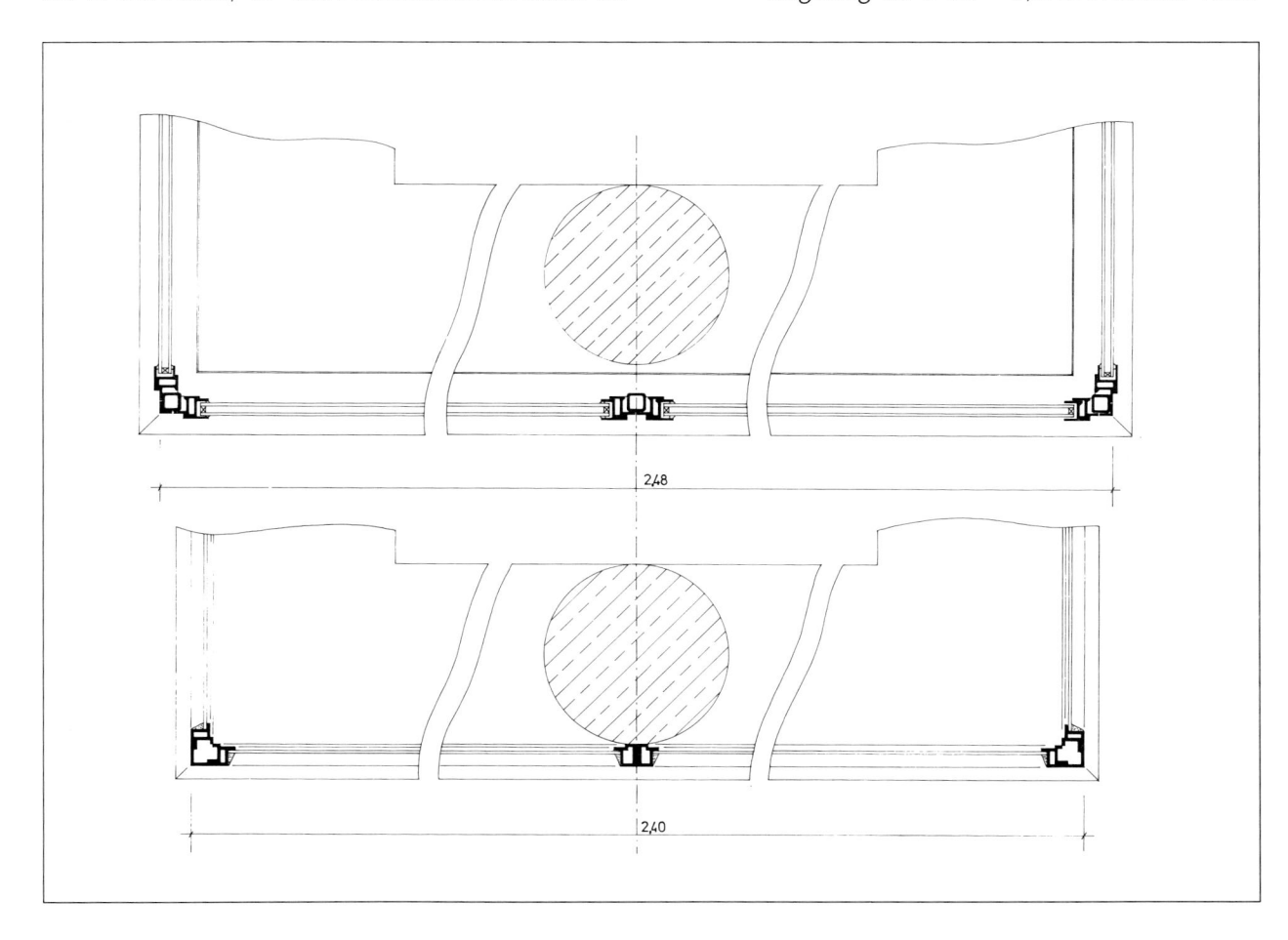

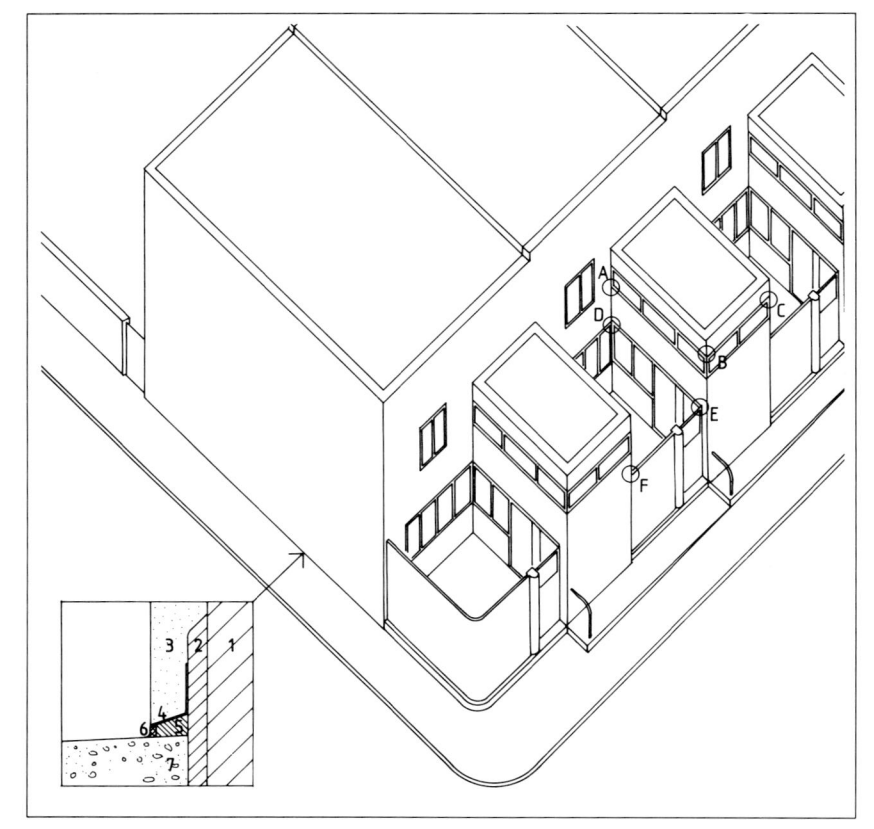

Fußpunktdetail der wärmegedämmten Putzfassade an der Ostseite der Reihenhausgruppe.

1 Betonwand
2 Zementverputz
3 Wärmedämmputz
4 Putzschiene
5 Sperrzement
6 Dauerelastische Fuge
7 Gehwegbelag

Die Erhöhung der Wärmedämmung durch einen Wärmedämmputz war somit eine zwingend notwendige bauphysikalische Verbesserungsmaßnahme. Hierzu mußte allerdings der alte, 2 cm starke Außenputz entfernt werden, um die Proportionsveränderungen des Hauses durch den neuen, 6 cm starken Putzaufbau in engen Grenzen zu halten.

Während nämlich die Fenster in der Fläche wieder ihre ursprünglichen Höhen- und Breitenabmessungen erhielten, verringerten bzw. vergrößerten sich die Breitenmaße der Fenster des Wirtschaftsvorbaus mit Innen- bzw. Außenecken entsprechend der Putzstärke. Die Gesamtlänge der Reihenhausgruppe erhöhte sich gegenüber dem Original auf jeder Seite um 4 cm, also um insgesamt 8 cm von 26,83 m auf 26,91 m, was einer Längendehnung von 0,3 % entspricht. Die Gesamtbreite aller fünf Häuser erhöhte sich ebenfalls um 8 cm von 8,67 m auf 8,75 m oder um 0,9 %. Prozentual am stärksten machten sich die Putzmehrstärken mit 3,2 % natürlich an den kurzen Stirnseiten der Wirtschaftsvorbauten bemerkbar, die sich ebenfalls um 8 cm von 2,40 m auf 2,48 m verbreiterten.

Für den normalen Betrachter sind diese Maßveränderungen bei Fenstern und Außenfassade im Bereich bis 3,2 % praktisch nicht wahrnehmbar und die historische Gesamtform des Hauses bleibt dadurch optisch originalähnlich erhalten.

Ein weiteres Fassadenproblem war, neben der Wärmedämmung, die bautechnische Ausbildung des Fassadenfußpunktes, bei dem die Putzflächen ohne Sockel aus der jeweiligen Bodenfläche ›wuchsen‹. Die Rekonstruktion dieses Detailpunktes als denkmalpflegerische Notwendigkeit war leider mit einem bautechnischen Problem verbunden. Denn der direkte Bodenkontakt des Putzes, der auch bei einer Fugenausbildung von 1 bis 2 cm zwischen Außenputz und Boden noch mehr oder weniger vorhanden ist, führt zwangsläufig zu einer ständigen Anfeuchtung der erdnahen Putzschichten durch Regen und Schnee. Selbst ein hydrophobierter und damit zunächst wasserabweisender Wärmedämmputz, wie er vom Hochbauamt bei der Sanierung verwendet wurde, wird im Laufe der Jahre ›mürbe‹ werden und muß dann nach einigen Jahren erneuert werden.

Hier haben wir es mit einem weiteren empfindlichen Baudetail zu tun, das auch in Zukunft einer intensiven Instandhaltungspflege bedarf.

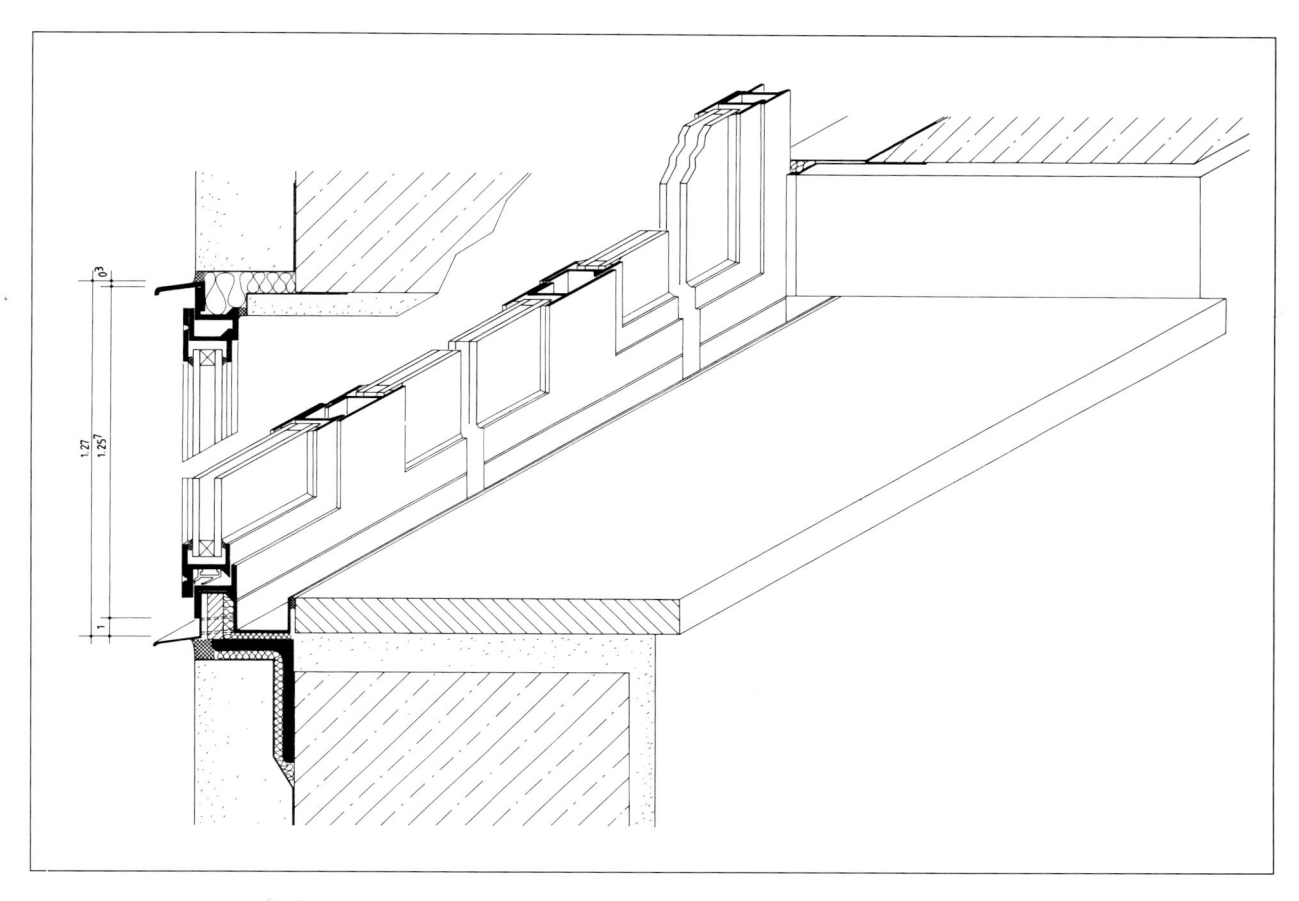

2.3.5.2 Die neuen Eisenfenster und -türen in Verbindung mit dem Wärmedämmputz

Schnittisometrie der rekonstruierten Eisenfenster 1984. Maßstab 1:4,5

Die Eisenfenster und -türen bilden zusammen mit den Putzflächen die sichtbare Außenfassade der Hausgruppe. Im Laufe der Jahrzehnte bis 1982 wurde allerdings der größte Teil der originalen Eisenfenster und alle Türen durch Holzelemente ersetzt, so daß der ursprüngliche Charakter der Hausgruppe doch wesentlich verändert war. Im Erläuterungsbericht schrieb das Bauamt 1982: »Der Bearbeitung der Fenster kommt erhebliche Bedeutung zu. Ein angemessener Rückbau auf das Detail von 1927 erfolgt unter Berücksichtigung heutiger bauphysikalischer Notwendigkeiten.«[51]

Folgende Restaurierungsvarianten kamen für die Fassade in Betracht und wurden vom Bauamt geprüft:

1 Restaurierung der Fassade unter Verwendung des originalen Außenputzes und noch original erhaltener Eisenfenster einschließlich Einfachverglasung. Wiederherstellung der fehlenden Teile originalgleich.
2 Restaurierung der Fassade unter Verwendung von originalgleichem Außenputz und originalgleichen Eisenfensterprofilen mit Einfachverglasung.
3 Erneuerung der Fassade unter Verwendung von originalähnlichem wärmegedämmtem Außenputz und originalgleichen Eisenfensterprofilen mit Isolierverglasung.
4 Erneuerung der Fassade unter Verwendung von originalähnlichem wärmegedämmtem Außenputz und originalähnlichen Eisenfensterprofilen mit Isolierverglasung.

Nach eingehender Prüfung der Möglichkeiten und in Übereinstimmung mit dem Landesdenkmalamt Baden-Württemberg entwickelte das Bauamt nach Variante 4 eine wärmegedämmte Fassade mit einem Wärmedämmputz von ca. 6 cm Gesamtstärke und thermisch nicht getrennten Stahlprofilen für die Tür- und Fensterelemente mit Isolierverglasung. Die der Denkmalpflege am nächsten kommende Variante 1 konnte im wesentlichen aus zwei Gründen nicht verwirklicht werden: Erstens ergab das bauphysikalische Gutachten, daß eine Wärmedämmung des Außenputzes und der Fenster und Türen unbedingt erforderlich war, und zweitens wollte der Eigentümer einen einheitlichen Standard für alle Häuser und damit für alle Mieter und nicht ein Haus mit Originalbauteilen ohne Wärmedämmung und die anderen vier Häuser mit Wärmedämmung.

Wie sah nun der oben zitierte »angemessene Rückbau auf das Detail von 1927« bei den Fenstern und Türen aus?

Zunächst war die Ausgangslage des Bauamtes bei den Fenstern die, daß Eisen- oder Stahlprofile vom deutschen Fenstermarkt schon lange verschwunden waren. 1927 kamen die Fenster von der Düsseldorfer Firma Fenestra GmbH. Heute existiert nur noch in England die Firma crittall windows ltd. mit einem gegenüber 1927 weitgehend unveränderten Lieferprogramm an Stahlfensterprofilen. Die Profile sind allerdings verzinkt und mit Gummidichtungsbändern versehen. Darüber hinaus sind diese Profile, wie 1927, thermisch nicht getrennt, was bei den zu rekonstruierenden Fenstern als technischer ›Schönheitsfehler‹ in Kauf genommen wurde, um wieder die extreme Schlankheit der Originalprofile zu erhalten. In Ergänzung zum Original erhielt aber jedes Fenster eine innenliegende Schwitzwasserrinne mit Entwässerungsröhrchen nach außen, ähnlich den Eisenfenstern bei Le Corbusier, um möglicherweise auftretendes Schwitzwasser abzuleiten.

Die frühere Einfachverglasung der Fenster wurde durch Isolierscheiben ersetzt. Zur Befestigung der Isolierglasscheiben waren jedoch zusätzliche Glashalteleisten in der Form eines flachen Aluminiumprofils notwendig, welche von außen aufgeschraubt wurden.

Ebenfalls in Ergänzung zum Original erhielten die Fenster 1984 austragende Bänder, um auch im Obergeschoß die äußeren Fensterflächen von innen putzen zu können. Dies war 1927 einer der wenigen wirklichen Mängel an Ouds Häusern und wurde damals auch beanstandet: ».. Ein großer Mißstand ist die Unmöglichkeit, die Fenster vom Innern des Hauses zu putzen, da sie zum Teil nach außen aufgehen. Die Hausfrauen der fünf Oud'schen Wohnungen haben sich daher gezwungen gesehen, gemeinsam mit einem Fensterreinigungsinstitut in Verbindung zu treten.«[52]

Als J.J.P. Oud während der Ausstellungszeit die Eisenfenster von Mart Stam im fertigen Zustand an dessen Reihenhäusern sah, erkannte er diesen Mangel auch, konnte aber an seinen Fenstern keine Korrektur mehr vornehmen.

Ein weiteres großes Problem der Fenster war, neben ihrer technischen Konstruktion und Herstellung, der flächenbündige Einbau in die wärmegedämmte Putzfassade. 1927 kam es durch die sehr unterschiedlichen Ausdehnungseigenschaften von Eisen und direkt anschließender Putzfassade im Fensterbereich des Putzes zu starken Spannungen, die der Putz nicht aufnehmen konnte. Schon 1928 waren starke Rißbildungen an allen Fenstern und Türen die Konsequenz.

Dies führte zu Wassereindringungen und damit wieder zu neuen und verstärkten Putzschäden, was letztendlich dazu führte, daß die Eisenfenster und -türen durch Holzelemente ersetzt wurden.

Um Putzrisse künftig soweit wie möglich zu vermeiden, wurden alle Stahlprofile konstruktiv vom Außenputz getrennt. Dies geschah mit Hilfe einer umlaufenden, ca. 1 cm breiten Fuge, welche dauerelastisch verfüllt wurde. Das Fugenmaterial war im Farbton weiß wie die Putzfassade, so daß der optische Eindruck von fassadenbündig eingeputzten Fenstern in vollem Umfang gewahrt blieb.

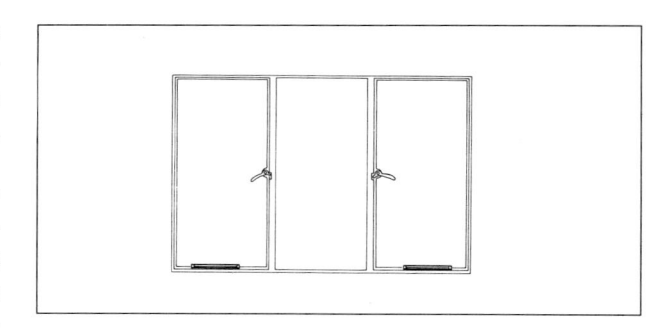

Innenansicht eines dreiflügeligen Eisenfensters 1987 wie 1927

Ansicht der Fenstergriffe 1927 und 1987

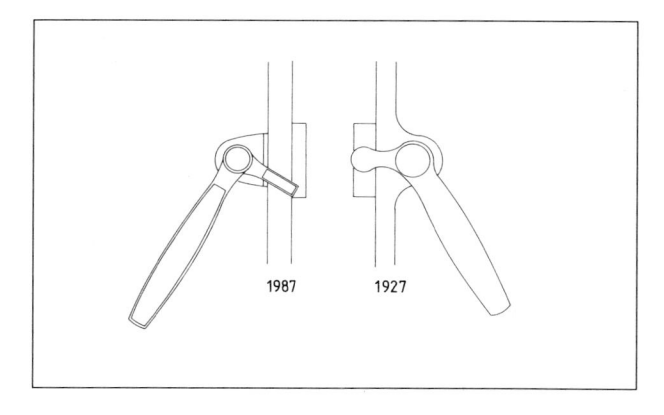

Zeichnerischer Vergleich der Fenster- und Türkonstruktionen des Originals von 1927 mit der Rekonstruktion durch das Hochbauamt 1984

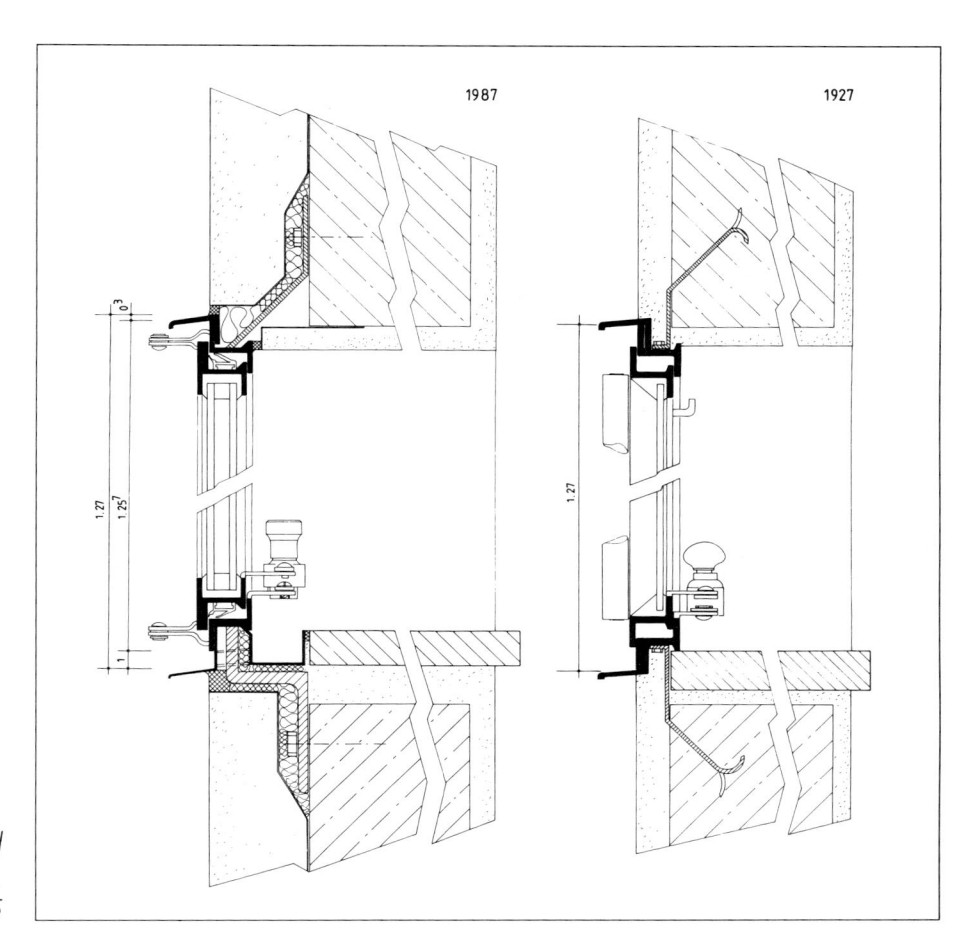

Eisenfenster 1927 und 1987. Vertikalschnitt. Maßstab 1:4,5

Eisenfenster 1927 und 1987. Horizontalschnitt. Maßstab 1:4,5

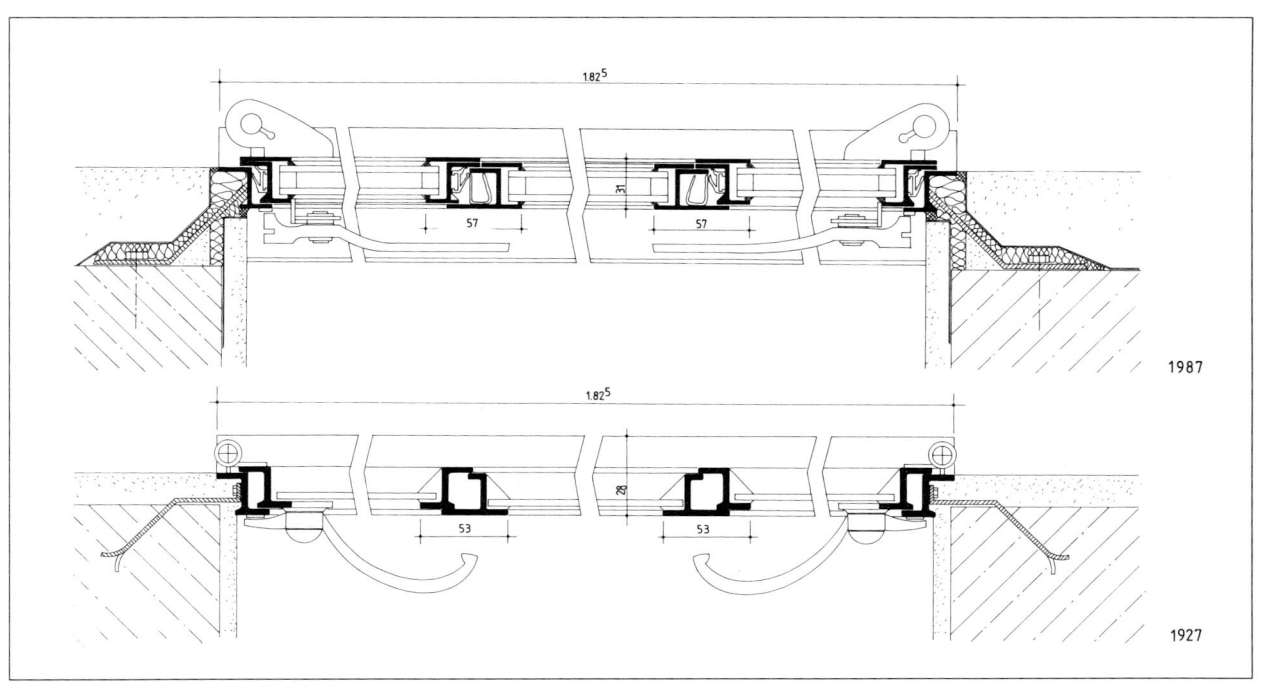

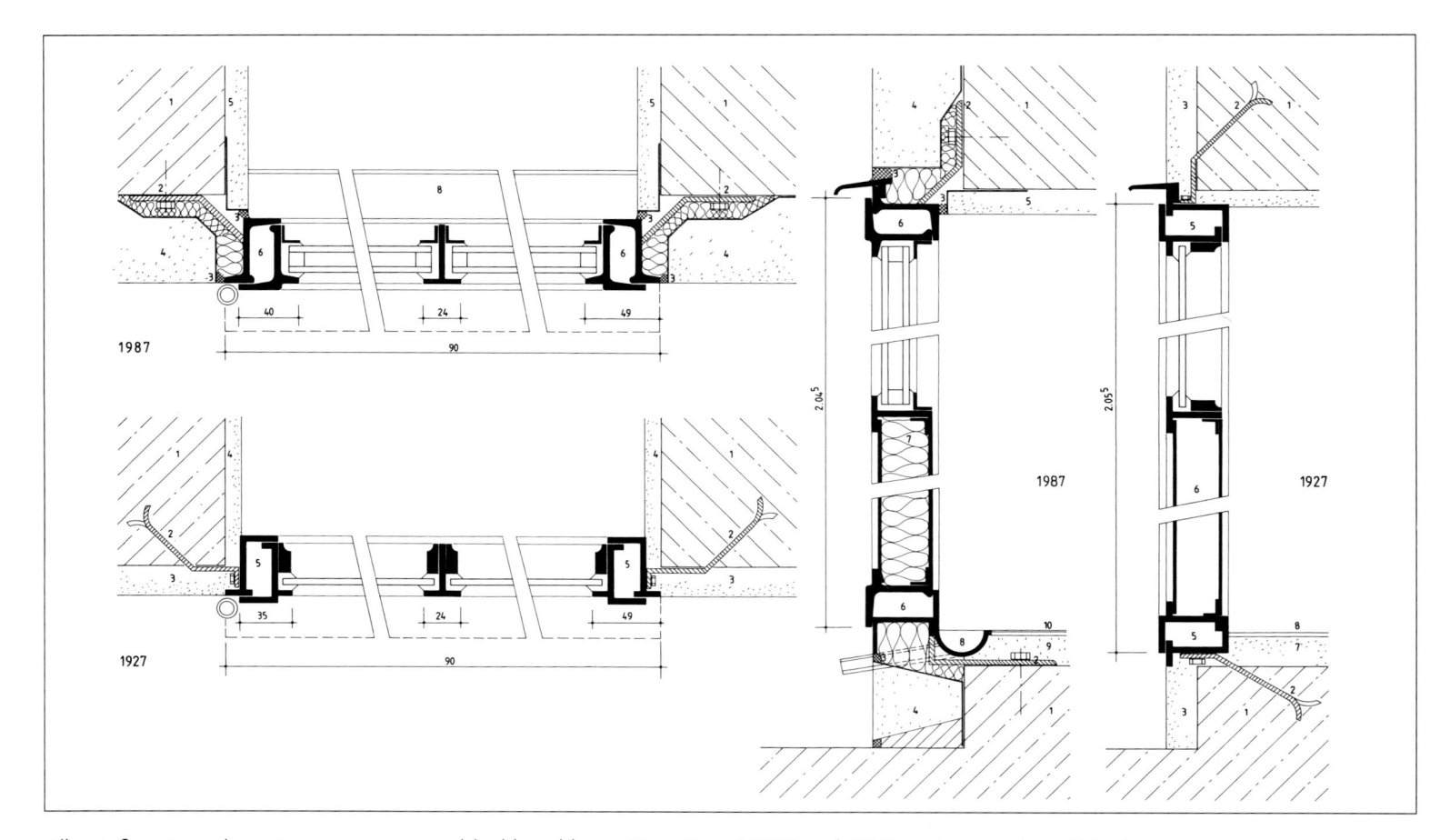

Alle Außentüren der Häuser waren aus blechbeschlagenen Eisenprofilen, entweder mit oder ohne Oberteilverglasung hergestellt. Die verwendeten Profile waren für alle Türen gleich, allerdings mit kleinen Variationen zwischen den ganz mit Blech beschlagenen Türen (Fahrradraum) und denen mit Glasfüllungen (Hauseingang, Balkon). Die von J.J.P. Oud verwandten Profile waren im Handel nicht mehr zu finden, auch die identische Serie B 48 war über den regulären Stahlmarkt 1984 nicht mehr zu beziehen.
Dem Hochbauamt gelang es jedoch mit freundlicher Unterstützung des deutschen Stahlbauverbandes, noch eine ausreichende Menge der Stahlprofile B 48 sicherzustellen, mit deren Hilfe die originalähnliche Rekonstruktion aller Türen im Detail möglich war.
Die Verwendung von Serienprofilen, sowohl bei den Türen wie auch bei den Fenstern, war nicht zuletzt eine wirtschaftliche Frage, denn Serienprofile sind natürlich bedeutend billiger als originalgleiche Profile, die in kleiner Serie hätten stranggepreßt werden müssen.[53]
Diese Einschränkung bei der Rekonstruktion, durch die Verwendung originalähnlicher anstelle originalgleicher Stahlprofile, war auch eine Folge der finanziellen Restriktionen des Bauherrn.

Eisentüren 1927 und 1987. Horizontal- und Vertikalschnitte. Maßstab 1:4,5

Zustand 27: 1 = Betonwand, 2 = Zargenbefestigung, 3 = Kalkzementputz 2cm, 4 = Gipsputz ca 1cm, 5 = Eisenprofile, 6 = nicht wärmegedämmtes Türblatt, 7 = Zementglattstrich, 8 = Linoleum
Zustand 87: 1 = Betonwand, 2 = Zargenbefestigung, 3 = dauerelastische Fuge, 4 = Wärmedämmputz 6 cm, 5 = Gipsputz ca 1,5cm, 6 = Stahlprofile B 48, 7 = wärmegedämmtes Türblatt, 8 = Schwitzwasserrinne, 9 = Zementglattstrich, 10 = PVC

2.3.5.3 Das Musterhaus

Innerhalb der Reihenhausgruppe von J.J.P.Oud bestand 1983/84 die Möglichkeit, ein Haus im Inneren wieder in seinen, dem Original zumindest ähnlichen, ursprünglichen Zustand zurückzubauen.

Nach gründlichen Vergleichen der insgesamt noch vorhandenen Originalsubstanz wählte das Hochbauamt für diesen inneren Rückbau das mittlere Reihenhaus, Pankokweg 5, aus. Hier war, im Vergleich zu den vier anderen Häusern, noch am meisten ursprüngliches ›Material‹ vorhanden, wie z.B. ein begehbarer Leinwandschrank im Obergeschoß oder der betonierte Windfang im Wohnzimmer ohne seine Holzeinbauten sowie die zimmermittig angebrachte ›Rohrstütze‹ des Trockenraumes.

Exemplarisch konnte vom Hochbauamt im Erdgeschoß vor allem der Wohnzimmer- und Küchenbereich mit Durchreiche wiederhergestellt werden. Ein besonders wichtiges Detail war in diesem Zusammenhang in der Küche die exakte Wiederherstellung der weißen Wand- und schwarzen Fußbodenfließen. J.J.P. Oud legte generell größten Wert auf ein exaktes Fugenbild, was bei ihm teilweise soweit ging, daß er fertige Wände wieder abreißen ließ, wenn der Fließenspiegel mit anderen Bauteilen nicht zusammenpaßte.[54]

Der technische Fortschritt wird beim Vergleich der Kücheneinrichtung der letzten 60 Jahre besonders deutlich. Generell wurde am Weißenhof für die Küchen vereinbart, daß diese entsprechend den heutigen Komfortbedürfnissen auszustatten sind, nicht zuletzt um die Wohnungen zukünftig adäquat vermieten zu können.

Verzichtet wurde bei der Rekonstruktion verschiedener Teile des Hauses auf die Wiederherstellung der Mülleimeröffnung in der Küchenaußenwand, die Holzschrankeinbauten im betonierten Windfang sowie im Obergeschoß auf die Wiederherstellung der beiden nach Süden gelegenen und mit Türen versehenen Schlafzimmer.

Die Kücheneinrichtung 1927 Pankokweg 1–9

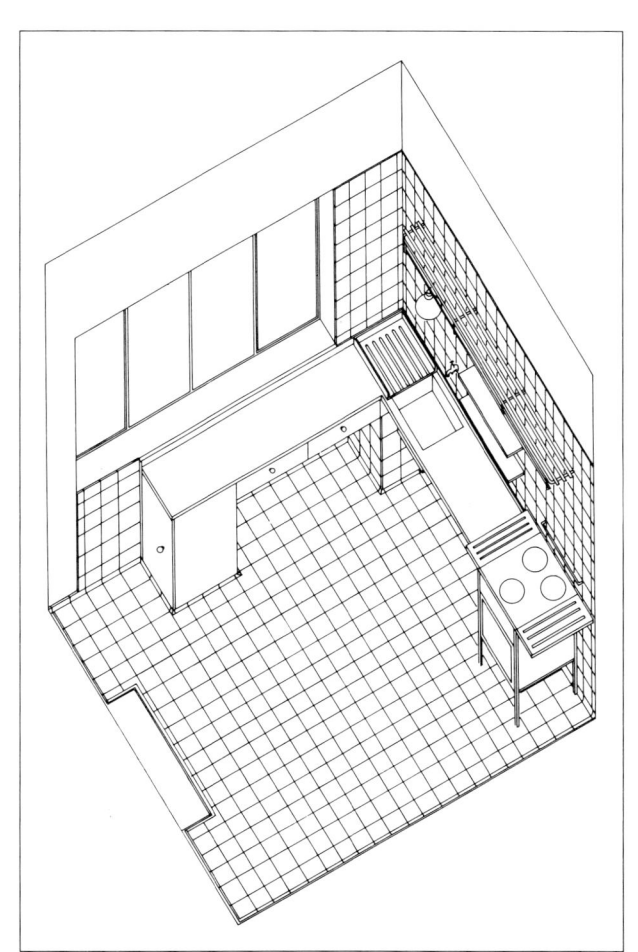

Die Kücheneinrichtung 1987 Pankokweg 5

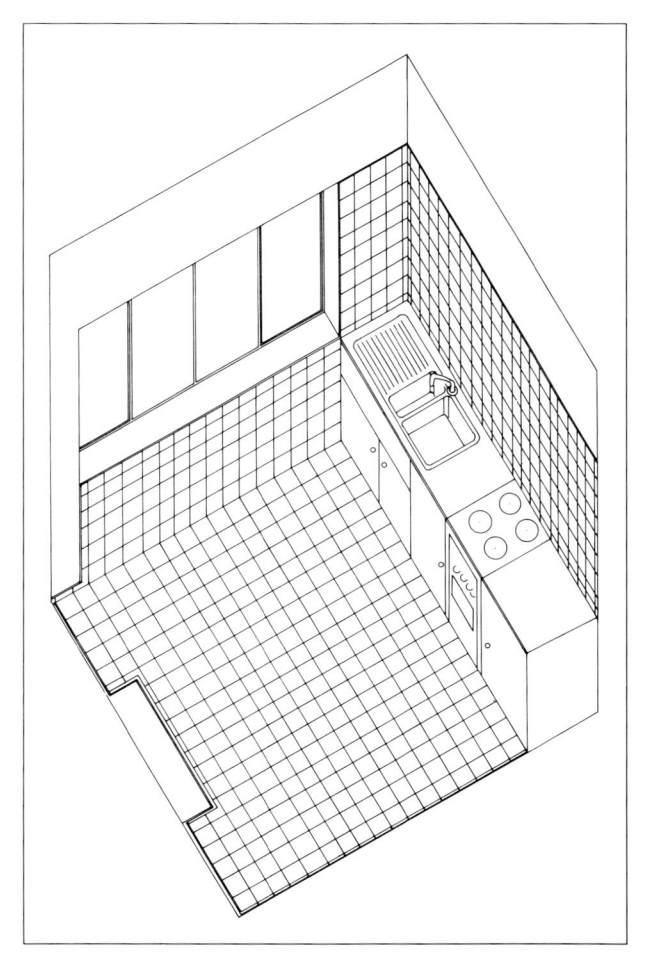

2.3.5.4 Der Klingelknopf – eine Neukonstruktion für das südliche Gartentor

Dem ursprünglichen Erschließungskonzept zufolge sollten die Häuser von zwei Seiten erschlossen werden »...Dienstverkehr von Norden, Wohnverkehr (Bewohner, Besucher) von Süden durch den Garten.«[55]
Diese ursprüngliche Konzeption konnte vom Bauamt nicht ganz verwirklicht werden, widersprach sie doch völlig den Lebensgewohnheiten der Bewohner. Denn wer würde auf Dauer, ob als Besucher oder Bewohner der Häuser, mit dem Auto vorfahren, dann aber nicht den straßenseitigen Hofeingang benutzen, sondern um alle Häuser und Gärten herumlaufen um von der Gartenseite her in das jeweilige Haus zu gelangen? Aus diesem Grunde entschloß sich das Bauamt, den straßenseitigen Hofeingang auf der Nordseite zum eigentlichen Hauptzugang zu machen mit der Konsequenz, daß neben der Hausklingel auch ein Briefkasten und die neu hinzukommende Haussprechanlage an jedem der fünf Eingänge anzuordnen waren. Dadurch wurde der südliche Garteneingang eindeutig zu einem Nebenein- und Ausgang, erhielt aber ebenfalls eine Hausklingel wie sie schon 1927 vorhanden war. Bekanntlich war auf der Südseite des Hauses rechts der Eingangstüre eine Klingel angebracht, wir wissen allerdings nicht, ob auch die Gartentörchen je eine Klingel hatten und wenn ja, wie diese aussah. Das Bauamt entwickelte daher für die fünf Törchen eine eigene Lösung, bei der die Klingel in die rekonstruierten Betonpfosten der Gartentore integriert wurden.

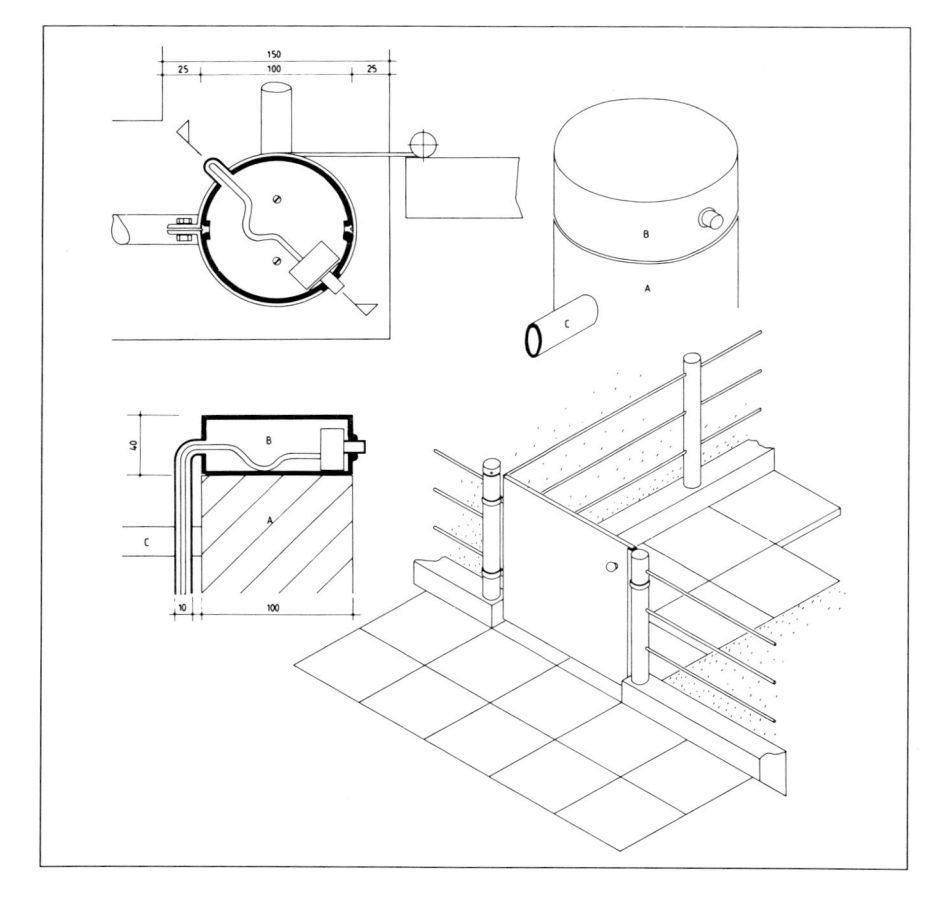

Gartentorklingel und Betonpfosten als Einheit. 1987.

A = Sichtbetongartenpfosten, Durchmesser 10 cm
B = Klingelkasten, Durchmesser 10 cm
C = Rundrohr, Durchmesser 1,5 Zoll

Die Küche Pankokweg 5 nach der Sanierung 1984

Blick von der Gartenseite auf die Reihenhausgruppe von J.J.P. Oud nach der Sanierung 1984

Das Mehrfamilienhaus von Ludwig Mies van der Rohe nach der Sanierung 1986

Eingang zum Haus 16 des Mehrfamilienhauses von Ludwig Mies van der Rohe nach der Sanierung 1986

2.4.0 Ludwig Mies van der Rohe, Mehrfamilienhaus, Am Weißenhof 14–20

2.4.1 Die bau- und grundrißlichen Veränderungen von 1927 bis 87

Wie die bereits beschriebenen Gebäude von Le Corbusier und J.J.P. Oud mußte auch der Miethausblock Ludwig Mies van der Rohes in den zurückliegenden Jahrzehnten viele bauliche Veränderungen über sich ergehen lassen. Der zeichnerische Grundrißvergleich der Jahre 1927, 82 und 87 auf den folgenden Seiten macht die wichtigsten Veränderungen sichtbar. Zunächst jedoch, in chronologischer Reihenfolge, eine Beschreibung der wesentlichen Bau- und Nutzungsänderungen im Äußeren und Inneren des Hauses, soweit sie noch rekonstruierbar waren:
Wie die meisten Häuser und Wohnungen der Weißenhofsiedlung wurden auch die 24 Wohnungen des Mies-Blockes im Anschluß an die Ausstellungszeit ihrer eigentlichen Bestimmung übergeben, indem sie Ende 1927, Anfang 1928 vermietet wurden. Als die Stadt Stuttgart mit Kaufvertrag vom 31. Juli 1939 die ganze Siedlung und damit auch den Mies-Block an das Deutsche Reich verkaufte, waren das Gebäude und die Außenanlagen noch weitgehend original erhalten. Durch die neue Nutzung des gesamten Hauses im Jahr 1940 als Kinderkrankenhaus für Ansteckungskrankheiten wurden in den ersten Kriegsjahren die Wände und Türen in allen Wohnungen verändert. Diese inneren Umbauten setzten sich bis gegen Ende des Krieges fort als die Wohnungen zusätzlich als Flakunterkunft dienten. Während des Krieges erhielt das Haus keine direkten Bombentreffer, war aber trotzdem nach dem Krieg stark beschädigt. Durch Luftminen, die 1944 in der Nähe explodierten, wurde der Bau regelrecht ›durchgeblasen‹. Dabei erwiesen sich die großen Fensterflächen für das Haus insgesamt als Vorteil, da sie dem Luftdruck nachgaben und so die tragende Eisenskelettkonstruktion des Hauses vor schweren Schäden bewahrten. Anschließend wurde ein Teil der Fenster bis auf kleine Öffnungen zugemauert. Nach Kriegsende 1945 wurden die Wohnungen, so gut es ging, wieder hergerichtet. Für die Genehmigung, sich eine Wohnung in Selbsthilfe wiederherstellen zu dürfen, waren 120 Stunden Aufräumarbeit am Haus von Ludwig Mies van der Rohe Voraussetzung. Das ganze Haus war damals in einem erbärmlichen Zustand. Alle brauchbaren Einrichtungsgegenstände waren demontiert und es war dem Einfallsreichtum des einzelnen überlassen, seine Wohnung wieder bewohnbar zu machen. Aus der Notwendigkeit, die ehemalige Zentralheizung zu ersetzen, entstanden damals die vielen Heizkamine im Haus.

Ende der 50er Jahre, zwischen 1958 und 1960, wurde eine wohnungsweise Sanierung des gesamten Miethausblockes durchgeführt, wobei weitere Änderungen in den Wohnungen vorgenommen wurden.
1967, ein Jahr vor dem Jubiläumsjahr »50 Jahre Bauhaus« 1968, wurden die Hausfassaden überarbeitet und die Nord- und Westfassade mit Polystyrol-Hartschaumplatten verkleidet.
Von September 1984 bis Oktober 1986 erfolgte, nachdem die Mieter die Wohnungen verlassen hatten, eine denkmalgerechte Grundinstandsetzung und Wiederherstellung des Hauses in zwei aufeinanderfolgenden Bauabschnitten. Im Inneren wurden alle vier Treppenhäuser und eine Wohnung, Am Weißenhof 16 2.OG links, originalähnlich rekonstruiert. Aus statischen Gründen mußten im Untergeschoß zusätzlich tragende Wandscheiben eingezogen werden, und wohnungswirtschaftlich, aber nicht unbedingt denkmalpflegerisch, sinnvoll war der Einbau von zwei weiteren Wohnungen im Dachgeschoß. Seit September 1985 (Haus 18 und 20) und seit Oktober 1986 (Haus 14 und 16) sind alle Wohnungen wieder bezogen.

Mit der Gebäudesanierung in den Jahren 1984 bis 86 wurde vom Hochbauamt ein umfangreicher denkmalpflegerischer Maßnahmenkatalog erfüllt, wie er bereits 1982 in der genehmigten Haushaltsunterlage beschrieben wurde:
»Erläuterung der wesentlichen Maßnahmen im Bereich Denkmalpflege:
- Die anzunehmende ehemalige Farbigkeit des Gebäudes wird anhand einer Befundstellung untersucht... Insbesondere gilt zu klären, ob es sich – wie aus alten Zeitungsberichten zu entnehmen – um eine rötliche Farbe handelt.
- Die Fenster und Fenstertüren des Gebäudes sind abgängig. Einige Originalfensterdetails aus dem Jahre 1927 sind jedoch noch vorhanden. Die Fenster werden gemäß dem Originalzustand unter maßvollem Einsatz moderner Technik wieder eingebaut. Dies gilt analog für die Treppenhausfenster. Sie werden wieder als nach innen aufgehende zweiflügelige Fenstertüren eingebaut.
- Proportionierung der Gesamtfassade, Leibungstiefen, Breite der Fensterpfeiler sind entscheidend für das Erscheinungsbild des Gebäudes. Dies bedeutet im Zusammenhang mit den neu einzubauenden

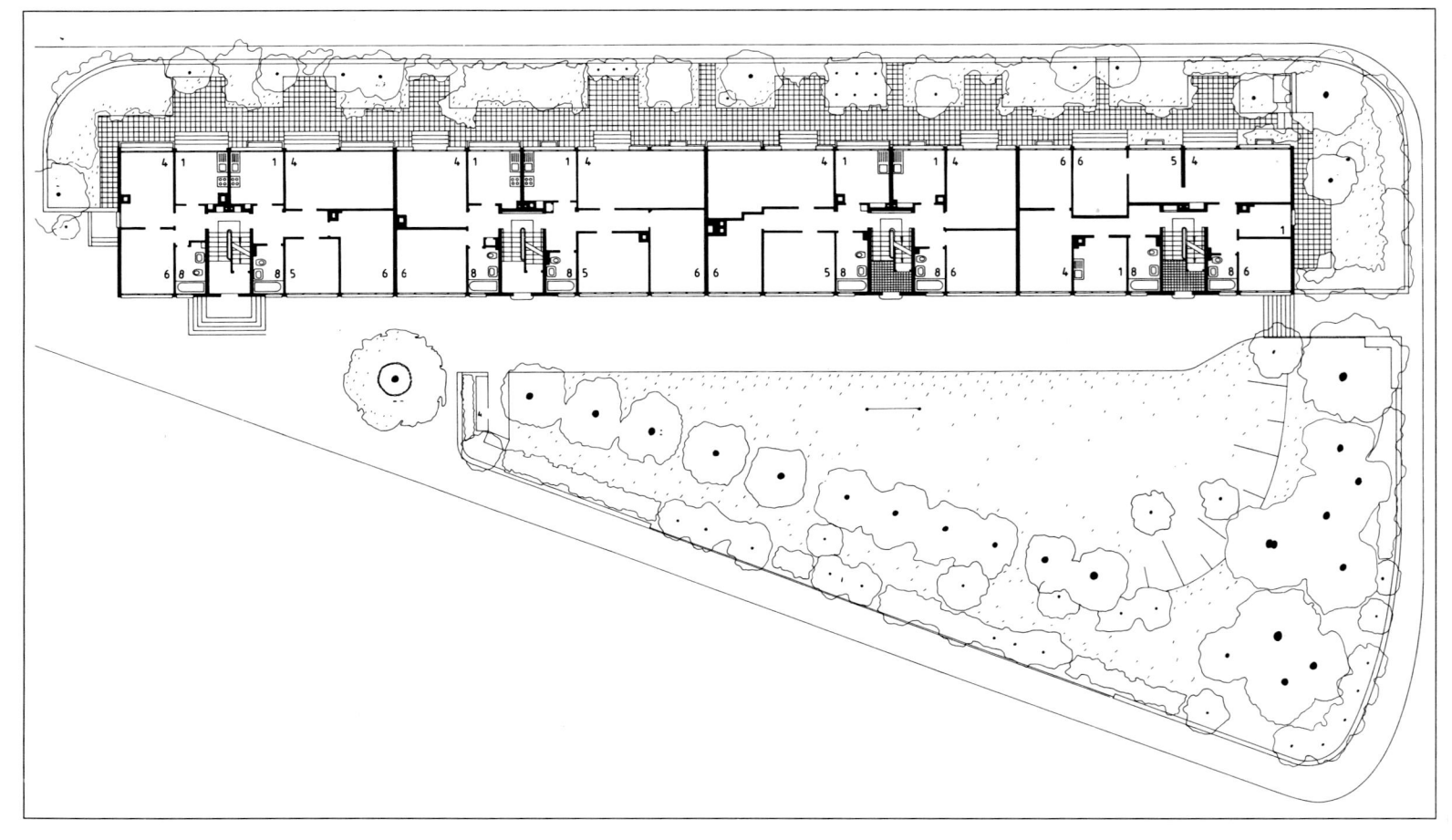

Fenstern einen engen Spielraum für den notwendigen Wärmeschutz von max. 4 cm (Gesamtstärke) auf den Rohbauuntergrund.
- Auf das Anbringen eines außenliegenden Sonnenschutzes soll nach Möglichkeit verzichtet werden. Der große Fensteranteil des Gebäudes erfordert eine Maßnahme bezüglich des Sonnenschutzes. Dies vereinbart sich jedoch nur schwer mit den denkmalpflegerischen Überlegungen zum Gebäude. Zur Disposition stehen kostenmäßig gleiche Alternativen
2.1 Senkrechter Gewebestore zurückhaltender Farbigkeit – außenliegend.
2.2 Sonnenschutzverglasung. Innere Scheibe im Verbundfenster als Sonnenschutzglas. (Siehe auch Abschnitt 2.4.5 – Anm. d. Verf.)
- Die Fenster des UG an der Westseite werden gemäß dem Zustand von 1927 rückgebaut.
- Die Ortgangbleche werden bei der Sanierung des Daches auf die kleinere Dimension des Zustandes von 1927 zurückgebaut.
- Nachdem das Gebäude wieder mit einer adäquaten Heizungsanlage (Gaswarmwasser-Zentralheizung) ausgestattet wird, können einige später eingebaute Kamine abgebrochen werden. Somit werden verschiedene Wohneinheiten in ihrer Grundrißstruktur verbessert.
- Rückbau von Wohnungen gemäß der Originaleinteilung von 1927. Diese Maßnahme wird seitens der Hochbauverwaltung, des Landesdenkmalamtes und der Unteren Denkmalschutzbehörde als besonders wünschenswert in bezug auf die exemplarische Wiederherstellung von flexiblen Wohnräumen erachtet. Die dafür vorgesehenen Wohnungen wurden 1927 von Mies v.d. Rohe und Lilly Reich eingerichtet[56].«[57]

Erdgeschoßgrundriß mit Gartenanlage 1982. Maßstab 1:400

Dieser Auszug aus dem Erläuterungsbericht des Hochbauamtes in bezug auf die denkmalpflegerischen Maßnahmen zeigt, daß dieser Aspekt der Sanierung, im Rahmen der engen finanziellen Möglichkeiten, sehr ernst genommen wurde. Daneben gab es natürlich die Modernisierungs- und Instandsetzungsmaßnahmen, die auch bei diesem Haus den Löwenanteil der eingesetzten finanziellen Mittel beanspruchten.

1927

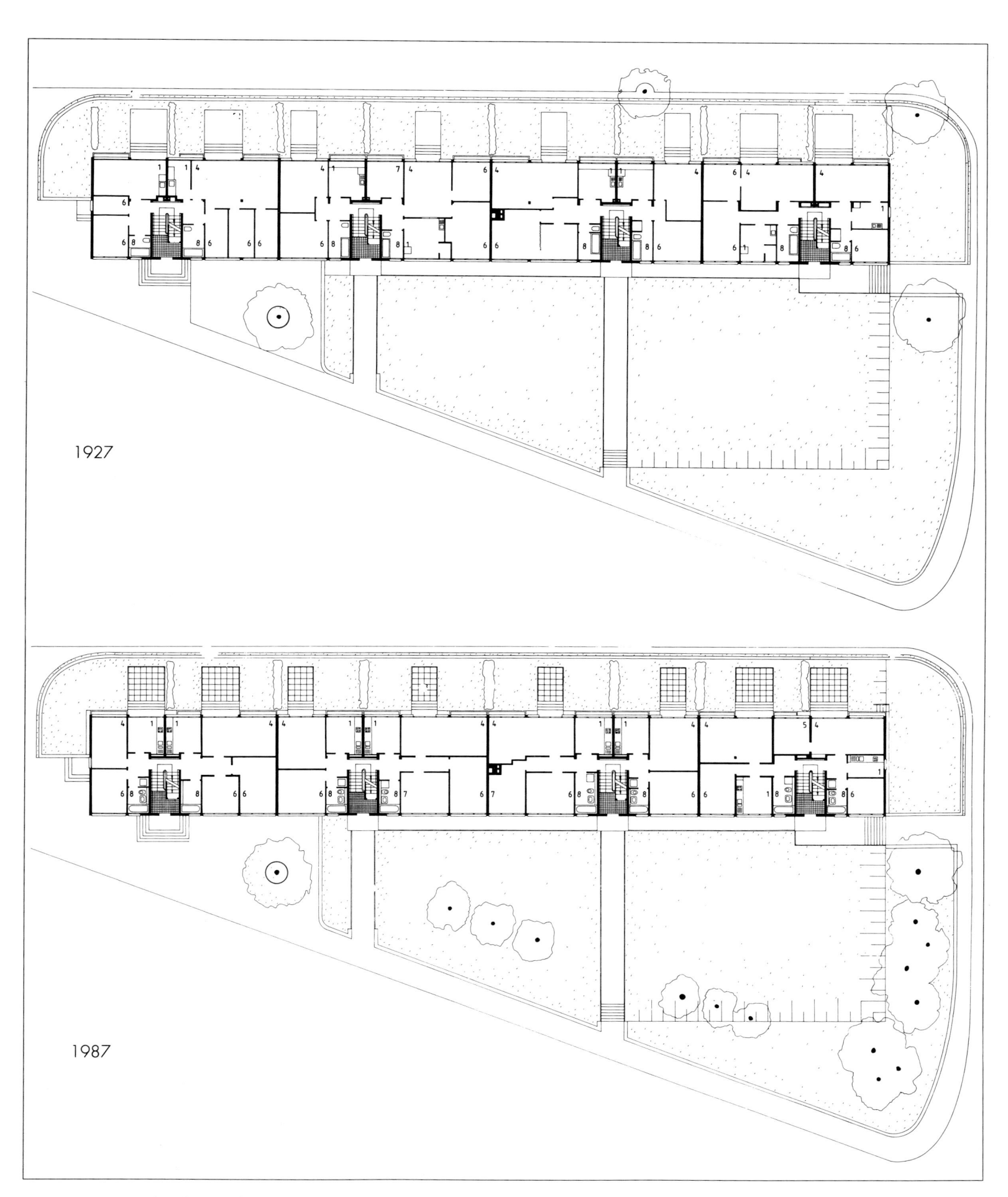

1987

Erdgeschoßgrundrisse mit Gartenanlage 1927 und 1987. Maßstab 1:400

oben: Untergeschoß 1927, 1982 und 1987. Maßstab 1:400

unten: Erstes Obergeschoß 1927, 1982 und 1987. Maßstab 1:400

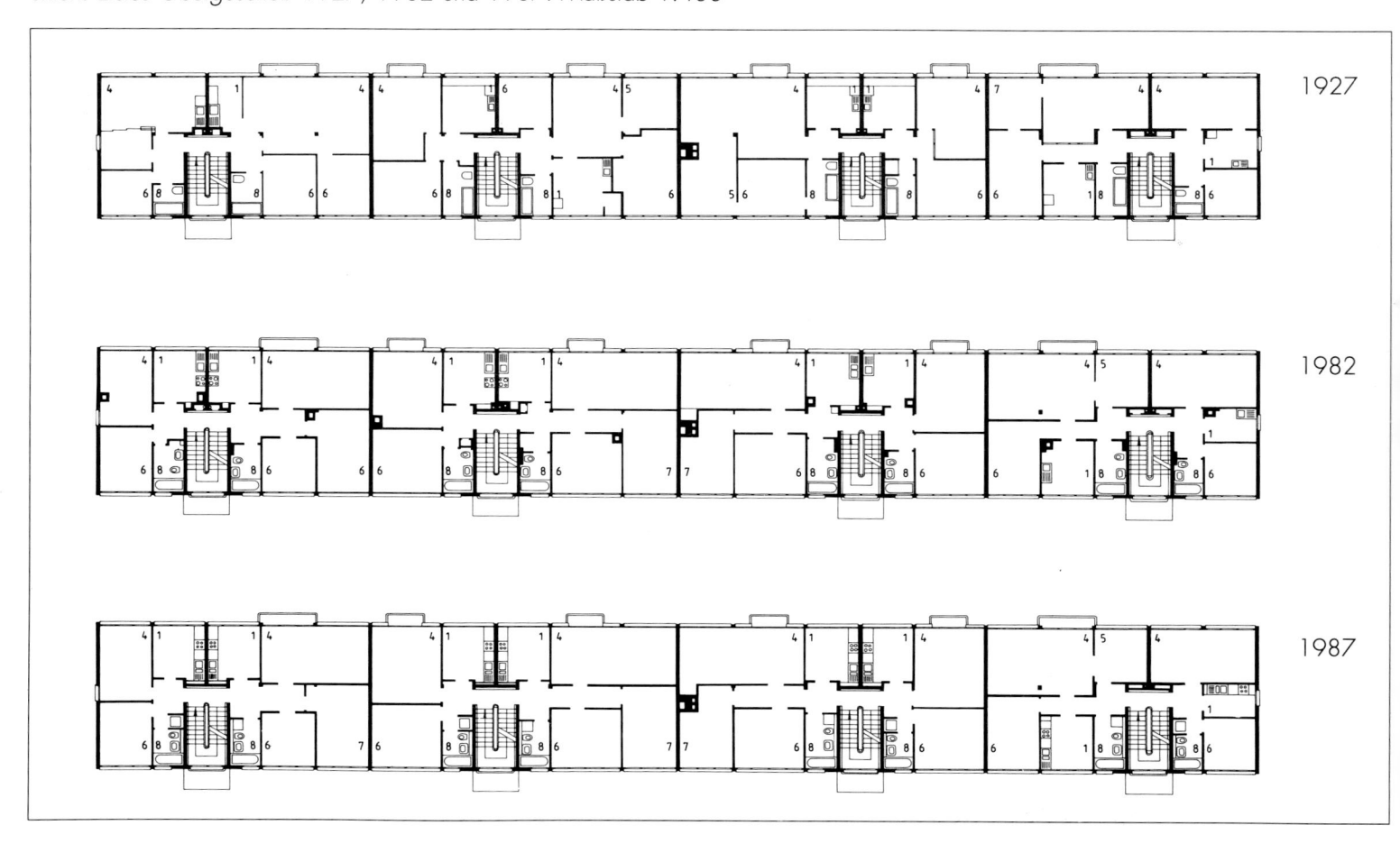

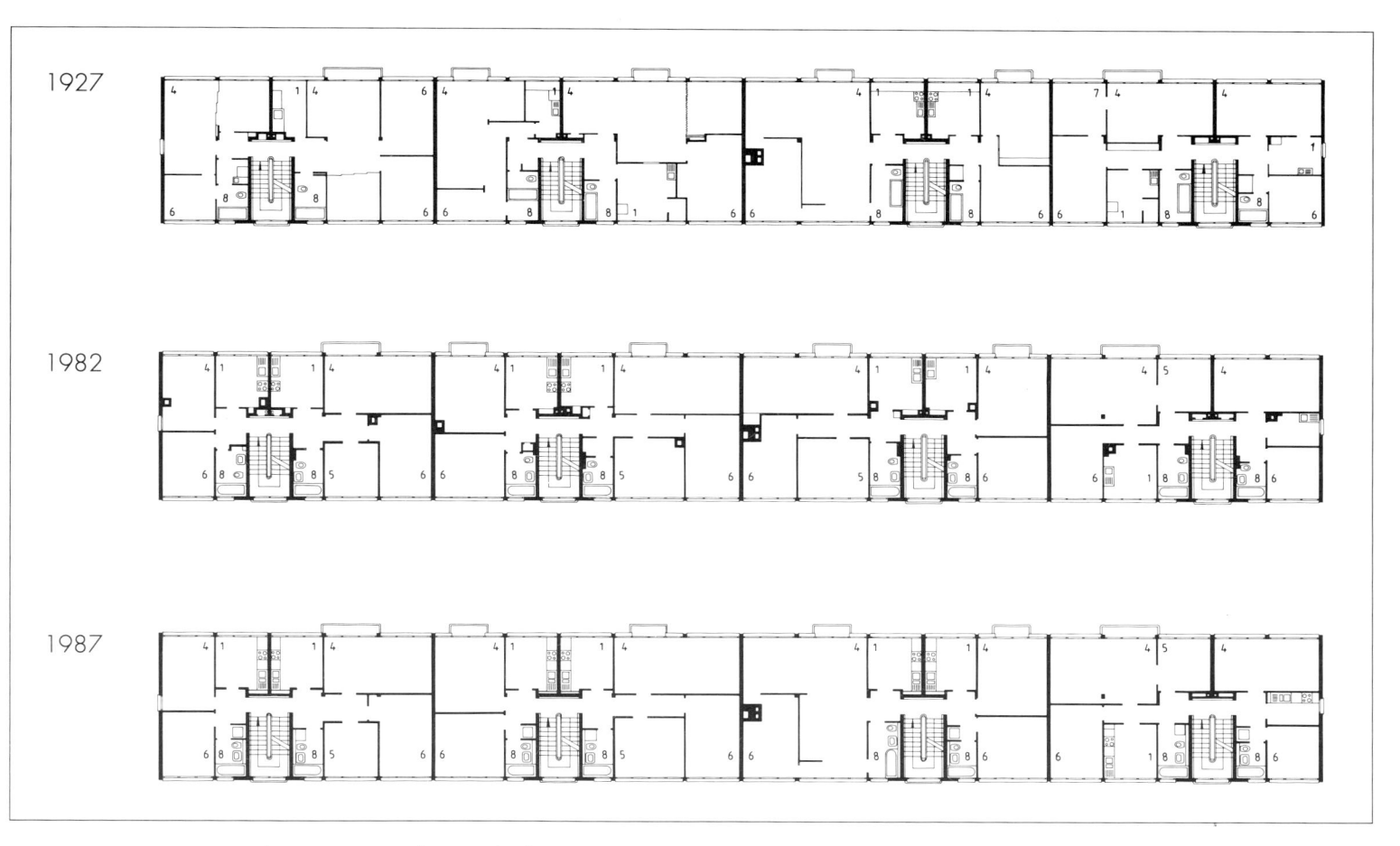

oben: Zweites Obergeschoß 1927, 1982 und 1987. Maßstab 1:400

oben: Dachgeschoß 1927, 1982 und 1987. Maßstab 1:400

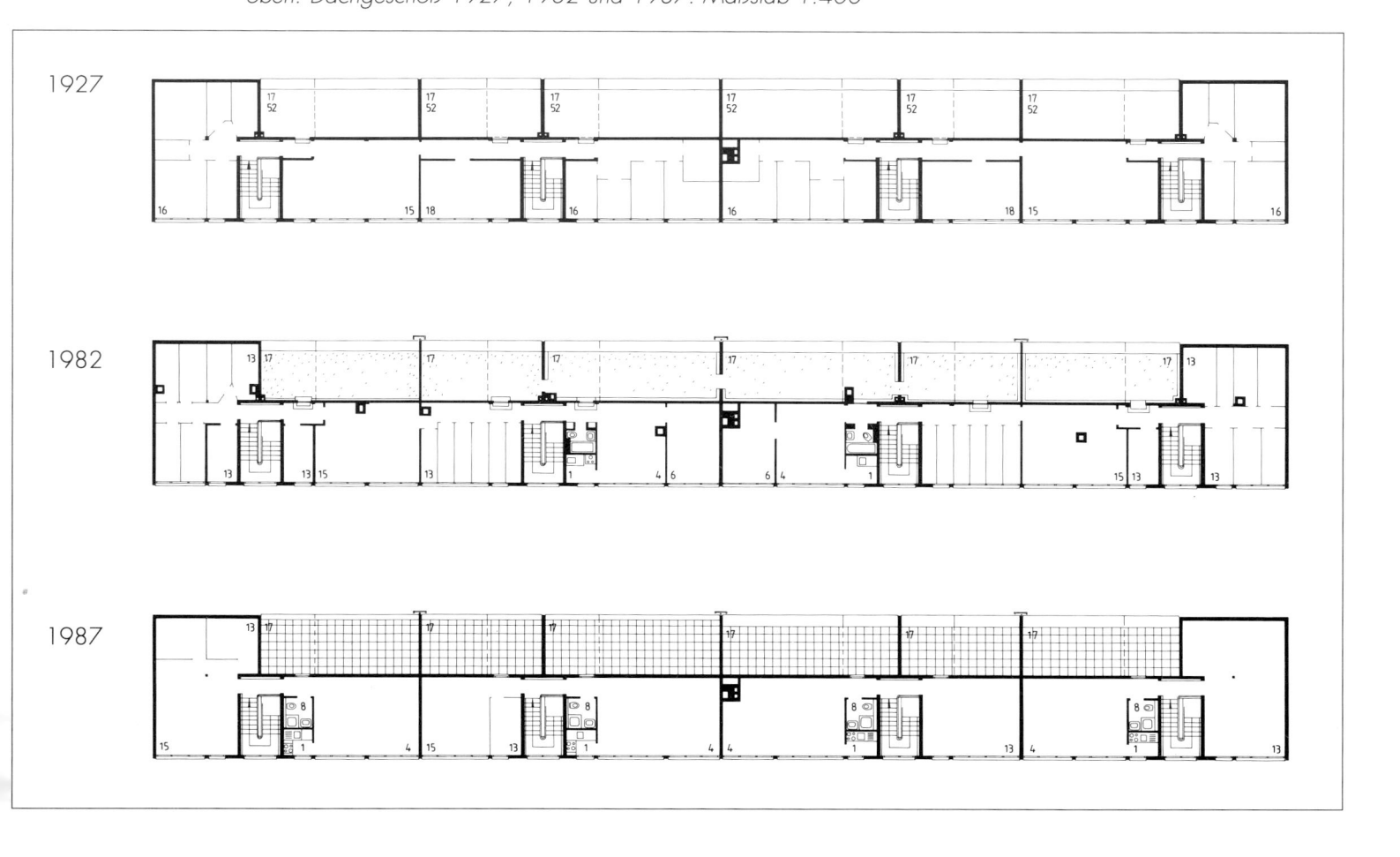

2.4.2 Bautechnische Instandsetzungen und Verbesserungen des Hauses

2.4.2.1 Konstruktive Beschreibung des Hauses

In »Bau und Wohnung« wurde 1927 das konstruktive System des Wohnblocks folgendermaßen beschrieben: »Das konstruktive System ist ein Eisenskelettbau, dessen Gefache mit halbsteinstarken Wänden ausgefüllt sind und die an den Außenwänden gegen Temperaturschwankungen mit 4 cm starken Torfplatten belegt und mit einem Putzträger überspannt wurden.
Für die massiven Decken wurde folgende Ausführung vorgeschrieben:
Steineisendecken nach dem System Kleine, hierauf eine 2 cm starke Sandschüttung mit Gipsestrich als Unterlage für den Linoleumbelag. Als Putzträger wurden Tektonplatten vorgeschrieben, die an zwischen den Eisenträgern eingespannten Holzriegeln befestigt wurden.
Für die Terrassen wurde eine Biehnsche Dichtung vorgesehen.
Das Dach besteht aus einer Massivdecke, die mit einer doppelten Lage Ruberoid gedeckt wurde. Für den ganzen Block ist eine zentrale Warmwasserheizungs- und Warmwasserbereitungsanlage vorgesehen. Sämtliche Rohrleitungen liegen frei vor der Wand, die Lichtleitungen unter dem Putz.
Die Außenflächen des Gebäudes sind mit Zementmörtel verputzt.
Die Fenster sind als Rekordfenster so konstruiert, daß sich die Flügel im geöffneten Zustande aufeinanderlegen lassen.«[58]

Die Errichtung des Eisenskelettes 1927 mit halbsteinstarken Gefachewänden, aus »Bau und Wohnung«

2.4.2.2 Die Sanierung der tragenden Eisenskelettkonstruktion

Besonders genau wurde vom Hochbauamt in den Jahren 1984 bis 86 die tragende Eisenskelettkonstruktion im Hinblick auf Roststellen und Durchrostungen untersucht. Insbesondere die Stützenfußpunkte der Konstruktion waren stark oxydiert, da sie ohne Schutz im ebenfalls nicht feuchtigkeitsisolierten, porösen Beton der Kellerwände steckten. Zu befürchten war anfänglich, daß die Oxydation der Stützen, ähnlich wie bei den Eisenstützen des Doppelhauses von Le Corbusier, so weit fortgeschritten war, daß ein Austausch einzelner oder gar aller Stützenfußpunkte hätte vorgenommen werden müssen. Genaue Untersuchungen und Nachrechnungen des Statikers ergaben aber glücklicherweise, daß die durch Rost geschwächten Querschnitte immer noch ausreichend waren und nicht vollständig erneuert werden mußten, was nicht zuletzt mit ganz erheblichen Mehrkosten verbunden gewesen wäre. So genügte eine Eisensanierung der ursprünglichen Konstruktion mit Sandstrahlen und Schutzanstrich um das Tragwerk wieder sicher zu machen.
Als weitere Maßnahme war erforderlich, die Kellerwände trockenzulegen und gegen das Erdreich zu isolieren, um die Erdfeuchtigkeit zukünftig so gut wie möglich von Kellermauern und Eisenstützen fernzuhalten. Eine das Haus umschließende Drainage in Höhe der Fundamentsohle sorgt heute dafür, daß das erdseitige Wasser in den Straßenkanal abgeführt wird.

Kellerwand mit Stützenfußpunkt 1927 und 1987. Vertikalschnitt

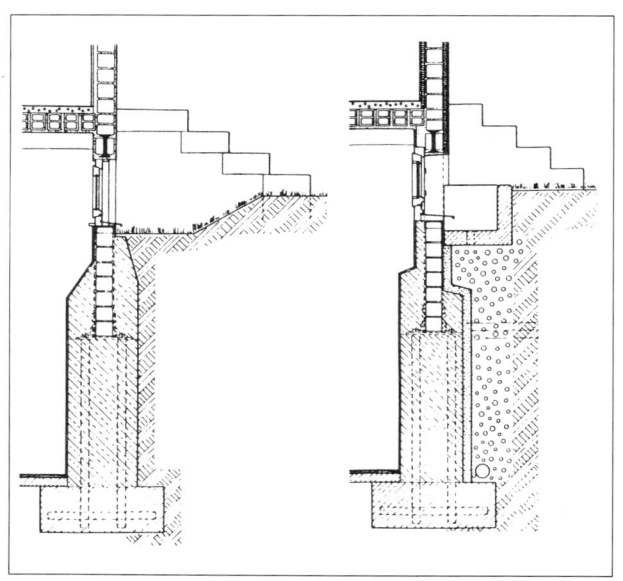

2.4.3 Die Farb- und Oberflächengestaltung des Hauses

Außer einigen in Briefen gemachten Angaben zur allgemeinen äußeren Farbgebung der Weißenhofhäuser, gibt es von Ludwig Mies van der Rohe selbst keine exakten Farbangaben zur inneren und äußeren Farbgestaltung seines Mietblocks, die als Archivalien erhalten geblieben wären. In einem Brief teilte er der Stadt Stuttgart sechs Wochen vor Ausstellungseröffnung, am 9. Juni 1927, mit: »In Erledigung Ihres Schreibens vom 30.5.27 erlaube ich mir Ihnen mitzuteilen, daß alle Bauten der Weißenhofsiedlung, bis auf die von Max Taut und Bruno Taut in einem gebrochenen Weiß gestrichen werden. Die genaue Farbgebung des Hauses Bruno Taut ist mir für morgen in Aussicht gestellt. Ich werde dann entscheiden, ob sie zur Durchführung kommen kann, oder ob auch hier derselbe einheitliche weiße Anstrich Anwendung finden soll...«[59]

Dieser, vorher mit den einzelnen Weißenhof-Architekten abgestimmte Farbton »gebrochenes Weiß« für die ganze Siedlung und damit auch für Mies' eigenen Block blieb allerdings eine reine Absichtserklärung, denn bis auf wenige Ausnahmen verzichteten die meisten Architekten nicht auf eine farbliche Akzentuierung ihrer Häuser. Dies beweist unter anderem eine kolorierte Postkarte aus dem Jahr 1932 mit der Ansicht der Siedlung von Nordosten. Auf dieser Postkarte wurde der Mies-Block hellrosa dargestellt, während ihn Karl Konrad Düssel im Jahr 1927 gelbbraun beschrieb:

»..Über diesem ganzen Häuserzug, der sich zu einem lichten Bild zusammenfügt, erhebt sich der massige Block Mies van der Rohe, gelbbraun, mit schwarzen Rahmen breiter Fensterbänder...«[60]

Wie ist diese unterschiedliche Farbbeschreibung des gleichen Hauses zu erklären? Nun – der Mies-Block war 1927 das einzige Haus, welches während der Ausstellungszeit bis Ende Oktober zwar verputzt aber noch keinen Farbanstrich erhalten hatte. Daher die Farbbeschreibung »gelbbraun« von Karl Konrad Düssel, der das Haus verputzt und ohne Farbanstrich während der Ausstellungszeit 1927 gesehen hatte. Ludwig Mies van der Rohe versuchte zwar Ende August, Anfang September vom Stuttgarter Baubürgermeister Daniel Sigloch noch die Erlaubnis zur Aufstellung eines Gerüstes für den Farbanstrich zu bekommen, aber dieser lehnte kategorisch ab. Erst nach Ausstellungsende, also im November 1927, konnte Mies die Fassaden dann anstreichen lassen und wählte als Farbton jenes helle Rosa, wie es auch die oben erwähnte Postkarte in etwa wiedergab, die 1932 erschien.

Für die eindeutige Klärung der historischen Farbigkeit und zur Festlegung des dazugehörigen Farbwertes war das »helle Rosa« auf der Postkarte nicht mehr als ein Anhaltspunkt. Zur Rekonstruktion der Originalfarben im Rahmen einer Gesamtwiederherstellung des Hauses mußte dagegen ein eindeutiger Befund gefunden werden und so untersuchten unabhängige Restauratoren[61] im Auftrag des Hochbauamtes in den Jahren 1982 und 85 das Gebäude im Inneren und Äußeren auf seine ursprüngliche Farbigkeit. Die Untersuchungen ergaben folgendes:

»Östliche Außenwand: An weitgehend allen untersuchten Stellen war der gleiche Farbschichtenaufbau zu erkennen. Unter zwei weißen Farbfassungen und einem Zwischenputz liegt eine ockerfarbene Farbschicht auf einem weißen Voranstrich, der die ›hell-rosa-farbene Originalfassung‹ abdeckt. Diese Rosa-Fassung erstreckt sich über alle Wandflächen, eine Farbabsetzung im Sockel oder an anderer Stelle war nicht zu erkennen.

Dachgartenbereiche: Im Gegensatz zu den Wandbereichen der Ostseite zeigt die ursprüngliche Farbigkeit einen Dunkel-Rosa-Farbwert an Decken und Wänden der Dachgärten, der aber im Farbkontext zu den Wandflächen steht. Der weitere Farbschichtaufbau entspricht dem der Wandbereiche der östlichen Außenwand.

Zusammenfassung: Die Befundlage ist der Untersuchung gemäß für die untersuchten Bereiche eindeutig.«[62]

Desweiteren ergab eine Nachuntersuchung für die Eingangsüberdachungen und deren Untersichten auf der Westseite des Hauses exakt den gleichen rosa Farbton wie für die ganze übrige Außenfassade. Insgesamt bestätigten die durchgeführten Farbbefundanalysen zur Fassade die Farbaussage der kolorierten Postkarte von 1932.

Neben der äußeren war auch die innere historische Farbgebung von großer Bedeutung und hier waren von den Restauratoren zwei Bereiche zu untersuchen: erstens die vier großen Treppenhäuser und zweitens die Innenräume der Wohnungen.

Zunächst die Treppenhäuser: Hier kamen die Restauratoren zu dem Ergebnis, daß eine farbige Erstfassung von Wänden, Decken, Treppenstufen, Geländerstützen und Türen nachgewiesen wurde.

»..Dazu sei noch vermerkt, daß sich die Untersuchung vor Ort im wesentlichen auf das Treppenhaus ›Am Weißenhof 18‹ konzentrierte und mit entsprechenden stichprobenartigen Beleguntersuchungen in den Häusern 14, 16 und 20 ergänzt wurde...«[63] Die Befundlage in den Treppenhäusern war allerdings schwierig. So wurde für die Wand- und Deckenflächen der Treppenhäuser Nr. 18 und 20 ein 'weiß-gelblich' als farbliche Erstfassung ermittelt, dagegen bei Nr. 14 und 16 'grün-ockrig-hell'. Ein flaches Sockelband im Farbton 'grau-ockrig', als Trennstreifen zwischen Wandfläche und Treppenstufen, konnte nur für Treppenhaus Nr. 18 und 20 nachgewiesen werden, bei Nr. 14 und 16 fehlte dieses Sockelband und die Wandfarbigkeit ging bis zum Boden- bzw. Treppenansatz durch. Beim Nachweis der Farbigkeit für die Treppenstufen war es wiederum umgekehrt, hier konnte bei Nr. 14 und 16 das 'grün-ockrig-hell' der Wandflächen nachgewiesen

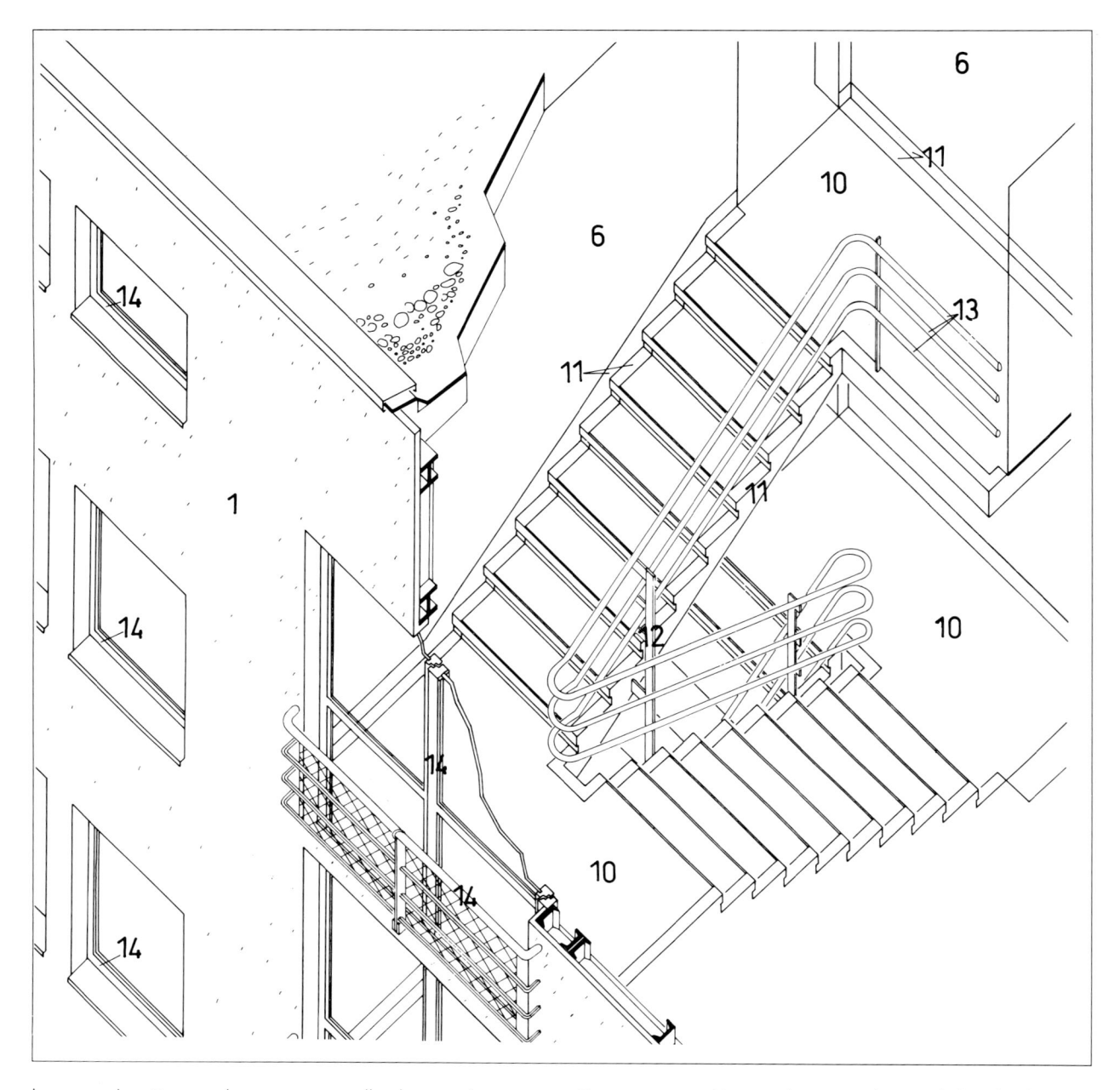

Eines von vier Treppenhäusern des Mehrfamilienhauses mit Farbbefund von 1985. Schnittisometrie. Maßstab 1:100

werden, während bei Nr. 18 und 20 wiederum kein Erstbefund zu lokalisieren war. Die Treppengeländerstützen zur Befestigung der vernickelten Handläufe waren in ihrer Erstfassung schwarz, genau wie die noch vorgefundenen Kellerabgangstüren. Zusammenfassend kam der Untersuchungsbericht für die Treppenhäuser zu folgender Beurteilung:
»Was das Ergebnis der Untersuchung auf historische Farbigkeit (hier der 1. Fassung) in den Treppenhäusern

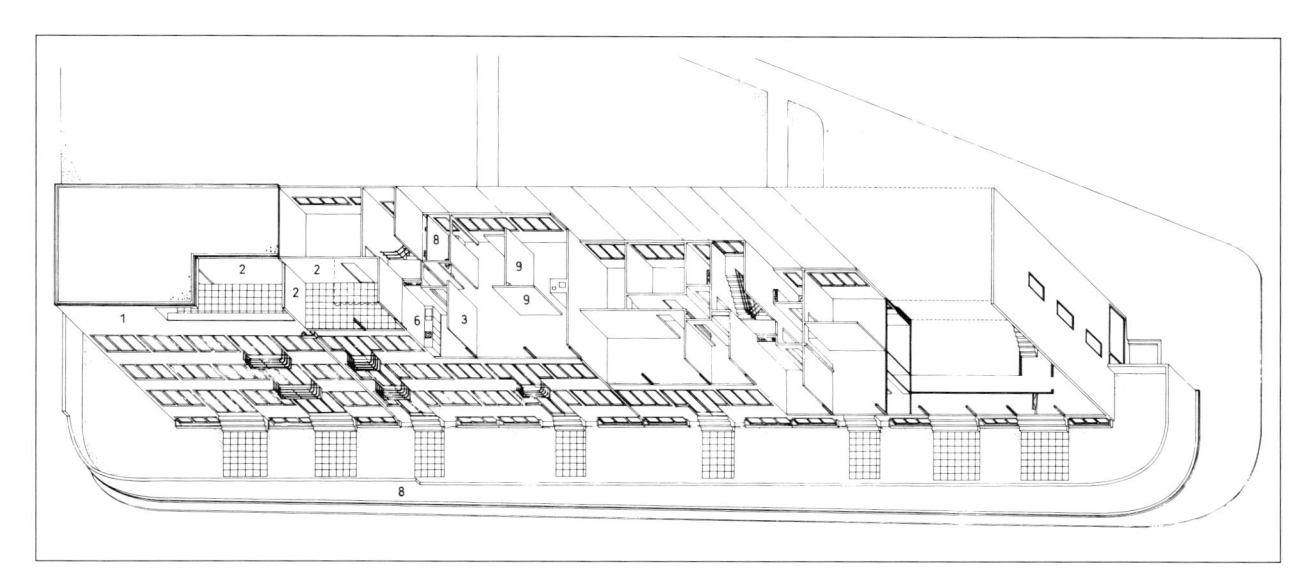

Mehrfamilienhaus von Ludwig Mies van der Rohe mit Eintragung der Farbwertnummern auf der Dachterrasse und in der Musterwohnung. Schnittisometrie.

des Gebäudekomplexes ›Am Weißenhof 14–20‹ anbelangt, konnte in allen Bereichen keine durchgehende, eindeutige Befundlage ermittelt werden.
Die in diesem Bericht schon verschiedentlich angeführte differenzierte Farbigkeit im Bereich der Wandflächen etc. ist unseres Erachtens keine Grundlage für eine These von zwei differenziert gestalteten Treppenhauskomplexen. Diese These würde auch nicht durch die gemeinsame Farbigkeit im Bereich von Treppengeländer und Kellertüren erhärtet, sondern unseres Erachtens eher abgeschwächt.
Letztendlich konnte diese Frage nicht befriedigend geklärt werden, so daß wir eine entsprechende Entscheidung an den Bauträger delegieren müssen.«[64]
Der Bauträger, also das Hochbauamt, entschied sich in Abstimmung mit dem Landesdenkmalamt bei der Rekonstruktion für folgende Farbigkeit: Alle vier Treppenhäuser wurden, trotz der unterschiedlichen Untersuchungsergebnisse, farblich einheitlich gestaltet. Wände, Decken und Treppenuntersichten weiß-gelblich, das Sockelband und die Treppenstufen grau-ockrig, die Treppengeländerstützen und Kellerabgangstüren schwarz.

Neben den Treppenhäusern war der zweite Untersuchungsbereich im Gebäudeinneren die Wohnungen:
Nachdem der Eigentümer, die Bundesrepublik Deutschland, eine große Wohnung, nämlich die von Ludwig Mies van der Rohe selbst eingerichtete Am Weißenhof 16, 2.OG links, zur historischen Rekonstruktion freigegeben hatte (Musterwohnung), konzentrierte sich auch die restauratorische Farbuntersuchung auf diesen Bereich.
In anderen Wohnungen, z.B. den von Lilly Reich eingerichteten, wurden stichprobenartige Befunde durchgeführt, die aber nicht sehr ergiebig waren, da der ursprüngliche Zustand überall fast völlig vernichtet war. Auch in der Musterwohnung waren die Nachforschungen der Restauratoren mühsam:
»Die Untersuchung zeigte einen vielfach durch Umbauten veränderten Wandaufbau, der originale Farbfassungen in weiten Bereichen zerstört hat. Die ursprüngliche, alle Wandbereiche umfassende Leimfarbe, die nach Unterlagen des Hochbauamtes Stuttgart III schon kurz nach Fertigstellung entfernt bzw. überstrichen wurde, war nur noch in kleinen Resten nachweisbar.«[65]
Die nachgewiesenen Farbtöne sind nachfolgend zusammengestellt.

Das Mehrfamilienhaus von Nord-Osten

Die Farbbestimmung der ermittelten Originalfarbigkeit:

Nr.	Farbton/Farbwert	Farbwertbestimmung nach »Keim-neutral bzw. Silinpalette« und »RAL«	Farbwerte nach: Taschenlexikon der Farbe	Bemerkungen
1	orangeweiss	Nr. 54 H 62	5 A 2	
2	Farbmuster	–	–	wie (1), aber dunkler
3	hellorange, rötlich	Nr. 42 H 54	6 A 4	rötlicher
4	gelbweiss, hell	Silin 32 S 24	4 A 2	heller
5	hellgelb	Nr. 352	4 A 4	
6	gelbblass	Nr. 314	4 A 3	
7	gelbweiss	Silin 32 S 22	4 A 2	
8	weiss	Nr. 871	–	
9	Makassar-Edelholzfurnier	–	–	Farbton: rotbraun-dunkel,
10	Linoleum	–	–	Farbton: beige-braun
11	braunorange	Nr. 612	5 C 3	gelblicher, Sockelzone Hs.14+16
11	mittelgrau	RAL 7037	RAL 7037	heller, Sockelzone Hs. 18+20
12	graphitschwarz	RAL 9011	RAL 9011	
13	nickel	–	–	Geländer, vernickelte Messingrohre
14	anthrazitgrau	RAL 7016	RAL 7016	

Die Farbverteilung der ermittelten Originalfarbigkeit:

Zeichenerklärung:
- Nr. 1–14 = Farbton/Farbwert auf Bauteil
- F = Farbton Fenster
- S = Sockelzone Treppenhaus
- KB = kein Befund

Musterwohnung, Am Weißenhof 16, 2. OG links

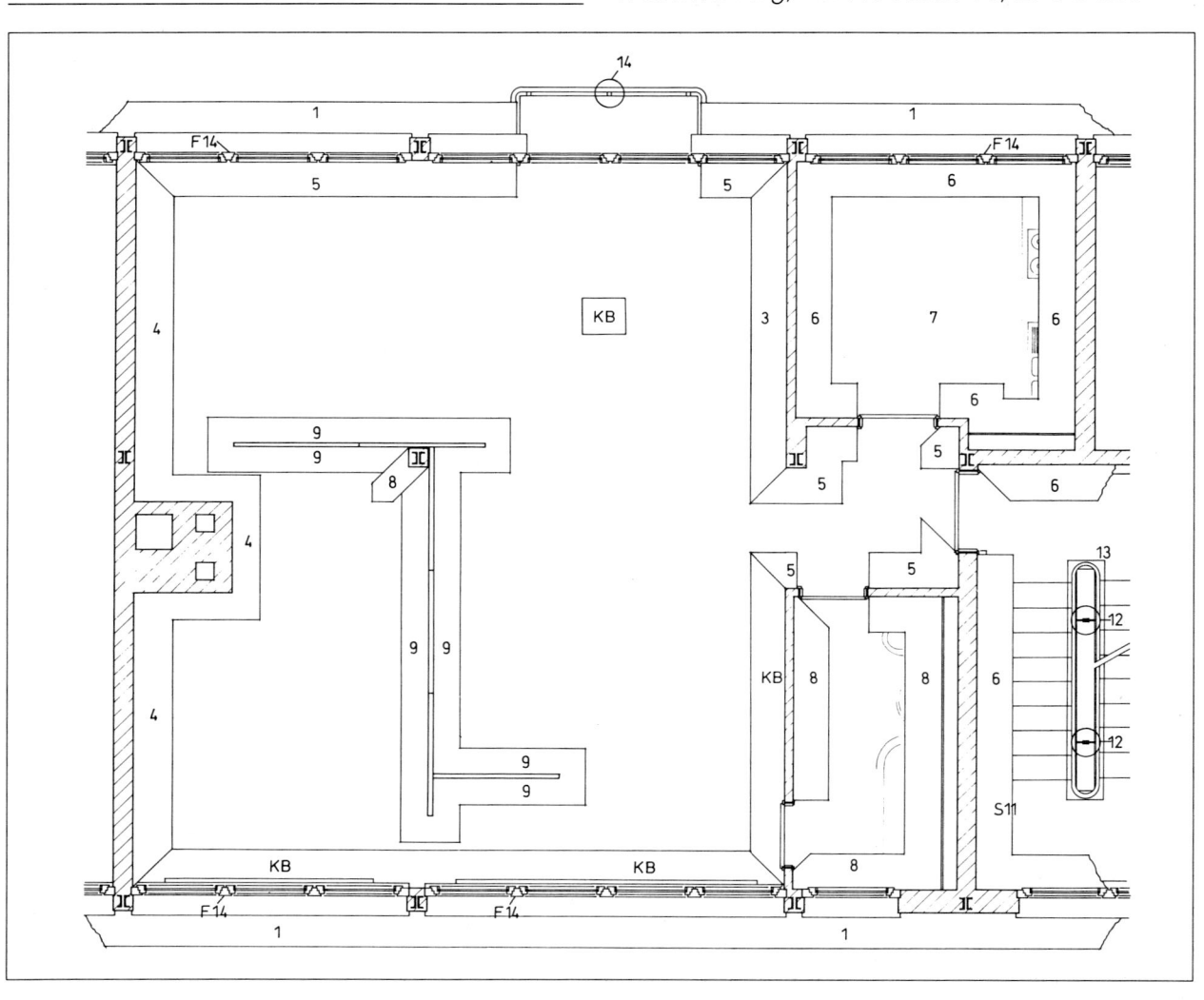

Übersicht: Bauteil, Material und Farbe. Vergleich 1927 mit 1987

Bauteil	Material 1927	Material 1987	Farbe 1927	Farbe 1987
Außenputz	Kalkzementputz ohne Sockel 2 cm glatt gescheibt Kunstharzputz ohne Sockel	Vollwärmeschutz mit Gewebe, 3,5 cm gl. gescheibt	Silikatfarben	Kunstharzdispersionsfarbe matt
Innenputz	Gipsputz glatt, darauf Anstrich	Gipsputz, darauf Tapeten (Wohnungen) Glasvlies (Treppenhäuser) Anstrich auf Putz (Musterw.)	Leimfarben, auch in Küche und Bad Leimfarbe in Bad, Küche 1928/29 übermalt mit Ölfarbe	Dispersionsfarben
UG - Wände	betoniert ohne Armierung keine Isolierung gegen Erdreich	betoniert ohne Armierung Isolierung mit Drainage	– innen: Leimfarbe	– innen: Disp.-farbe
Geschoßdecken	Steineisendecken mit Verbundglattstrich	Steineisendecken mit Verbundglattstrich. Einz. Felder Betonrippendecken		
Dachgeschoß	nicht ausgebaut bis auf die Dachterrassen	ausgebaut mit 4 Wohnungen und den Dachterrassen	Leimfarben	Dispersionsfarben
Dachterrasse	Keine Wärmedämmung Zementbelag mit eingeschnittenen Fugen Bien'sche Dichtung	Wärmedämmung, 10 cm in Kiesschüttung verlegte Zementplatten 50/50 cm	Begrenzende Wände: verputzt ohne Sockel Silikatfarben	Begrenzende Wände: verputzt mit Blechsockel, Kunstharzdispersionsfarbe matt
Fensteraußensimsen	Blech gestrichen ohne seitliche Putzkante	Zinkblech mit seitlicher Putzkante	KB, wahrscheinlich aber graue Ölfarbe	Zinkgrau
Fenster	Holzverbundfenster als Rekordfenster mit Drehflügeln	Holzisolierglasfenster mit Drehkippbeschlag	Ölfarbe, außen: dunkelgrau RAL 7016 innen: weiß	Ölfarbe, außen: dunkelgrau RAL 7016, innen: weiß
Sonnenschutz	nicht vorhanden	Senkrechtmarkise mit Stoffbespannung, Dralongewebe	nicht vorhanden	lichtgrau, weiße Kette mit grauem Schuß
Hauseingangstür mit Podest	geschl. Sperrholztürblatt mit Holzzarge Podest glatt betoniert Größe wie Vordach	geschl. Holztürblatt wärmegedämmt m. Holzzarge Podest wie 1927 aber mit Gitterrost.	Ölfarbe anthrazitgrau RAL 7016	Ölfarbe anthrazitgrau RAL 7016
Wohnungseingangstüren	Sperrholz geschoßhoch 2,60 m außer: Am Weißenhof 20	Röhrenspan, Sperrholz Türhöhe 2,01 m außer: Musterwohnung wie 1927	Ölfarbe KB = Kein Befund	Ölfarbe gebr. weiß
Bodenbelag Treppenhaus	Betonstufen mit eingelegtem Gummi bzw. Linoleumbelag	Hs 18+20: Durchgehender Linoleumbelag Hs 14+16: Eingelegter Linoleumbelag wie 1927	Randstreifen mit Wandsockel: Ölfarbe Gummibelag: KB	Randstreifen mit Wandsockel: Ölfarbe, Linolbelag
Bodenbelag Wohnungen	Linoleum	PVC, »dauphin« von DLW Nr. 237	KB	grau-braun
Heizung	Warmwasserzentralheizung mit 2 Kesseln, Holz, Kohle und zentraler Warmwasseraufbereitung	Warmwasserzentralheizung mit Gasheizkessel und zentraler Warmwasseraufbereitung	–	–
Heizkörper	Eisen-Radiatoren	Röhren-Radiatoren	KB	weiß
Warmwasserversorgung	zentral	zentral	–	–
Erschließungswege	Schwarzbelag	Schwarzbelag		
Stützmauern	nichtarmierter Beton mit wenig Bindemittelanteil. Oberfläche glatt gescheibt.	Armierter Beton mit Dehnfugen, Oberfläche glatt gescheibt	weiß	weiß

2.4.4 Das Gartenkonzept

Die von Ludwig Mies van der Rohe festgelegte einfache und klare Gliederung seiner Garten- und Freiflächenbereiche war 1982 nicht mehr vorhanden.
Durch Änderung der Fußwege, Auffüllung des abgeböschten Geländes sowie umfangreiche Baumanpflanzungen nach dem Krieg wurde die klare geometrische Aufteilung des grünen Vorfeldes östlich und westlich des Hauses zerstört.
Da die Gartengestaltung ein wichtiges Thema im Rahmen der Gesamtsanierung des Mies-Blockes war, wurde vom Bauamt schon 1981 ein gartenfachliches Gutachten in Auftrag gegeben[66]. Darin wurde der Zustand der Gärten vor der Rekonstruktion so beschrieben:
»Der Zugangsweg aus Makadam, parallel zum Gebäude verlaufend, ist sehr breit und öde. Die Erdgeschoßwohnungen sind auf der Ostseite auf kleine Gartenbereiche orientiert, deren Treppenabgängen jeweils kleine Sitzplätze aus Betonplatten zugeordnet sind, die untereinander wiederum durch einen Weg verbunden sind.
Eine parallel verlaufende Stützmauer schließt diesen Bereich zum Bruckmannweg hin ab. Die ursprüngliche Efeuberankung dieser Stützmauer auf der Straßenseite ist nur noch in Resten vorhanden. Die Gärten sind unterschiedlich und dem Bauwerk keinesfalls angemessen bepflanzt.«[67]
Die im Laufe der Gebäudesanierung wiederentdeckten alten Gebäudephotos von 1927, aus verschiedenen Blickwinkeln photographiert, ermöglichten es dem Bauamt, die wesentlichen Gestaltungselemente der Außenanlagen wie Mauern, Wege, Treppen, Freisitze und Anpflanzungen weitgehend originalgleich zu rekonstruieren:

a) Wiederherstellung der ursprünglichen Eingangswege mit Treppen, Mauern und Geländemodellierung auf der Westseite des Gebäudes.

b) Wiederherstellung des Eingangs zum ehemaligen Milchladen auf der Nordseite, heute Dokumentationszentrum.

c) Wiederherstellung der Gartenfreisitze mit Betontreppen auf der Ostseite.

d) Erneuerung der Betonstützmauer gemäß dem historischen Detail und Herstellung eines Pflanzstreifens entlang der Stützmauer im Bruckmannweg.

2.4.5 Die Erhaltung und Ergänzung sowie die Rekonstruktion von denkmalpflegerisch wichtigen Bauteilen und Raumstrukturen

2.4.5.1 Die Fassade

Wie bei den meisten Originalhäusern auch, war bei der Sanierung des Gebäudeblocks von Ludwig Mies van der Rohe die Notwendigkeit zu beachten, eine Wärmedämmung im Bereich des Außenputzes vorzusehen. Ein vom Hochbauamt in Auftrag gegebenes bauphysikalisches Gutachten kam zu dem Ergebnis, daß der Wärmeschutz des Hauses nicht ausreichend sei:
»Nach der Wärmeschutzverordnung sollte der maximale mittlere Wärmedurchgangskoeffizient des Hauses den Wert $K_{max}=0{,}94$ W $/(m^2K)$ nicht überschreiten. Nach Anlage 12 ergibt die Berechnung für den jetzigen Zustand einen Wert von $K_{max}=1{,}07$ W $/(m^2K)$. Nach den derzeitigen Beurteilungskriterien im Hinblick auf Einsparung von Heizenergie ist der Wärmeschutz des Hauses unzureichend. Der Wert K_{max} ist rechnerisch um rund 14 % höher als der zulässige Wert K_{max}. Maßnahmen zur Verbesserung des Wärmeschutzes werden bei den Außenwänden, der Decke unter den Dachräumen und der Dachterrasse empfohlen.«[68]
Bauteile wie Fenster und Flachdach stellten sich bei diesem Gutachten als ausreichend isoliert heraus, während die Außenwände, die Decken unter den Dachräumen und die Dachterrassen- und Kellerdecken deutlich unter den Mindestanforderungen nach DIN 4108 ›Wärmeschutz im Hochbau‹ blieben. Angestrebt wurde vom Hochbauamt eine bauliche Lösung, die in der Lage war, zumindest rechnerisch einen mittleren Wärmeschutz für das Gesamthaus zu erreichen. Durch zusätzliche Dämmung der Fassadenflächen und der Dachterrassen wurde dies auch erreicht:
»Nach der Wärmeschutzverordnung sollte der maximale, mittlere Wärmedurchgangskoeffizient des Hauses den Wert $K_{max}=0{,}94$ W $/(m^2K)$ nicht überschreiten. Für den jetzigen Zustand ergab die Berechnung einen Wert von $K_{max}=1{,}07$ W $/(m^2K)$. Nach den vorgeschlagenen Verbesserungen ergibt sich $K_{max}=0{,}95$ W $/(m^2K)$. Dies führt zu einer Reduzierung des mittleren Wärmedurchgangskoeffizienten um 11 %, er entspricht praktisch dem nach der Wärmeschutzverordnung festgelegten Wert von 0,94 W $/(m^2K)$.«[69]
Neben der Aufgabe, dem Gebäude insgesamt einen besseren Wärmeschutz zu geben, hatte die Dämmung der Fassade aber auch die Aufgabe, die durch äußere

Temperaturschwankungen verursachten großen thermischen Spannungen der Eisenskelettkonstruktion zu verringern. Denn die Bewegungen des Eisenskelettes waren die Ursache vieler Fassadenputzrisse wie sie sich schon 1928 abzeichneten: »Bei der Eisenskelettbauweise des Hauses Mies van der Rohe ist aufgefallen, daß die Eisenkonstruktion sich in der Fassade abzeichnet. Es haben sich überall dünne Haarrisse gezeigt, so daß hier, wie auch bei anderen Skelettbauweisen, die Tatsache in die Erscheinung getreten ist, daß der richtige Zusammenhang zwischen Eisenkonstruktion und Füllung noch nicht gefunden ist.«[70]

Aufgrund dieser Erfahrungen vor 60 Jahren entschied sich das Bauamt für ein das tragende Eisenskelett überbrückendes Wärmedämmsystem. Im Gegensatz zu den Häusern von Le Corbusier und J.J.P. Oud wurde daher beim Eisenskelettbau von Ludwig Mies van der Rohe kein Wärmedämmputz, sondern eine Wärmedämmung mit Polystyrolschaumplatten gewählt, die,

Zeichnerischer Vergleich der Fenster- und Außenwandkonstruktion des Originals von 1927 mit der Sanierung durch das Hochbauamt 1986. Vertikal- und Horizontalschnitte. Maßstab 1:25

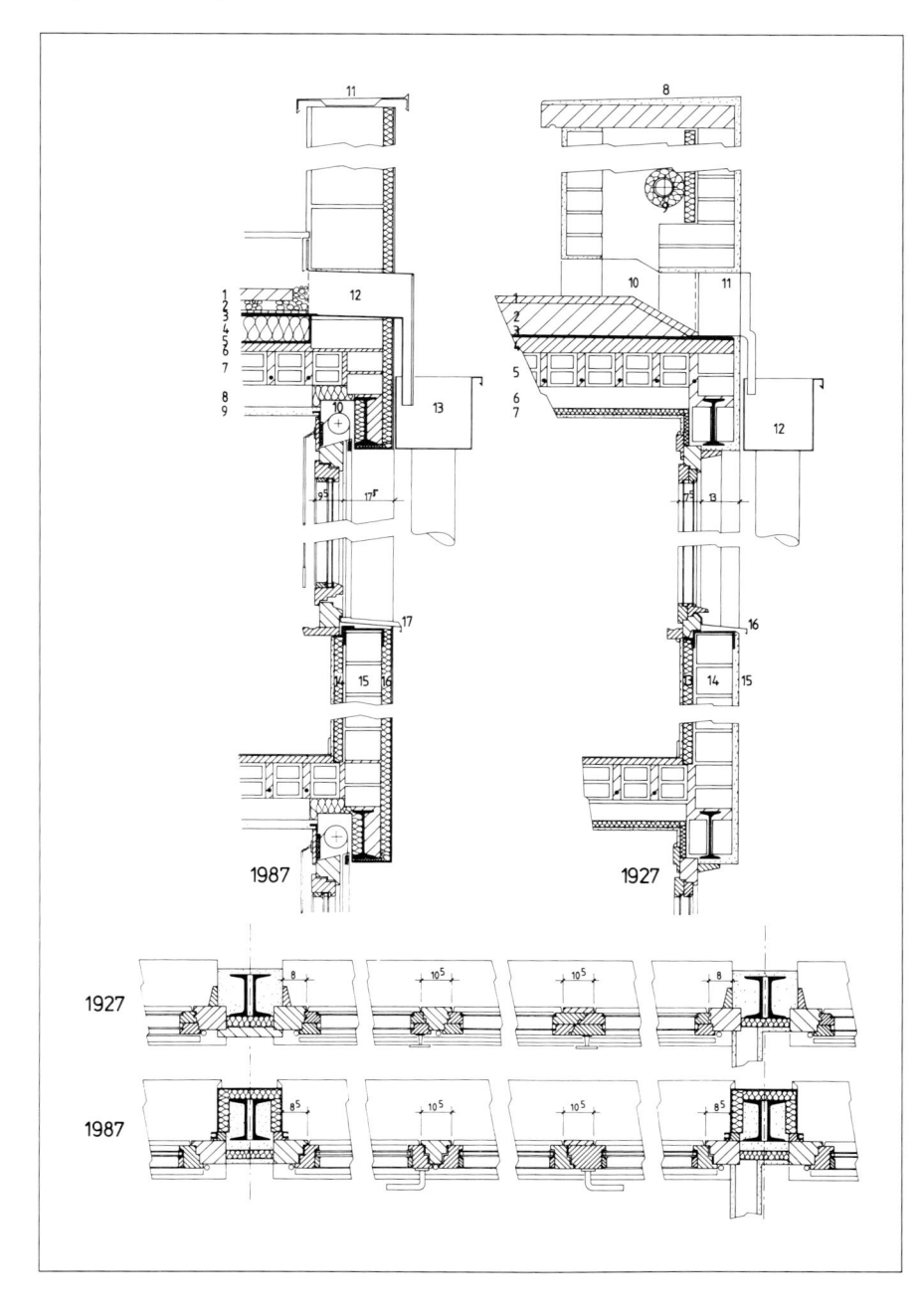

Zeichenerklärung 1927
 1 Zementglattstrich ca 3 cm
 2 Schlackenbeton ca 11 cm
 3 Bien'sche Dichtung
 4 Bimsbeton im Gefälle
 5 Stahlsteindecke
 6 Abhängung (Holz)
 7 Holzwolleleichtbauplatten
 8 Terrassenbrüstung
 9 Heizungsrohr
10 Terrassen-Entwässerung, Walzblei
11 Walzblei-Auskleidung
12 Regenfangkasten 85 x 23, 5 x 25 cm
13 Torfoleum ca 4 cm
14 Schwemmstein ca 12 cm
15 Außenputz 2 cm
16 Blech gestrichen

Zeichenerklärung 1987
 1 Betonplatten 50 x 50 cm
 2 Kiesbett
 3 Bitumen-Dachdichtung mit Schutzmatte
 4 Wärmedämmung
 5 Dampfsperre
 6 Glattstrich
 7 Stahlsteindecke
 8 Abhängung (Holz)
 9 Holzwolleleichtbauplatten
10 Kasten für Senkrechtmarkise
11 Terrassenbrüstung (Gebäude 18+20)
12 Terrassen-Entwässerung 15 x 15 cm
13 Regenfangkasten 85 x 23, 5 x 25 cm
14 Wärmedämmung innen
15 Schwemmsteine
16 Vollwärmeschutz 3,5 cm
17 Zinkblech mit seitl. Putzkante

auf einem dünnen ausgleichenden Putz im Bereich der Gefachausmauerungen verklebt, das Eisenskelett jeweils frei überbrücken. Auf die Polystyrolplatten wurde eine Spachtelung mit einem darin eingebetteten Kunststoffgewebe sowie ein durchgefärbter feinkörniger Dispersionsputz (orangeweiß nach Befund) aufgebracht. Bei einer Dämmplattenstärke von 3 cm betrug der Gesamtaufbau ca. 3,5 cm und lag damit um 1,5 cm über der ursprünglichen Putzstärke von 2 cm.

Neben der Wärmedämmung der Außenfassade war der zweite kritische Punkt die Frage nach einem Sonnenschutz für die großen Fensterflächen. Die Forderung nach einem wirksamen Sonnenschutz kam von den Bewohnern des Hauses, und der Eigentümer entschloß sich, diese zu erfüllen. Die Forderung eines Sonnenschutzes der heutigen Mieter war aber keineswegs neu. Von Anfang an gab es Klagen, denn bereits 1929 schrieb die Reichsforschungsgesellschaft in ihrem Bericht: »Der Nichtfachmann würde beispielsweise als Wichtigstes die nachträgliche Anbringung eines Sonnenschutzes empfehlen, ohne zu wissen, daß ein solcher infolge der besonderen Baukonstruktion mit untragbaren Kosten verbunden sein würde, weshalb bereits eine Sammeleingabe der Mies-Block-Bewohner abschlägig beschieden worden ist.«[71]

Die Denkmalpflege hatte schon 1981 zum Thema Sonnenschutz einen klaren Standpunkt: »Auf das Anbringen eines außenliegenden Sonnenschutzes soll nach Möglichkeit verzichtet werden.«[72]

Denn ein außenliegender Sonnenschutz als zusätzliches Fassadenelement verändert naturgemäß immer die Fassade eines Gebäudes. Wenn aber auf die wirksamste Art eines Sonnenschutzes verzichtet werden sollte, welche denkmalpflegerisch noch vertretbare Möglichkeiten gab es dann noch?

Zunächst waren sich alle am Entscheidungsprozeß Beteiligten, Vertreter des Hochbauamtes, der Oberfinanzdirektion, des Finanzministeriums, der Unteren Denkmalschutzbehörde, des Landesdenkmalamtes und des Vereins der Freunde der Weißenhofsiedlung, darin einig, daß der Zustand wie er vor der Sanierung war, nämlich jede Wohnung hatte ihr eigenes Sonnenschutzsystem mit Markisen, außen- und innenliegenden Jalousien und Vorhängen in allen denkbaren Farben und Formen, auf jeden Fall vermieden werden mußte. So blieb noch der von der Denkmalpflege favorisierte Kompromiß, die zu erneuernden Fenster mit Sonnenschutzverglasung auszustatten. Die zur Bemusterung vor Ort eingebauten, verschieden stark getönten, Glasscheiben lehnten aber sowohl die Mieter wie auch die Vertreter des Eigentümers vehement mit der Begründung ab, daß

die permanente Sichtverdunkelung von drinnen nach draußen durch die getönten Scheiben auf Dauer nicht zumutbar sei. Auch ergaben die getönten Scheiben eine deutliche Abweichung von der ursprünglich vorhandenen Transparenz der früheren Verbundfenster, was denkmalpflegerisch auch nicht unproblematisch war.

Nach diesen Überlegungen blieb die Lösung eines außenliegenden Sonnenschutzes als letzte tragfähige Alternative übrig und hier kam von allen Möglichkeiten nur die einer einfachen Senkrechtmarkise in Betracht. Trotz anfänglicher Bedenken war das Landesdenkmalamt kompromißbereit. Die maßlichen Detailveränderungen gegenüber dem Original mußten allerdings auf das absolute Minimum reduziert werden. Entscheidend hierbei war die Veränderung der Leibungstiefe der Fenster. Während die eigentlichen Holzfenster entsprechend ihren Originaldetails rekonstruiert wurden – Profilabweichungen waren nur notwendig wegen Verwendung von Isolierglas anstelle der früheren Verbundfenster –, war die Leibungstiefe der Fenster von zwei weiteren Faktoren abhängig: erstens einer Erhöhung der Putzstärke der Fassade aufgrund der äußeren Wärmedämmung von 2 auf 3,5 cm, also um 1,5 cm und zweitens dem außenliegenden Sonnenschutz selbst. Dadurch, daß die minimale Markisenkastenöffnung einer Senkrechtmarkise 3 cm betrug und diese Öffnung zwischen Fenster und Fenstersturz sein mußte, rückte das Fenster um diese 3 cm nach innen. Dadurch war auch die Möglichkeit ausgeschlossen, wie z.B. bei den Häusern von Le Corbusier, die Fenster in der Leibung nach vorne zu rücken, um von außen betrachtet optisch die gleiche Leibungstiefe herzustellen wie 1927.

Insgesamt erhöhte sich beim Gebäude von Ludwig Mies van der Rohe die Leibungstiefe aller Fenster und damit auch der Türen um 4,5 cm von ursprünglich 13 cm auf heute 17,5 cm.

2.4.5.2 Die statisch-konstruktiven Probleme des Hauses

Auch beim Gebäude von Ludwig Mies van der Rohe wurden bei der Überprüfung der Statik durch das Hochbauamt einige, teilweise gravierende, Fehler bzw. Abweichungen der tatsächlichen Bauausführung gegenüber der statischen Berechnung von 1927 festgestellt. Diese baulichen Abweichungen waren z.B. bei den nachträglich eingebauten Zwischenwänden in den Wohnungen, anstelle der ehemaligen Leichtbauwände, so schwerwiegend, daß im Untergeschoß

1985/86 zusätzlich massive Wandscheiben eingemauert werden mußten, um die am stärksten belasteten Deckeneisenträger wieder zu entlasten. (Der Rückbau aller nachträglich eingebauten Wohnungswände schied aus finanziellen und mietrechtlichen Gründen aus).

Das tragende Gerippe des Gebäudes wird von einem Eisenskelett gebildet, welches durch halbsteinstarke Hohlziegel- bzw. Schwemmsteinwände ausgefacht ist. Sämtliche Anschlußpunkte sind über Beiwinkel in den Obergeschossen miteinander verschraubt oder im Untergeschoß an den Stützenfüßen vernietet. Als Deckenbauart wurde 1927 eine der ältesten Steineisendecken, die sog. »Kleine'sche Decke« (stranggepreßte Ziegelhohlsteine, dazwischen Betonrippen mit Rundeisenbewehrung) mit Zwischenträgern aus I-Profilen gewählt. Die Aussteifung des Gebäudes erfolgt durch Windverbände in den jeweiligen Treppenhauswänden. Bei der Berechnung der Skelettkonstruktion ging der Statiker 1927 von einer Steineisendecke von 10 cm Stärke aus, bei zu geringen rechnerischen Lastannahmen.
Nicht nur, daß die Steineisendecken 2 cm stärker ausgeführt wurden als in der statischen Berechnung, auch anstelle eines rechnerisch sehr leichten Korkestrichs wurde tatsächlich eine 2 cm starke Sandschüttung mit Gipsestrich 1927 eingebaut. Durch diese Änderungen in der Bauausführung war schon 1927 die Belastung aus dem Eigengewicht der Decke höher als gerechnet und in den Folgejahren sollten noch weitere Lasten hinzukommen. Die 1927 eingebauten leichten Trennwände aus Sperrholz in den einzelnen Wohnungen, die Mangels Gewicht in der Statik nicht berücksichtigt waren, wurden im Laufe der Zeit, vor allem während des Krieges und in der Nachkriegszeit, durch beidseitig verputzte Mauerwerkswände aus Gasbeton, Bims und Ziegel ersetzt. Im Dachgeschoß wurden in die früheren Abstell- und Trockenräume zunächst zwei Wohnungen in den 50er Jahren und 1985/86 zwei weitere Wohnungen vom Hochbauamt eingebaut.
All dies ergab deutlich höhere Belastungen der Eisenkonstruktion als 1927 in den statischen Berechnungen angenommen wurde.
Die statische Nachrechnung des Hochbauamtes ergab zwar 1985, daß die Deckenmehrbelastungen dadurch teilweise aufgefangen wurden, daß die zulässige Stahlspannung, nach Materialprüfung eines Deckeneisenträgers durch die Staatliche Materialprüfungsanstalt in Stuttgart, höher angesetzt werden konnte. Diese Materialprüfung ergab aber auch, daß eine konstruktive Verstärkung der vorhandenen Eisenträger durch das Aufschweißen von Verstärkungen wegen der schlechten Schweißeigenschaften (Phosphorgehalt des Eisens zu hoch) grundsätzlich nicht möglich war. Deshalb mußten vom Hochbauamt bauliche Entlastungen der Deckenträger vorgenommen werden. Einige Innenwände konnten durch leichtere Wandkonstruktionen ersetzt werden. Wo dies nicht möglich war, mußten die Lasten aus den Wohngeschoßwänden im Untergeschoß durch Schottwände unter den Eisenträgern abgefangen werden.
Somit führte die Verbauung der Grundrisse in den Obergeschossen durch massive Wände in den Jahren nach dem Krieg zu einer weiteren Verbauung 1985/86 des Untergeschosses durch massive Schottwände zur Abfangung der zusätzlichen Lasten.

Zusammen mit den I-Profilträgern bildete die dazwischengehängte Kleine'sche Steineisendecke die tragende Deckenkonstruktion. Diese sehr schwingungsempfindliche Steineisendecke von 12 cm Höhe wies in manchen besonders gefährdeten Deckenfeldern eine Durchbiegung nach unten von bis zu 5 cm auf. Dies führte dazu, daß die im Abstand von ca. 30 cm eingelegten dünnen Rundeisen der Decke aus ihrem Auflager, dem unteren Flansch des I-Profilträgers, rutschten und damit die gesamte Tragfunktion dieser Deckenfelder gefährdet war. Dem Hochbauamt blieb in diesen öfters auftretenden Fällen nichts anderes übrig, als diese gefährdeten Deckenfelder vollständig zu erneuern. Als neue Konstruktion wurde eine leichte Stahlbetonrippendecke mit gleichem Eigengewicht gewählt.

Die Schallempfindlichkeit der Decken und Wohnungstrennwände war ein weiterer Problempunkt. Verbesserungen waren in diesem Bereich aber nicht möglich, weil z.B. das Einbringen eines schwimmenden Estrichs für alle Wohnungen zu ganz erheblichen Mehrkosten geführt hätte und der höhere Fußbodenaufbau auch konstruktiv kaum zu bewältigen gewesen wäre. Eine gewisse Verbesserung der Schalldämpfung wäre bei den Wohnungstrennwänden durch den Einbau einer zweiten dünnen Vorwandschale möglich gewesen, scheiterte aber an den knappen finanziellen Mitteln.
Auch bei den Dachterrassen waren umfangreiche Maßnahmen zur Gewichtsreduzierung notwendig. Ähnlich wie bei den Häusern von Le Corbusier und Peter Behrens mußte der alte Terrassenaufbau mit einem Bimsgefällebeton von ca. 17 cm Stärke zur Entlastung der Decken bis auf die Rohdecken entfernt werden und durch einen leichteren Belag mit ausreichender Wärmedämmung ersetzt werden.

Bild links: Freigelegter Fußpunkt einer Eisenstütze

Bild links oben: Konstruktive Verbindung zweier Eisenstützen

Bild oben: Freigelegte Eisenskelettkonstruktion in Verbindung mit der Kleine'schen Steineisendecke

2.4.5.3 Die Musterwohnung

Ludwig Mies van der Rohe richtete von 24 Wohnungen in seinem Haus drei Wohnungen selbst ein. Die übrigen 21 wurden von eingeladenen Architekten und Innenarchitekten eingerichtet, die allein oder als Gruppe eine oder mehrere Wohnungen bearbeiteten. Der amtliche Katalog von 1927 führte alle Namen auf, so unter anderen die Schweizer Werkbundgruppe, ein 13-köpfiges Kollektiv, das sechs Wohnungen gestaltete, aber auch Architekten wie Adolf Meyer, Ferdinand Kramer und Franz Schuster aus Frankfurt sowie Lilly Reich, Mies' damalige Lebensgefährtin in Berlin, oder aus Stuttgart die Architekten Camille Graeser, Adolf G. Schneck und die Brüder Rasch.

Das Mies'sche Konzept bestand gerade darin zu zeigen, daß mit dem Mittel der Wandelbarkeit der Wohnflächen »..jedem berechtigten Wohnanspruch genügt werden..«[73] konnte. Nur eingeschränkt durch die Festlegung von Treppenhaus, Küche und Bad in jeder Wohnung, versuchte er, seine Vorstellungen vom »freien Grundriß« zu verwirklichen. Durch nichts konnte er diese Idee besser verdeutlichen als durch die Tatsache, daß nicht nur er Wohnungen einrichten konnte, sondern jeder beliebige andere Architekt oder interessierte ›Laie‹ ebenfalls in der Lage war, innerhalb des

Die Musterwohnung, Am Weißenhof 16, 2. OG links. Grundriß. Maßstab 1:120

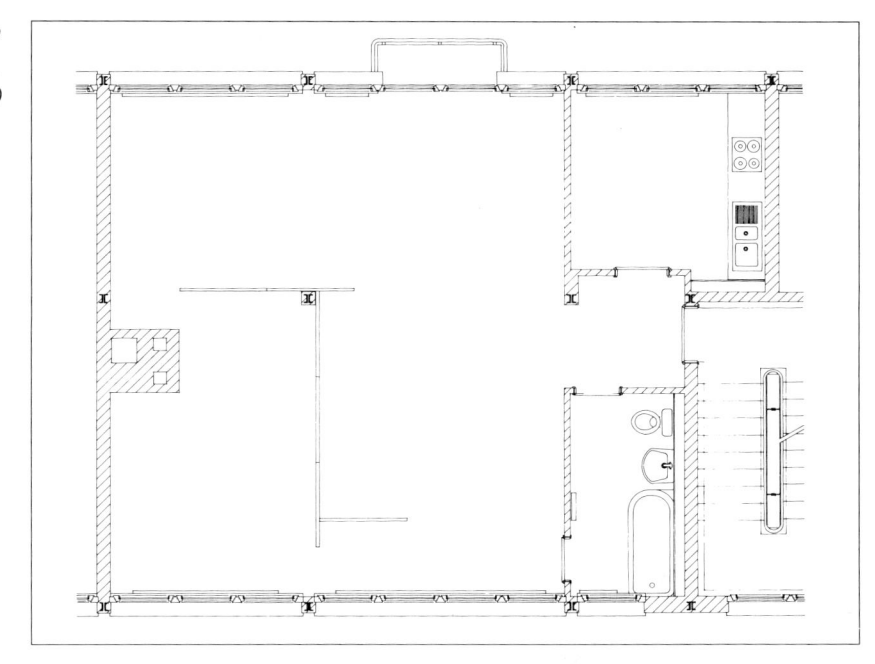

vorgegebenen konstruktiven Rahmens Wohnungen in seinem Mietblock sinnvoll zu unterteilen.

Von dieser großen Idee blieb nach dem Kriege nichts weiter übrig als der fragwürdige Nachweis, daß die Möglichkeit der Flexibilität im Innern eben auch erlaubte, alle 24 Wohnungsgrundrisse mit Hilfe massiver Zwischenwände mehr oder weniger gleich zuzumauern. Diesen inneren Verbau der Wohnungen konnte das Hochbauamt bei der zurückliegenden Sanierung leider nicht beseitigen. Dafür fehlte sowohl das Geld wie auch der notwendige Wille bei den dafür verantwortlichen Entscheidungsträgern. Das Bauamt bekam allerdings 1985/86 die Möglichkeit, wie bei anderen Hausgruppen auch, im Rahmen der Sanierung eine große Wohnung originalgleich wiederherzustellen. Die Wahl, welche Wohnung zu rekonstruieren sei, fiel auf eine der beiden von Mies selbst eingerichteten großen Wohnungen auf der linken Seite des Hauses Nr. 16. Beide Grundrisse sind Varianten derselben Idee und belegen eindrucksvoll Mies' Vorstellungen von der »Schaffung einer neuen Wohnung«[74]. Bei der Wohnung Am Weißenhof 16, 2. OG links kommt die »Freiheit in der Benützungsart«[75] am klarsten zum Ausdruck, daher wurde sie gewählt.

Wie sah nun die zu rekonstruierende Wohnung im einzelnen aus?

Die dem Hochbauamt zur Verfügung stehenden Unterlagen zu Beginn der Sanierung, z.B. über Farbgebung und exakte Materialwahl, waren sehr spärlich. Einige Innenraumphotos und die Grundrisse konnten dem vom Deutschen Werkbund 1927 herausgegebenen Buch »Bau und Wohnung« entnommen werden und leisteten bei der Rekonstruktion, z.B. der Raumtrennwände, wertvolle Hilfe. Diese Trennwände aus Makassar-Sperrholztafeln[76], vorgesehen für das Prinzip einer flexiblen Wohnungsgestaltung, wurden von den Brüdern Rasch 1927 so beschrieben: »Um den wechselnden Ansprüchen der Mietwohnung Rechnung zu tragen, wurden die Wohnungen als nicht unterteilte offene Etagenräume geschaffen. Die Zimmereinteilung bleibt dem Belieben des Bewohners überlassen. Nur Küche und Bad liegen fest durch die Installationen. Zu diesem Zweck war ursprünglich geplant worden, Decken und Zwischenwände in Sperrholz auszuführen. Die Decken sollten in quadratische Felder von 1 m Größe aufgeteilt, die Wandeinheiten als beliebig versetzbare Sperrholzplatten ausgebildet werden. Wegen der Ausführung der Decken in Putz mußten – soweit nicht Gipsdielwände verwendet wurden – andere Konstruktionen gefunden werden. Die Zwischenwände bestehen aus 1 m breiten Sperrholztafeln. Die Tafeln stehen auf dem Boden in einem vernickelten Metallschuh und können in diesem mittels zweier Schrauben gehoben und gesenkt werden. Auf diese Weise werden die Platten zwischen Decke und Fußboden eingeklemmt und stehen fest. Die Dichtung wird durch Filzstreifen bewirkt.«[77]

Um den Mies'schen Grundriß für die zukünftige ›Musterwohnung‹ des Hauses wiederherstellen zu können, mußten 1986 alle nachträglich eingemauerten Zwischenwände abgebrochen werden. Vom Hochbauamt wurden aber auch die abgehängten Decken sowie der Fußbodenestrich bis auf die Rohdecke entfernt und durch eine neue abgehängte Gipsdecke und einen neuen Fließestrich ersetzt.

Nach dem Verlegen eines PVC-Bodenbelags konnten die, den ›freien Grundriß‹ bestimmenden Trennwand-Elemente mit edlem Makassar-Holzfurnier aufgestellt werden. Bis auf die Breite der einzelnen Wandelemente – im Gegensatz zur Beschreibung der Brüder Rasch, ermittelte das Hochbauamt durch Proportionsvergleiche anhand der alten Innenraumphotos aus »Bau und Wohnung« eine Einzelelementbreite von ca. 1,40 m – wurden die Holzwände entsprechend dem Originaldetail rekonstruiert. Auf eine Beweglichkeit der Einzelelemente wurde allerdings verzichtet.

Die fertige Wand, edelholzfurniert und makellos, beherrscht heute wieder, wie 1927, den ganzen Wohnraum und drückt der ganzen Wohnung einen noblen Charakter auf, mit einer Wirkung, die von Mies auch für den Mietwohnungsbau durchaus beabsichtigt war: »Es erscheint sicher, daß Mies van der Rohe gerade dies beweisen wollte: Im Gegensatz zu all den bitterernsten und notwendigen Bemühungen um die billige Wohnung wollte er zeigen, daß es auch edel ging, ›unter Vermeidung alles Salonhaften‹, wie er den Innenarchitekten in die Einladung geschrieben hatte. Die Vermeidung alles Salonhaften, aber auch die Vermeidung der Ärmlichkeit – dies ist die Aussage der Miesschen Wohnungen. Zu Heinz Rasch hatte er einst geäußert, er baue Wohnungen und keine Konservenbüchsen.«[78]

Drei Innenraumaufnahem der Musterwohnung nach der Rekonstruktion 1986.

2.5 Quellenverzeichnis zu Kapitel 2.0

1 »Gutachten des Bauverständigen« des Baurechtsamtes in Stuttgart vom 1. Juni 1955
2 Schreiben des Baurechtsamtes der Stadt Stuttgart an das Regierungspräsidium Nordwürttemberg in Stuttgart vom 3. Juni 1955.
3 Schreiben der Oberfinanzdirektion Stuttgart an das Baurechtsamt der Stadt Stuttgart vom 18. Mai 1956.
4 wie (3)
5 Schreiben des Stuttgarter Oberbürgermeisters Arnulf Klett an die Oberfinanzdirektion Stuttgart. Veröffentlicht im Amtsblatt der Stadt, 13. Juli 1956.
6 Schreiben des Stuttgarter Oberbürgermeisters Arnulf Klett an das Staatliche Amt für Denkmalpflege in Stuttgart, 7. August 1956.
7 Schreiben des Schwäbischen Albvereins an das Staatliche Amt für Denkmalpflege, 17. Juli 1956.
8 Baugesuchsplanung für den Umbau des Corbusier-Hauses vom März 1955. Nachzeichnung Staatl. Hochbauamt III, 1987.
9 »Corbusier-Haus instand gesetzt« Stuttgarter Zeitung, 8. März 1957, Seite 19.
10 Aktennotiz des Landeskonservators Himmelheber, anläßlich einer Besichtigung des Corbusier-Hauses, 28. November 1956.
11 Genehmigte Haushaltsunterlage-Bau des Staatlichen Hochbauamtes III, 14. April 1982. Erläuterungsbericht für das Gebäude von Le Corbusier, Bruckmannweg 2.
12 Bau und Wohnung, Stuttgart 1927, S.32, Akad. Verlag Dr. Fr. Wedekind, Stuttgart.
13 Alfred Roth, »Die farbige Gestaltung« in: Zwei Wohnhäuser von Le Corbusier und Pierre Jeanneret, Seite 36. Dr. Fr. Wedekind & Co, Stuttgart.
14 Info-bau 83, Staatliche Hochbauverwaltung Baden-Württemberg Heft 2, 1983. Seite 69.
15 Brief von Alfred Roth an das Staatl. Hochbauamt III in Stuttgart, 2. Oktober 1982.
16 wie (15)
17 Farbuntersuchungen der äußeren und inneren Farbigkeit des Corbusier-Hauses, Bruckmannweg 2, durch Studenten des Instituts für Technologie der Malerei von Prof. Richter an der Kunstakademie Stuttgart – Hans Canabis, Ute Hack, Andreas Menrad, Caroline Walther – in den Jahren 1982 und 83
18 wie (13)
19 Edgar Wedepohl, Die Weißenhofsiedlung der Werkbundausstellung, Wasmuths Monatshefte für Baukunst und Städtebau 1927, S. 396
20 Rudolf Pfister, Stuttgarter Werkbundausstellung »Die Wohnung«, Der Baumeister 1928, S.65
21 Kurt Gustmann, »Die schöne Kunst, mit Le Corbusier zu leben« in: Häuser Heft 4, 1987 S.139. Zitat des Mieters Tilman Osterwold.
22 Alfred Roth: »Drama und Glorie am Weißenhof in Stuttgart«, Bauwelt, 1987, Heft 38/39, Seite 1453
23 Gartenplan, Fondation Le Corbusier, Paris, Nachzeichnung Staatliches Hochbauamt III, 1987.
24 Gartenplan, Fondation Le Corbusier, Paris, Nachzeichnung Staatliches Hochbauamt III, 1987.
25 Alfred Roth, »Die Gartengestaltung«, Zwei Wohnhäuser von Le Corbusier und Pierre Jeanneret, Seite 37. Dr. Fr. Wedekind & Co, Stuttgart.
26 »Fachliches Gutachten für den Garten Nr.13 zum Gebäude Bruckmannweg 2, – Derzeitiger Zustand –« Von den Landschaftsarchitekten Hans Luz, Wirth und Kienle. März 1982 29 27 »Fachliches Gutachten für den Garten Nr.13 zum Gebäude Bruckmannweg 2, – Konzeption für die Wiederherstellung –« Von den Landschaftsarchitekten Hans Luz, Wirth und Kienle. März 1982
28 wie (13), S. 26.
29 siehe auch: info-bau, 10. Jahrg., Heft 2, 1983, Seite 68 f.
30 Gespräch des Autors mit dem derzeitigen Bewohner des Hauses Tilman Osterwold am 5. September 1986.
31 Fondation Le Corbusier, 8 square du docteur blanche, 75 016 Paris.
32 wie (13), S.13 f.
33 wie (13), S.17
34 Genehmigte Haushaltsunterlage-Bau des Staatlichen Hochbauamtes III vom 20. April 1982. Erläuterungsbericht für das Gebäude Le Corbusier, Rathenaustr. 1–3.
35 Bau und Wohnung, Stuttgart 1927, S.32 f.
36 Diplomrestauratoren Werner Koch und Thomas Wieck: ›Untersuchung der Innenräume auf historische Farbschichten‹ für das Gebäude Le Corbusier, Rathenaustr. 3. Januar 1984.
37 a) Farbuntersuchungen der äußeren Farbigkeit des Doppelhauses, Rathenaustr. 1–3, durch Studenten des Instituts für Technologie der Malerei von Prof. Richter an der Kunstakademie Stuttgart – Hans Cabanis, Ute Hack, Andreas Menrad, Caroline Walther – 1982.
b) wie (36).
38 ›Fachliches Gutachten für den Garten Nr. 14–15 zum Gebäude Rathenaustr. 1–3 – Konzeption für die Wiederherstellung – Landschaftsarchitekten Hans Luz, Wirth und Kienle, März 1982
39 Alfred Roth in: ›Zwei Wohnhäuser von Le Corbusier und Pierre Jeanneret‹, S. 35. Dr. Fr. Wedekind & Co Stuttgart.
40 wie (39), S. 32. Anmerkung: Die eingeklammerten Großbuchstaben im zitierten Text sind Beifügungen des Verfassers.
41 Genehmigte Haushaltsunterlage-Bau (HU-Bau) des Staatlichen Hochbauamtes III vom 14. April 1982. Erläuterungsbericht für das Gebäude J.J.P.Oud, Pankokweg 1–9.
42 Bau und Wohnung, Stuttgart 1927, S.94, Dr. Fr. Wedekind, Stuttgart.
43 Brief von J.J.P.Oud an Edgar Wedepohl 1927, Oud-Archiv Rotterdam.
44 wie (17).
45 Farbuntersuchungen zur inneren Farbigkeit des Reihenhauses Nr. 6, Pankokweg 7, durch die Diplomrestauratoren Werner Koch und Thomas Wieck, März 1984.

46 wie (45), schriftlicher Teil des Untersuchungsberichtes vom März 1984.
47 wie (46).
48 wie (46).
49 wie (46).
50 Richard Jenisch: »Stellungnahme zum Wärmeschutz der Bauteile« für Haus Oud, Pankokweg 1–9, 1982
51 Erläuterungsbericht zur genehmigten HU-Bau des Staatlichen Hochbauamtes III, 14. April 1982.
52 Reichsforschungsgesellschaft: Bericht über die Siedlung in Stuttgart am Weißenhof. April 1929, Sonderheft Nr. 6, S.60.
53 Warmstranggepreßte Stahlprofile nach Kundenzeichnung in jeder beliebigen Form werden heute von dem bundesdeutschen Unternehmen Fa. Hoesch Hohenlimburg AG hergestellt. Eine wirtschaftlich vertretbare Produktion warmstranggepreßter Stahlprofile beginnt ab einer Größenordnung von 1 to Stahlverbrauch pro Profil. Diese Größenordnung war bei den Oud-Häusern nicht zu erreichen und somit fiel die Entscheidung angesichts der dem Hochbauamt zur Verfügung gestellten knappen finanziellen Mittel zugunsten der Serienprofile aus.
54 Hans Oud, Sohn von J.J.P.Oud, im Gespräch mit dem Verfasser 1983.
55 wie (42), S.87.
56 Der Bund als Eigentümer der Weißenhofsiedlung wollte zunächst aus Kostengründen gar keine Wohnung im Mies-Block in ihren Originalzustand zurückbauen. Erst nachdem der Stuttgarter Oberbürgermeister Rommel in einem Brief vom 24. Mai 1984 an den Bundesfinanzminister auf die Bedeutung einer solchen Maßnahme hingewiesen hatte, erhielt das Hochbauamt die Genehmigung, eine große Wohnung wieder in ihren früheren Zustand zu versetzen. Das Bauamt wählte die von Mies selbst eingerichtete Wohnung, Am Weißenhof 16, 2. OG links.
57 Genehmigte Haushaltsunterlage-Bau des Staatlichen Hochbauamtes III vom 20. April 1982. Erläuterungsbericht für das Gebäude Mies van der Rohe, Am Weißenhof 14–20.
58 wie (42), S.84 f.
59 Brief von Ludwig Mies van der Rohe an das Schultheißenamt Stuttgart vom 9. Juni 1927.
60 Karl Konrad Düssel, die Stuttgarter Werkbundsiedlung, in: Deutsche Kunst und Dekoration 1927, S.91–98.
61 wie (37), allerdings für das Gebäude von Mies van der Rohe.
62 Diplomrestauratoren Werner Koch und Thomas Wieck: ›Untersuchung der Außenfassade auf ursprüngliche Farbigkeit‹ für das Gebäude von Ludwig Mies van der Rohe, März 1985.
63 wie (62), ›Untersuchung der Treppenhäuser auf ursprüngliche Farbigkeit‹.
64 wie (63)
65 wie (63), ›2. Obergeschoß, Untersuchung der Innenräume auf historische Farbigkeit‹, Januar 1986.
66 Landschaftsarchitekten Hans Luz, Wirth und Kienle, März 1982 ›Fachliches Gutachten für die Gärten Nr. 1–4 zum Gebäude Am Weißenhof 14–20.‹
67 wie (66), ›Derzeitiger Zustand‹.
68 Richard Jenisch, ›Haus Mies van der Rohe, Am Weißenhof 14–20, Stellungnahme zum Wärmeschutz der Bauteile‹ Waiblingen, 1982.
69 wie (68), ›Wärmeschutz – Verbesserungsmaßnahmen‹, Waiblingen, 1982.
70 Reichsforschungsgesellschaft: Bericht über die Siedlung in Stuttgart am Weißenhof, April 1929, Sonderheft Nr. 6, S. 117
71 wie (70).
72 Aktenvermerk des Staatl. Hochbauamtes III Stgt. über eine Besprechung am 17. 11. 1981 zwischen Vertretern der Unteren Denkmalschutzbehörde, Landesdenkmalamt und Hochbauamt.
73 wie (42), S. 77, Mies van der Rohe ›Zu meinem Block‹.
74 Mies van der Rohe in ›Die Form‹, 1. Sonderheft 1927, S.257.
75 wie (73).
76 Bodo Rasch im Gespräch mit dem Verfasser 1985.
77 Heinz und Bodo Rasch in ›Wie Bauen?‹ Stuttgart 1927, S.124 f Dr. Fr. Wedekind & Co Stuttgart.
78 Karin Kirsch in ›Die Weißenhofsiedlung‹, S. 77. Deutsche Verlags-Anstalt, Stuttgart 1987

3.0 Neue Erkenntnisse aus der Gesamtsanierung der Siedlung

Nachdem in den beiden vorangegangenen großen Kapiteln 1.0 und 2.0 sowohl der allgemeine Sanierungsprozeß in den Jahren von 1977 bis 87 beschrieben sowie an Beispielen der Häuser von drei wichtigen Weißenhofarchitekten Sanierungs- und Ausführungsdetails im einzelnen abgehandelt wurden, möchte ich nun die Einsichten und Erkenntnisse zusammenfassen, von denen ich glaube, daß sie über das Spezielle hinaus einen allgemeinen Aussagewert darstellen.

Die Folgerungen, die sich aus der ebenso komplexen wie einmaligen Bauaufgabe einer denkmalgerechten Sanierung der Weißenhofsiedlung ergeben, resultieren aus den typischen baufachlichen Problemstellungen jener Häuser, wie auch aus Fehlern, die zweifellos bei der Sanierung begangen wurden.

Erfahrungswerte oder bereits erprobte Lösungen, wie die Bausubstanz der zwanziger Jahre denkmalpflegerisch und bautechnisch ›richtig‹ zu behandeln war, lagen Anfang der achtziger Jahre nicht vor, und mit der denkmalgerechten Sanierung der Weißenhofsiedlung wurde völliges Neuland betreten.

Nach mehr als sechzig Jahren sind viele bedeutende Einzelgebäude und ganze Wohnsiedlungen aus jener Zeit überall in Europa in einem Zustand, der dazu zwingt, über ihre künftige Erhaltung nachzudenken und ganz konkrete Schritte zur Sanierung einzuleiten. Einzelgebäude wie die Fagus-Werke in Alsfeld von Walter Gropius oder das ›Haus auf der Alb‹ von Adolf G. Schneck, aber auch ganze Wohnsiedlungen von Neubühl in der Schweiz über einige May-Siedlungen in Frankfurt bis zur Werkbundsiedlung in Wien, wurden in den letzten Jahren schon saniert, andere werden folgen. Hier baut sich auch im deutschsprachigen Raum langsam ein Fundus an Erfahrungen auf, der sehr hilfreich sein kann für künftige Projekte.

Die Weißenhofsiedlung birgt, aufgrund der Vielfalt unterschiedlicher Wohnformen und angewandter Konstruktionsmethoden, auch bei den noch erhaltenen elf Gebäuden, eine Art ›Musterkollektion‹ möglicher Sanierungsprobleme an Gebäuden des Neuen Bauens der zwanziger Jahre.

Darüber hinaus wurde bei der Sanierung der Weißenhofsiedlung aber auch deutlich, daß neben den rein baufachlichen und denkmalpflegerischen Problemen auch gesellschafts-, finanz- und kulturpolitische Entwicklungen und Entscheidungen einen nicht zu unterschätzenden Einfluß ausübten.

3.1 Die Schwierigkeiten bei der Erhaltung moderner Bauten

Die Bauten der zwanziger Jahre, welche sich im Gegensatz sahen zu der historisierenden Architektur des 19. Jahrhunderts und der Dekorationsarchitektur um die Jahrhundertwende, zeichneten sich durch eine ebenso schlichte wie proportionell ausgeklügelte Gestaltung aus. Offene und geschlossene Flächen standen in einem spannungsvollen Wechselspiel und die Beschränkung auf wenige Materialien gab den Häusern einen kraftvollen und entschiedenen Gesamtcharakter. Die kubischen Baukörper entwickelten in ihrer starken Flächigkeit zwar keine besonders auffälligen Merkmale, wirkten aber in ihrer Entstehungszeit revolutionär. Sechzig Jahre später gehört dieser Haustypus zum ›normalen‹ Bild unserer Städte und das flache Dach ist prägend in vielen Großstädten vertreten.

Es wäre jedoch ein großer Irrtum zu glauben, daß die Erhaltung dieser ersten Generation der modernen Architektur, aufgrund ihrer Sachlichkeit und ›Kunstlosigkeit‹, im Rahmen notwendiger Sanierungsarbeiten denkmalpflegerisch und bautechnisch weitgehend unproblematisch ist.

In der Weißenhofsiedlung, deren Bedeutung für das Neue Bauen gerade darin lag, »..daß sich hier das Neue zum ersten Mal als eine gemeinsame, einzelne Personen übergreifende Bewegung darstellte..«[1], können heute die denkmalpflegerischen und bautechnischen Probleme wie durch ein Brennglas verstärkt betrachtet werden.

Hier versuchten 1927 die besten Architekten ihre Vorstellungen eines modernen Wohnungsbaues zu demonstrieren. Neben der Neuorganisation der Wohnung hatten die Initiatoren des Werkbundes aber auch eine Veränderung der technischen Grundlagen des Bauens auf ihre Fahnen geschrieben und zwar »...durch die Verwendung neuer Konstruktionen und neuer Materialien.«[2] Die neuen Materialien waren großformatige Mauersteine, Kunststoffe, Eisen und Beton, die auf neue Art und Weise zu Eisen- und Eisenbetonskelettkonstruktionen, zu Verbund- und Plattenbauweisen zusammengesetzt wurden. Innerhalb weniger Monate, von Dezember 1926 bis Juli 1927, planten und bauten 16 Architekten insgesamt 21 Einfamilien, Reihen- und Mehrfamilienhäuser. Die Eile hinterließ ›Flüchtigkeitsfehler‹ in Planung und Baudurchführung, die bis heute bei der Erhaltung der Gebäude nachwirken.

Darüber hinaus zeigen die Häuser der Weißenhofsiedlung ›auf einem Fleck‹ alle wesentlichen architektoni-

»Ein undichtes Dach im Rahmen dieser Siedlung schadet der modernen Bewegung mehr als wir vielleicht ahnen... Die Stadt Stuttgart verlangt von uns die Herstellung von Dauerbauten; deshalb ist unbedingt eine Grenze für Versuche gezogen..«[11] schrieb Mies weitsichtig Ende 1926 an seinen Kollegen Walter Gropius.

Tatsächlich zerstörten Bauschäden, welche sich aufgrund bautechnischer Mängel aus der damaligen Bauausführung ergaben, z.B. durch eindringende Feuchtigkeit (Fundamente, Flachdächer, Dachterrassen, Fenster), ungenügende Wärmedämmung (Fassade, Dach, Fenster), falsche Baustoffkombinationen (Beton-Putz, Eisen-Putz) und Unwissenheit (keine Dehnfugen im Beton), die vorhandene Originalsubstanz der Häuser mindestens genauso wie die erfolgten Umbauten durch Bewohnerwünsche.
1981 war man sich aber darin einig, daß zur Reduzierung künftiger Bauschäden weitere Detailveränderungen gegenüber dem Original notwendig waren und es in erster Linie darauf ankam, das zulässige ›Maß an Veränderung‹ abzuklären und festzulegen.
Dieses Maß, also die Abweichung vom Original, wurde für jedes Detail mit dem Landesdenkmalamt neu festgelegt, um jedem Haus möglichst gerecht werden zu können.

Zum vierten Ziel – den Baukosten – gilt es folgendes anzumerken:
Obwohl die finanzielle Situation des Bundeshaushalts zu Beginn der 80er Jahre angespannt war und nicht zuließ »..die Siedlung zu erhalten, wie es ihr internationaler Ruf eigentlich verdiene..«[12], entschloß sich die Bundesregierung zur denkmalgerechten Sanierung. Dabei konnten einige ganz wesentliche und denkmalpflegerisch erwünschte Maßnahmen, wie z.B. der Rückbau des Behrens-Hauses verwirklicht werden, während anderes, wie der Wohnungsrückbau im Mies-Block aus finanziellen Gründen auf eine Wohnung beschränkt blieb.
Leider fiel auch die Erhaltung noch vorgefundener Originalteile, wie die Eisenfenster bei J.J.P. Oud und Le Corbusier, dem spitzen Rechenstift zum Opfer, da die serielle Rekonstruktion der Fenster wesentlich billiger war als ihre Instandsetzung. Aus heutiger Sicht war es aber ein Fehler, nicht wenigstens zwei oder drei dieser Fenster unverändert wieder eingebaut zu haben, auch unter Hinnahme höherer Kosten und mietrechtlicher Schwierigkeiten.

Die kurze Darstellung der vier konkurrierenden Ziele – Denkmalpflege, Nutzer, Bautechnik, Kosten – zeigt, daß ein ›gutes‹ Ergebnis immer abhängig sein wird vom ›richtigen‹ Zusammenspiel dieser Kräfte. In diesem Sinne wird die ›optimale‹ Sanierung immer versuchen müssen, nicht ein Ziel rücksichtslos gegen alle anderen durchzusetzen, sondern den zunächst unvereinbar erscheinenden Zielkonflikt zu analysieren, um dann die Einzelziele zusammenzubinden, in eine baubare Form zu bringen und dabei immer die Gesamtarchitektur im Auge zu behalten; also die Quadratur des Kreises anzustreben. So gesehen, war die Sanierung der Weißenhofsiedlung immer der Versuch, im konkreten Fall das historische Erscheinungsbild eines Gebäudes und seine historisch-bauliche Erhaltung in einen sinnvollen Zusammenhang mit neuen Nutzeranforderungen, moderner Bautechnik und den finanziellen Möglichkeiten zu bringen.

Am Ende zählt nur das Ergebnis und bei einem Baudenkmal steht hierbei immer die bestmögliche qualitative Erhaltung oder Ergänzung der vorhandenen historischen Bausubstanz im Vordergrund.
In einer Abhandlung aus dem Jahre 1980 beschreibt Norbert Bongartz vom Landesdenkmalamt Baden-Württemberg sehr anschaulich diesen Konflikt-Optimierungsprozeß für die denkmalgerechte Sanierung des Hauses Scharoun in den Jahren 1979–81:
»Wie die meisten Häuser der Siedlung ist auch das Haus Scharoun nach dem Krieg in wichtigen Punkten verändert worden. Verständlicherweise konnten die originalen gerundeten Scheiben im Wohnraum, die Besonderheit des mit seinen zwei sanft gerundeten Wänden ausgezeichneten Hauses, in der Nachkriegszeit nicht sogleich ersetzt werden. Die Rundung war durch drei einfache zweiflügelige Fenster beeinträchtigt worden. Der Zugang zur Terrasse war ehemals durch großflächig verglaste wandhohe Schiebetüren ausgestattet. Mit Einmauerung einer Brüstung und dem Einbau einer üblichen schmalen Fenstertüre neben einem breitformatigen Fenster hatte man diesen Zustand nach dem Krieg verfremdet. Aus der Sicht des Eigentümers, der die Siedlung für Bundesbedienstete bereithielt, hätten diese Nachkriegsveränderungen lediglich repariert und damit fixiert werden können. Da die ursprünglichen gerundeten Wohnzimmerfenster funktionell und technisch problematischer und weitaus teurer als zweiflügelige Fenster sind, bestand hier ein Konflikt zwischen Wiederherstellungsbemühungen und den Bewirtschaftungsrichtlinien. Es ist heute wesentlich leichter, ein feinsprossiertes Fenster des 18. Jahrhunderts als zweischeibiges Wärmedämmfenster zu erneuern, als die vielfach in einfache schlanke Winkelprofile eingesetzten Fenster

der Weißenhof-Häuser zu erneuern. Gerundete Scheiben sind überdies nur als Sonderanfertigungen zu entsprechend gesalzenen Preisen erhältlich.

Der andere Problempunkt, die Wärmedämmung, wurde zum heikelsten Punkt der Sanierung. Nur das völlig zu erneuernde Dach und die Rückfront, nicht aber die straßenseitigen Fassadenteile erhalten einen Vollwärmeschutz, da dies sonst zu fatalen Konsequenzen für die Architektur geführt hätte: Das zarte Fassadenrelief und die Anschlüsse von Wandflächen und Fenstern wären durch einen zusätzlichen Putzunterbau von etwa 6 cm verloren gegangen. Nicht verzichten konnte man dagegen bei der Sanierung auf die Erneuerung der Fenster als Verbundfenster. Die einscheibigen Fenster von 1927, bereits im Krieg verloren, gehörten nach der Abwägung zwischen der authentischen Erhaltung bzw. Wiederherstellung im Detail und einer sinnvollen Bewohnbarkeit der Häuser auch in Zukunft zur Vergangenheit, mit daraus resultierenden zwangsläufigen Abweichungen im Detail.«[13]

Diese Ausführungen für das Scharoun-Haus und der darin beschriebene Konflikt zwischen Wiederherstellungsbemühungen, also Denkmalpflege und Bewirtschaftungsrichtlinien, also Baukosten, kann stellvertretend für alle denkmalgeschützten Gebäude gelten, die bis 1987 saniert wurden. Oft war mit der Erreichung des einen Sanierungsziels der mehr oder weniger starke Verlust eines anderen Sanierungsziels verbunden. Da aber die Übergänge zwischen guter und schlechter, richtiger und falscher Sanierung fließend waren, mußten für jedes Gebäude und immer für den speziellen, situativen Fall, die Grenzen zwischen Denkmalpflege, Baukosten, Bautechnik und Mieterinteressen neu definiert und festgelegt werden.

Versucht man, den Entscheidungsfindungsprozeß etwas genauer aufzuschlüsseln, dann lassen sich alle Arbeiten, die an einem bestehenden denkmalgeschützten Gebäude möglich sind, in die drei Maßnahmenbereiche – Erhaltung, Rekonstruktion und Ergänzung – gliedern. Alle Arbeiten zur Instandsetzung eines Hauses sind somit Erhaltungsmaßnahmen, alle Arbeiten zur Modernisierung Ergänzungsmaßnahmen und alles was der Wiederherstellung des früheren Originalzustandes dient Rekonstruktionsmaßnahmen.

Wie die nachfolgende Tabelle zeigt, sind Erhaltungsmaßnahmen denkmalpflegerisch immer erwünscht, allerdings stehen ihrer Durchsetzung oft kostenmäßige oder bautechnische Gründe entgegen. Das gleiche gilt für Rekonstruktionsmaßnahmen.

Diese können zwar kein ureigenes denkmalpflegerisches Anliegen sein, denn die Pflege eines Denkmals kann sich nur auf noch existierende Originalsubstanz beziehen, trotzdem ist eine Rekonstruktion auch denkmalpflegerisch zu befürworten, wenn sie für das Verständnis des Gesamtdenkmals einen wichtigen Beitrag darstellt.

Bei den Ergänzungsmaßnahmen sind die Fronten vertauscht. Diese werden in der Regel von der Denkmalpflege abgelehnt, während Gründe der Nutzung, Bautechnik oder auch Wirtschaftlichkeitsüberlegungen eine bauliche Ergänzung favorisieren können. (Siehe Entscheidungstabelle unter Nr. 12 und 13: Sonnenschutz und Einbau zusätzlicher DG-Wohnungen im Mies-Block.)

Terrassenhaus von Peter Behrens vor   *und nach der Sanierung*

Entscheidungstabelle
Beispiele mit Kriterien für erhaltende, rekonstruierende und ergänzende Baumaßnahmen im Rahmen der Weißenhofsanierung

Nr.	Baumaßnahme/Bauteil	Denk-mal-pflege	Nutzer	Bau-technik	Kosten	**Entscheidung**
	Erhaltung					
1	Erhaltung und Wiederverwendung der alten Eisenfenster bei Oud und Le Corbusier.	ja	neutral	nein	nein	Die alten Fenster wurden zerstört und ersetzt aus Kostengründen
2	Erhaltung des alten, 2 cm starken, Außenputzes an verschied. Gebäuden	ja	nein	nein	nein	Der alte Außenputz wurde entfernt und durch einen Putz mit Wärmedämmung ersetzt.
3	Erhaltung der alten Stüztzmauern im Bereich der denkmalgeschützten Häuser	ja	neutral	nein	nein	Erfolglose Sanierungsversuche bei Gebäuden Scharoun und Behrens. Entscheidung auf Abbruch der übrigen Mauern. Originalähnliche Rekonstruktion mit technischen Verbesserungen.
4	Erhaltung der tragenden Eisen- und Eisenskelettkonstruktionen der Häuser Le Corbusier und Mies.	ja	neutral	neutral	ja	Sanierung erfolgte als Grundvorraussetzung für die weitere Existenz der Häuser.
5	Erhaltung von alten Bodenfließen in verschiedenen Häusern	ja	nein	neutral	ja	Beschädigte Fließen wurden erneuert
6	Erhaltung von alten Zimmertüren einschl. Zargen und Beschlägen in	ja	nein	nein	ja	Die noch vorhandenen Originaltüren wurden überarbeitet.
	Rekonstruktion					
7	Wiederherstellung des Terrassenhauses von Peter Behrens durch Entfernung der Satteldächer.	ja	nein	nein	nein	Originalähnliche Rekonstruktion der Dachterrassen.
8	Wiederherstellung des ursprünglichen Raumgefüges in fünf Musterhäusern	ja	nein	nein	nein	Originalähnliche Rekonstruktion der Innenräume in fünf Häusern.
9	Wiederherstellung der ursprünglichen Gartenanlagen im Bereich der denkmalgeschützten Häuser	ja	neutral	neutral	nein	Originalähnliche Rekonstruktion aus Kostengründen nur teilweise durchgeführt.
10	Rekonstruktion der früheren Holz- und Eisenfenster an verschiedenen Häusern.	ja	neutral	nein	nein	Rekonstruktion erfolgte originalähnlich mit technischen Verbesserungen.
11	Rekonstruktion der Blumentröge auf den Dachterrassen der LC-Häuser	ja	neutral	nein	nein	Die Rekonstruktion erfolgte originalähnlich in Leichtbauweise.
	Ergänzung/Erneuerung					
12	Einbau eines außenliegenden Sonnenschutzes im Gebäude Mies	nein	ja	ja	neutral	Massive Mieterwünsche führten zu einer Ergänzung der Fassade durch eine Senkrechtmarkise.
13	Einbau von vier zusätzlichen DG-Wohnungen im Gebäude Mies	nein	ja	ja	ja	Zusätzlicher Einbau erfolgte aus wirtschaftlichen Überlegungen.
14	Haussprechanlagen in allen Häusern	nein	ja	ja	neutral	Einbau entspricht heutigem Wohnkomfort.
15	Baurechtliche Auflagen	nein	ja	neutral	nein	Auflagen mußten erfüllt werden, z.B. Maschendraht bei den Balkongeländern der Häuser Oud und Le Corbusier

3.1.1.2 Die Baudetails des neuen Baustils

Die Kritiker wußten es schon 1927 während der Ausstellung: Die Baudetails des neuen ›Stils‹ waren keine Verbesserung sondern eine Verschlechterung des bereits Erreichten und daher abzulehnen.
Es gab damals tatsächlich Bauschäden und die ›Deutsche Bauhütte‹, eine Zeitschrift der deutschen Architektenschaft, fühlte sich 1932 besonders berufen »..etwas über die technisch miserablen Leistungen und die Unwirtschaftlichkeit zu sagen, wie sie vor fünf Jahren an dieser Stelle vorausgesagt wurde.«[14]

In höhnischen Fortsetzungsartikeln wurde von jedem Haus über durchfeuchtete Dächer, Fassaden und schadhafte Fenster berichtet, um so den zu korrigierenden Irrweg zu verdeutlichen.

Mögen die Kritiker auch in einzelnen bautechnischen Detailpunkten Recht behalten haben, so müssen sie doch für sich selbst eine schwerwiegendere Kritik zur Kenntnis nehmen:
Sie haben die zukunftsweisende geschichtliche Dimension des beabsichtigten revolutionären Durchbruchs des neuen Bauens, welches die tiefste Absicht der

Werkbundausstellung ›Die Wohnung‹ war, entweder nicht erkannt oder nicht erkennen wollen. Diese geschichtliche Leistung von damals kann nur unwesentlich dadurch geschmälert werden, daß die Weißenhofsiedlung neue Bauformen, Methoden und Baudetails zeigte, die mit bautechnischen Mängeln behaftet waren.
Elf von einundzwanzig Gebäuden haben die Zeitläufte bis heute überstanden und mit ihnen einige zeittypische Bau- und Architekturdetails, die einerseits charakteristisch für die Weißenhofsiedlung sind, gleichzeitig aber auch problematisch in bezug auf Instandhaltung, Pflege und Lebensdauer.

Die Weißenhofhäuser wurden konzipiert als Prototypen für neu definierte Wohnformen und neue Konstruktionsmethoden. Jedes einzelne Haus steht für den Versuch, durch fortschrittliche Baumethoden und Konstruktionen neue Wohnformen mit einfachen formalen und wirtschaftlichen Mitteln möglichst gut zu erfüllen.
So unterschiedlich die Konstruktionen und Ideen der Architekten für ihre Häuser auch waren, gab es doch auch Gemeinsames:
»Grundsätzlich haben wir uns bei dieser Siedlung für flache Dächer entschieden«[15], schrieb Ludwig Mies van der Rohe Mitte November 1926 an J.J.P. Oud nach Rotterdam, als wäre dies nach seinem ersten Bebauungsplanentwurf vom September 1925 je zweifelhaft gewesen. Darüber hinaus sollten die »Herren Architekten der Werkbundsiedlung Stuttgart«[16] einfache und billige Häuser als Dauerbauten zeigen, so die gemeinsame Linie Ende 1926.
Der Versuch, kurze Zeit vor Ausstellungseröffnung am 23. Juli 1927 eine einheitliche Farbigkeit für alle Häuser zu erreichen, gelang nicht wie wir heute wissen, obwohl Ludwig Mies van der Rohe alle Architekten dazu aufforderte: »Schneck, Oud, Corbusier, Mies, Rading, Stam und Dr. Frank haben in einer Besprechung in Stuttgart für den äußeren Farbanstrich ihrer Häuser ein gebrochenes Weiß als Grundfarbe festgelegt. Ich wollte Sie bitten, im Interesse einer einheitlichen Wirkung der Siedlung denselben Weg einzuschlagen...«[17] schrieb Ludwig Mies van der Rohe noch im Juni 1927 an Hans Poelzig.

Trotz der wenigen Festlegungen, auf deren Einhaltung Mies van der Rohe bestand, machte die Siedlung nach ihrer Fertigstellung einen einheitlichen, fast geschlossenen Eindruck.
Ist diese formale Einheit, die für uns heute als Formensprache des Neuen Bauens der zwanziger Jahre – bei aller Verschiedenheit der einzelnen Architekten – auf den ersten Blick zu erkennen ist, nur auf das Fehlen von Dächern zurückzuführen oder gibt es darüber hinaus noch weitere gemeinsame Elemente?
Liselotte Ungers wies bei ihrer Analyse der formalen Übereinstimmung der internationalen Baustile vor allem auf die gemeinsame geistige Konzeption hin, die den kulturellen, gesellschaftlichen und technischen Veränderungen der Zeit gerecht werden wollte: »Ihren konkreten Ausdruck fand die gemeinsame Formensprache in der Verwendung einheitlicher Details, einer glatten, ornamentlosen Fassadengestaltung, dem flachen Dach – das als Dachterrasse genutzt werden konnte – auf der Wiederholung gleicher Elemente – in der sich das politische Prinzip der Gleichheit und des Kollektivismus als Gegensatz zur Individualität ausdrückte – und in einer häufig polychromen Farbgebung, welche die Bauvolumen voneinander absetzte.«[18]
In der nachfolgenden Aufstellung werden die wichtigsten stilbildenden Bauelemente des Neuen Bauens in der Weißenhofsiedlung zusammengestellt und mit den Elementen des traditionellen Bauens verglichen.

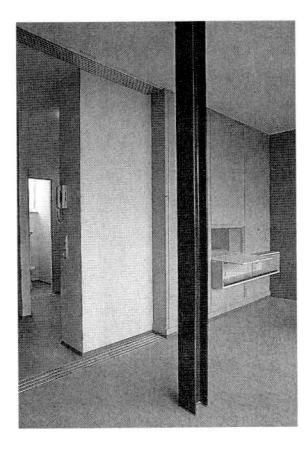

Innenraumaufnahme des mittleren Reihenhauses von Mart Stam nach der Sanierung 1985.

Doppelhaus von Le Cobusier. Die ordnende Geometrie der Fensterbänder nach der Sanierung 1984.

Vergleichstabelle

der baulichen Merkmale des Neuen Bauens am Weißenhof mit traditionellen Baumethoden und -formen.

Konstruktions- und Bauformen in der Weißenhofsiedlung	Konstruktions- und Bauformen in der traditionellen Bauweise.
1 – Verwendung von Konstruktionen und Baustoffen weitgehend unabhängig regionaler Verhältnisse.	1 – Verwendung von Konstruktionen und Baustoffen regional angepaßt.
2 – Anwendung neuer Baumethoden z.B. Montagebau von Fertigteilen, Skelett- und Trockenbauweisen, Feifel Zick-Zack-Bauweise, Winkelsteinen und neuen Baustoffen wie Beton, Eisenbeton, Eisen, Stahl, Glas, beschichteten Platten, Kunststeinen usw.	2 – Anwendung jahrhundertealter, bewährter Baumethoden (Stein auf Stein) und Baustoffe wie Holz, Naturstein, Ziegel und Putz.
3 – Auflösung der Wände in tragende (Stützen) und nichttragende Teile (Ausmauerung). Große Tür- und Fensteröffnungen werden möglich.	3 – Massiv gemauerte, tragende Wände mit kleinen Öffnungen für Türen und Fenster.
4 – Flachdächer in unterschiedlichen technischen und formalen Ausführungen, mit und ohne Dachüberstand.	4 – Steildächer in unterschiedlichen technischen und formalen Ausführungen, mit überwiegend großen Dachüberständen.
5 – Glatte ornamentlose Putzfassaden ohne sichtbare Sockel- und Dachrandzonen.	5 – Auf vielfältige Weise ›gestaltete‹ Fassaden entsprechend historischen Vorbildern und deutlich ablesbaren Sockel- und Dachgeschoßzonen.
6 – Glatte Putzflächen mit kleiner Körnung.	6 – Rauhe Putzflächen in verschiedenen Strukturen und größerer Körnung.
7 – Helle Fassadenfarben und Weiß. Kubistische Farbgestaltung.	7 – Erdige Fassadenfarben und Weiß.
8 – Die Dimensionierung von Bauteilen wie Stützen, Balken, Mauern, Treppen, Abdeckungen oder Stäben nach ingenieurmäßiger Berechnung so knapp wie möglich ausgeführt.	8 – Die Dimensionierung von Bauteilen wie Stützen, Mauern, Treppen, Abdeckungen oder Stäben nach handwerklichen Erfahrungswerten.
9 – Großflächige Fenster, fassadenbündig oder mit geringen Leibungstiefen.	9 – Einzelfensterfassaden mit großen wohldimensionierten Leibungen.
10 – Gartenmauern als glatt verputzte Betonmauern und weißem Farbanstrich.	10 – Gartenmauern als Natursteinmauern ohne besonderen Farbanstrich.
11 – Eingangspodeste und Treppen in Sichtbeton.	11 – Eingangspodeste und Treppen in Naturstein.
12 – Im Außenbereich Geländer, Türen, Zäune usw. aus dünnen Blech- und Eisenprofilen mit dunklem Ölfarbenanstrich.	12 – Im Außenbereich Geländer, Türen, Zäune usw. oft in Holz.
13 – Die Attikaabdeckungen und sonstigen Mauerabdeckungen durch schlanke Zinkblechprofile mit Farbanstrich.	13 – Mauerabdeckungen in Naturstein.

3.1.1.3 Die baulichen Veränderungen des Originals im Rahmen von Sanierungsarbeiten.
Oder: Die Suche nach dem denkmalpflegerisch noch hinnehmbaren Maß der Abweichung vom Original.

Vergegenwärtigen wir uns die Situation in der Weißenhofsiedlung vor der Sanierung 1982:
Elf von einundzwanzig Häusern waren noch existent, aber teilweise in ganz miserablem baulichen Zustand. Auf vielfältige Weise im Äußeren und Inneren verändert, entsprachen sie ihrem früheren Erstzustand nur noch entfernt. Der Zustand jedes einzelnen Hauses stellte also eine erhebliche Abweichung vom Original durch Substanzverluste, Ergänzungen und Bauschäden dar.
War nun diese, in sechzig Jahren gewachsene, ›Abweichung vom Original‹ denkmalpflegerisch vertretbar oder nicht? – Sie war 1982 zunächst einmal Realität und in bezug auf bestehende Substanzverluste an Originalbauteilen nur noch durch originalähnliche Rekonstruktionen korrigierbar.

So war die Ausgangslage für eine Sanierung mit dem Ziel der »..Instandsetzung und Restaurierung der unter Denkmalschutz stehenden Gebäude in denkmalpflegerischer Genauigkeit und unter angemessener Berücksichtigung des bautechnischen Fortschritts.«[19]
Waren angesichts dieser kritischen Lage weitere Substanzverluste durch eine umfassende Sanierung denkmalpflegerisch überhaupt noch hinnehmbar?
Die düsteren Aussichten eines weiteren beschleunigten baulichen Verfalls der Siedlung bei weiterem Zuwarten und damit des früher oder später sicher eintretenden Totalverlustes einzelner Häuser ließen der praktischen Denkmalpflege hier keine wirkliche Alternative. Einzige ›Generalforderung‹ der Denkmalpflege: Substanzverluste waren nach der Maxime »..Veränderung so wenig wie möglich und nur so viel wie nötig..«[20] zu minimieren.

Leider, so müssen wir heute feststellen, wurde dieser Grundsatz nicht immer ausreichend beherzigt.
In einigen Fällen, wie bei den Eisenfenstern der Häuser von J.J.P. Oud und Le Corbusier, den Holzfenstern bei Ludwig Mies van der Rohe oder der Eisenspindeltrep-

pe des Hauses 24 von Mart Stam, hätte man sich den Erhalt und Wiedereinbau wenigstens einiger Originalteile gewünscht anstatt alles, wenn auch originalähnlich, zu erneuern. Aus diesen Erfahrungen müssen für die Zukunft unbedingt Konsequenzen gezogen werden!

»Denn was«, so fragte Wolfgang Stopfel in einem Vortrag vor der Landesvertreterversammlung der Architektenkammer Baden-Württemberg im November 1986, »unterscheidet denn eine echte antike Lampe von ihrer guten modernen Fälschung? Das Material? Nein! Der dekorative Gesamtwert? Nein! Was beide in Preis und Wert unterscheidet: Die eine Lampe ist echt, sie hat eine Geschichte und täuscht sie nicht nur vor. Kulturdenkmäler repräsentieren Werte, die weit über ihren Gestaltwert hinausgehen. Die Denkmalpflege muß also, wenn sie ihrem öffentlichen Auftrag nur einigermaßen gerecht werden will, tatsächlich auf der Erhaltung als ihrer wichtigsten Aufgabe bestehen, hinter der Gestaltung erst in weitem Abstand rangiert.«[21]

Mit dem Grundsatz der Begrenzung baulicher Eingriffe, Zerstörungen und Veränderungen auf das unbedingt notwendige Mindestmaß war für die Erhaltung der noch vorhandenen Originalteile an jedem Haus das denkmalpflegerisch ›hinnehmbare Maß der Abweichung vom Original‹ hinlänglich definiert. Er bedeutete kein grundsätzliches Änderungsverbot im Umgang mit historischer Bausubstanz, aber auch kein leichtfertiges Spielen mit derselben, sondern abwägendes Handeln in jedem Einzelfall.

Um das Ziel dieser Sanierung zu erfüllen, waren aber neben Instandsetzungsmaßnahmen zur Erhaltung der Häuser auch Rekonstruktions- und Ergänzungsmaßnahmen notwendig. Wie sah hier die denkmalpflegerische Akzeptanzbreite, bei Abweichungen vom Original, aus?

Zunächst ist festzuhalten, daß alle Rekonstruktionsmaßnahmen dazu dienen, einen früheren und in der Zwischenzeit zerstörten Zustand wiederherzustellen, um z.B. eine für das Bauwerk wichtige Gesamtidee wieder erlebbar zu machen. Ist der zerstörte Originalzustand denkmalpflegerisch bereits zu hundert Prozent unakzeptabel, so kann dieser Verlust durch Rekonstruktion nur insofern ›gemildert‹ werden, als eine weitestgehende Nachbildung erfolgt.

Obwohl die Voraussetzungen für historisch exakte Rekonstruktionen durch alte Pläne, Photos und Baubeschreibungen im wesentlichen gegeben waren, wurde in der Weißenhofsiedlung die völlig authentische Rekonstruktion praktisch nicht erreicht, weil nach Abwägung zwischen originalgleicher Wiederherstellung und anderen Kriterien, wie z.B. einer sinnvollen Bewohnbarkeit der Häuser, zwangsläufig Abweichungen am ursprünglichen Detail vorzunehmen waren. So wurden einscheibige Fenster zu Isolierglasfenstern mit kleinen aber notwendigen Abweichungen im Detail und die neuen ›alten‹ Stützmauern erhielten als äußeres Kennzeichen der Veränderung Dehnungsfugen, um nur zwei Beispiele zu nennen.

Maxime für die Häuser war, sie so authentisch wie möglich in ihrer Proportionalität, Materialbeschaffenheit, Oberflächenstruktur und Farbe wiederherzustellen, wobei der Umfang der Rekonstruktionen lückenhaft war. Einiges wurde aus kosten- und mietrechtlichen Gründen nicht wiederhergestellt wie z.B. Teile der Gartenanlagen und im Inneren der Gebäude die meisten Grundrisse.

In den zurückliegenden Jahrzehnten wurden wesentliche Einzelelemente im Inneren und Äußeren der Häuser bewußt zerstört, um mehr Raum zu schaffen. Man war froh, daß sie weg waren. Ich denke erstens an Zwischenwände im Gebäude J.J.P. Oud, oder bei Le Corbusier an die Blumentröge oder die Betonmöbel im Inneren, die ersatzlos entfernt wurden.

Die zweite Variante in früheren Jahrzehnten war, daß die zerstörten Teile durch etwas anderes ersetzt wurden. So wurden Einfamilienhäuser in Zweifamilienhäuser umgebaut und halbhohe offene Wände, wie bei Le Corbusier, durch geschlossene Wände mit Türen ersetzt.

Der dritte, in der Vergangenheit ebenfalls häufig angewandte Möglichkeit war die Hinzufügung eines neuen Bauteils.

Am spektakulärsten ist das Satteldach auf dem Terrassenhaus von Peter Behrens, aber noch viele andere, weniger augenfällige Ergänzungen können hier genannt werden, wie z.B. der Einbau zusätzlicher Räume auf den Dachterrassen der Corbusier-Häuser.

Als weitere Variante kam mit der jetzigen Sanierung die originalgleiche und originalähnliche Rekonstruktion hinzu. Diese Art der Rekonstruktion wurde früher nur ansatzweise angewandt, so z.B. Ende der siebziger Jahre bei der Rekonstruktion des zweigeschossigen Südfensters am Einfamilienhaus von Le Corbusier, oder bei der Fenstererneuerung der Reihenhäuser von Mart Stam. Leider wurden in beiden Fällen Fensterprofile verwendet, die ein mehrfaches stärker waren als die originalen.

Wie bereits erwähnt, wurde auch bei der zurückliegenden denkmalgerechten Sanierung die völlig identische, originalgleiche Rekonstruktion nicht erreicht, war auch kein Ziel, denn sie war meistens nicht sinnvoll unter Berücksichtigung weiterer Kriterien wie Bewohnbarkeit und Bauschadensreduzierung der Häuser.

Bleibt die Frage, welche Abweichung vom Original denkmalpflegerisch noch vertretbar war, um von einem originalähnlich optimalen Rekonstruktionsergebnis sprechen zu können?

Nach Durchsicht der vielfältigen Varianten zu diesem Thema bei der Sanierung der Weißenhofhäuser läßt sich folgendes ableiten:

Es gibt keine feste Maßzahl für Abweichungen vom Original, mit deren Hilfe dann aus einer Tabelle die genaue Prozentzahl zu entnehmen wäre, zur endgültigen Beurteilung einer guten oder schlechten Rekonstruktion nach dem Motto: 5% Abweichung vom Original ist noch gut und 10% schon schlecht.

Es läßt sich nur ganz allgemein feststellen, daß jede Rekonstruktion denkmalpflegerisch um so besser wird, je kleiner die Abweichungen vom Original sind. Die möglichen Abweichungen können im Material, in der Form, der Dimensionierung, in den Funktionen und der Farbe bzw. Oberflächenstruktur auftreten.

Ein Hilfsmittel in der Praxis bei der Abschätzung des vertretbaren Maßes einer Abweichung kann auch die Wahrnehmungsfähigkeit des menschlichen Auges sein. So wird eine maßliche Abweichung von wenigen Prozentpunkten vom menschlichen Auge praktisch nicht wahrgenommen, wie das Beispiel einer Verbreiterung der Oberlichtfenster an den Wirtschaftsvorbauten der Oud-Reihenhäuser zeigt. Wegen des verstärkten Wärmedämmputzes erhöhte sich die putzbündige Fensterbreite von 240 auf 248 cm oder um 3,2 %, ohne daß dies für den Betrachter zu einer wahrnehmbaren Verfälschung geführt hätte.

Nach dem bisher Gesagten läßt sich folgendes Resumee ziehen:

Die Weißenhofsiedlung, wie sie sich heute darstellt, ist nur noch in Teilen erhalten. Zehn ihrer Einfamilienhäuser sind vollständig vernichtet und die noch erhaltenen elf Gebäude mußten im Inneren und Äußeren große Substanzverluste hinnehmen, so daß die Frage berechtigt ist: was ist heute eigentlich noch original an den Originalen?

Die zurückliegende Sanierung versuchte die gravierendsten Substanzverluste an den noch existenten Häusern durch Rekonstruktion der wichtigsten Elemente ›rückgängig‹ zu machen, wobei hierbei wieder in gewissem Umfang Substanzverluste verursacht wurden.

Der bauliche Verfall der Häuser wurde allerdings bis auf weiteres gestoppt und ihre Erhaltung ist für die nächsten Jahre gesichert. Darüber hinaus wurden bauliche Ergänzungen angebracht, wo dies sinnvoll erschien (Sonnenschutz, Sprechanlagen, baurechtliche Auflagen).

Die elf noch erhaltenen Häuser der Weißenhofsiedlung stellen in ihrer äußeren Erscheinung heute zum größten Teil originalähnliche Rekonstruktionen dar, welche im Detail kaum wahrnehmbare Veränderungen gegenüber dem Original aufweisen. Im Inneren der Häuser wurden fünf Haus- bzw. Wohnungsgrundrisse ebenfalls originalähnlich wiederhergestellt, mit Abweichungen im Detail, um die Bewohnbarkeit der Wohnungen zu erhöhen.

Zusammenfassend kann somit festgestellt werden, daß das äußere Erscheinungsbild aller elf Originalgebäude heute wieder weitestgehend dem historischen Vorbild entspricht und daß bei fünf Haus- bzw. Wohnungsgrundrissen weitestgehend der ursprüngliche Zustand wiederhergestellt werden konnte und sie somit als Muster für die damalige Zeit gelten können.

Es bleibt die Frage: Was ist noch original an den Originalen?

Oder wenn wir die Weißenhofsiedlung insgesamt betrachten: Wieviel Prozent der Siedlung sind noch Original und was?

Bei einem Vergleich der Wohnflächen stellt man schnell fest, daß von einer früheren Gesamtwohnfläche der Siedlung von 5.369 qm, heute noch 4.169 qm erhalten sind. Dies entspricht einer Erhaltungsquote von immerhin 77 Prozent. Die zerstörten und relativ kleinen Einfamilienhäuser hatten an der Gesamtwohnfläche nur einen Anteil von 23 Prozent.

Obwohl also 77 Prozent der Gesamtwohnfläche noch erhalten ist, heißt dies aber nicht, daß damit auch noch 77 Prozent der originalen Bausubstanz erhalten ist, denn wie wir wissen, wurde vieles an den elf erhaltenen Gebäuden in der Vergangenheit vernichtet.

In einer Vergleichstabelle habe ich die wichtigsten zerstörten oder noch erhaltenen Bauteile für alle Häuser zusammengefaßt und komme in einer vorsichtigen Schätzung zu dem sicherlich realistischen Ergebnis, daß die Erhaltungsquote an originaler Bausubstanz für die Weißenhofsiedlung insgesamt heute weit unter 50 Prozent liegt und diese Quote zumindest auch auf einzelne der noch erhaltenen Originalhäuser, für sich alleine betrachtet, zutrifft.

Aus diesen geschätzten Zahlen ergibt sich für die Zukunft die eindeutige Forderung, daß alles getan werden muß, um weitere Substanzverluste auf ein absolutes Minimum zu reduzieren.

Vergleichstabelle
der prozentualen Erhaltung von Originalsubstanz im Durchschnitt aller elf Originalhäuser – Schätzung – Stand 1989.

Nr.	Bauteil	prozent. Erhaltung 1989 (%) ca.	Bemerkungen
1	Fundamente	100	
2	Rohbaukonstruktionen einschl. Außenmauern und Geschoßdecken	97	
3	Stützmauern	10	Erneuert bis auf die Mauern bei Scharoun und Behrens
4	Außenputz	5	Erhalten bei Geb. Frank
5	Flachdach- und Terrassenbeläge	0	
6	Grundrisse	20	
7	Innenwände	30	
8	Innenputze und Wandbekleidung	35	
9	Fenster, inkl. Außen- und Innensimsen	4	Einige Fenster im Haus Behrens sind noch erhalten.
10	Türen nach außen	0	
11	Zimmertüren	10	Einige Türen bei Oud und Le Corbusier sind erhalten
12	Bodenbeläge	5	Einige Steinbeläge sind noch erhalten
13	Farbanstriche	0,5	
14	Heizungsinstallationen	0	
15	Sanitärinstallationen	5	Einige Leitungen sind noch erhalten
16	Elektroinstallationen	5	Während der Sanierung bewohnte Wohnungen wurden nicht neu verkabelt.

3.2 Entwurf eines langfristigen Erhaltungskonzeptes für die Weißenhofsiedlung

Heute, müssen wir zunächst die enormen Verluste an originaler Bausubstanz zur Kenntnis nehmen, welche die Siedlung in den 64 Jahren ihres Bestehens erlitten hat. Die Substanzverluste hatten, in den verschiedenen Zeitabschnitten vor, während und nach dem Krieg, unterschiedliche Ursachen und wurden bereits ausführlich beschrieben.

Vor dem Krieg waren es kleinere und größere Umbauten, die für Substanzverluste an den Originalhäusern sorgten. Im Verlauf des zweiten Weltkrieges wurden acht Einfamilienhäuser durch Bomben völlig zerstört und alle übrigen Häuser zum Teil schwer beschädigt. Nach dem Krieg setzten sich die grundrißverändernden Umbauarbeiten an den übriggebliebenen Originalhäusern fort. Besonders entstellt wurde das Haus von Peter Behrens durch den Aufbau von Satteldächern, und noch 1956 erfolgte der Abbruch von zwei bis dahin erhaltenen Einfamilienhäusern.

Bei der jüngst durchgeführten Generalsanierung in den Jahren 1982 bis 87 wurden die elf noch erhaltenen Originalgebäude zwar denkmalgerecht wiederhergestellt, aber auch diese Sanierung war mit weiteren Substanzverlusten in vielen Bereichen z.B. des Außenputzes, der Fenster, Türen und anderer Bauteile verbunden.

All dies zeigt, daß die Siedlung bis heute einem erheblichen ›Zerstörungsdruck‹ ausgesetzt war, welcher bei zukünftiger Fortsetzung dieses Trends den sicheren Totalverlust der restlichen Originalsubstanz bringen würde.

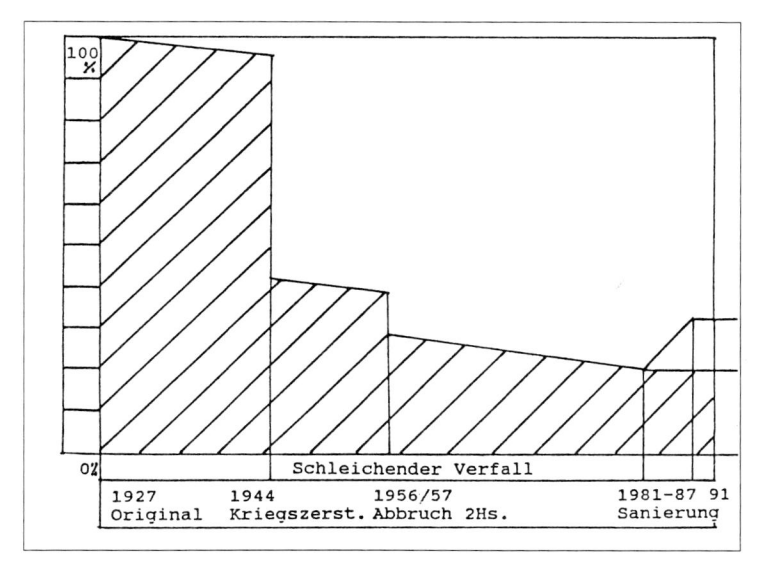

Schaubild *der Zerstörungen an Originalsubstanz von 1927 bis 1989. Prozentuale Schätzung.*

Rekonstruktionen

noch erhaltene Originalsubstanz

Obwohl aus heutiger Sicht unbestritten sein muß, daß es zu einem langfristigen Erhaltungskonzept für die Weißenhofsiedlung gar keine Alternative geben darf, sind andere, weniger positive Entwicklungen für die Zukunft aber durchaus vorstellbar.

So wäre denkbar, daß die künftige Entwicklung ähnlich verläuft wie in der Vergangenheit und sich die Leidensgeschichte der Siedlung wie in den vergangenen vierzig Jahren fortsetzt. Diese Entwicklung möchte ich mit Szenarium 1 bezeichnen.

Ihr Kennzeichen wäre wieder der schleichende Verfall der restaurierten Häuser, aufgrund mangelnden Interesses der verantwortlichen Politiker und der knappen zur Verfügung stehenden Geldmittel. Wie früher wäre dann das zuständige Bauamt gezwungen, an den gefährdeten Bauteilen eine Art ›Feuerwehrinstandsetzung‹ zu betreiben, um die Häuser überhaupt bewohnbar zu halten.

Die Entwicklung würde auf Sicht von zehn oder zwanzig Jahren zu den bereits aus den sechziger und siebziger Jahren bekannten Verfallserscheinungen führen, mit den sehr schädlichen und substanzzerstörenden Hau-Ruck-Sanierungsaktionen vor anstehenden Jubiläumsdaten, künftig z.B. möglich beim 75. oder 100. Geburtstag der Siedlung.

Dies alles wäre für den Restbestand der Siedlung, besonders aus denkmalpflegerischer Sicht, sehr negativ, denn es müßte mit weiter anhaltenden Substanzverlusten an der ohnehin stark reduzierten Originalsubstanz gerechnet werden.

Eine noch ungünstigere Entwicklung wäre für den heutigen Siedlungstorso Weißenhof eine Tendenz, bei der, begünstigt durch das gesellschaftliche Unverständnis für den historischen Wert der Siedlung, der Geldhahn immer mehr zugedreht würde. Der schleichende Verfall der Siedlung hätte sich nach zwanzig oder dreißig Jahren so sehr beschleunigt, daß dann der Abbruch der »Ruinen« als wirtschaftlich sinnvoll gefordert werden könnte. (Szenarium 2)

Beide Szenarien, eins und zwei, zeigen was passiert, wenn es in der Zukunft nicht in ausreichendem Maße gelingen sollte, das gesellschaftliche Bewußtsein über den bauhistorischen Wert der Siedlung zu schärfen und damit einhergehend auch eine Erhöhung der finanziellen Mittel für die jährlichen Erhaltungsmaßnahmen zu erreichen.

Auch ideologische Scheuklappen erschweren, besonders in Deutschland, eine vorurteilsfreie Bewertung des bauhistorischen Meilensteins Weißenhofsiedlung. Im europäischen Ausland, in den USA und in Japan ist ihre kulturelle Bedeutung unumstritten.

Deutschland tut sich immer noch schwer mit ›seinem Kind‹, vielleicht weil der Prophet im eigenen Land nicht soviel gilt. Während die einen heute in der Weißenhofsiedlung »..in ihren erhaltenen Partien das bedeutendste Architekturdenkmal in Stuttgart«[22] sehen, zweifeln andere immer noch an der Denkmaleigenschaft der Siedlung.[23]

Die Gefahr ist groß, daß die für das Baudenkmal Weißenhof zuständigen Institutionen wieder in die Grundhaltung der letzten sechzig Jahre zurückfallen und erst dann reagieren, und das heißt Geld genehmigen, wenn die Materialschäden aufgrund des unzureichen-

Szenarium 1 – Schleichender Verfall der Siedlung.

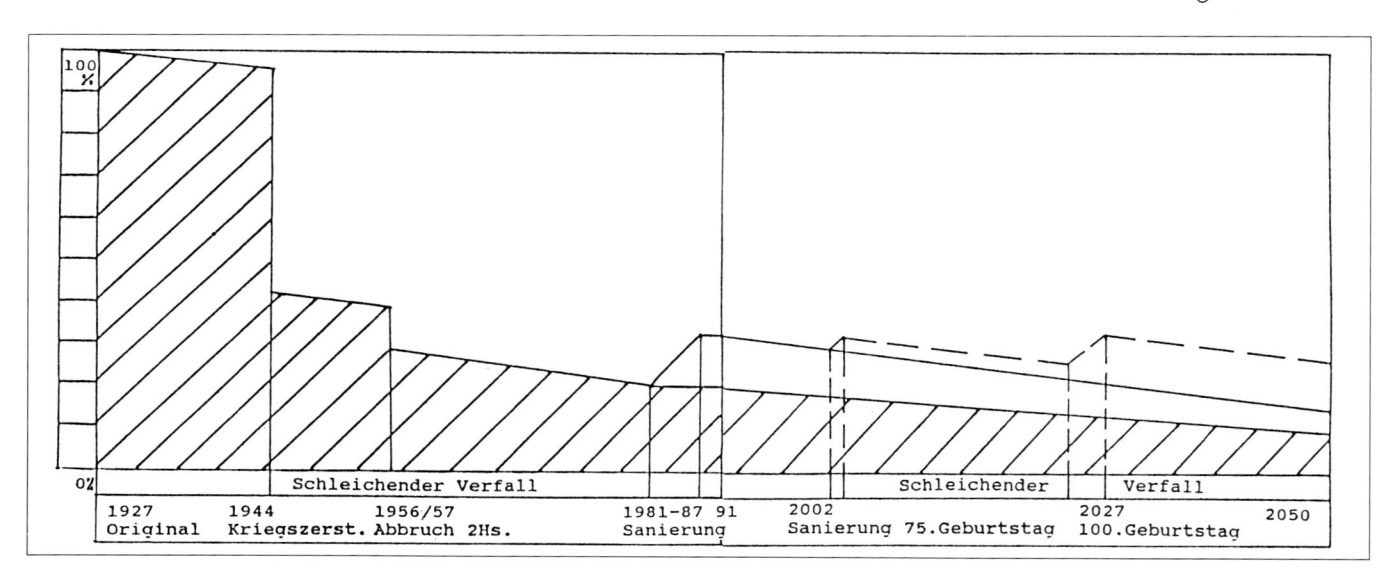

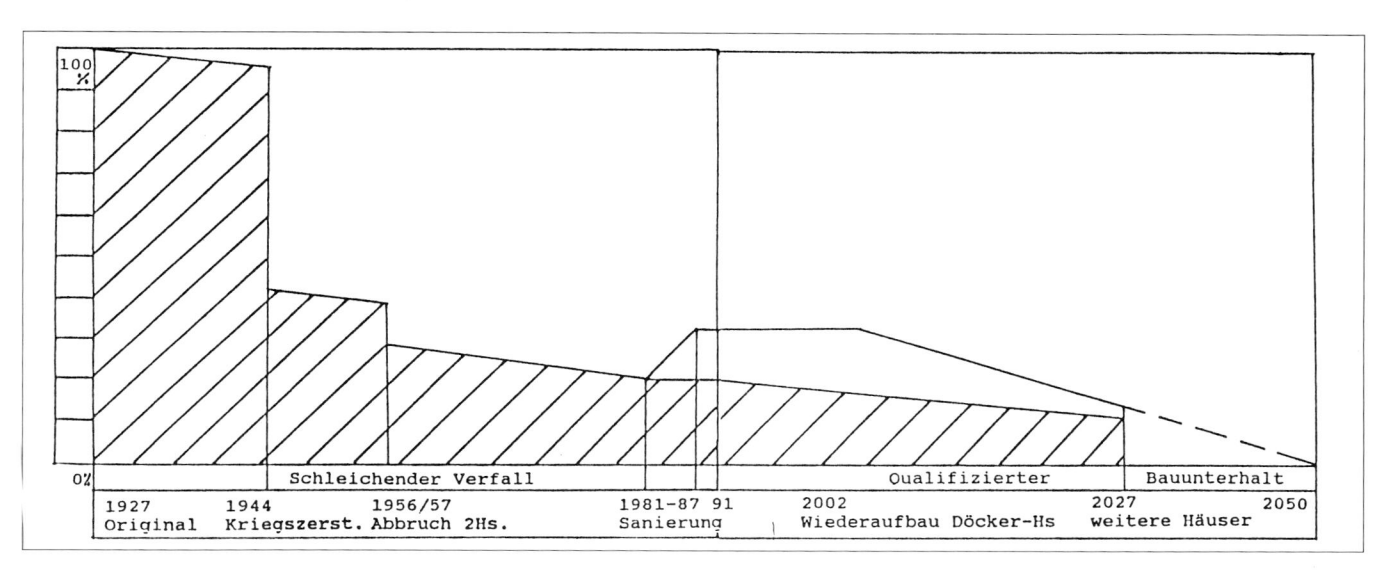

Szenarium 2 – Schleichender Verfall der Siedlung mit anschließendem Abbruch.

den jährlichen Bauunterhalts ein weiteres Zuwarten nicht mehr erlauben.

Hier gilt es in Zukunft, den Hebel anzusetzen und Überzeugungsarbeit zu leisten, damit breitere Bevölkerungskreise als bisher auf die zuständigen Politiker und ihre Ministerialbürokratien Druck ausüben und von dieser Seite Geld und Personal für einen angemessenen Bauunterhalt zur Verfügung gestellt wird.

Ganz anders wird sich die Siedlung künftig entwikkeln, sollte es gelingen, in breiteren Bevölkerungsschichten und bei Politikern ein Bewußtsein für die bauhistorische Bedeutung zu erzeugen und damit verbunden ein Interesse der Bevölkerung am baulichen Schicksal der Siedlung zu wecken.

Diesen Wertewandel herbeizuführen, muß das gemeinsame Ziel sein. Natürlich können dadurch die bereits erlittenen Substanzverluste nicht rückgängig gemacht werden, aber mit ausreichenden Finanzmitteln kann ein entsprechend qualifizierter Bauunterhalt durchgeführt und zumindest der schleichende Verfall der Häuser verhindert werden.

Unter besonders günstigen Bedingungen könnten sogar weitere Rekonstruktionen erfolgen, wie z.B. der Wiederaufbau des Döcker-Hauses auf dem seit Kriegsende leerstehenden Grundstück Bruckmannweg 10. Auch die noch weitergehenden Vorstellungen des Vereins der Freunde der Weißenhofsiedlung, was die übrigen neun zerstörten Originalgebäude angeht, müßten dann keine Utopie mehr bleiben.[24]

Szenarium 3 – Qualifizierte Erhaltung mit weiteren Rekonstruktionen verlorener Originalsubstanz

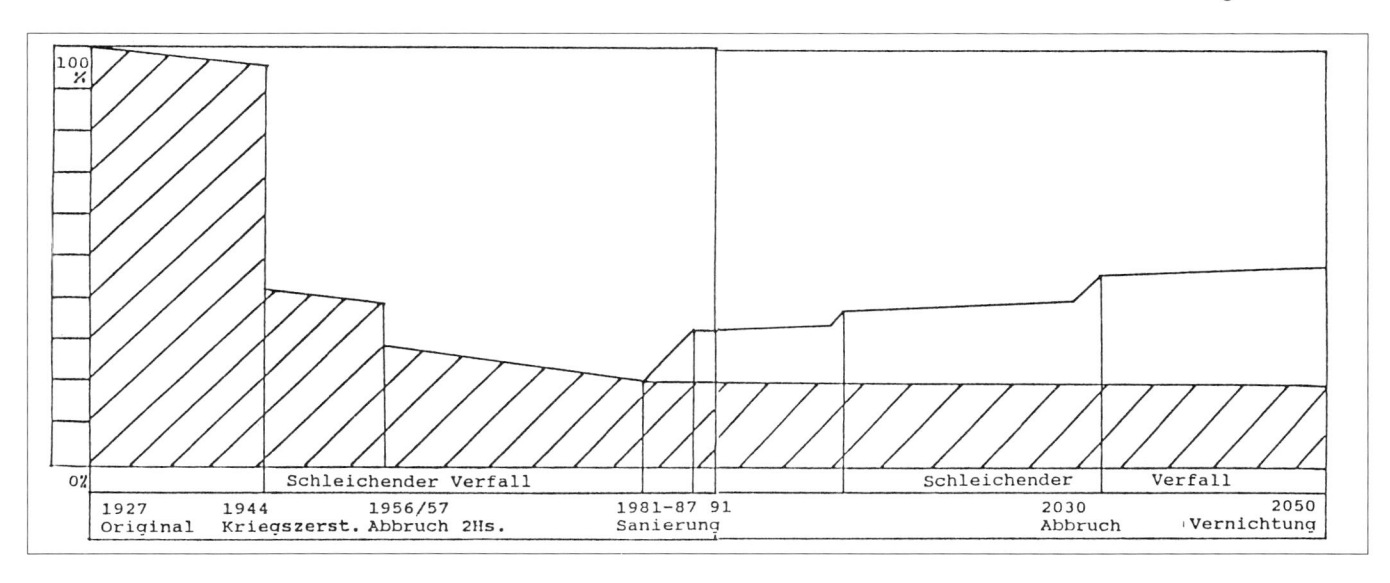

Betrachten wir Szenarium 3 genauer und vergleichen es mit den beiden anderen, dann ist die heutige Ausgangslage durchaus nicht als hoffnungslos zu bezeichnen; durch entsprechenden Bauunterhalt kann die Existenz der restlichen Häuser auf lange Zeit gesichert werden und weitere große Substanzverluste müssen nicht zwangsläufig sein.

Die Häuser wurden vom Hochbauamt bis 1987 im Rahmen des Möglichen fach- und denkmalgerecht saniert. Darüber hinaus gibt es heute ein größeres und detaillierteres gesammelt vorliegendes Planungswissen über jedes Haus als zu irgendeiner Zeit vorher, mit Ausnahme der Entstehungszeit 1927. Von der Planungsseite aus betrachtet, sind die Voraussetzungen für eine qualifizierte Bauunterhaltung der Siedlung also nicht schlecht, obwohl auch in diesem Bereich noch vieles aufgearbeitet werden müßte.

Wie sieht nun die Gesamtsituation für die Siedlung aus? Wie bereits angedeutet, sind es drei Faktoren, welche zukünftig den Lauf der Dinge wesentlich beeinflussen werden. Erstens das Verantwortungsbewußtsein des Eigentümers, zweitens das Denkmalbewußtsein der Bevölkerung und der in ihr agierenden Kräfte und drittens die verfügbaren finanziellen Mittel.

Hier liegen die Risiken aber auch die Chancen für die Zukunft.

Wir müssen deutlich erkennen, daß ohne einen verständnisvollen Eigentümer, ohne Bewußtsein über die bauhistorische Bedeutung der Siedlung und ohne Geld kein langfristiges Überleben der Siedlung möglich sein wird.

Der Umkehrschluß trifft allerdings ebenso zu: Mit dem richtigen, d.h. sich seiner Verantwortung bewußten, Eigentümer und in einem aufgeschlossenen gesellschaftspolitischen Umfeld wird auch das nötige Geld zur Verfügung stehen, um die Weißenhofsiedlung so zu unterhalten, wie es ihrer Bedeutung entspricht.

Hier handelt es sich allerdings um gesellschaftliche Prozesse, die in längeren Zeitabschnitten ablaufen und jedem Beteiligten heute ein hohes Maß an Geduld abverlangen. Vielleicht wird das gesellschaftliche Bewußtsein erst in zwei, drei oder fünf Generationen soweit sein, den historischen Wert der Siedlung zu erkennen. Dies darf allerdings nicht einfach abgewartet werden, denn sonst gibt es bis dahin nichts mehr zu schützen.

Konkret müssen folgende Voraussetzungen erfüllt werden, um das Ziel einer qualitativ hochwertigen und langfristigen Erhaltung der Siedlung, zu erreichen:

1 Erstellung eines Planungs- und Durchführungskonzeptes für eine sachgerechte Instandhaltung.
2 Ausreichende Mittel für den jährlichen Bauunterhalt der Siedlung.
3 Qualifizierte baufachliche Betreuung des Projektes durch entsprechenden Personaleinsatz.
4 Einsicht des Eigentümers Bund in seine kulturelle Verpflichtung.

zu 1: Was die Planungs- und Durchführungskonzeption für die Siedlung in den nächsten Jahrzehnten angeht, so ist die exakte und systematische Denkmalerfassung aller Häuser notwendig, also eine genaue Bestandsaufnahme der Siedlung, wie sie sich heute darstellt. Wertvolle Vorarbeit wurde hier vom Hochbauamt in Form von Bauaufnahmeplänen und der Sammlung von Originalplänen in den letzten Jahren geleistet. Diese Pläne müssen aber weitergeführt und ergänzt werden.

Es wäre sicher notwendig, jedes Gebäude noch genauer als bisher zu dokumentieren, z.B. mit Hilfe eines Raumbuches in dem anhand von Zeichnungen, Photos und Beschreibungen jedes Gebäude und jeder Raum innerhalb der Siedlung systematisch erfaßt wird.

Hieraus muß detailliert hervorgehen, welche Bauteile noch original oder nicht mehr original vorhanden sind und ob und auf welche Art und Weise eine Rekonstruktion erfolgte.

zu 2: »Für bauliche Anlagen des Bundes und der Länder wird der Instandhaltungsbedarf anläßlich routinemäßiger jährlicher Begehungen durch die hierfür zuständige Bauverwaltung festgestellt. Die Haushaltsmittel für die Bauinstandhaltung werden jährlich mit 5,5% des Neubauwertes angesetzt (bezogen auf den Baupreis von 1936 als einheitliche Berechnungsgrundlage).«[25]

Soweit die Aussage des Bundesbauministers in seinem zweiten Bericht über Schäden an Gebäuden vom Mai 1988. Beziehen wir dies konkret auf die Weißenhofsiedlung, so ergibt sich für die jährlichen Bauinstandhaltungsmittel folgende Rechnung:

Neubauwert 1936 der Gesamtliegenschaft Weißenhof   RM 1.326.382,–[26]
Jährliche Bauinstandhaltungsmittel 5,5 %   DM 72.951,–

Einen ganz ähnlichen Wert erhalten wir für die jährlichen Instandhaltungsmittel nach dem vereinfachten Veranschlagungsverfahren der RBBau[27]:

$$\text{Jährl. Bauinstandhaltungsmittel} = \frac{\text{Liegenschaftswert} \cdot \text{Ind. 36 Grundlage 1958} = 100 \cdot 5{,}5\%}{\text{Index des Wertzuganges}}$$

Hieraus errechnet sich ein jährlicher Mittelbedarf für die Gesamtliegenschaft von DM 73.081,- (Indexstand 5/1989):

$$\text{Jährl. Bauinstandhaltungsmittel (Indexstand 5/1989)} = \frac{\text{DM } 16.609.470,- \cdot 37,8}{472,7} = \text{DM } 73.081,-$$

Da die elf denkmalgeschützten Häuser Teil der Gesamtliegenschaft sind, mit einem Flächenanteil von 61,7 Prozent oder 4.169 qm an der Gesamtwohnfläche der heutigen Liegenschaft Weißenhof von 6.756 qm, ergibt sich allein für diese geschützten Häuser eine jährliche Bauunterhaltssumme von DM 45.091,-

$$\text{Jährl. Bauinstandhaltungsmittel für die elf denkmalgeschützten Häuser} = \text{DM } 73.081,- \cdot 61,7\% = \text{DM } 45.091,-$$

Eine Vergleichsrechnung unter Berücksichtigung des heutigen Verkehrswertes der Wohnungen kommt sogar zu einem noch höheren Mittelbedarf für die jährliche Instandhaltung:
Nach Auskunft des Bundesvermögensamtes haben die elf denkmalgeschützten Gebäude eine vermietete Wohnfläche von insgesamt 4.169 qm. Multipliziert man diese Fläche mit einem für diese Wohnlage in Stuttgart günstigen Marktpreis von DM 3.000,- pro qm, so errechnet sich ein heutiger Verkehrswert von mehr als 12 Mio DM. Abzüglich der Grundstückswerte (Fläche x 900,- DM /qm) in Höhe von 7,44 Mio DM verbleibt an reinem Gebäudewert für die elf denkmalgeschützten Häuser ein Betrag von 4,56 Mio DM.
Diese Summe könnte ein Käufer mit jährlich mindestens 2 Prozent abschreiben, was einer jährlichen Instandhaltungssumme von DM 91.200,- nur für die denkmalgeschützten Gebäude entsprechen würde.

Gebäudewert d.elf = Wohnfläche · Verkehrswert
(-) Grundstücksfläche · Verkehrswert = Summe

denkmgesch. Häuser = 4.169 qm · 3.000,- DM
(-) 8.266 qm · 900,- DM = DM 4,56 Mio

Jährl. Abschreibungsbedarf = 4.560.000,- · 2 % = DM 91.200,-

Der Vergleich mit dem Normalsatz der steuerlichen Abschreibungsmöglichkeit für einen privaten Investor zeigt, daß das normale Veranschlagungsverfahren des Bundes zur Ermittlung der jährlichen Bauunterhaltungsmittel bereits die untere Grenze darstellt, wenn der Gebäudebestand ordentlich erhalten werden soll.
Wie sehen nun die konkreten Zahlen bei den Bauunterhaltungsmitteln für die Weißenhofsiedlung in den letzten zehn Jahren aus?

Tabelle
Bauunterhalt der letzten zehn Jahre für die Gesamtliegenschaft Weißenhof[27]

Jahr	Ausgaben insgesamt	ausschl. Bauunterhalt	Bemerkungen
1979	135.000,-	–	Das Geld wurde 1979/80 für die
1980	121.000,-	–	Sanierung des Scharoun-Hauses verwendet.
1981	45.000,-	45.000,-	
1982	85.000,-	85.000,-	
1983	45.000,-	45.000,-	
1984	25.000,-	25.000,-	
1985	21.000,-	–	Das Geld wurde für die Sanierung
1986	121.000,-	–	der Häuser Pankokweg 13, Am
1987	117.000,-	–	Weißenhof 6+8, Bruckmannweg 4,
1988	–	–	8+12 und Rathenaustr. 5+7 ver-
1989	ca 40.000,-	ca 40.000,-	wendet.
79–89	755.000,-	240.000,-	
pro Jahr	68.000,-	21.800,-	

Obige Tabelle belegt, daß in den letzten elf Jahren die jährlichen Instandhaltungsmittel, bereinigt um Sonderausgaben für einzelne Häuser, für die Gesamtliegenschaft Weißenhof[27] ca. DM 22.000,- betrugen.
Das heißt, die jährlichen Geldmittel für den Bauunterhalt der Weißenhofsiedlung müßten mehr als verdreifacht werden, um überhaupt den vom Bundesbauminister selbst veranschlagten Normalsatz für die Erhaltung des durchschnittlichen Bundesbaubestandes zu erreichen. Selbst bei einer Beschränkung der Mittel ausschließlich auf die elf denkmalgeschützten Häuser müßte der Bund die durchschnittlichen jährlichen Baumittel auf rund DM 45.000,- immer noch mehr als verdoppeln.

Diese Zahlen belegen deutliche, wie sehr der Bauunterhalt der Siedlung in den zurückliegenden Dekaden vernachlässigt wurde und daß hier dringend Abhilfe geschaffen werden muß. Nicht zuletzt der frühere Bundesbauminister Oskar Schneider hat sehr deutlich erkannt, welche negativen Folgen sich aus einer unzureichenden Finanzierung der Bauinstandhaltung ergeben:
»Nicht überall wird die zur Schadensvorbeugung erforderliche systematische Instandhaltung betrieben, sei es aus Kostengründen, sei es aus Nachlässigkeit. Zu geringe Mittel führen aber zur Vernachlässigung des Gebäudebestandes, provozieren damit Bauschäden und erfordern in den folgenden Jahren erhöhte Kosten gegenüber einer systematischen Instandhaltung und rechtzeitigen Instandsetzung.«[28]
Darüber hinaus kann der bis jetzt angesprochene ›Normalsatz‹ der Bauunterhaltung von 5,5 Prozent im Einzelfall bei einem bedeutenden Baudenkmal durch-

aus noch erhöht werden, denn »..der Bundesminister der Finanzen hat für den Einzelfall ausdrücklich die Möglichkeit eingeräumt, die Bauinstandhaltung mit einem höheren als dem Normalsatz zu veranschlagen, wenn sich eine solche Notwendigkeit ergibt.«[29]

Als Fazit läßt sich feststellen, daß die Mittel für den jährlichen Bauunterhalt der Weißenhofsiedlung deutlich erhöht werden müssen, um eine qualitätvolle Erhaltung der noch existierenden Originalhäuser in der Zukunft sicherzustellen.
Der jährliche Mindestbetrag nach den Richtlinien des Bundes müßte für das Jahr 1989 bei DM 73.000,– liegen. Angesichts der Bedeutung der Siedlung kann die Empfehlung an den Eigentümer aber nur lauten, diese Summe als unterste Grenze zu betrachten und z.B. ab 1990 eine indexierte Summe von jährlich DM 100.000,– für die Weißenhofsiedlung zur Verfügung zu stellen, was einer 35-prozentigen Erhöhung des ›Normalsatzes‹ entspräche.

zu 3: Wenn die zukünftige Entwicklung der Siedlung anders verlaufen soll als in der Vergangenheit, dann ist auch ein anderer Personaleinsatz als bisher erforderlich.
Im zuständigen Bauamt sollte eine ständige Projektgruppe gebildet werden, die sich aus einem engagierten und qualifizierten Architekten und einem ebensolchen Bauleiter zusammensetzt. Diese beiden könnten das unter Punkt 1 angesprochene Planungskonzept erstellen und sukzessive durchführen.
Mit diesem Personaleinsatz und einem jährlichen, indexierten Instandhaltungsvolumen von mindestens DM 100.000,– für die denkmalgeschützten Gebäude wäre eine qualitätvolle Erhaltung der Gebäude gewährleistet.

zu 4: Der Bund als Eigentümer von Baudenkmalen tut sich schwer mit seinen Schätzen. Wie der private Eigentümer eines Kulturdenkmales hat auch der Bund als öffentlich-rechtliche Körperschaft die Pflicht zum Denkmalschutz nach § 6 des baden-württembergischen Denkmalschutzgesetzes: »Eigentümer und Besitzer von Kulturdenkmalen haben diese im Rahmen des Zumutbaren zu erhalten und pfleglich zu behandeln.«[30]
Während der Bund geltend macht, daß das Maß des dem Eigentümer an Erhaltungs- und Unterhaltungsaufwand Zumutbaren überschritten wird, wenn dieser Aufwand in einem anhaltendem Mißverhältnis zum realisierbaren Nutzen (Mieteinnahmen) für den Eigentümer steht, sehen Vertreter des Landes Baden-Württemberg bei herausragenden Baudenkmalen eine im Vergleich zu Privatpersonen gesteigerte denkmalschutzrechtliche Erhaltungsverpflichtung des Bundes, welche von diesem wiederum bestritten wird.
Die Weißenhofsiedlung war immer in öffentlichem Eigentum und sollte dies als Ensemble auch weiterhin bleiben. Allerdings hat die Bundesrepublik Deutschland als Eigentümerin dann auch die Verpflichtung, alles in ihrer Macht Stehende zu tun, um dieses Baudenkmal für die nachfolgenden Generationen bestmöglich zu erhalten.

3.2.1 Das Für und Wider einer baulichen Rekonstruktion der ursprünglichen Gesamtheit

Der heutige Zustand der Weißenhofsiedlung ist gekennzeichnet durch eine Unterscheidung der Gebäude in solche, die noch original erhalten sind und solche, die zerstört und, bis auf ein Grundstück, durch Neubauten ersetzt wurden.
Die Originale bilden heute eine intakte südliche Hausgruppe mit den Gebäuden von Le Corbusier, Adolf G. Schneck, J.J.P. Oud und Victor Bourgeois, sowie einer intakten nördlichen Hausgruppe mit den Gebäuden von Peter Behrens, Mart Stam, Josef Frank und Hans Scharoun.
Städtebaulich zusammengebunden werden beide Teile durch den langgestreckten Wohnblock von Ludwig Mies van der Rohe im Westen.
Die dem Mies-Block vorgelagerten früheren Einfamilienhäuser von Richard Döcker, Walter Gropius, Ludwig Hilberseimer, Hans Poelzig, Adolf Rading und den Brüdern Bruno und Max Taut existieren nicht mehr und wurden, mit Ausnahme des unbebauten Grundstücks Bruckmannweg 10, nach dem Krieg durch acht Zwei- bis Vierfamilienhäuser ersetzt. Diese Zerstörungen machen die Weißenhofsiedlung heute zu einem städtebaulichen Torso, so daß der Wunsch nach Veränderung durchaus verständlich erscheint.
Der Verlust an Originalsubstanz wird besonders spürbar, wenn man im Herzen der Siedlung (P) die Nachkriegsbauten betrachtet und dabei in Gedanken die ursprünglichen Einfamilienhäuser von Walter Gropius und Bruno Taut wiederersteen läßt.
Von diesem zentralen Platz aus wird auch das leere Grundstück im Bruckmannweg 10 als unangenehme Lücke wahrgenommen und die Frage nach einer Neubebauung drängt sich auf.

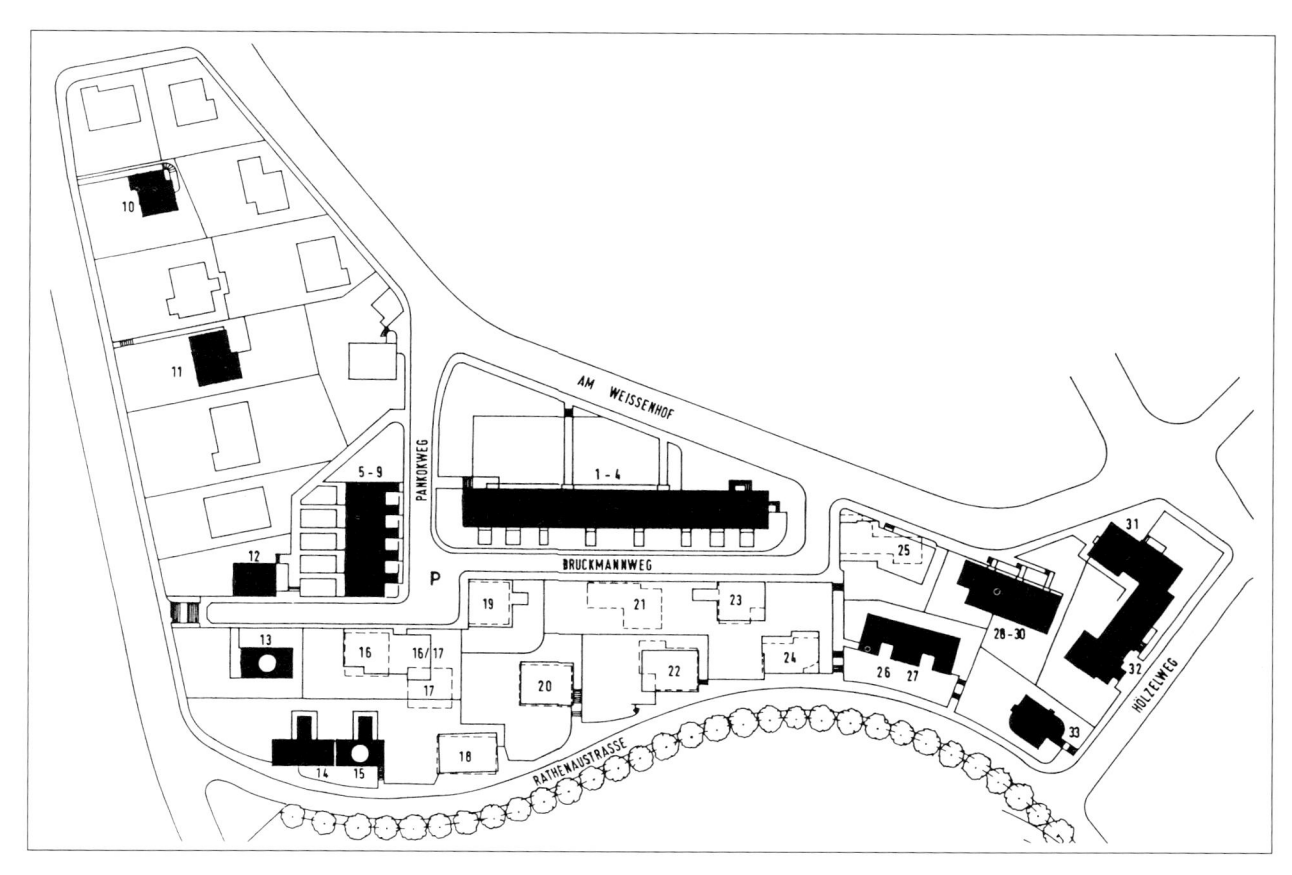

Lageplan der Gesamtsiedlung mit Darstellung der noch erhaltenen und der zerstörten Originalgebäude.

    P »Herz der Siedlung« – Platzbildung Kreuzung Bruckmann-Pankokweg
1– 4 Mies van der Rohe, Wohnblock
5–15 Südliche Hausgruppe, erhalten
    5, 6, 7, 8, 9 Oud; 10 Bourgeois
    11, 12 Schneck; 13, 14, 15 Le Corbusier
16–25 Mittelteil
    zerstörte Originalhäuser und Nachkriegsbauten.
    16, 17 Gropius; 18 Hilberseimer; 19 B. Taut
    20 Poelzig; 21 Döcker, Bruckmannweg 10;
    22 Döcker; 23, 24 M. Taut; 25 Rading
26–33 Nördliche Hausgruppe, erhalten
    26, 27 Frank; 28, 29, 30 Stam
    31, 32 Behrens; 33 Scharoun

Denkt man in dieser Richtung weiter, so ergeben sich für den mittleren, zerstörten Teilbereich der Siedlung vier grundsätzliche Möglichkeiten für die Zukunft:

Variante a Beibehaltung des Status Quo. Der heutige Zustand mit restaurierten Originalhäusern und Nachkriegsbauten bleibt unverändert weiterbestehen, zeigt er doch einen, wenn auch für die Siedlung verlustreichen, geschichtlichen Prozeß auf.
Variante b Ergänzung des Status Quo durch die Rekonstruktion des Döcker-Hauses im Bruckmannweg 10. Alle anderen Nachkriegsbauten bleiben unverändert weiterbestehen.
Variante c Veränderung des Status Quo durch Rekonstruktion eines Teils der zerstörten Originalhäuser so originalähnlich wie möglich.
Variante d Ersatz der Nachkriegsbauten durch Neubauten mit der programmatischen Aufgabe einer Demonstration heutiger Wohnformen.[31]

Die Variante a ist die zukünftige Fortsetzung des bestehenden Zustandes und zeigt in bezug auf eine Veränderung des zerstörten Mittelteiles der Siedlung keine neuen Wege auf.
Die Varianten b bis d zeigen die möglichen Veränderungen auf, nämlich entweder eine Rekonstruktion der Originalhäuser, und zwar so originalähnlich wie möglich (Varianten b und c), oder, nach Abriß der Nachkriegsbebauung, eine Neubebauung als Demonstration heutiger Wohnformen (Variante d).

Zum Für und Wider einer gebäudeweisen Rekonstruktion des zerstörten Mittelteils der Weißenhofsiedlung gibt es folgendes festzustellen:
Zunächst könnte man als eine Forderung der Denkmalpflege vermuten, daß die Nachkriegsbauten wieder verschwinden müßten und durch Rekonstruktionen der Originalbauten zu ersetzen wären, oder daß zumindest die Rekonstruktion des Döcker'schen Einfamilienhauses auf dem leeren Grundstück im Bruckmannweg gefordert würde.
Aber dem ist nicht so. Im Gegenteil. Das Landesdenkmalamt Baden-Württemberg kam in einer Stellungnahme zum Wiederaufbau des zerstörten Döcker'schen Einfamilienhauses schon 1985 zu dem Ergebnis, »daß ein rekonstruierender Nachbau des Hauses Nr. 21 von Richard Döcker denkmalpflegerisch nicht wünschenswert ist.«[32]
Der Bund Deutscher Architekten äußerte 1984 die Absicht, das Haus zu rekonstruieren und als Geschäftsstelle zu verwenden. Seine ablehnende Haltung begründete das Amt damit, daß es für die Rekonstruktion eines Hauses nicht ausreichend sei, die bloße Form von 1927 zu reproduzieren, ohne die anderen gleichwichtigen programmatischen Aspekte von damals, wie Wohnnutzung und Konstruktionsmethode, mit zu berücksichtigen. Denn die damalige Bauaufgabe für die Architekten war gegliedert in die drei Bereiche technische Aufgabe der Konstruktion, die bauökonomische des Raumaufwandes und die formale des baulichen Ausdrucks.
Das Landesdenkmalamt sah in einer Wiederholung des zerstörten Gebäudes sogar die Gefahr, »..daß der Originalwert der erhaltenen Häuser von 1927 gemindert wird« und empfahl deshalb »..einen eventuellen Neubau auf dem Grundstück Bruckmannweg 10 nach einem neuen Entwurf auszuführen.«[33]
Für die Befürworter einer Rekonstruktion des Döcker'schen Einfamilienhauses ist es immerhin tröstlich zu wissen, daß das Landesdenkmalamt, sollte der Nachbau aus anderen, denn aus denkmalpflegerischen Gründen angestrebt werden, gegen die denkmalschutzrechtliche Zustimmung im Rahmen eines Baugenehmigungsverfahrens keine Bedenken erheben würde, »da die Rekonstruktion offensichtlich nicht als erhebliche Beeinträchtigung für eingetragene Kulturdenkmale in der Umgebung zu werten wäre.«[34]

Leidenschaftlich befürwortet wird die Rekonstruktion des Döcker-Hauses und der übrigen Häuser vom Verein der Freunde der Weißenhofsiedlung: »..Man sollte sich endlich mutig das Herz des Weißenhofs vornehmen. Das ist der Bruckmannweg. Am Bruckmannweg treffen sich Mies, Gropius, Oud, Taut, Le Corbusier mit dem Stuttgarter Döcker! Versteht man denn nicht, was das heißt? Wo gibt es etwas ähnliches auf der Welt? Doch wie gut dieses Herz ist, sieht man bisher noch nicht. Unerträglich ist die Schändung des Gropius-Hauses, die Verfremdung des Taut-Hauses und das Fehlen des Döcker-Hauses... der Weißenhof muß völlig wiederhergestellt werden!«[35]

Vielleicht wäre es im Sinne einer erfahrbaren Geschichte nicht richtig, alle Nachkriegshäuser abzubrechen und durch Rekonstruktionen zu ersetzen, sind sie doch auch Teil einer baugeschichtlichen Entwicklung der Siedlung.
Ich meine, sie sollten als Mahnung für zukünftige Generationen zumindest teilweise erhalten bleiben. Daher mein Vorschlag, die Wiederherstellung der Weißenhofsiedlung so zu betreiben, daß einerseits das Herz der Siedlung rekonstruiert wird und andererseits die ersten Nachkriegsbauten mit Satteldach und eines mit Flachdach entlang der Rathenaustrasse als wichtige geschichtliche Spuren nicht völlig verschwinden.

Eine solche Rekonstruktion könnte in drei Phasen erfolgen:

Phase 1 = Variante b

Originalähnliche Rekonstruktion des Döcker'schen Einfamilienhauses im Bruckmannweg 10.

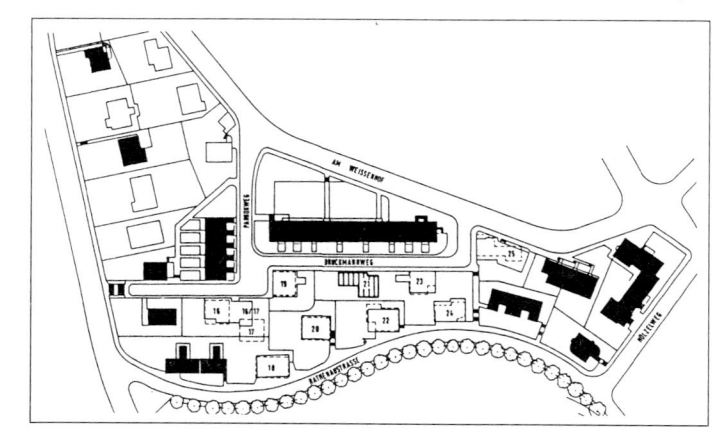

Phase 2 = Variante c

Originalähnliche Rekonstruktion der beiden Gropius-Häuser und des Einfamilienhauses von Max Taut. Damit wäre das Herz der Siedlung wiederhergestellt.

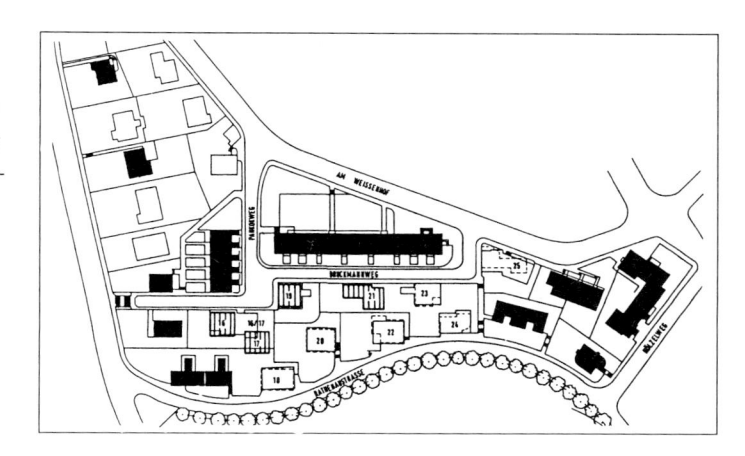

Phase 3 = Variante c

Originalähnliche Rekonstruktion des Einfamilienhauses von Adolf Rading.
Mit Anschluß von Phase 3 wäre auch von der Straße am Weißenhof aus gesehen das Ensemble komplettiert. Die Nachkriegsbauten 18, 20, 22, 23, 24 bleiben erhalten als Zeugnisse einer geschichtlichen Entwicklung.

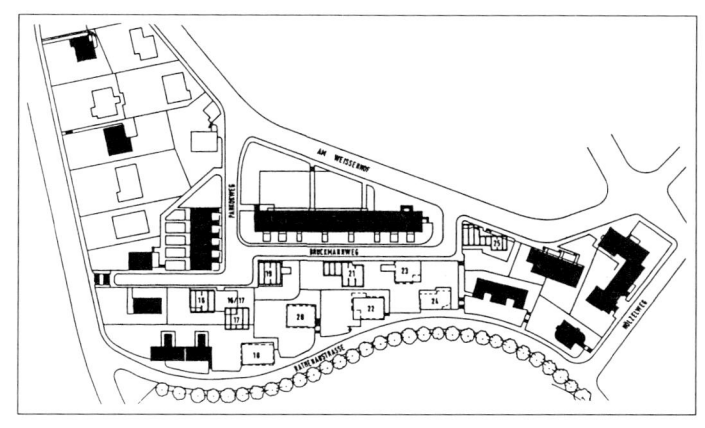

3.3 Verallgemeinerungen für andere Bauten jener Zeit

Während Ludwig Mies van der Rohe 1927 mit dem Bau der Stuttgarter Weißenhofsiedlung die sechzehn »..charakteristischten Vertreter der modernen Bewegung..«[36] zu einem gemeinsamen Projekt zusammenführte, um »..zu dem Wohnproblem Stellung zu nehmen..«[37], zeigte eine parallel stattfindende Plan- und Modellausstellung in den städtischen Ausstellungshallen im Stuttgarter Stadtzentrum, daß überall in Europa und Amerika moderne Bauwerke geplant und auch verwirklicht wurden.

Im amtlichen Katalog der Stuttgarter Werkbund-Ausstellung waren über fünfhundert Entwürfe aus Deutschland, der Tschechoslowakei, Frankreich, Italien, Belgien, Österreich, der Sowjetunion und den USA aufgeführt und einiges davon war bereits gebaut.

Im Verlauf, vor allem aber gegen Ende der zwanziger Jahre gelang es dann immer mehr fortschrittlich gesinnten Architekten, ihre Ideen, sowohl bei Einzelbauwerken, besonders aber auch im Siedlungsbau, in die Tat umzusetzen.

Bereits 1922 wurde in Brüssel von Victor Bourgeois die Cité Moderne fertiggestellt und auch der Holländer J.J.P.Oud hatte seit dem Beginn der zwanziger Jahre vielbeachtete Projekte ausgeführt wie u.a. die Wohnsiedlungen Oud-Mathenese in Rotterdam 1922 und Hoek van Holland 1926. Ebenfalls in Holland entstand von 1926 bis 30 die Tabakfabrik Van Nelle von Johannes Andreas Brinkmann und Leendert Cornelius van der Vlugt in Zusammenarbeit mit Mart Stam als einer der wichtigsten Industriebauten der zwanziger Jahre.

Ludwig Mies van der Rohe, einer der drei ›Meister‹[38] des architektonischen Rationalismus neben Walter Gropius und Le Corbusier, machte in der ersten Hälfte der zwanziger Jahre vor allem durch seine Prinzipstudien zu Hoch- und Landhäusern von sich reden, während Walter Gropius bereits 1911 mit der Gestaltung der Fagus-Werke in Alsfeld einen Pionierbau der Moderne erstellte.

Wie Walter Gropius, der in den Jahren 1925 und 26 die Bauten für das Bauhaus in Dessau entwarf, verfügte auch Le Corbusier über seine theoretischen Schriften hinaus bereits über einige praktische Erfahrungen. Auf der Stuttgarter Plan- und Modellausstellung 1927 konnten die Besucher seine bereits realisierten Gebäude bewundern: das Haus am Genfer See, die Häuser in Vaucresson und in Auteuil, ein Ateliergebäude in Paris, den Pavillon des ›Esprit Nouveau‹ für die Pariser Weltausstellung 1925, die Siedlung Pessac bei Bordeaux, die Häuser in Boulogne sur Seine und das Haus Cook sowie einige weitere Landhäuser im gleichen Stil. Eines seiner bedeutendsten Werke in dieser Reihe gelang ihm in den Jahren 1927 bis 31 mit der Errichtung der Villa Savoie in Poissy bei Paris.

Ein Hauptanliegen des Neuen Bauens aber war der Siedlungsbau. Zur Linderung der Wohnungsnot nach dem ersten Weltkrieg legten viele deutsche Städte große Wohnungsbauprogramme auf, und auch die Weißenhofsiedlung wurde im Rahmen eines solchen Wohnbauprogramms der Stadt Stuttgart finanziert. Architekten wie Hans Scharoun, Walter Gropius, Hugo Häring, Otto Bartning, Bruno Taut, Otto Haesler und Ernst May, um nur einige zu nennen, bauten in Berlin, Frankfurt und anderen deutschen Städten moderne Wohnsiedlungen, die den neuen städtebaulichen Ideen verpflichtet waren. »Sozialistische Ideologie, Industrialisierung im Bauen und die Suche nach einer neuen, universellen Formensprache fanden im Massenwohnungsbau ihre plausibelste Synthese.«[39]

Wie die Weißenhofsiedlung wurden die meisten Siedlungen in den letzten sechzig Jahren ständig verändert. Einheitlich geplante Siedlungen wie Onkel Toms Hütte in Berlin, von 1925 bis 34 gebaut, oder Praunheim, eine der May-Siedlungen in Frankfurt, wurden nicht minder verfälscht wie die eher individualistische Weißenhofsiedlung, und die bautechnischen Probleme waren und sind überall ähnlich.
Es wurden Fenster und Türen ohne Rücksicht auf das Original erneuert, in ihren Größen verändert und Anbauten vorgenommen, was die Fassaden stark veränderte. Auch die willkürliche äußere Farbgebung trug vielfach dazu bei, den Originalzustand stark zu verfremden.

In den letzten Jahren vollzog sich hier ein bemerkenswerter Umdenkungsprozeß. Bei immer wieder notwendigen Instandsetzungsmaßnahmen wird heute behutsamer mit der bestehenden Bausubstanz umgegangen und sogar die ursprüngliche Farbgestaltung wird rekonstruiert, wie die Sanierungen der Stuttgarter und Wiener Werkbundsiedlungen in den letzten Jahren beweisen.

Zu den äußeren Veränderungen kamen Umbauten im Inneren.
Die für heutige Verhältnisse kleinen Zimmer wurden durch das Herausnehmen von Zwischenwänden vergrößert und wie in der Weißenhofsiedlung wurden in den meisten Wohnbauten jener Jahre die Küchen, Bäder und Heizungsanlagen so gut es ging modernisiert. Obwohl solche Umbauten bei einzelnen Gebäuden der Weißenhofsiedlung zu nicht ersetzbaren Substanzverlusten führten, man denke nur an die Zerstörungen bei beiden Corbusier-Häusern, sind Veränderungen der Innenräume bei Wohnungen über so lange Zeiträume hinweg durchaus legitim, denn es sollte dem Eigentümer oder Mieter überlassen bleiben, den Grundriß seiner Wohnung den jeweiligen Bedürfnissen anzupassen. Mit der Weißenhofsiedlung vergleichbar sind die meisten Siedlungs- und Einzelbauten der zwanziger Jahre auch in bezug auf die spezifischen Bauschäden.
Flachdächer, Dachterrassen, glatte Putzfassaden und nicht isolierte Fundamente waren und sind schadensträchtige Bauteile, und die z.B. für die Karlsruher Dammerstocksiedlung festgestellten Bauschäden sind in der Weißenhofsiedlung genauso zu beobachten wie in den meisten anderen Siedlungen jener Zeit: »Nicht ausreichende Wärmedämmung an Dächern und Außenwänden, fehlende Feuchtigkeitsisolierung der Keller- und Erdgeschoßböden und andere Fehler hatten zu Feuchtigkeits- und Korrosionsschäden geführt, die umfangreicher Reparaturen bedurften, um den Wohnwert der Siedlung zu erhalten.«[40]

Nicht zu unterschätzende Probleme bei der Sanierung bereiten heute in geschützten Wohnanlagen auch solche Kleinigkeiten wie Rolläden, Müllbehälter und Autoabstellplätze. Diese baulichen ›Accessoires‹ hatten in den zwanziger Jahren noch nicht die gleiche Bedeutung wie heute.
Anfänglich erhielten die Wohnungen des Neuen Bauens weder Roll- noch Klappläden als Sonnen-, Sicht- oder Einbruchsschutz, was die Bewohner schon damals vielfach vermißten. Le Corbusier fand für die Erdgeschoßfenster seiner Häuser, nicht nur in der Weißenhofsiedlung, eine ›einbruchsichere‹ Lösung, indem er den waagerechten Abstand der Eisenprofile mit 20 cm so eng wählte, daß kein Mensch sich hindurchzwängen konnte. Mit dieser ›Erfindung‹ blieb er aber eine Ausnahme, aber auch er hatte in den Obergeschossen seiner beiden Stuttgarter Häuser keinen außenliegenden Sonnen- oder Sichtschutz anzubieten.
Im Mies-Block der Weißenhofsiedlung führte dies 1985/86 zum Einbau eines integrierten äußeren Son-

nenschutzes in Form von gestalterisch auf die Fassade abgestimmten Senkrechtmarkisen.
Vielfach wurde das Problem früher, gegen den Willen der Denkmalpflege, durch das nachträgliche Anbringen von Rolladenkästen gelöst, obwohl dadurch die Fensterhöhen und somit die Proportionen der Fassade und ihr künstlerischer Ausdruck entscheidend gestört wurden.

Auch der Müll war in den zwanziger Jahren noch kein Problem. Die Mülleimer waren damals noch so klein, daß sie unauffällig in jeden Hausflur oder in jedes Treppenhaus gestellt werden konnten.
Heute dagegen sind bei größeren Wohnhäusern Müllboxen notwendig, die den Gesamtcharakter einer Siedlung erheblich beeinflussen können.
Ähnlich verhält es sich mit den Autos. Während der Gesamtplan der Weißenhofsiedlung von Ludwig Mies van der Rohe 1927 keine Garagenplätze vorsah, gehört heute fast zu jeder Wohnung ein Auto, welches in den Straßen der Siedlung abgestellt wird. Nach dem Krieg wurden anstelle der ursprünglichen Stützmauern auch einige Garagen errichtet, die leider immer noch Bestandteil der Siedlung sind. Bei der Planung für Neubühl in der Schweiz wurden 1929 bereits drei kleine Garagengebäude mit eingeplant, die heute natürlich auch nicht mehr ausreichend sind.
Bei den meisten Wohnsiedlungen der zwanziger Jahre wurde an Autoabstellplätze nicht gedacht und so findet das Parken auf den Straßen statt. Siedlungen wie Dammerstock, Weißenhof, Römerstadt, Siemensstadt und andere stehen heute unter Denkmalschutz, so daß auch zukünftig keine Garagengebäude eingefügt werden dürfen.

Im Gegensatz zur Weißenhofsiedlung, wo jedes Gebäude sich in Konstruktion und Material von den anderen unterschied und damit jeweils als Prototyp für die Serienfertigung einer ganzen Siedlung stehen konnte, waren die Wohnsiedlungen der zwanziger Jahre, auch die übrigen Werkbundsiedlungen, zumindest konstruktiv sehr viel einheitlicher geplant und ausgeführt.
Die Siedlungen Neubühl bei Zürich und die Wiener Werkbundsiedlung, kurz nach der Weißenhofsiedlung in den Jahren 1930 bis 32 gebaut, wurden ebenfalls in den letzten Jahren saniert und es sind einige interessante Parallelen festzustellen.
So wurde an den bewohnten Häusern der Wiener Werkbundsiedlung, die im Innern substantiell zum Großteil kaum verändert sind, vornehmlich die komplette Außenhaut und die äußeren Anlagen erneuert. Auch in Neubühl war die Sanierung der äußeren Hülle der Gebäude eine Hauptaufgabe. Wie in der Weißenhofsiedlung führten zahlreiche Kältebrücken zu Rißbildungen im Außenputz und bei ungenügender Heizung und Lüftung im Innern der Häuser zu Schimmelbildung, was letzten Endes die Gebäudekonstruktion selbst bedrohte.

Ebenfalls zu Bauschäden kam es bei vielen modernen Gebäuden der zwanziger Jahre durch die konstruktive Zusammenfügung von Baustoffen mit sehr unterschiedlichen Ausdehnungskoeffizienten.
Beim Mies-Block in der Weißenhofsiedlung wurde 1927 die ausgefachte Eisenskelettkonstruktion des Hauses direkt verputzt, was schon ein Jahr später zu starken Putzrissen führte.
Eine solche Materialkombination ergab auch bei den Fagus-Werken in Alsfeld überall dort Schäden, wo die Deckenstahlträger direkt mit dem Fassadenmauerwerk verbunden wurden. Die größere Längenausdehnung der nicht isolierten Stahlträger drückte im Falle der Fagus-Werke den Fassadenklinker im Laufe der Jahre aus seinem Verband. Durch die dadurch entstandenen offenen Fugen konnte Wasser eindringen. Die Stahlträger korrodierten und vergrößerten so weiter ihr Volumen, was die Fassadensteine weiter auseinanderriß. Die Sanierung unterbrach diesen schädlichen Kreislauf durch bewußte Fugenbildung und Trennung der ungleichen Materialien.

Aber unabhängig von den jeweiligen Einzelproblemen ist die Einhaltung folgender Regeln entscheidend für jede verantwortungsbewußte und denkmalgerechte Sanierung bestehender und historisch wertvoller Bausubstanzen, nicht nur die der zwanziger Jahre:

1 Der beauftragte Architekt muß sich mit der Aufgabe als Pfleger eines Kulturdenkmals identifizieren. Sanierung ist nicht Neubau, sondern Bauunterhaltung. ».. Eines allerdings sollte in diesem Aufgabengebiet ausgeschlossen sein: Das Sich-Profilieren auf Kosten des Altbaues..«[41]

2 Vor der Sanierung: Grundlagenforschung.
Das bedeutet, soweit noch nicht vorhanden, genaue Erfassung der gebauten Originalsubstanz nach Funktion, Form, Farbe, Abmessung und Material sowie der zwischenzeitlich erfolgten baulichen Veränderungen. Die Ergebnisse werden in der jeweils geeignetsten Weise dokumentiert, z.B. durch Pläne, Photos, Beschreibungen usw..

3 Im Verlauf der Sanierung:
 – Die notwendigen Substanzverluste am Original sind so gering wie möglich zu halten.
 – Bestmögliche Instandhaltung und Pflege der noch vorhandenen Originalsubstanz.
 – Rekonstruktion wichtiger Bauteile, ohne dem Irrtum zu erliegen, damit den ursprünglichen Zustand wiederherzustellen.
 – Originalfremde Ergänzungen von Bauteilen oder Funktionen sind auf das absolut notwendige Minimum zu beschränken.

4 Nach der Sanierung: Dokumentation.
 Die durchgeführten baulich-denkmalpflegerischen Arbeiten müssen, unabhängig vom Umfang der Maßnahmen, exakt dokumentiert und veröffentlicht werden, denn erst nach der Veröffentlichung der auf diese Weise durchgeführten Bauforschung wird das Baudenkmal zu einer glaubhaften historischen Quelle der Baugeschichte und kann weiteren Forschungen und zukünftigen Generationen dienen.

Einfamilienhaus von Le Corbusier. Ansicht vom Bruckmannweg

3.4 Quellenverzeichnis zu Kapitel 3.0

1 Jürgen Joedicke in ›Weißenhofsiedlung Stuttgart‹ S.19 Karl Krämer, Stuttgart 1989.
2 Denkschrift von 1926 zur Werkbundausstellung ›Die Wohnung‹ Stuttgart 1927.
3 Max Bächer, ›Barcelona-Pavillon, Sagrada Familia – Original, Kopie oder Nachahmung?‹ Bauwelt 1989, Heft 19, S. 853
4 Siehe auch Abschnitt 1.4 dieser Arbeit ›Ziel der Sanierung‹ S. 21
5 Werner Gräff, ›Zur Stuttgarter Weißenhofsiedlung‹ in Bau und Wohnung 1927, Dr. Fr. Wedekind & Co Stuttgart
6 Wolfgang E. Stopfel, ›Architektur und Denkmalpflege‹ in ›Das Bauzentrum‹ Heft 5, 1987
7 wie (1), S. 8
8 Einzige Ausnahme: In der früheren Wohnung des Behrens-Hauses, Am Weißenhof 30, ist seit 1982 die Architektur-Galerie des BDA eingerichtet.
9 Das Bundesvermögensamt muß sich z.B. heute vor Gericht mit Mieterklagen auseinandersetzen, welche Mietminderung geltend machen, weil die Wohnung originalähnlich und damit schlechter als vergleichbare Wohnungen dieses Mietniveaus wiederhergestellt wurde.
10 So geschehen bei der denkmalgerechten Wiederherstellung der Glasfassaden der Fagus-Werke in Alsfeld, wo die Eigentümer-Familie erhebliche Erschwernisse und Mehrkosten in Kauf genommen hat.
11 Brief Ludwig Mies van der Rohe an Walter Gropius, 28. 12. 1926
12 siehe Quellenverzeichnis Abschnitt 1.0 Nr. (44)
13 Norbert Bongartz ›Denkmäler der frühen Moderne in Stuttgart und ihre konservatorischen Probleme‹ in: Denkmalpflege Baden-Württemberg, Heft 4, 1980
14 Deutsche Bauhütte, Zeitschrift der deutschen Architektenschaft, ›Neues vom Werkbund-Häuserbau in Stuttgart‹, 27. 4. 1932, 36. Jhrg., Heft 9.
15 Brief Ludwig Mies van der Rohe an J.J.P. Oud, 15. 11. 1926
16 Brief Ludwig Mies van der Rohe »an die Herren Architekten der Werkbundsiedlung Stuttgart«, 7. 12. 1926
17 Brief Ludwig Mies van der Rohe an Hans Poelzig, 4. 6. 1927
18 Liselotte Ungers, ›Die Suche nach einer neuen Wohnform‹, Einleitung, DVA Stuttgart 1983.
19 wie (4)
20 wie (6)
21 wie (6)
22 wie (13), S.137
23 Bericht in der Stuttgarter Zeitung vom 3.10.1986 anläßlich eines Besuches von Bundesbauminister Schneider in der Weißenhofsiedlung. Überschrift: ›Minister Schneider: kein Denkmal‹.
24 In einer Erklärung vom 6. 11. 1985 fordert der Verein der Freunde der Weißenhofsiedlung die völlige Wiederherstellung der Siedlung. Beginnend mit dem Herz der Siedlung (Platzbildung Bruckmann-Pankokweg) sollten alle zerstörten Originalhäuser wieder rekonstruiert werden.
25 Der Bundesminister für Raumordnung, Bauwesen und Städtebau in ›Zweiter Bericht über Schäden an Gebäuden‹. 1. Nachdruck 5 / 88 S.26.
26 Lt. Angabe der Bundesvermögensverwaltung Stgt.: Die Gesamtliegenschaft Weißenhof setzt sich zusammen aus dem Gelände der Weißenhofsiedlung von 1927 abzüglich Rathenaustraße 9 und den Häusern Friedrich-Ebertstr. 110, 116, Am Weißenhof 2, 4, 6, 8 und Pankokweg 13.
27 Lt. Angaben des Staatlichen Hochbauamtes II (Früher III) Stgt.
28 wie (25)
29 wie (25)
30 Denkmalschutzgesetz von Baden-Württemberg, in der Fassung vom 6. Dezember 1983, 6, ›Erhaltungspflicht‹.
31 Vom 17.–19. 2. 1981 veranstaltete das Institut Grundlagen der modernen Architektur und Entwerfen an der Universität Stuttgart ein Internationales Symposium mit dem Thema ›Architektur der Zukunft – Zukunft der Architektur‹. Als Grundlage für die verschiedenen Vorschläge diente der zerstörte Mittelteil der Weißenhofsiedlung.
32 August Gebessler in einem Brief des Landesdenkmalamtes Baden-Württemberg an den Bund Deutscher Architekten Landesverband B-W, 25. 2. 1985.
33 wie (32)
34 wie (32)
35 Eine Erklärung des Vereins der Freunde der Weißenhofsiedlung Stuttgart, 6. 11. 85
36 Ludwig Mies van der Rohe, Vorwort in ›Bau und Wohnung‹ 1927, Dr. Fr. Wedekind & Co, Stuttgart 1927.
37 wie (36)
38 Vittorio Magnago Lampugnani, ›Architektur und Städtebau des 20. Jahrhunderts‹, Hatje, Stuttgart 1980.
39 wie (38), S.118.
40 wie (18), S.138
41 wie (6), S.23

4.0 Zeichnerischer Anhang

Die folgende Zusammenstellung von Plänen und Zeichnungen dokumentiert die baulichen Veränderungen der Weißenhofsiedlung insgesamt sowie ihrer einzelnen Häuser in Form von Grundrissen, Ansichten und Detailschnitten, soweit dies nicht in den vorhergehenden Kapiteln bereits erfolgt ist.

Detailzeichnungen – z.B. von Dachaufbauten, Fenstern und anderen baulichen Einzelelementen – veranschaulichen die heute bestehenden Abweichungen gegenüber dem Original im Verlauf der letzten 65 Jahre. Die Zeichnungen stellen immer den tatsächlich ausgeführten Zustand zum Zeitpunkt der angegebenen Jahreszahl dar.

So beziehen sich auch die Zeichnungen über den Zustand von 1927 nur dann auf einen damaligen zeichnerischen Planungsstand (z.B. Baugesuchspläne), wenn dieser auch der tatsächlichen Ausführung des Bauwerkes entsprach. Entsprechend gilt dies auch für die Zustandszeichnungen vor der Sanierung 1982 und nach der Sanierung 1987. Bei vielen Zeichnungen ist der Maßstab angegeben, so daß die Bauteile direkt verglichen werden können.

Einfamilienhaus von Adolf G. Schneck, Bruckmannweg 1, nach der Sanierung 1986. Heute Zweifamilienhaus

4.01 Gesamtsiedlung

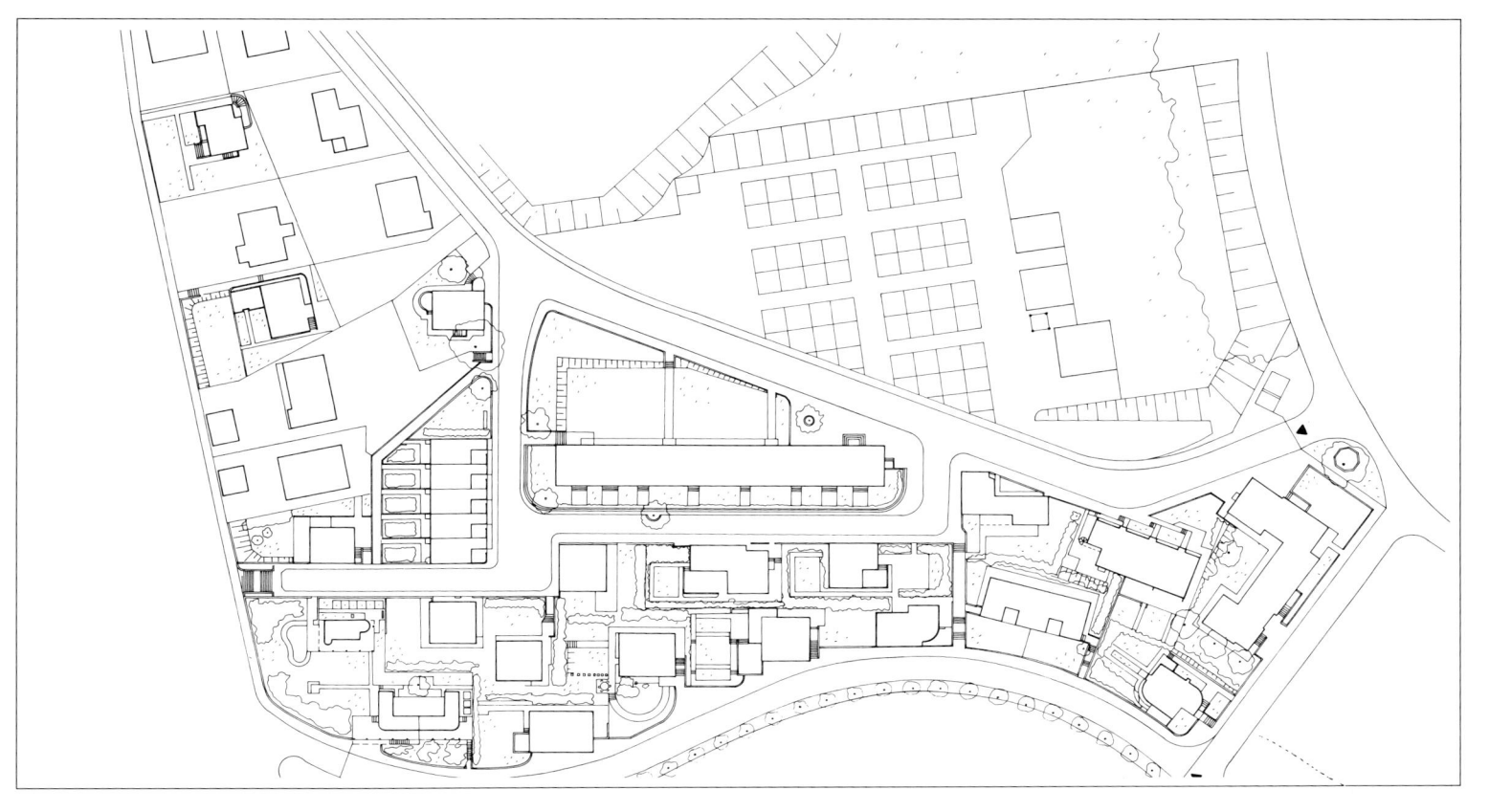

4.01 01 Lageplan der Gesamtsiedlung mit Außenanlagen und Versuchsgelände. Zustand 1927. M 1:1500

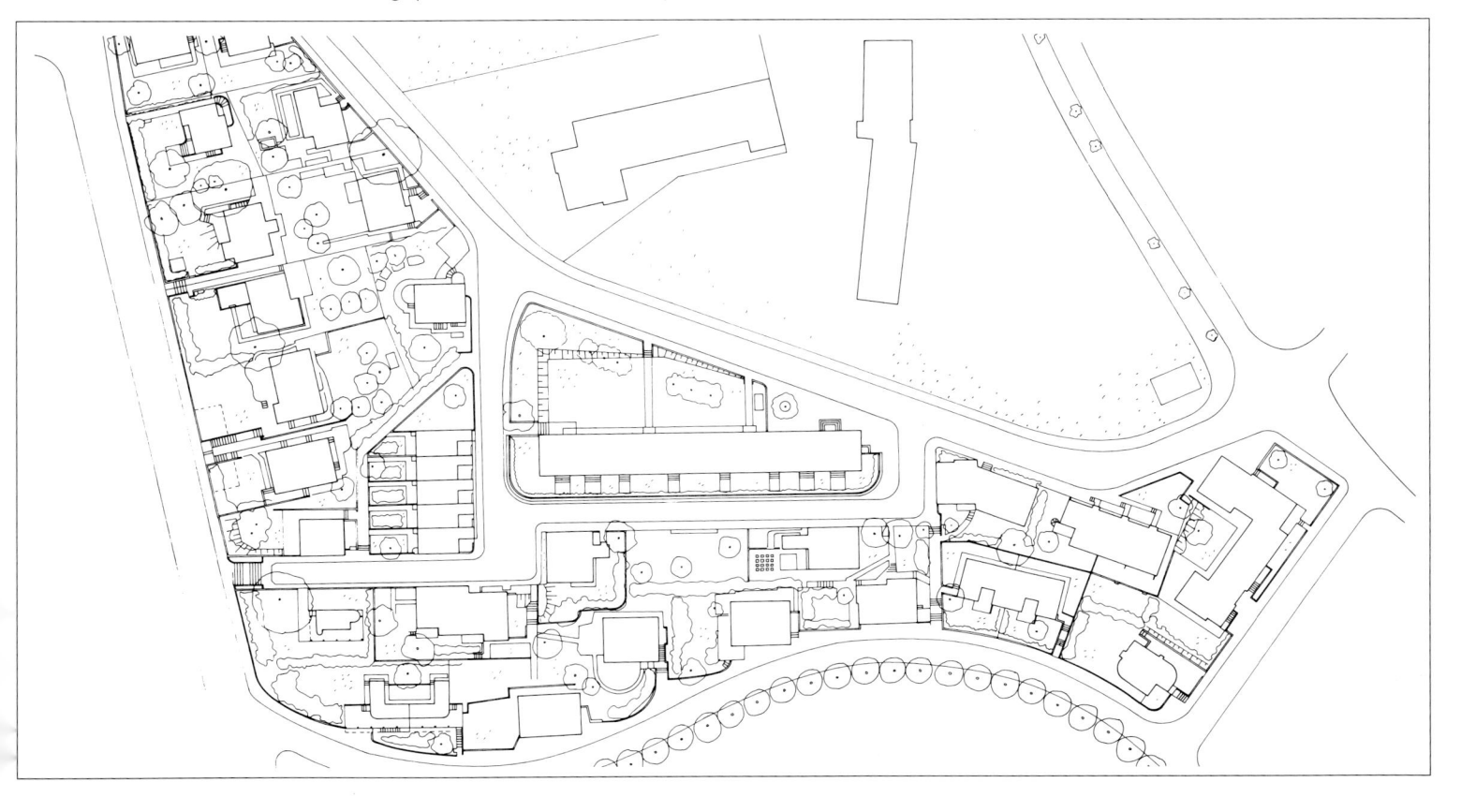

4.01 02 Lageplan der Gesamtsiedlung mit Außenanlagen nach der Sanierung. Zustand 1987. M 1:1500.

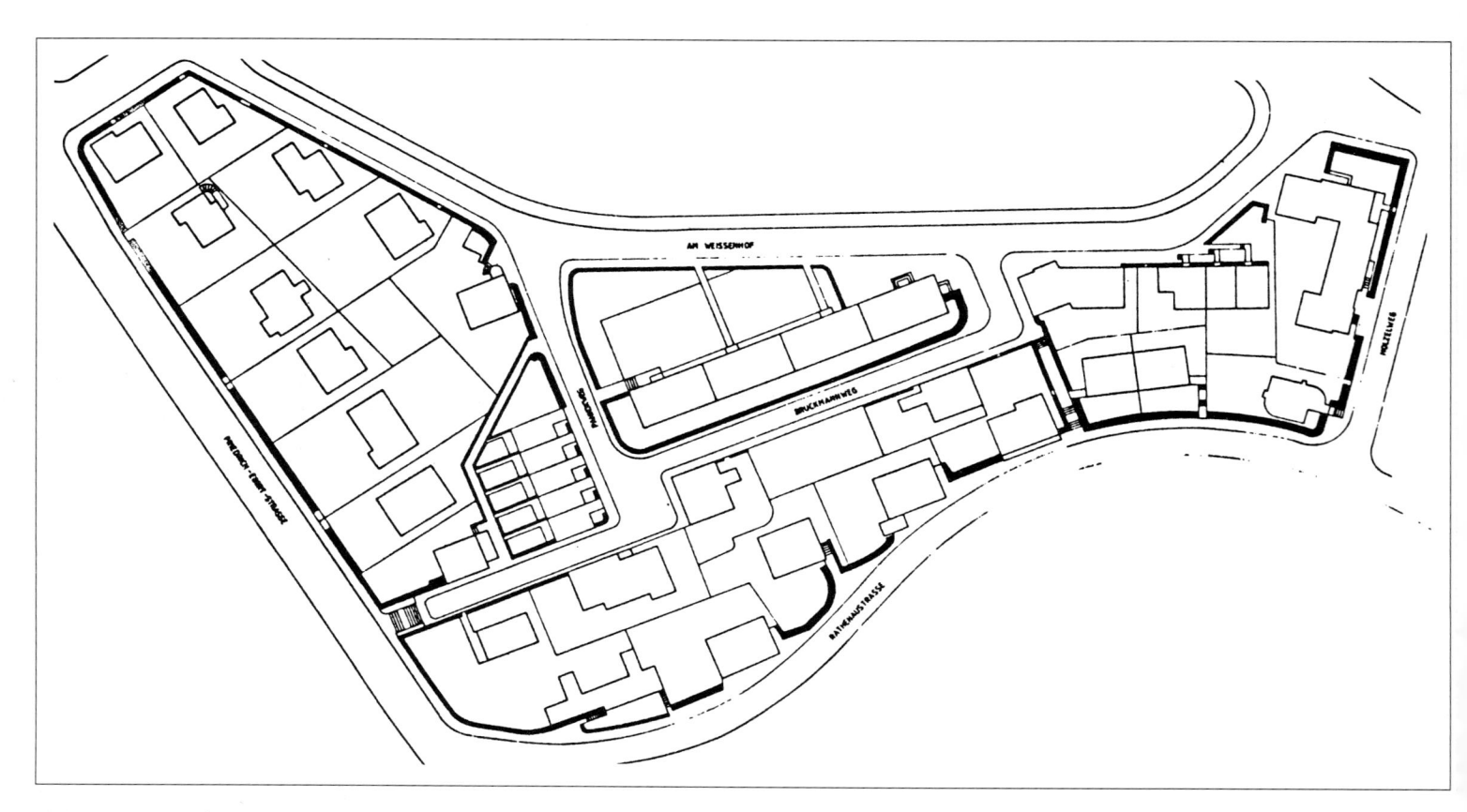

4.01 03 Lageplan mit Eintragung der architekturbestimmenden Stützmauern. M 1:1500 und Schnittvergleich der Stützmauern von 1927 und 1987. M 1:40

4.01 04 Vergleich der Gesamtansicht vom Hölzelweg 1927, 1982 und 1987 (von oben nach unten). M 1:1500

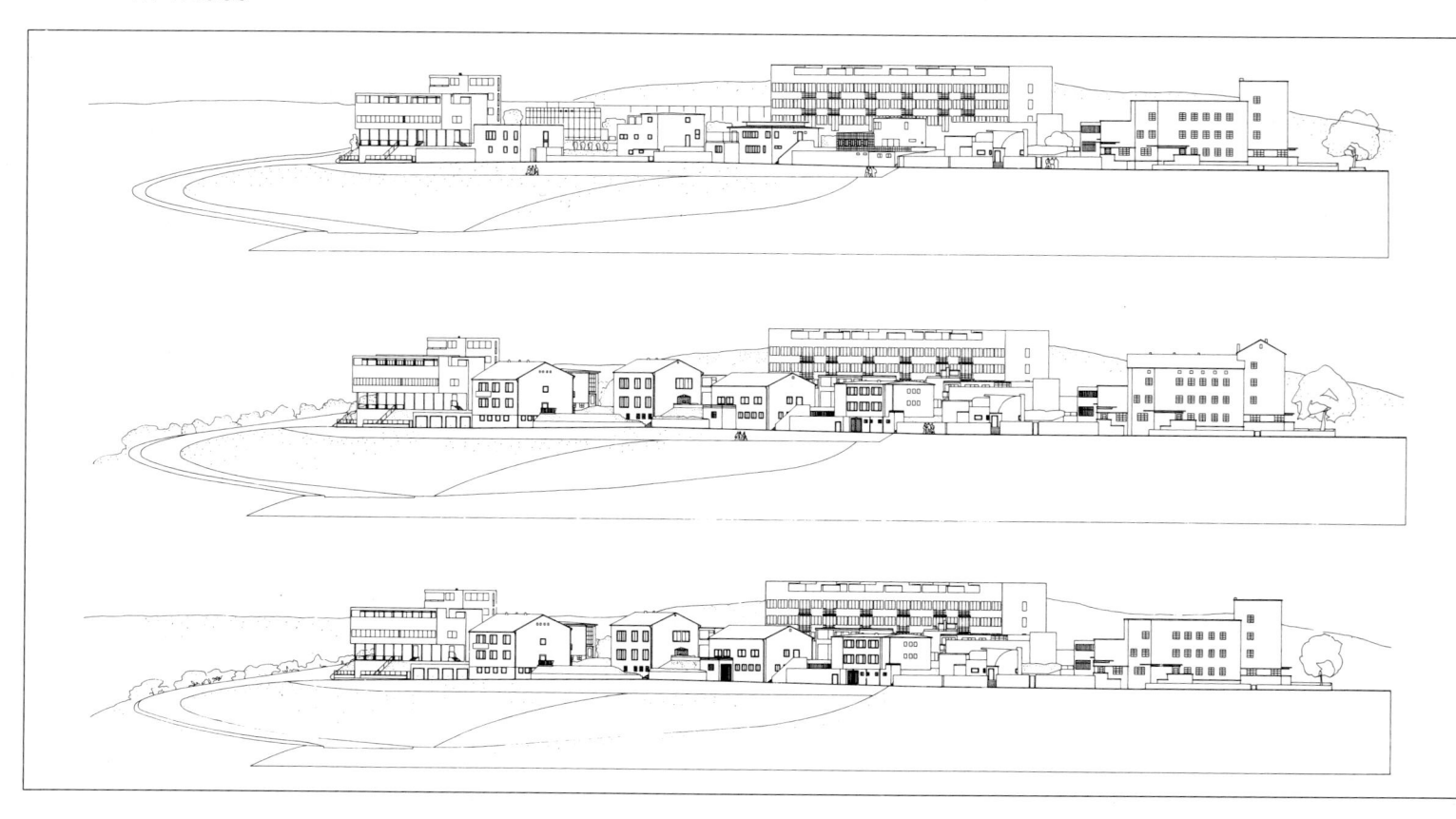

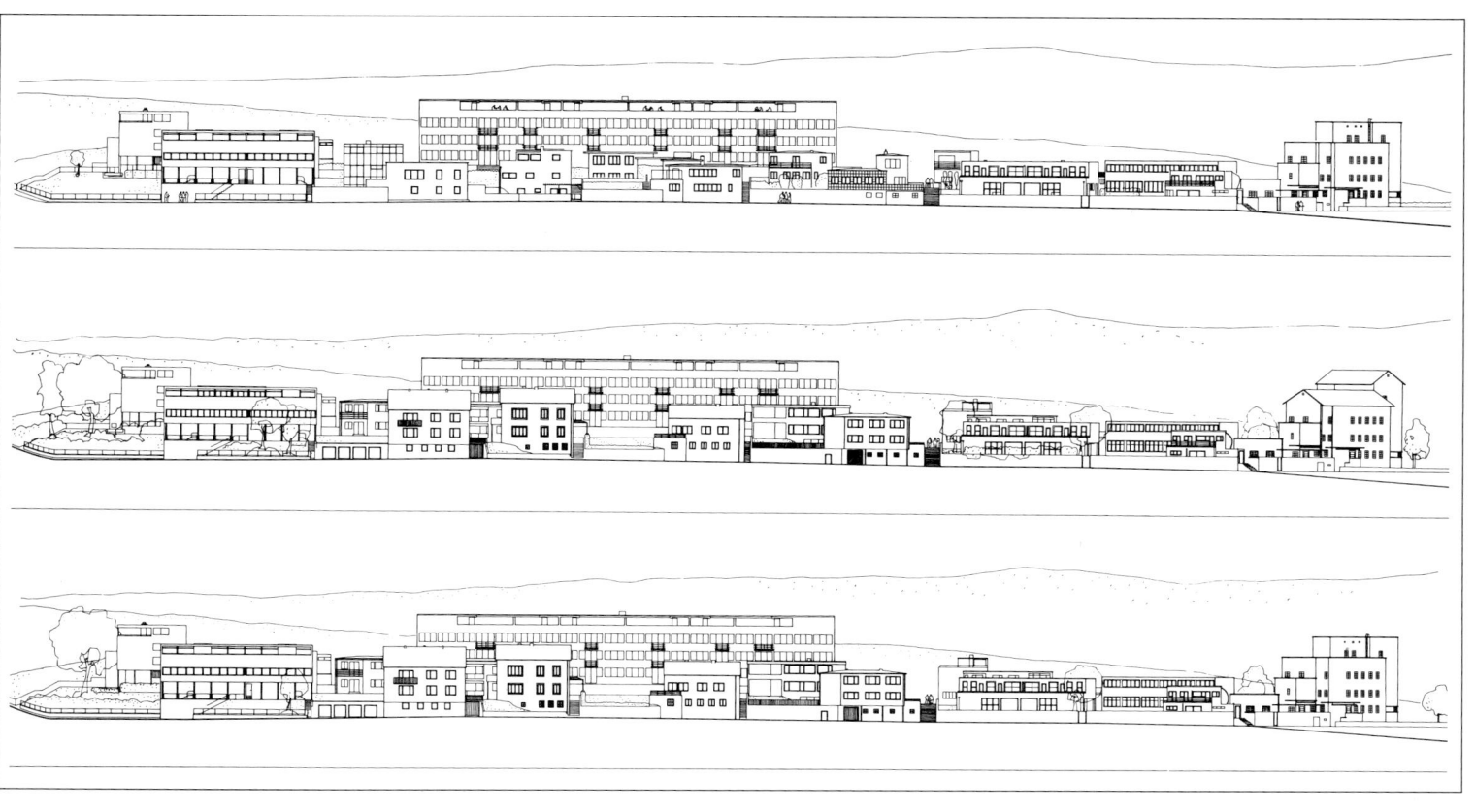

4.01 05 Vergleich der Gesamtansicht von der Rathenaustraße 1927, 1982 und 1987. M 1:1500

4.01 06 Vergleich der Gesamtansicht von der Straße Am Weißenhof 1927, 1982 und 1987. M 1:1500

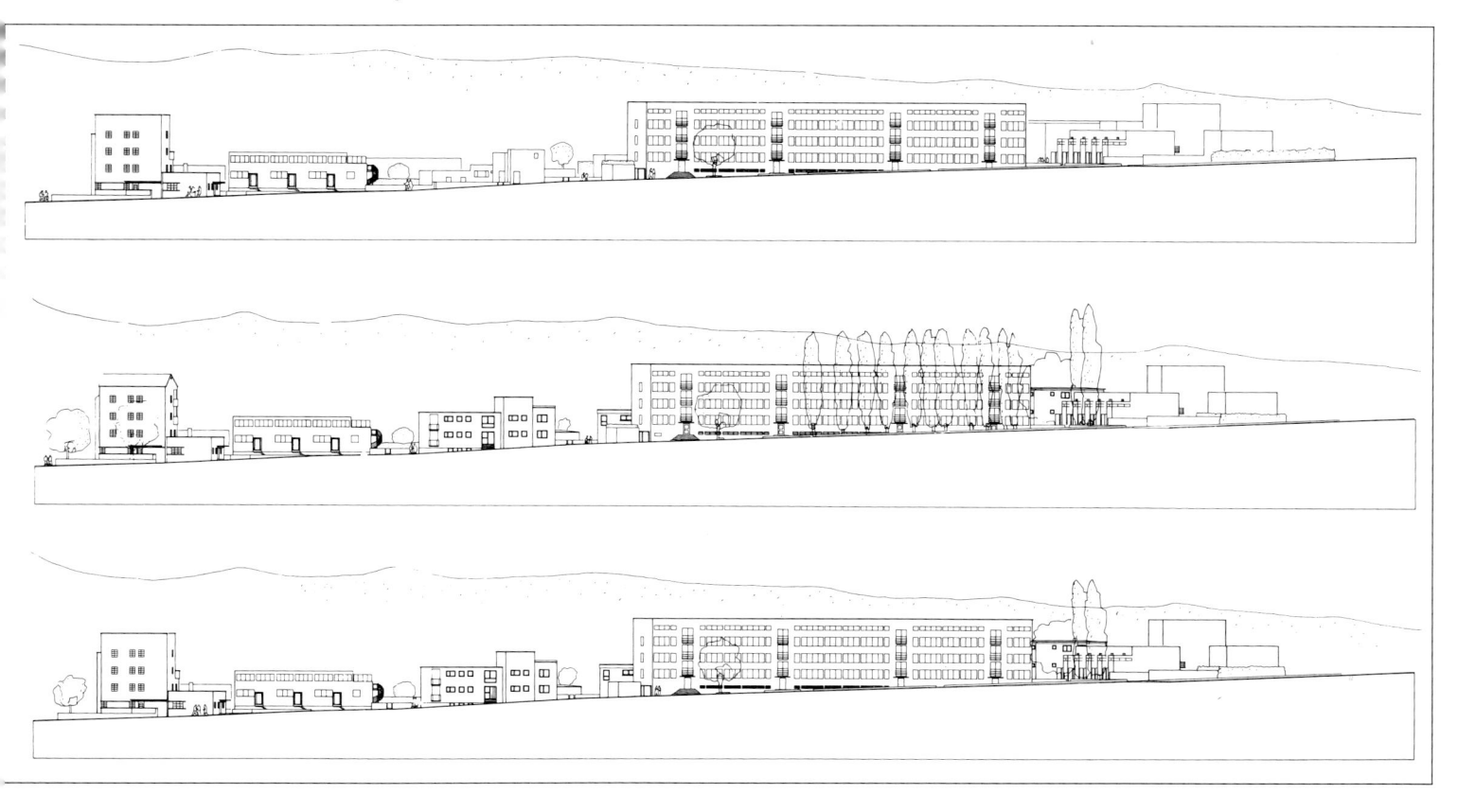

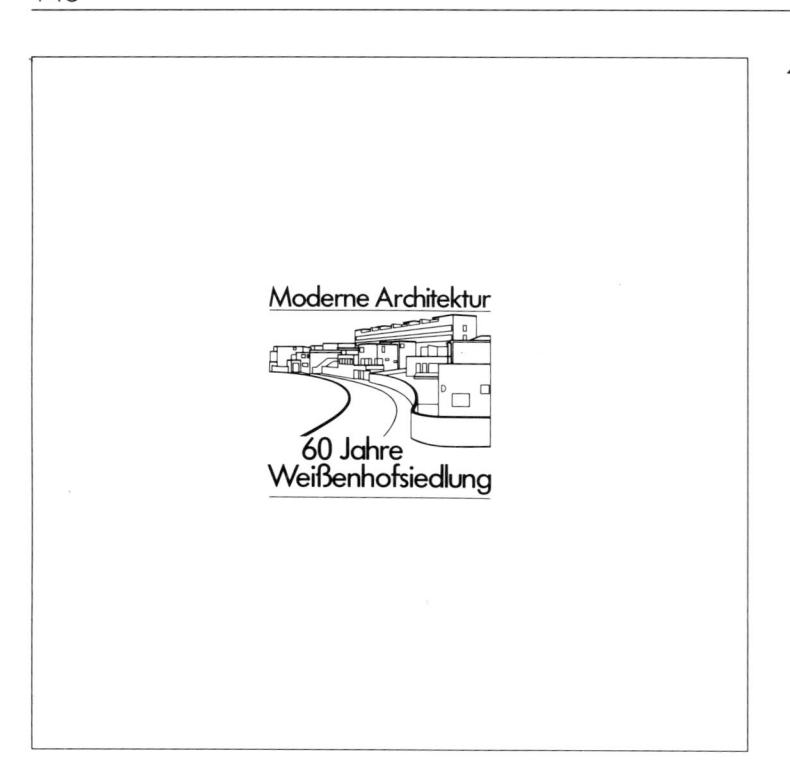

4.01 07 *Poststempel anläßlich einer Briefmarkenausstellung in Sindelfingen 1987 zum 60-jährigen Bestehen der Weißenhofsiedlung.*

4.02 Gebäude von Peter Behrens

4.02 01 1. OG-Grundriß, 1987, weitgehend wie 1927. M 1:300

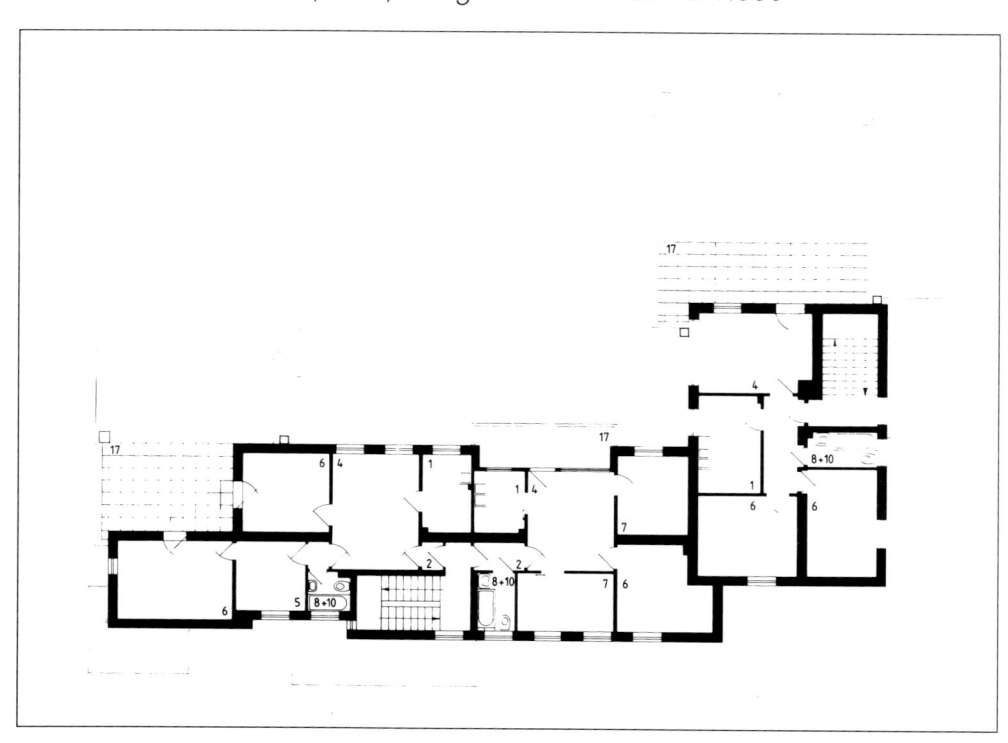

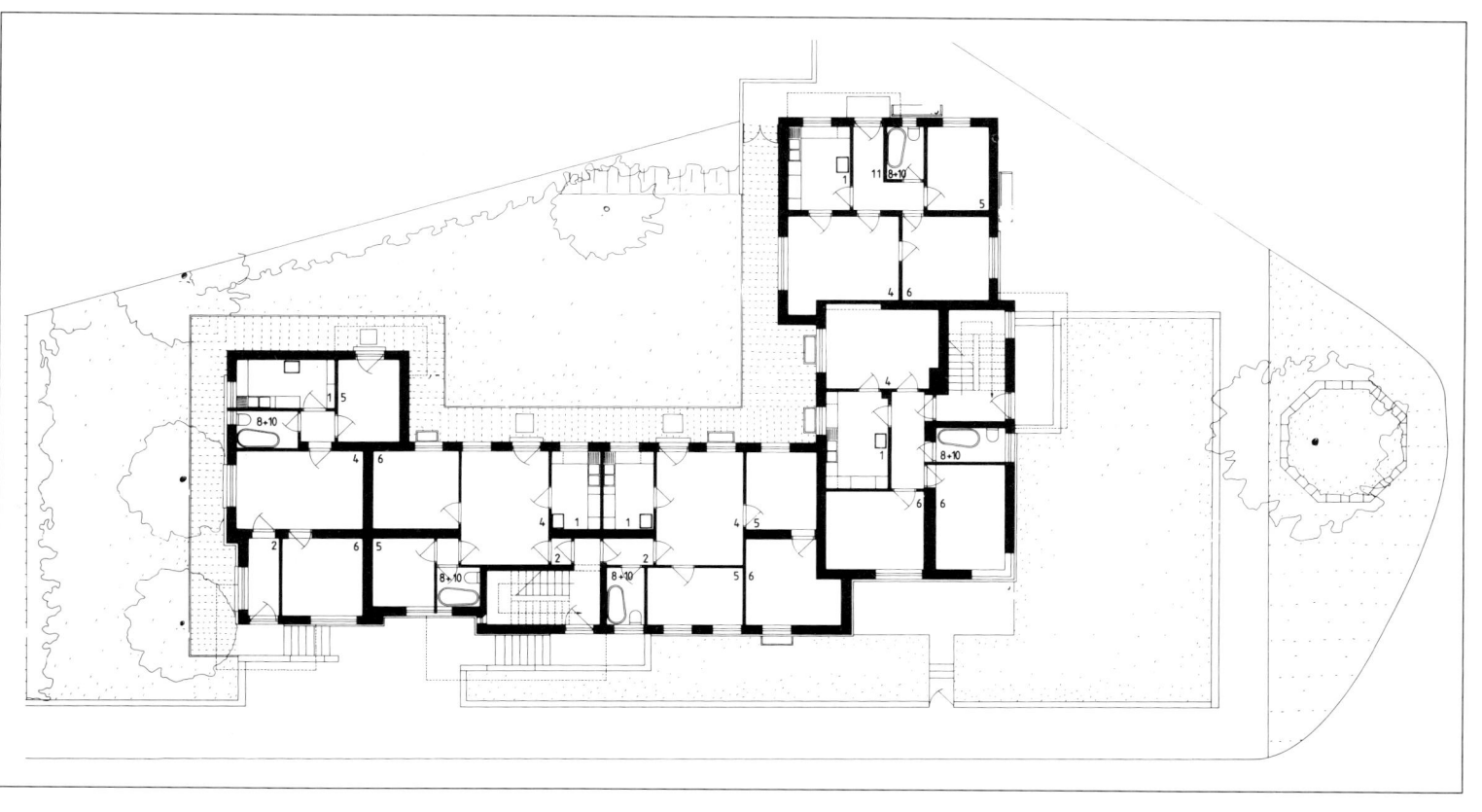

4.02 02 EG-Grundriß mit Gartenanlage, 1927. M 1:300

4.02 03 EG-Grundriß mit Gartenanlage, 1987. M 1:300

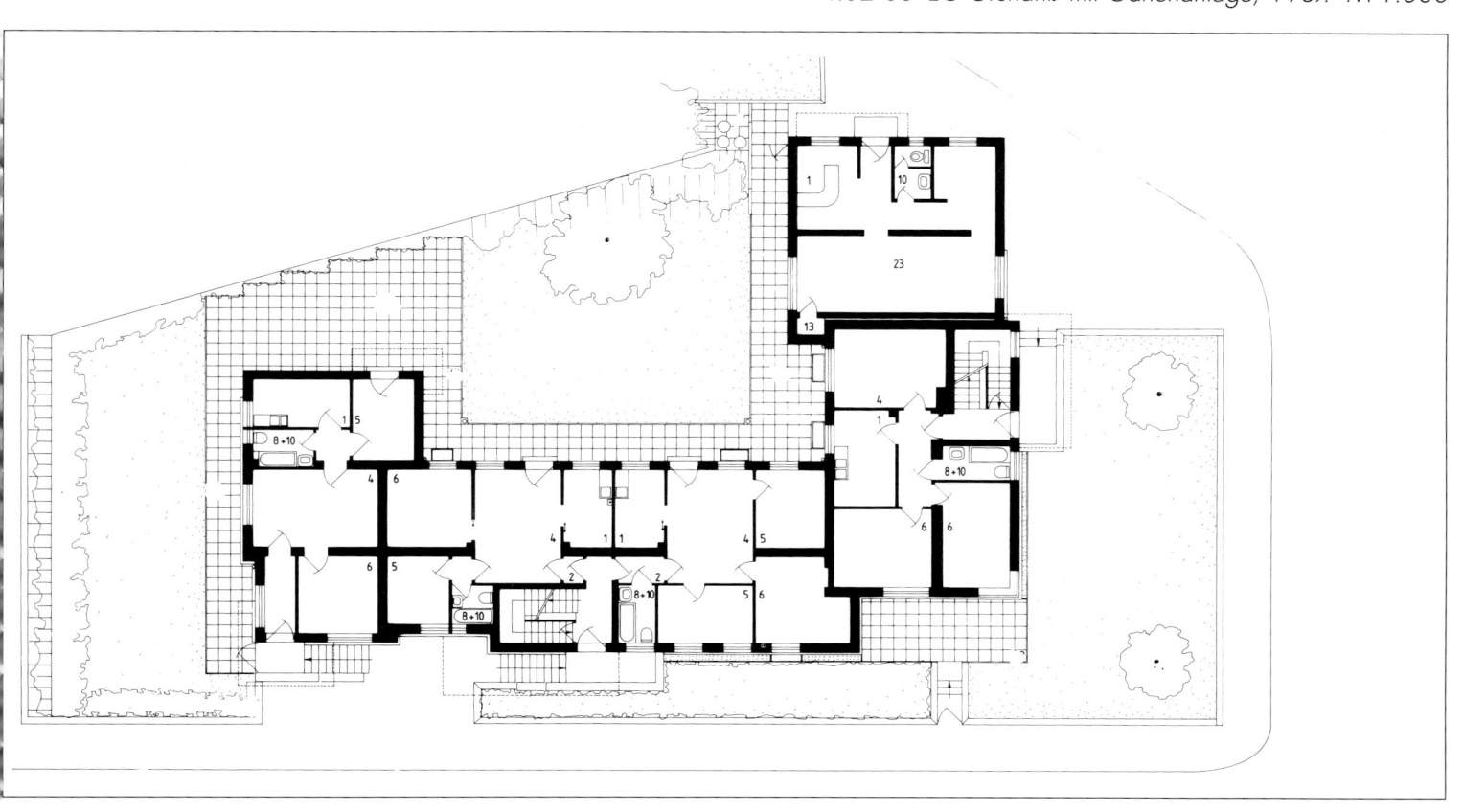

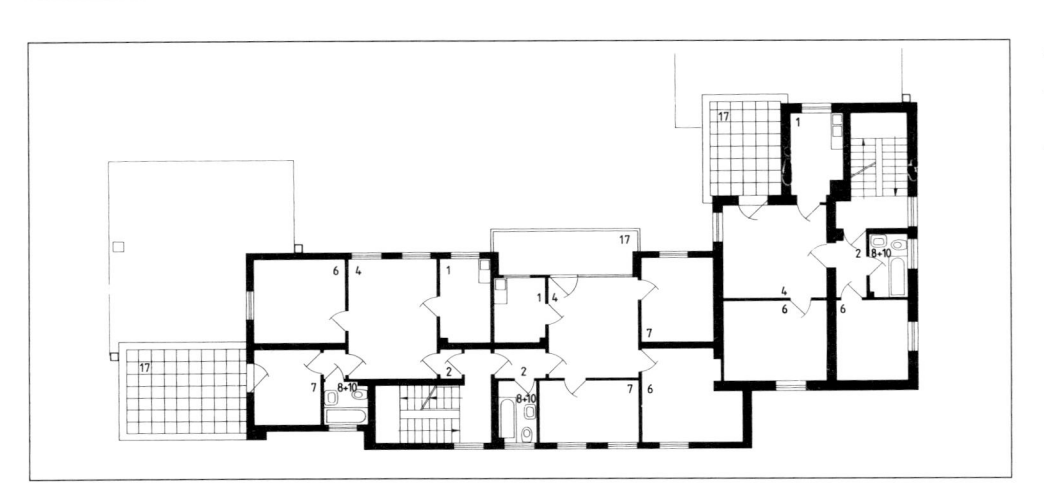

4.02 04
2. OG-Grundriß,
1987, weitgehend
wie 1927. M 1:300

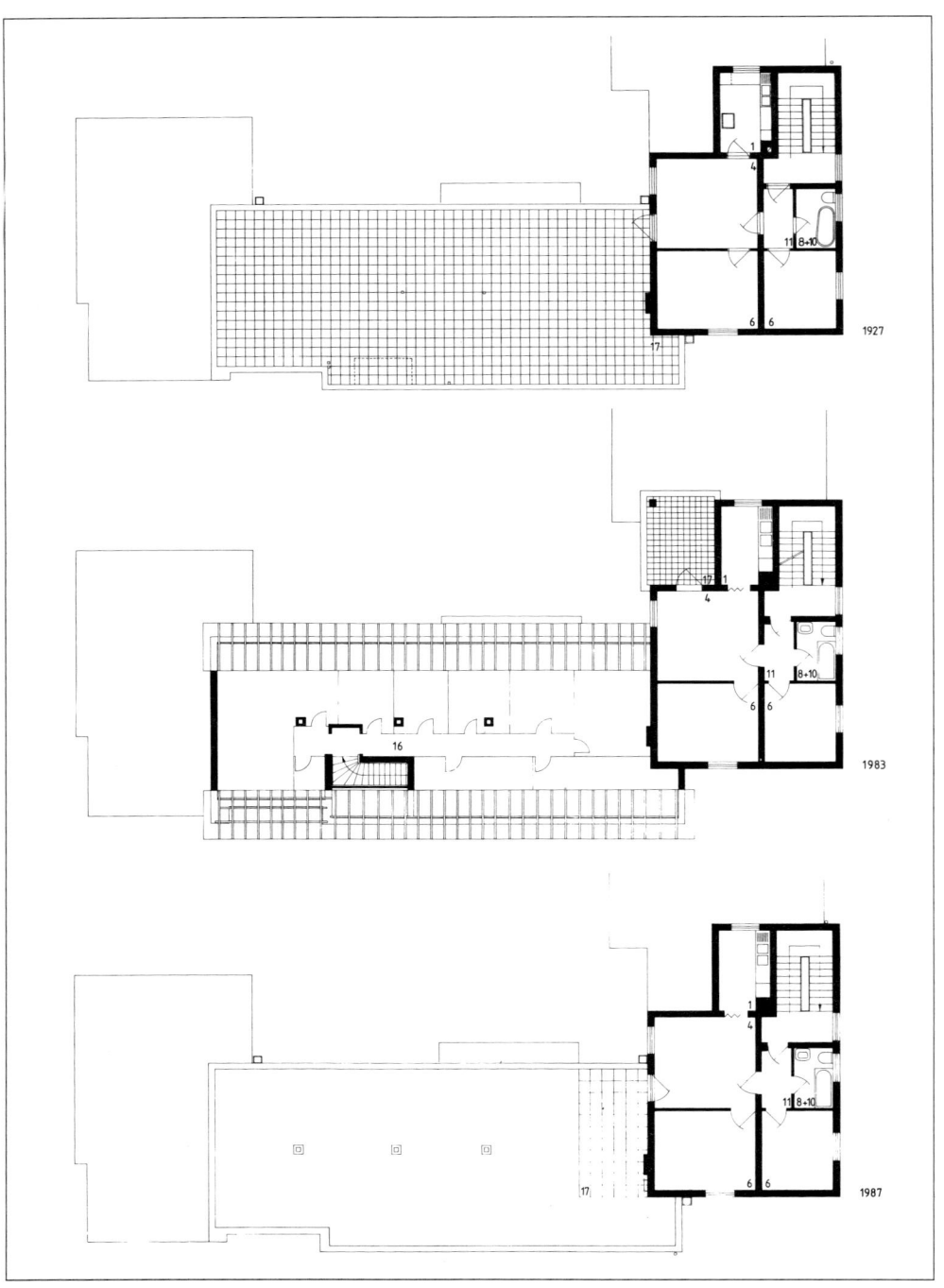

4.02 05
3. OG-Grundrisse
1927, 1982 und
1987. M 1:300

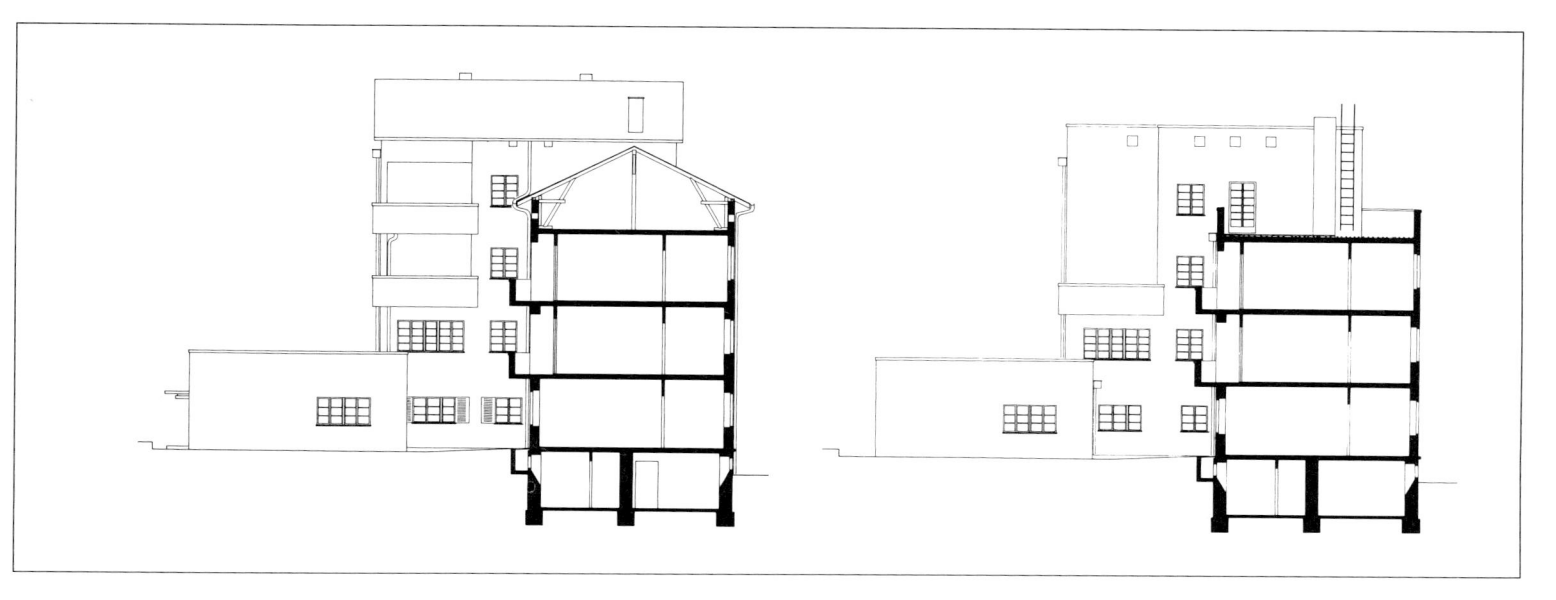

4.02 06 Schnittansichten von Süd-Osten 1982, 87. M 1:300

4.02 07 Original-Holzverbundfenster von 1927. M 1:30
Von den ursprünglichen Holzverbundfenstern sind nur noch wenige original erhalten, wie zum Beispiel die Treppenhausfenster im Hölzelweg 5

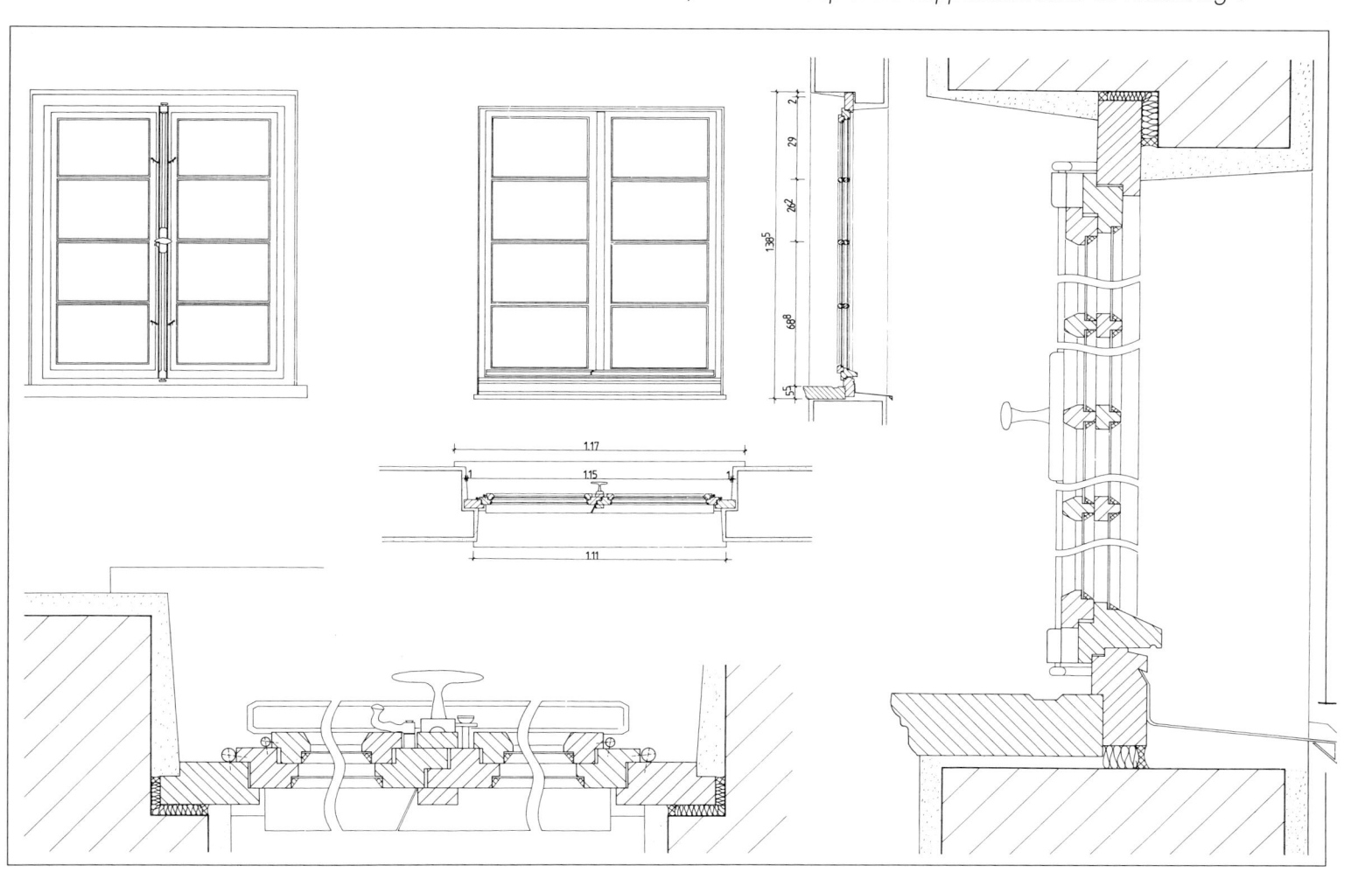

4.02 08 Ansichten von Süden, 1927, 1982 und 1987. M 1:300

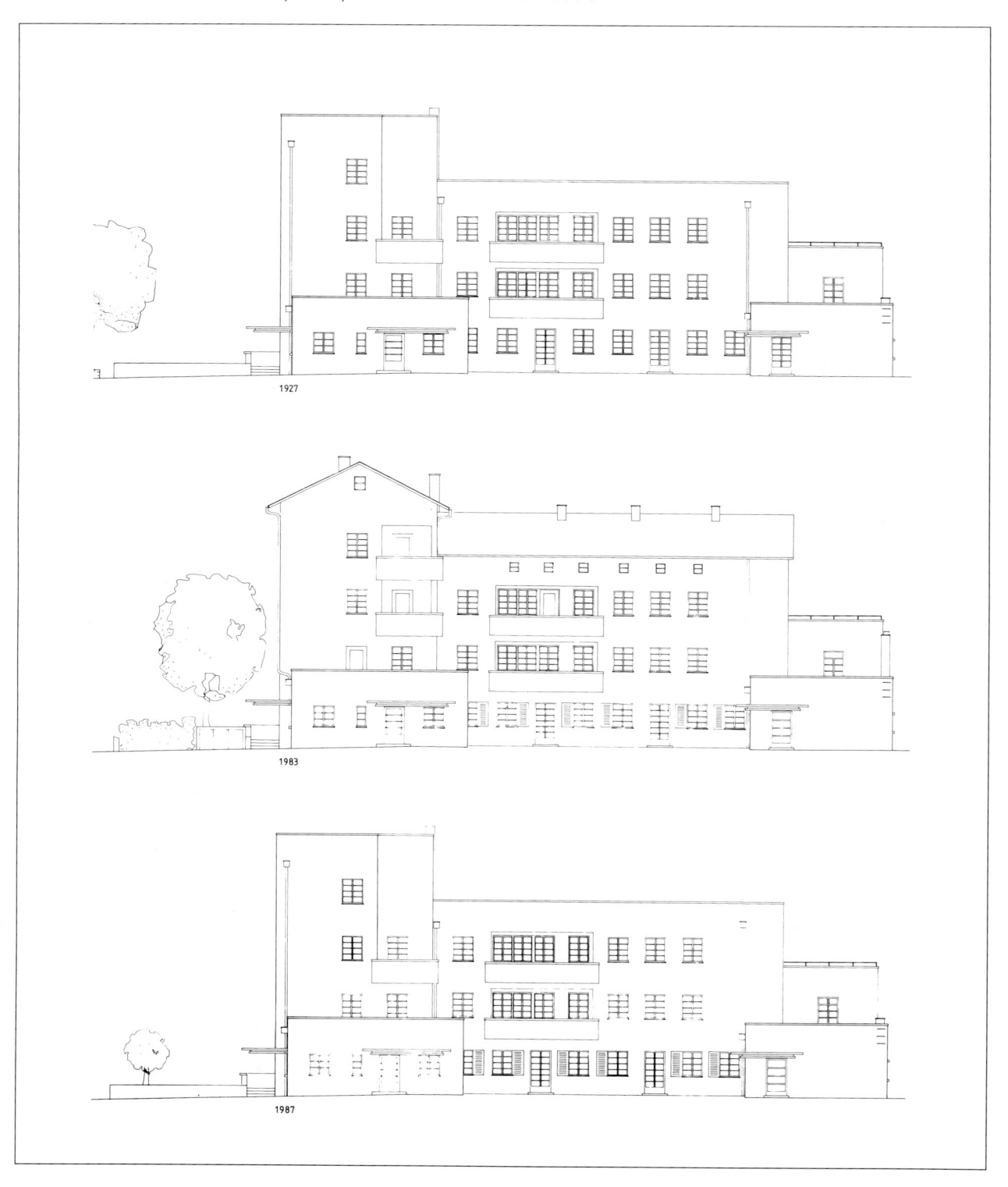

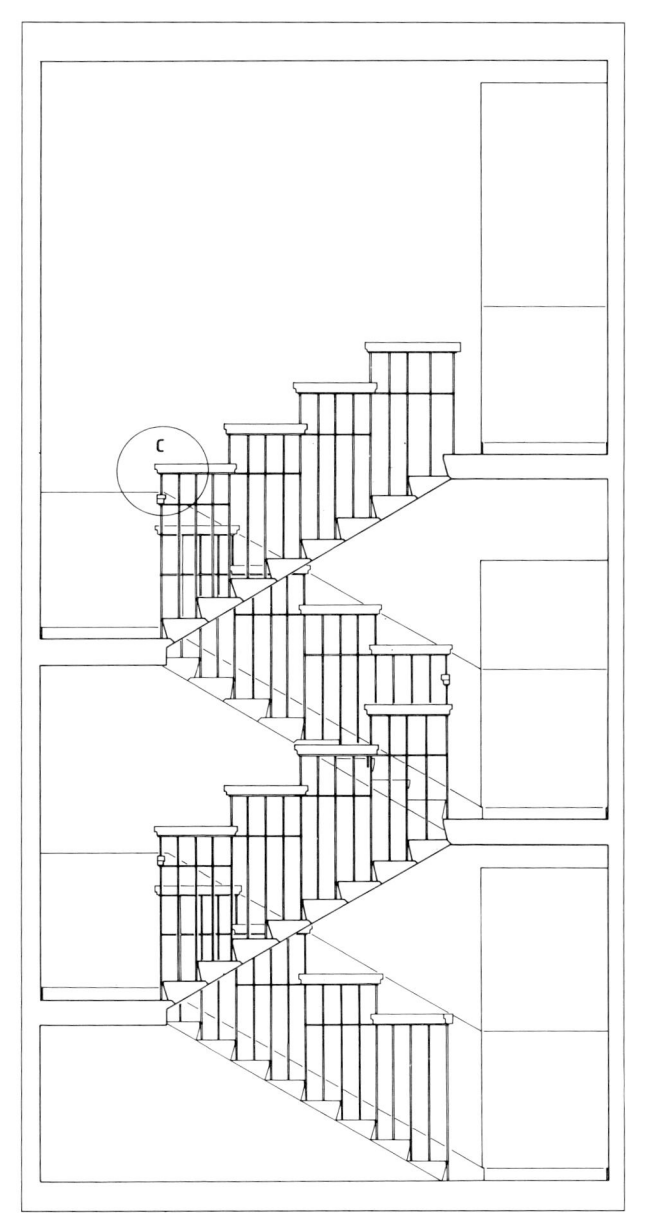

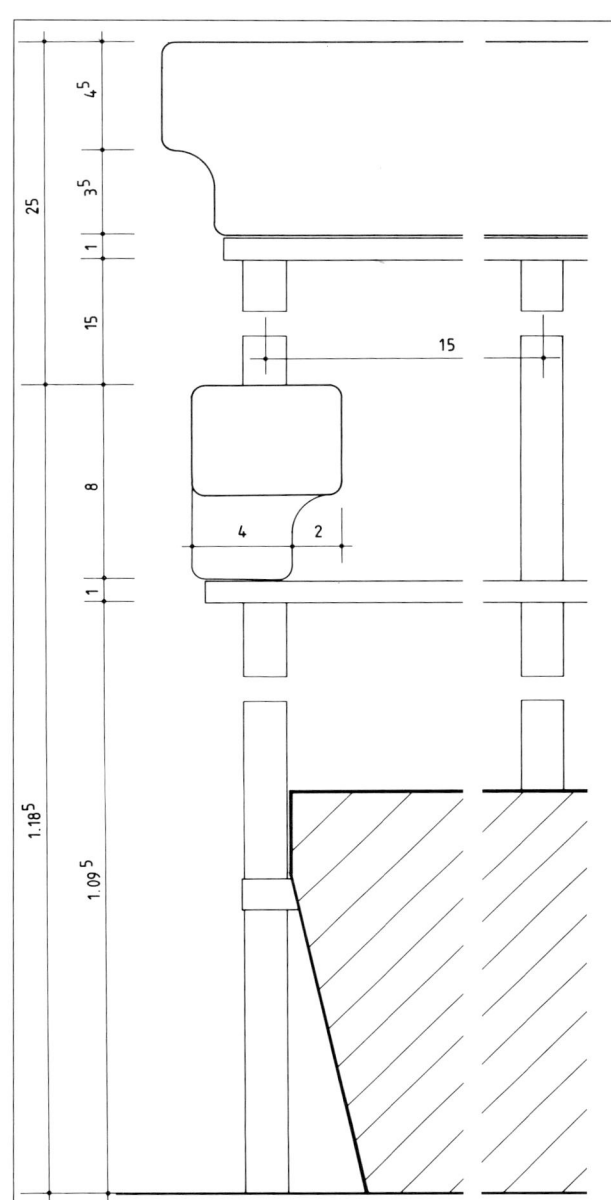

4.02 09 Vertikalschnitt durch das Treppenhaus,
Hölzelweg 5. M 1:60
(Links oben)

4.02 10 Treppengeländerdetail. M 1:3
(Rechts oben)

4.02 11 Isometrie des Stufengeländers
(Recht unten)

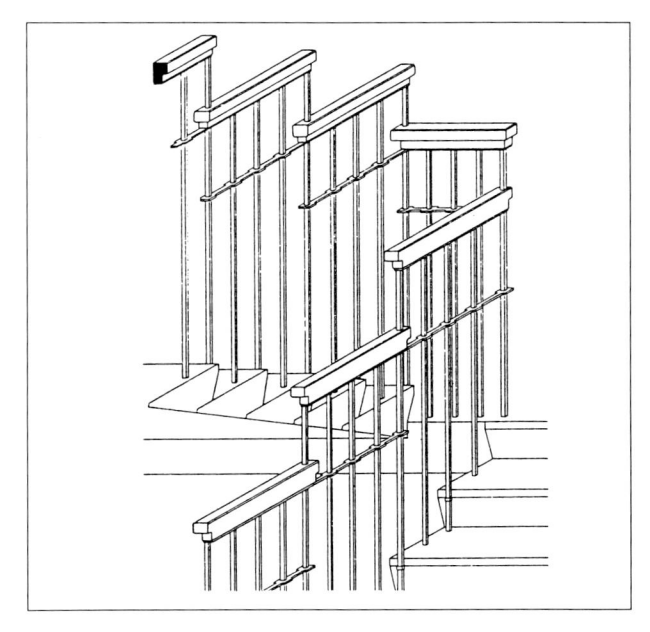

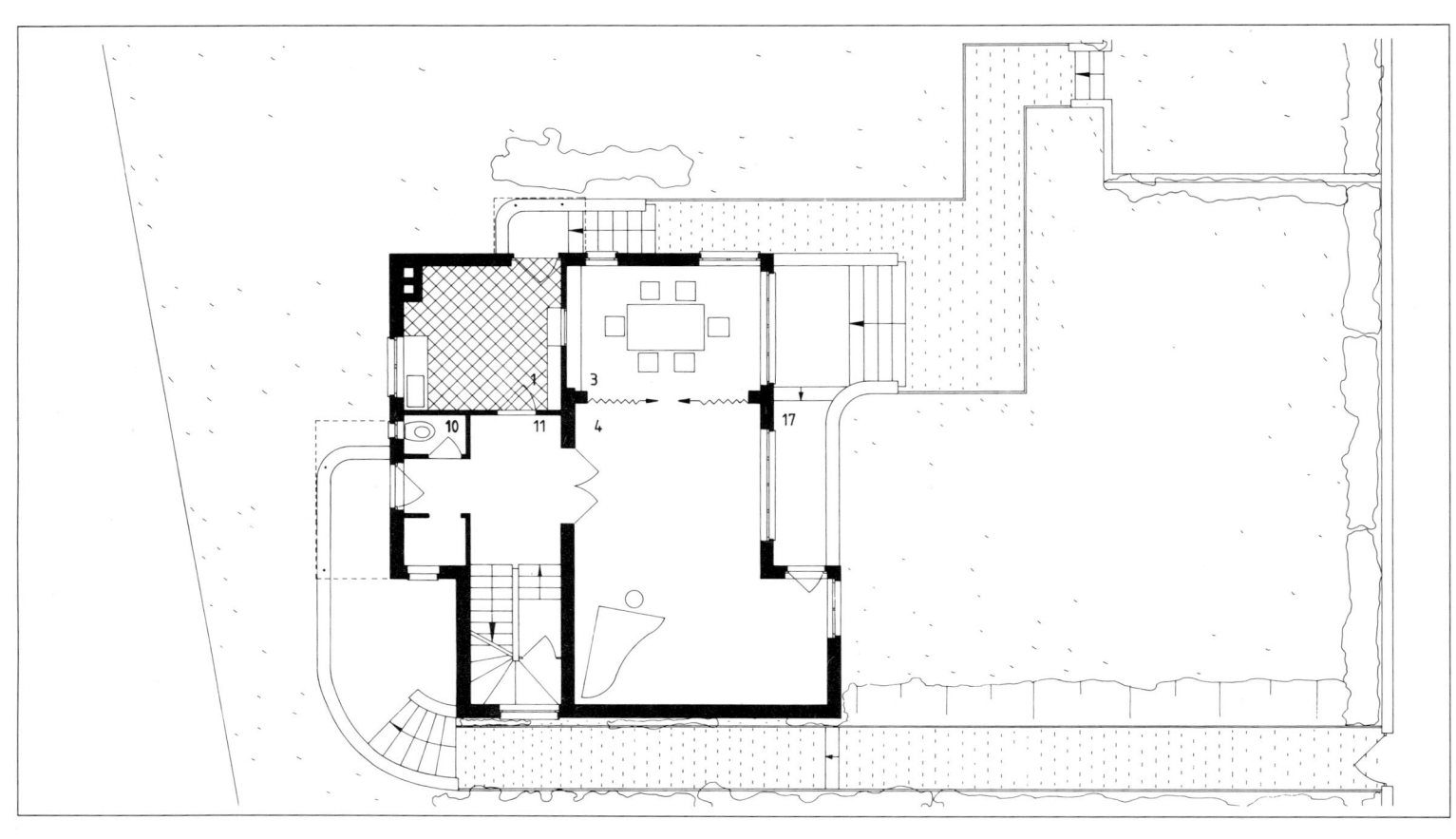

4.03 Gebäude von Victor Bourgeois   4.03 01 EG-Grundriß mit Gartenanlage, 1927. M 1:150

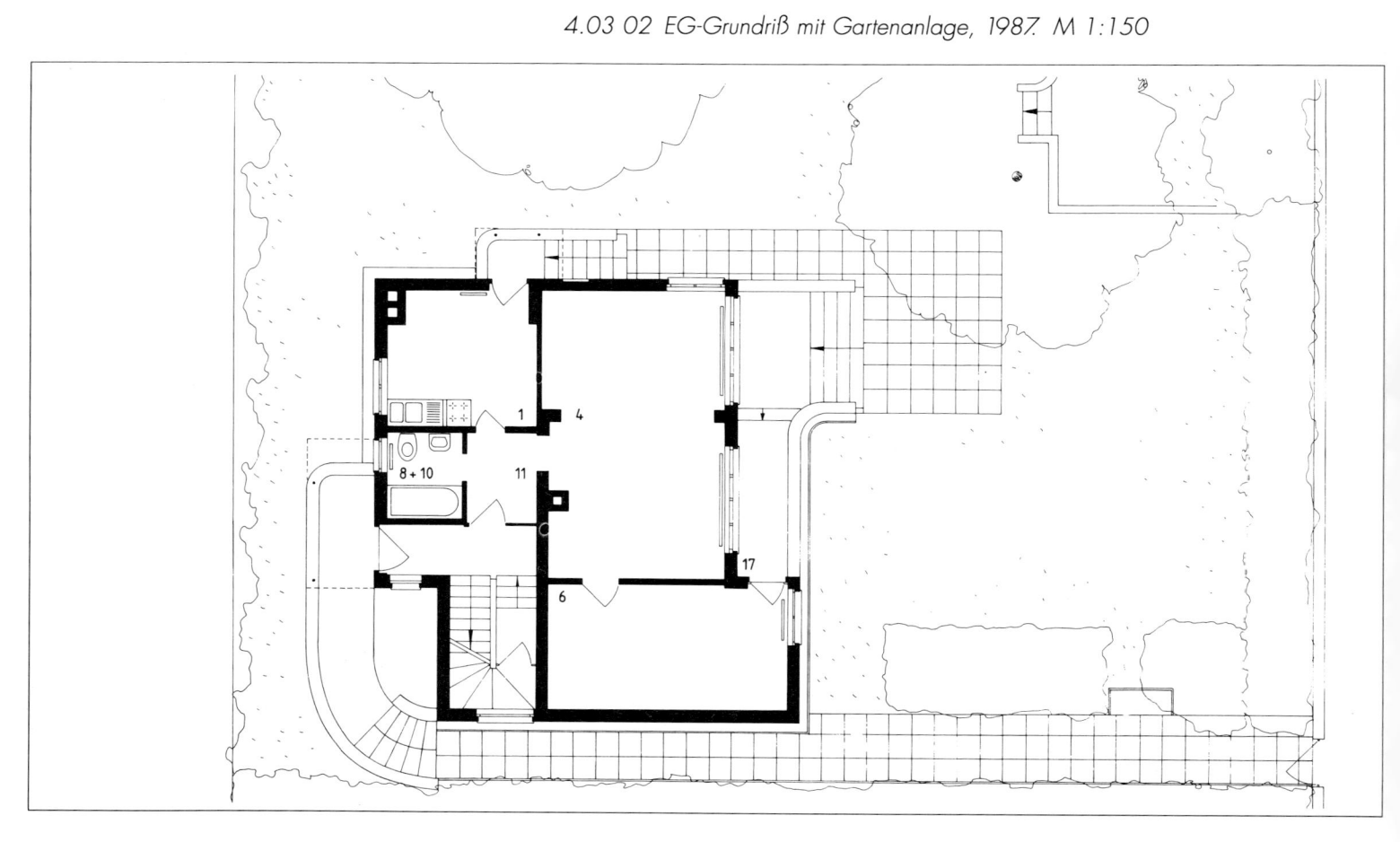

4.03 02 EG-Grundriß mit Gartenanlage, 1987. M 1:150

4.03 03 1. OG Grundrisse 1927 und 1987. M 1:150

4.03 04 Ansichten von Norden, 1927 und 1987. M 1:150 (Links)

4.03 05 Ansichten von Süden, 1927 und 1987. M 1:150 (Rechts)

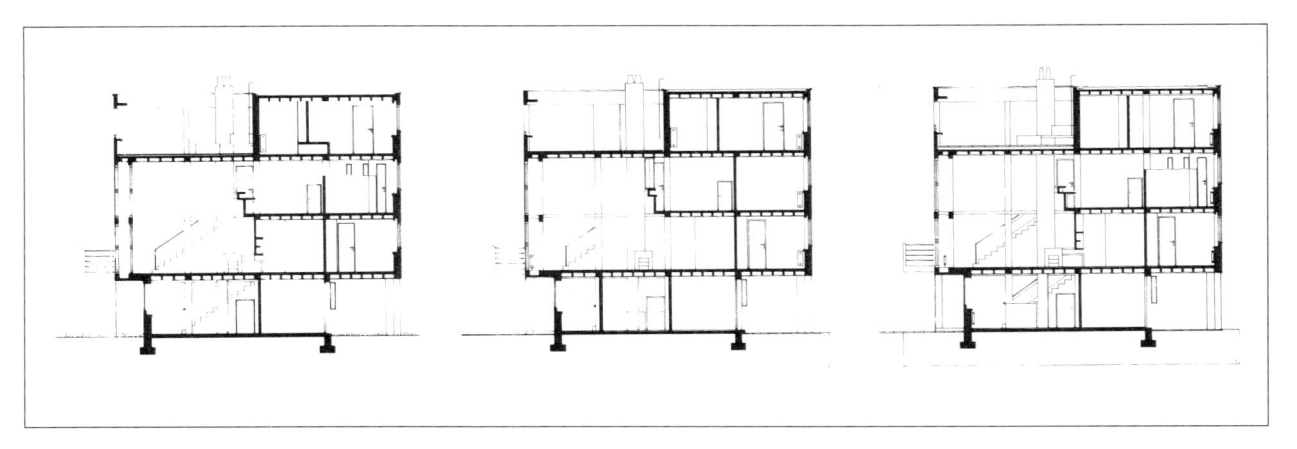

4.04 Gebäude von Le Corbusier, Bruckmannweg 2

4.04 01 Längsschnitt durch das Gebäude, 1927, 1982 und 1987. M 1:300

4.04 02 Querschnitt durch das Gebäude, 1927, 1982 und 1987. M 1:150

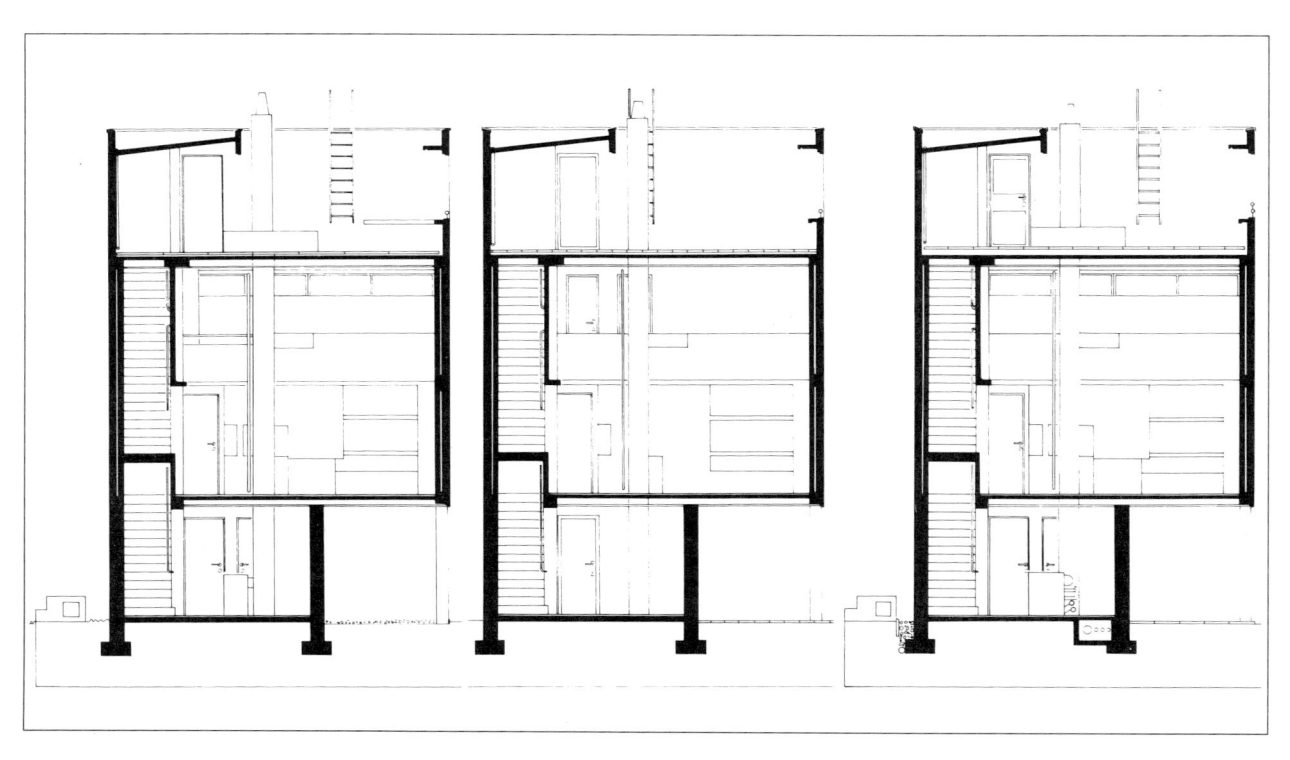

155

4.04 03 Ansichten von Westen (links) und Süden (rechts), 1927 und 1987. M 1:150

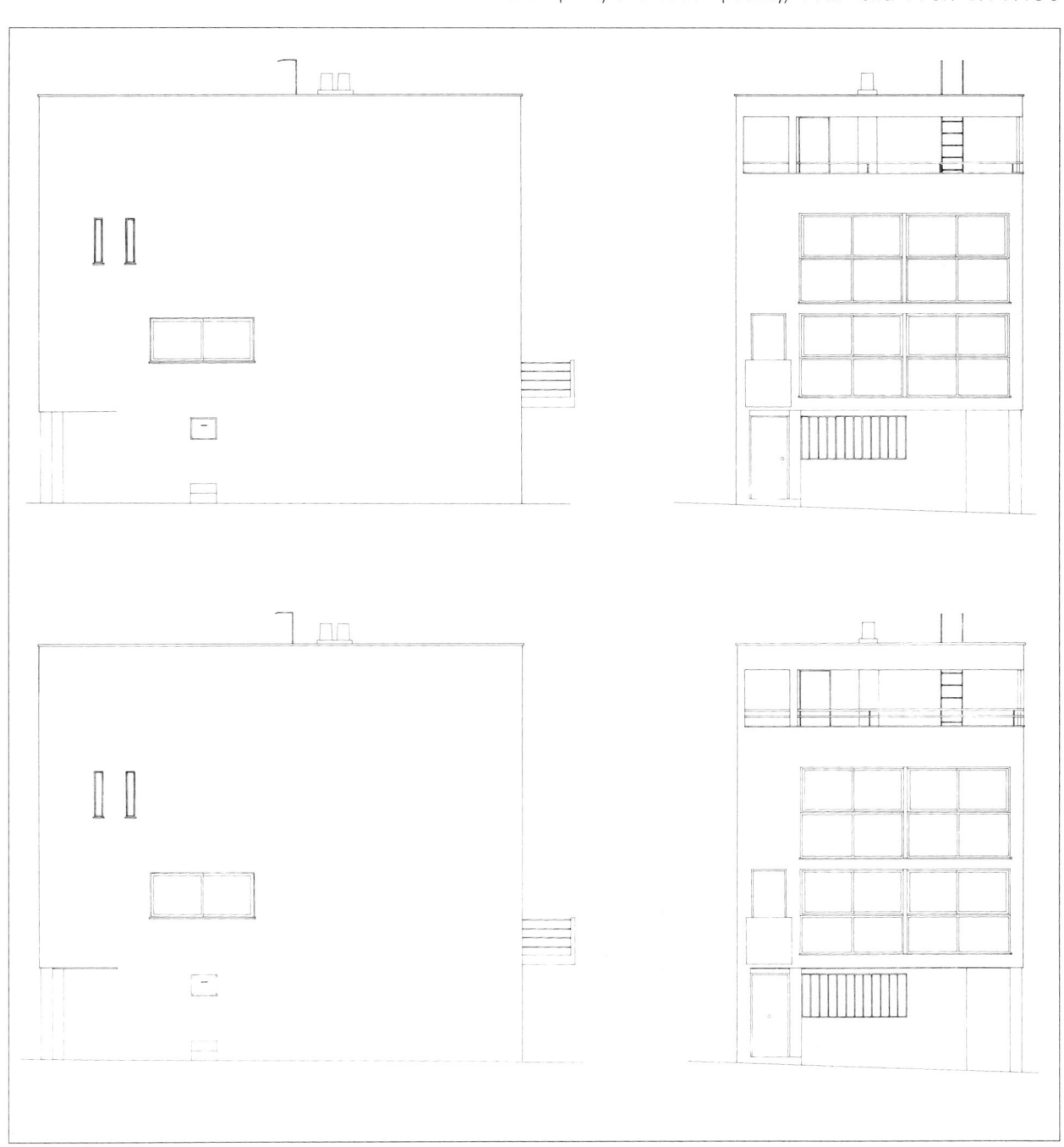

4.04 04 Ansichten von Osten (oben links) und
        Norden (oben rechts), 1927 und 1987.
        M 1:150

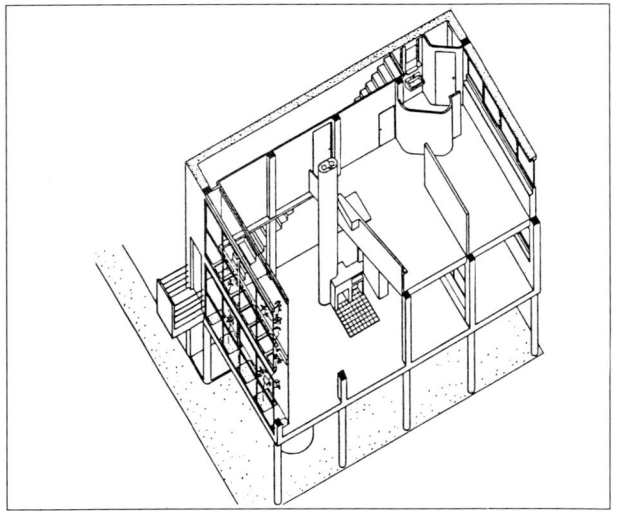

4.04 05 Schnittisometrie des 2-geschoßigen offenen
        Wohnbereiches (links)

4.05 Gebäude von Le Corbusier, Rathenaustraße 1–3

4.05 01 Ansichten von Osten, 1927, 1982 und 1987. M 1:275

4.05 02 Schnittansicht von Süden, 1927, 1982 und 1987. M 1:275

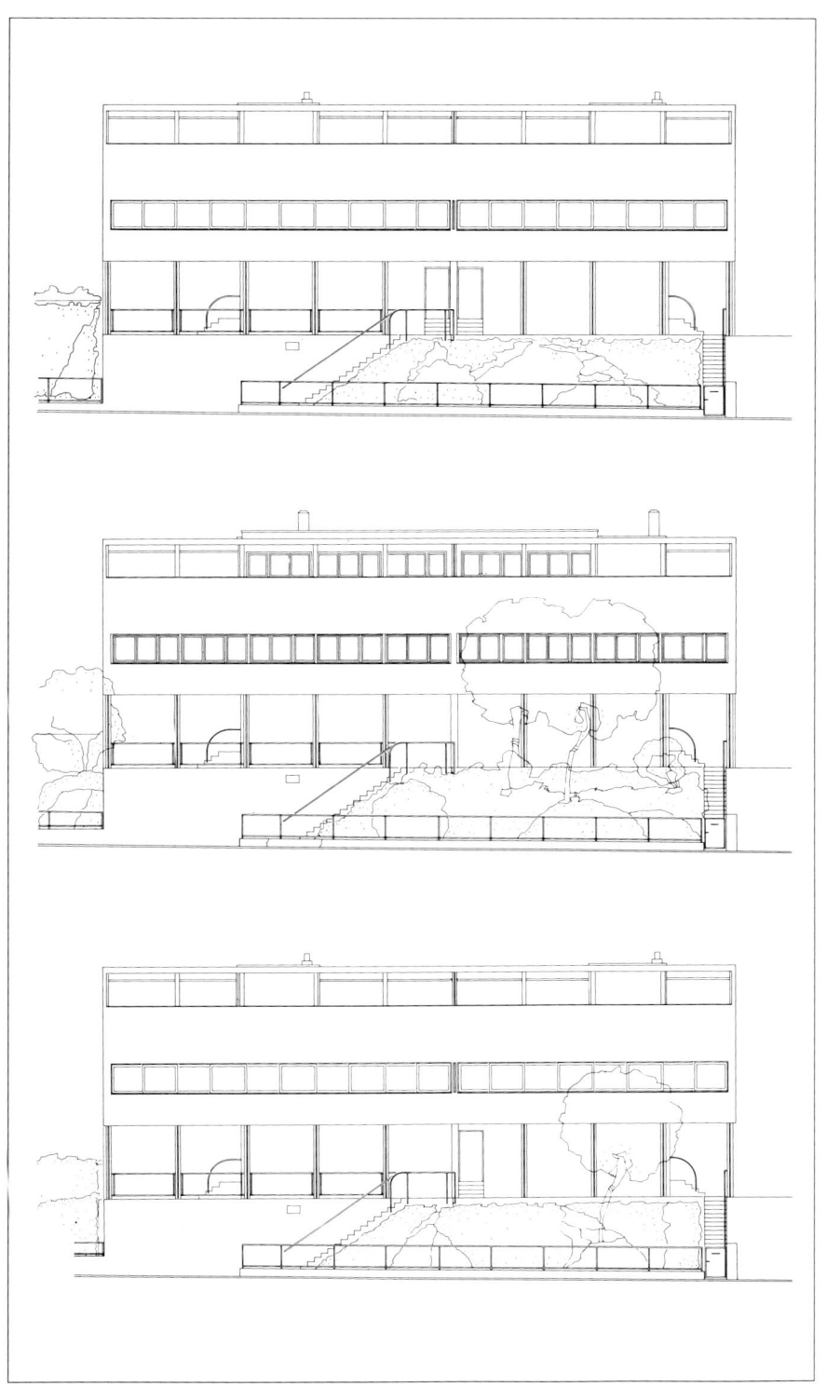

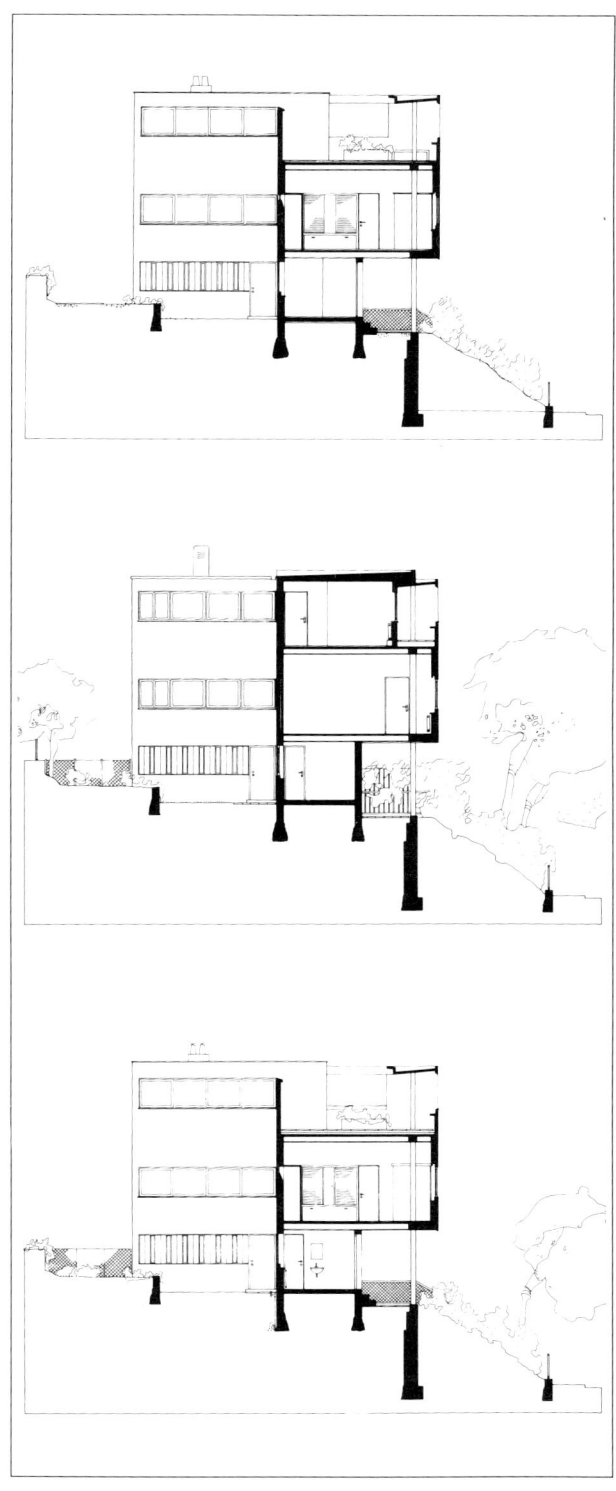

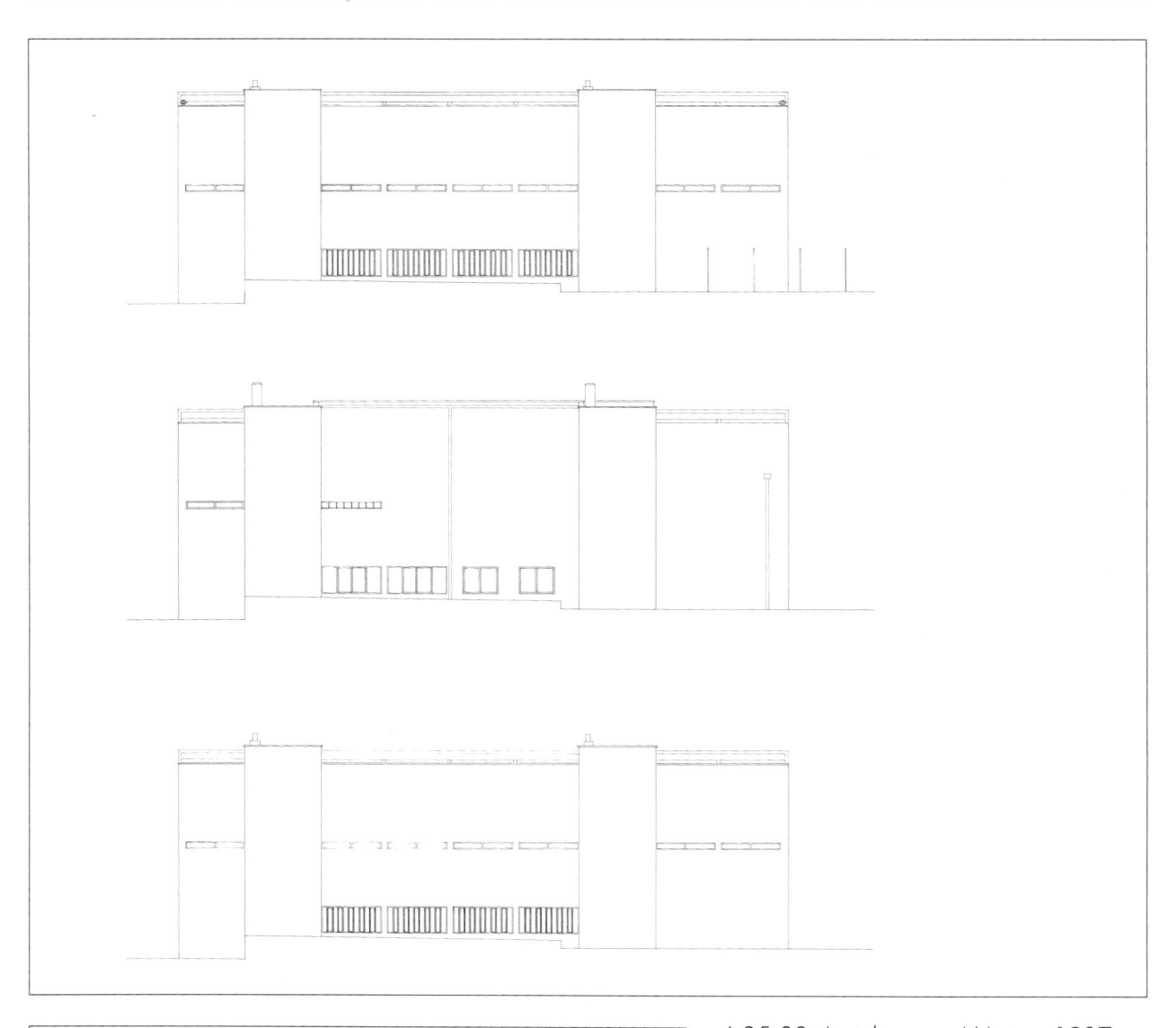

4.05 03 Ansichten von Westen, 1927,
1982 und 1987. M 1:275
(Oben)

4.05 04 4 Innenraumperspektiven, nach
der Rekonstruktion (Links)

4.05 05 *Schnittisometrie des Doppelhauses*

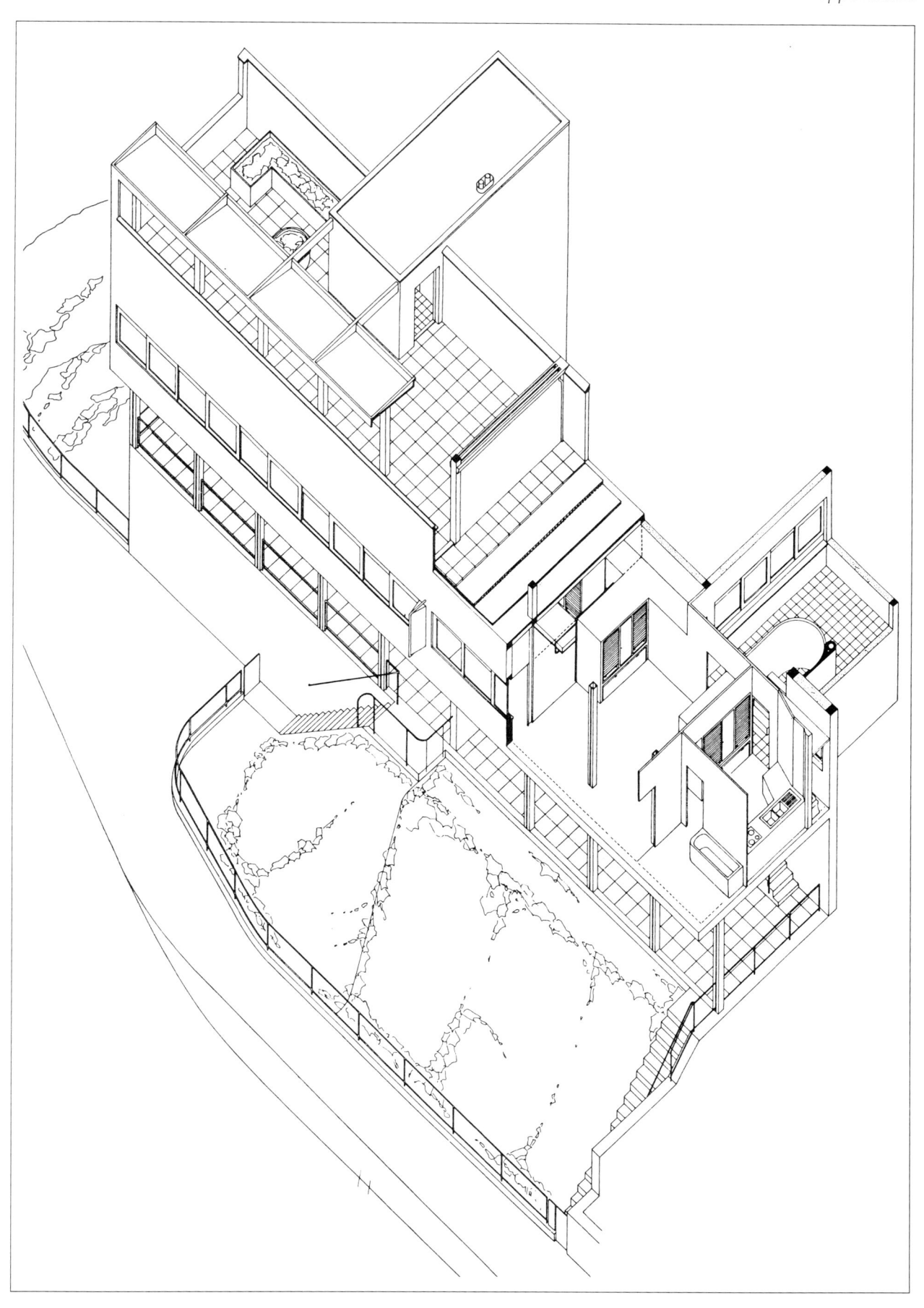

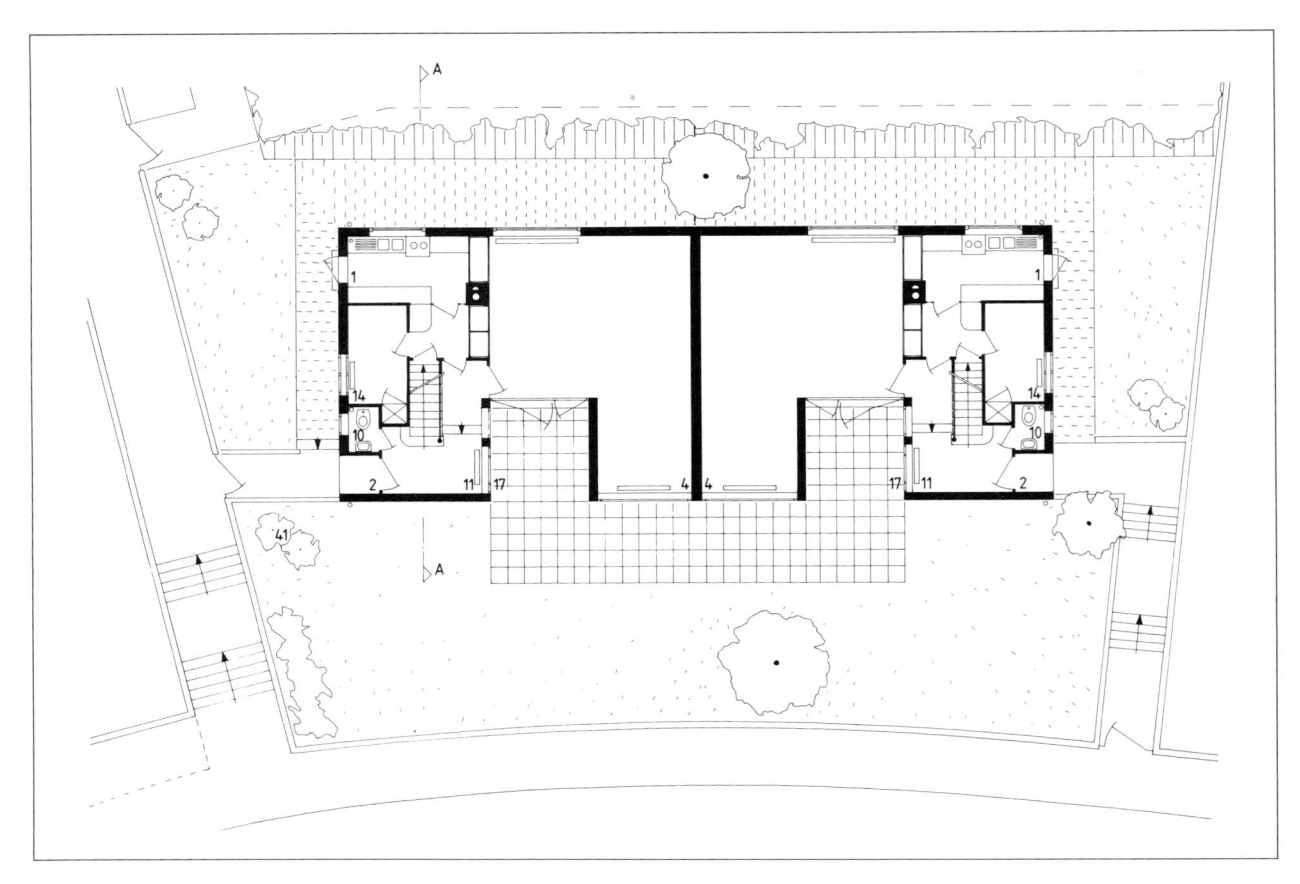

4.06 Gebäude von Josef Frank   4.06 01 EG-Grundriß mit Gartenanlage 1927. M 1:225

4.06 02 EG-Grundriß mit Gartenanlage 1987. M 1:225

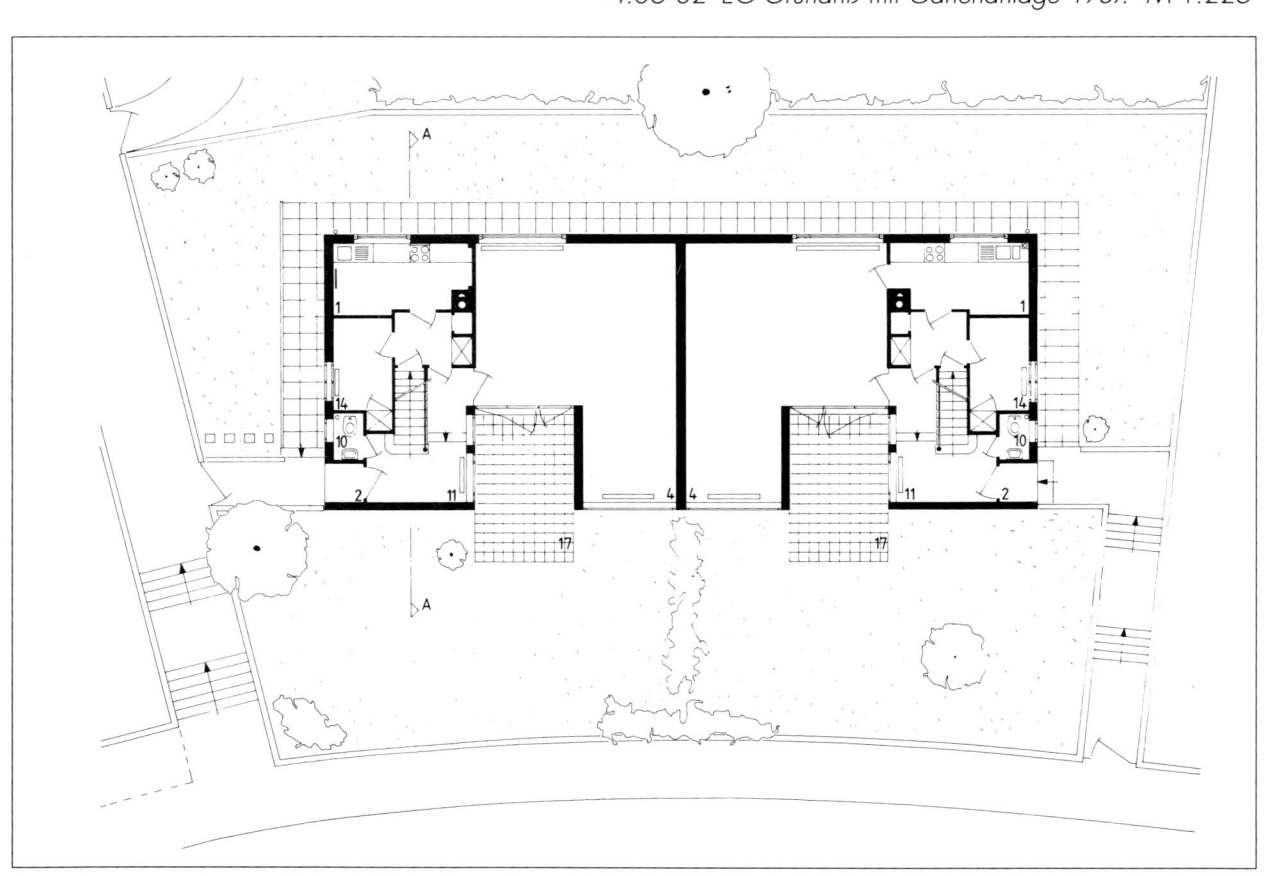

4.06 03
1. OG Grundrisse 1927, 1982
und 1987. M 1:225

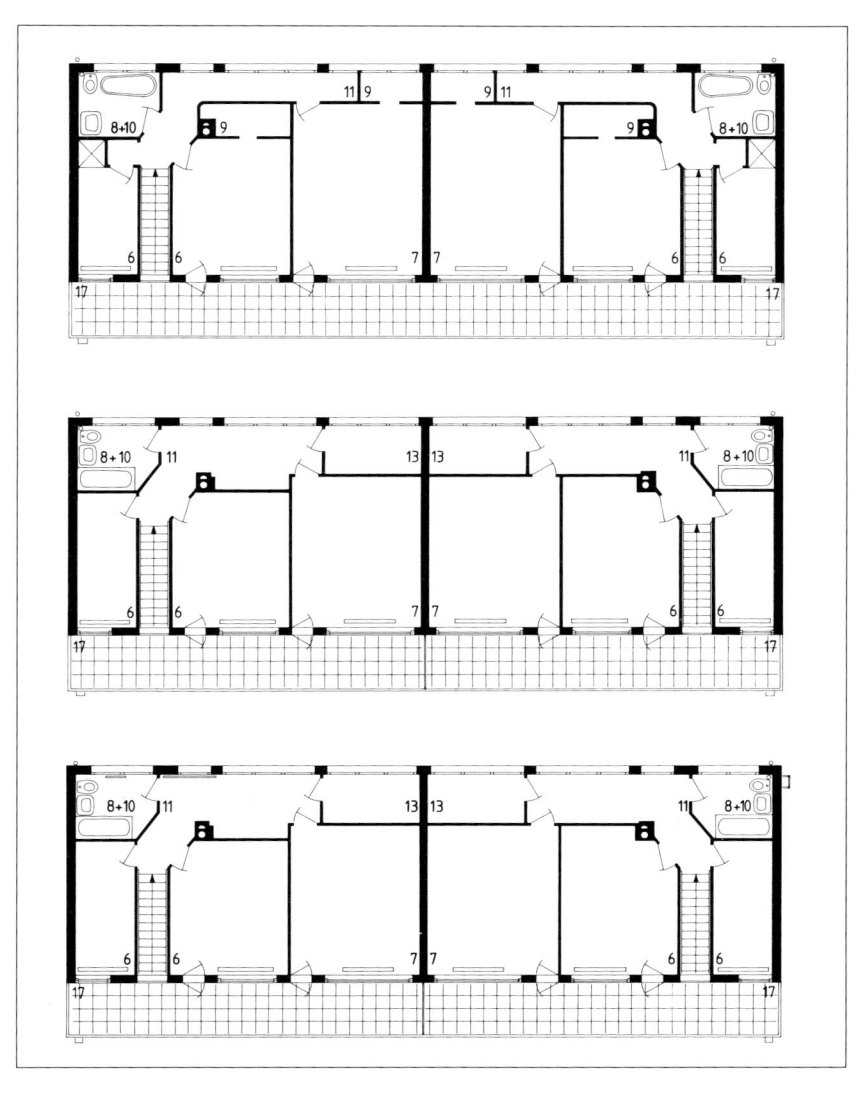

4.06 04
Ansichten von Osten, 1927 und
1987. M 1:225

4.06 05 Vertikalschnitt, 1927 und 1987. M 1:225

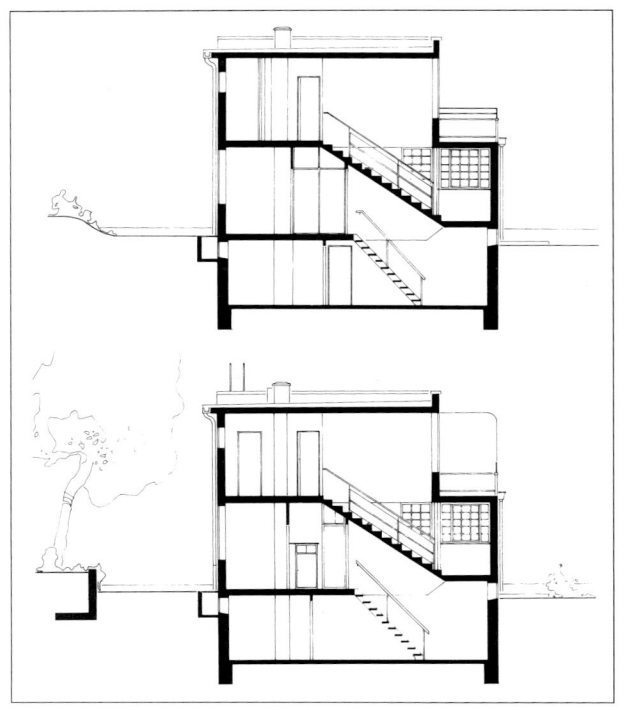

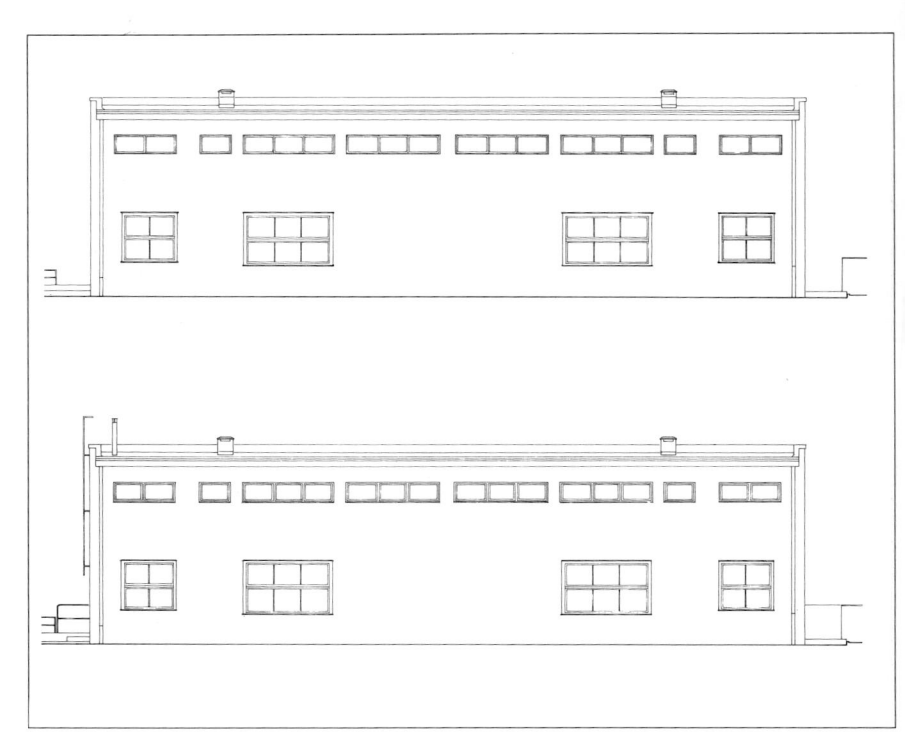

4.06 06 Ansichten von Westen, 1927 und 1987. M 1:225

4.06 07 Ansichten von Norden, 1927 und 1987. M 1:225

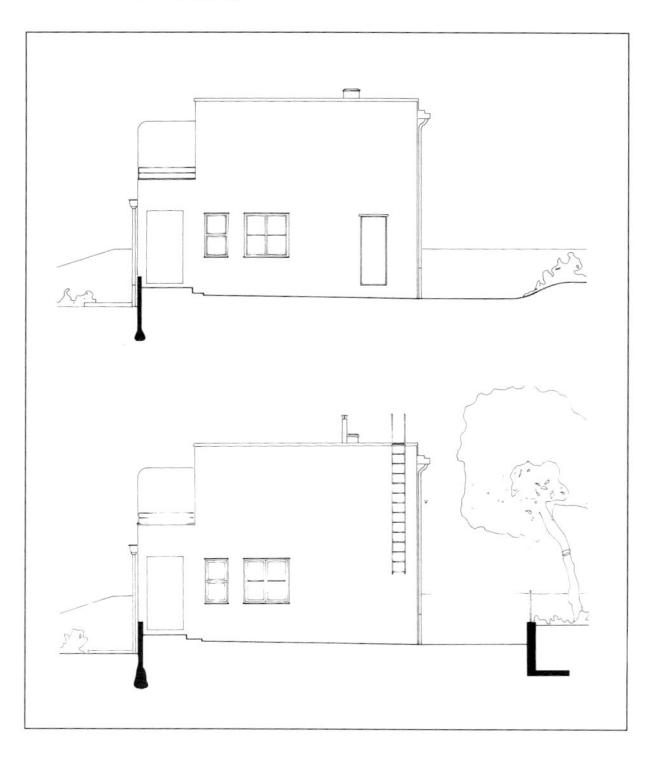

4.06 08 Ansichten von Süden, 1927 und 1987. M 1:225

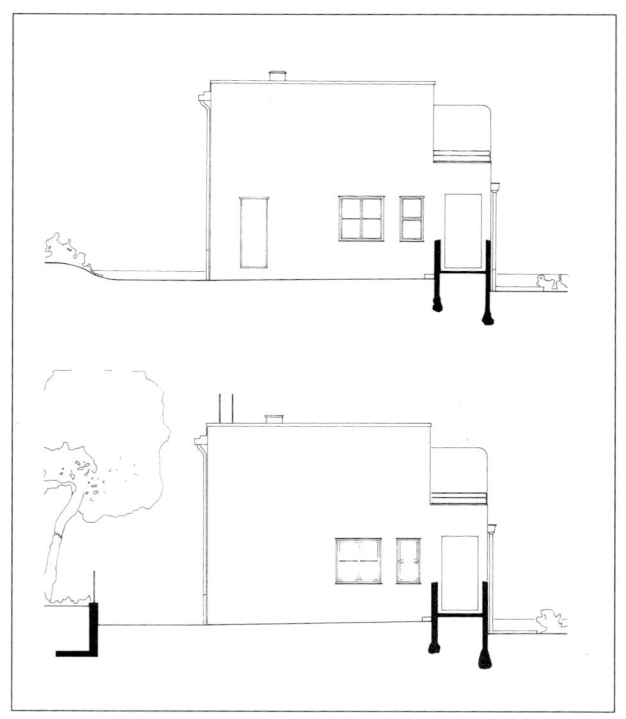

4.06 09 *Schnittisometrie des Doppelhauses*

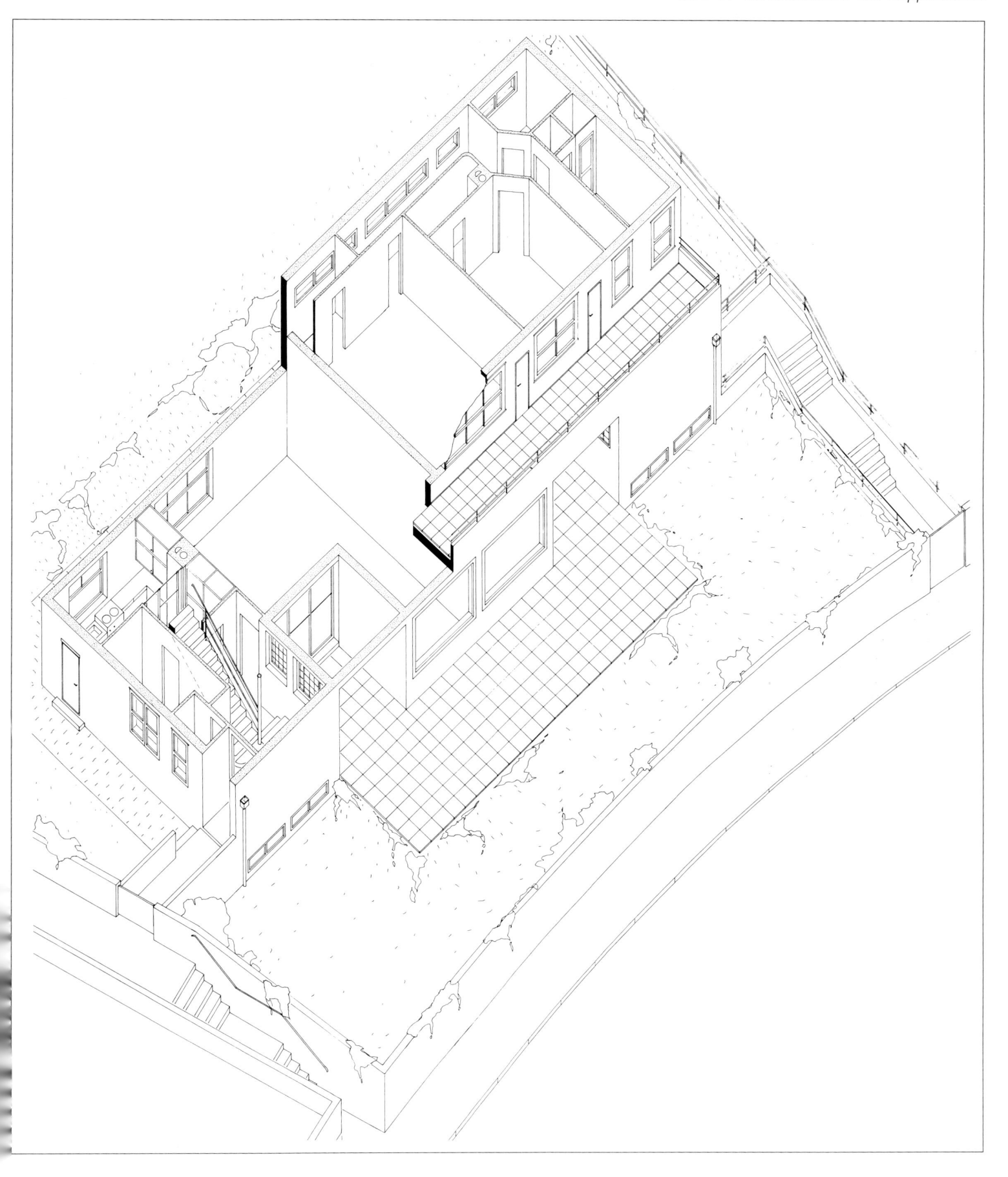

4.06 10 Vertikalschiebefenster, Rekonstruktion 1987. M 1:6

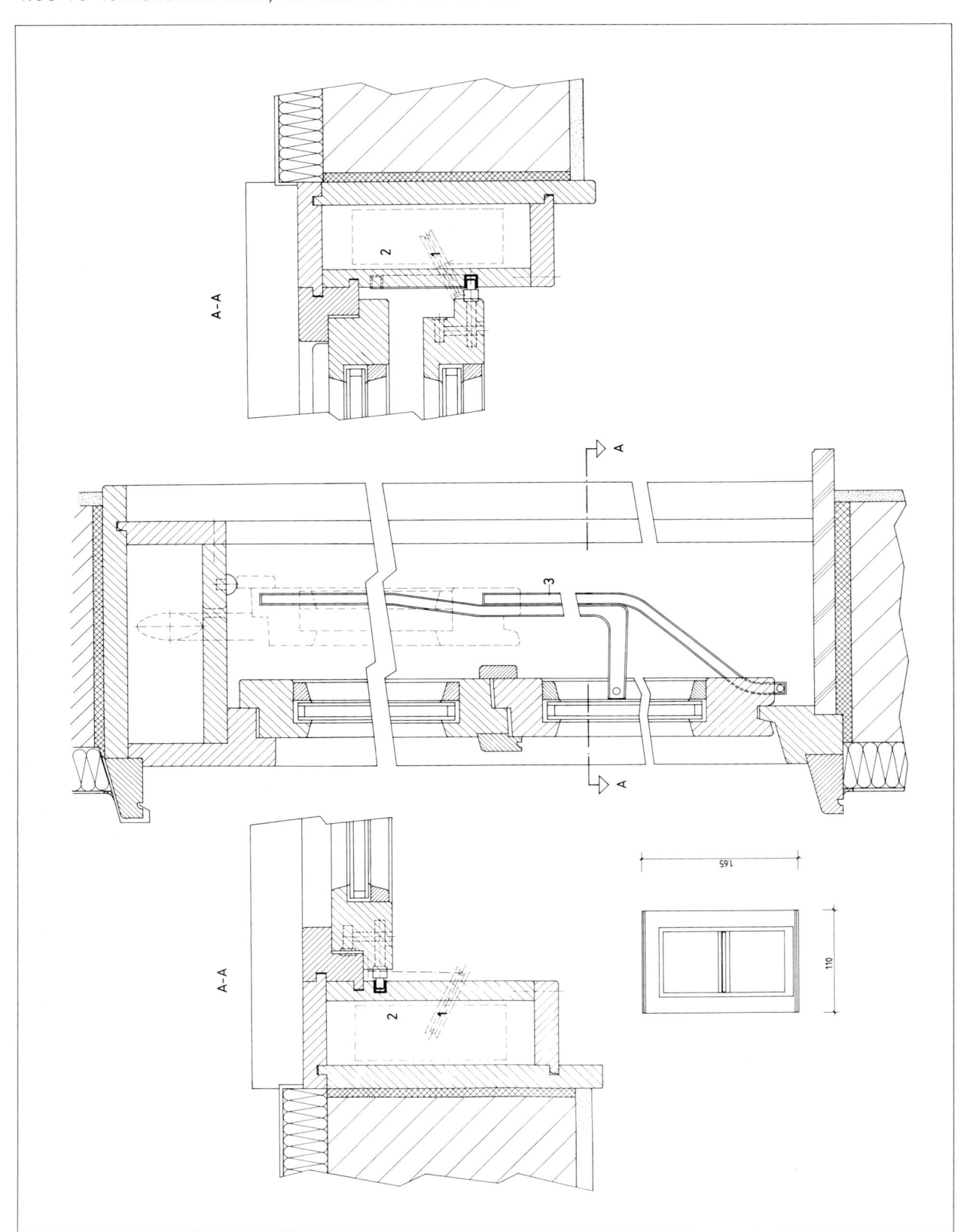

4.06 11 Kastenfenster, Rekonstruktion 1987. M 1:5

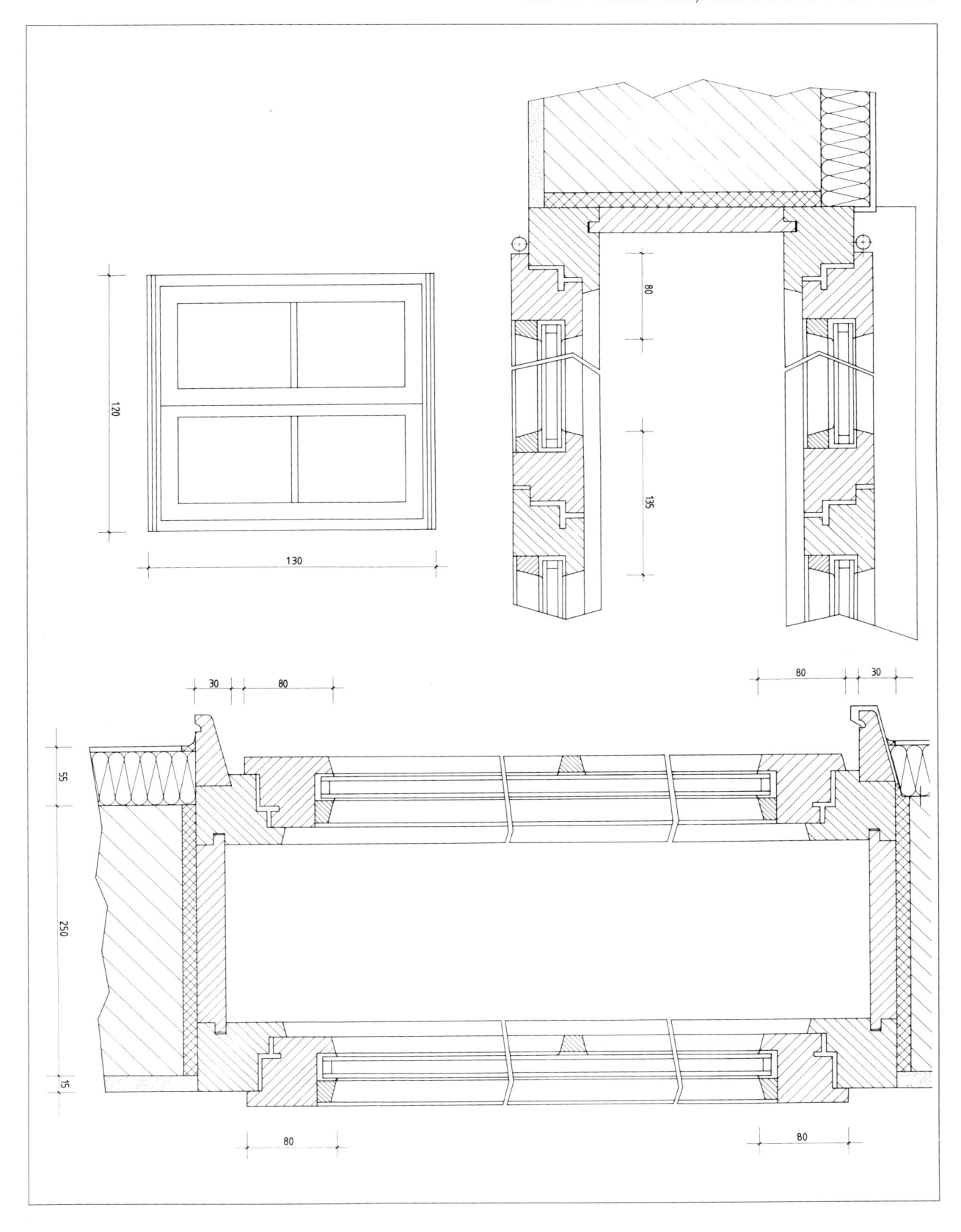

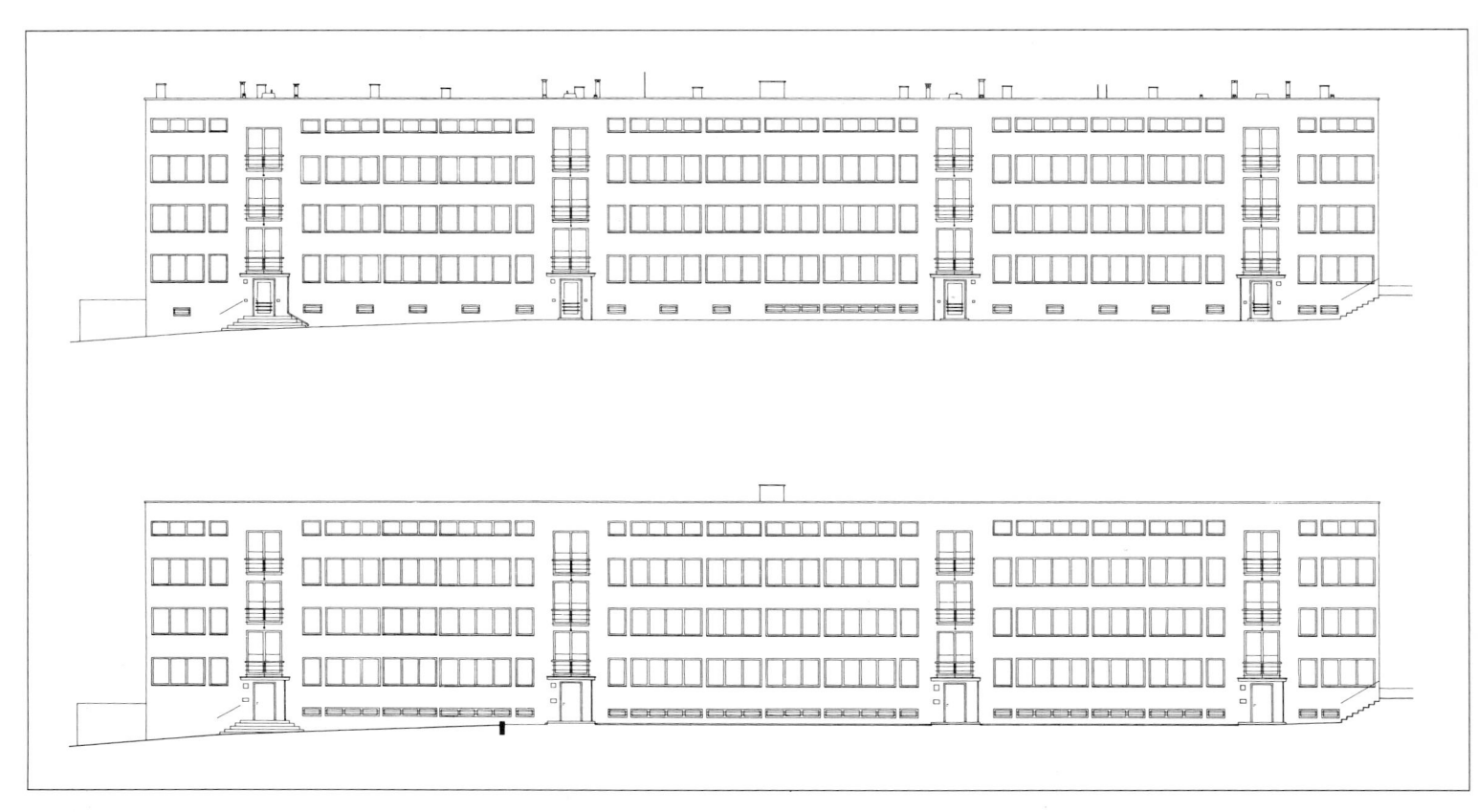

4.07 Gebäude von Ludwig Mies van der Rohe

4.07 01 Ansichten von Westen, 1982 und 1987 (wie 1927). M 1:400

4.07 02 Ansichten Norden und Süden mit Vertikalschnitt 1982 und 1987. M 1:400

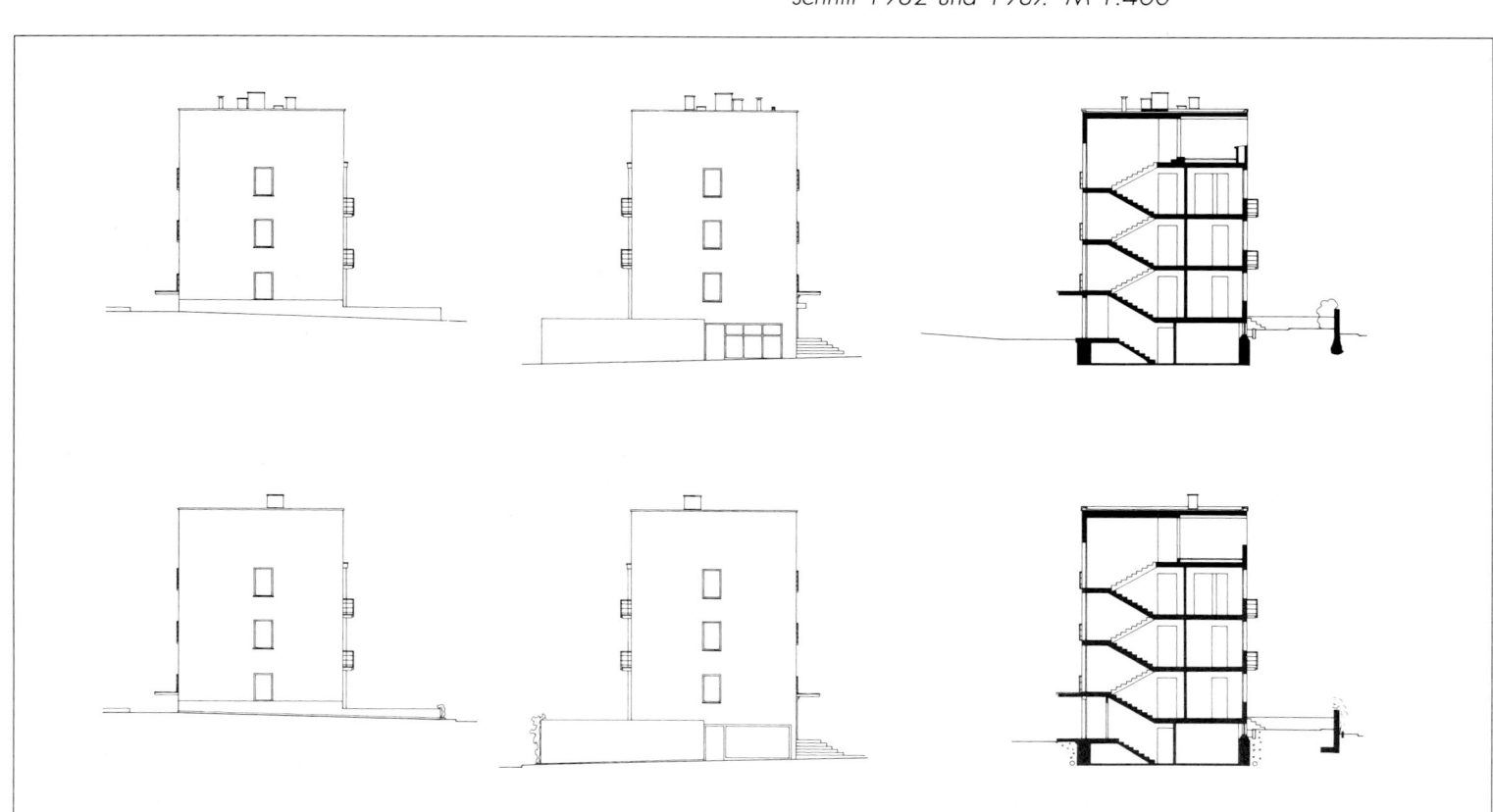

4.07 03 Die verschiedenen Lageplanfiguren des Entwurfsprozesses, 1925, 1926 und 1927.

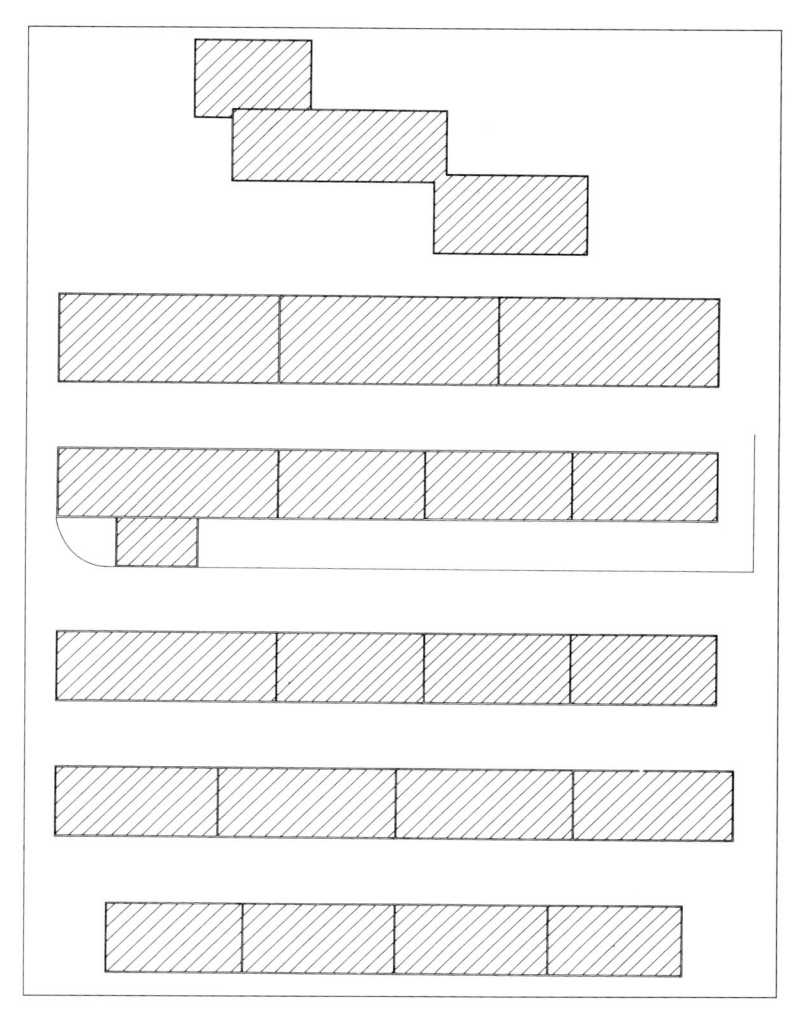

4.07 04 Gebäudeentwurf mit Ansichten vom Dezember 1926. M 1:700

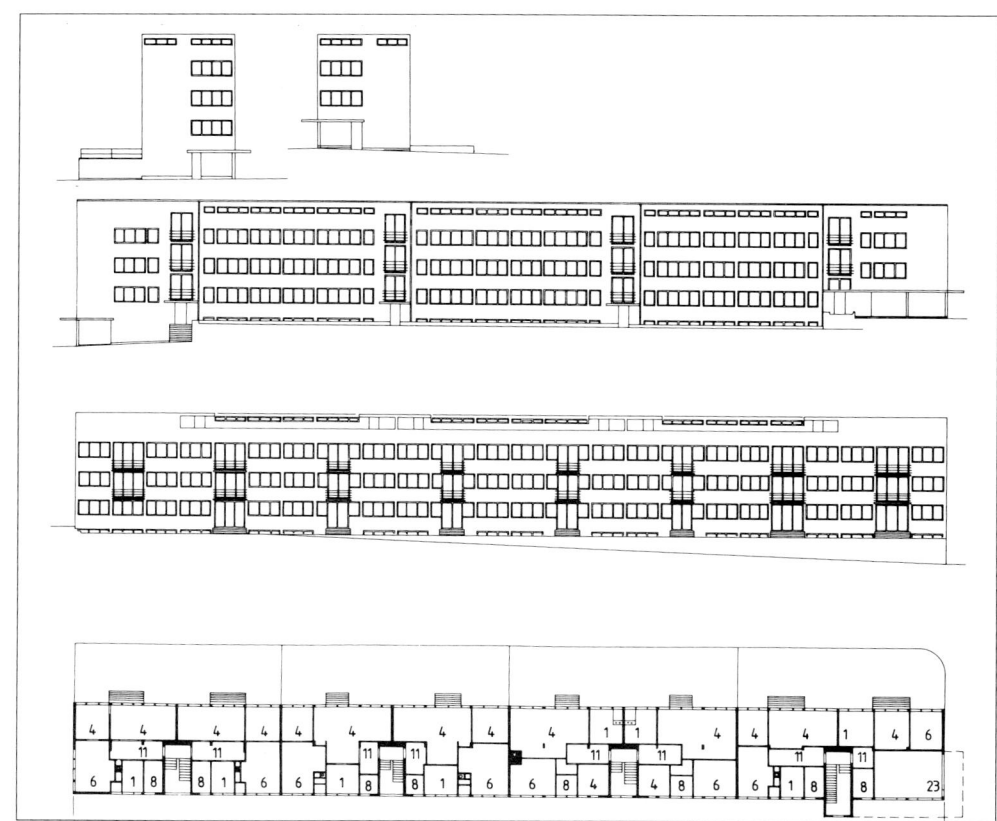

4.08 Gebäude von J.J.P. Oud

4.08 01 Ansichten von Süden, 1927 und 1987.
M 1:200

4.08 02 Ansichten von Norden, 1927 und 1987.
M 1:200

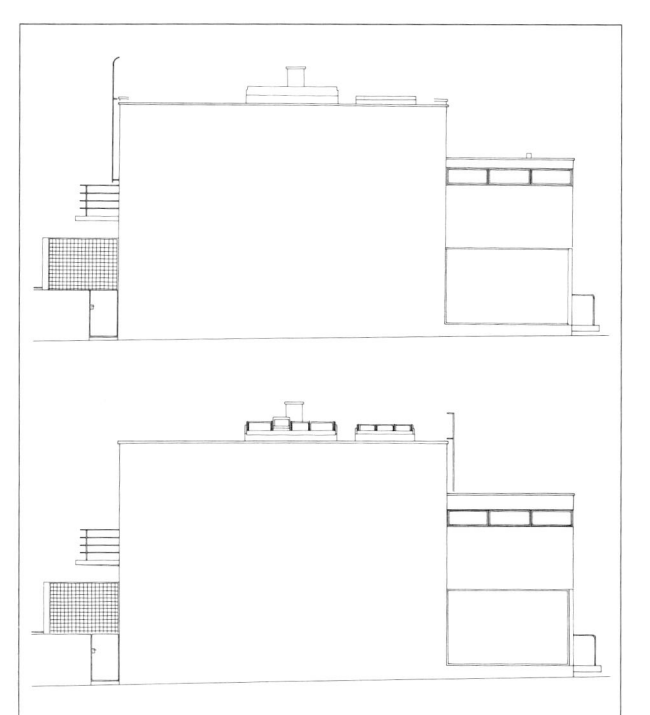

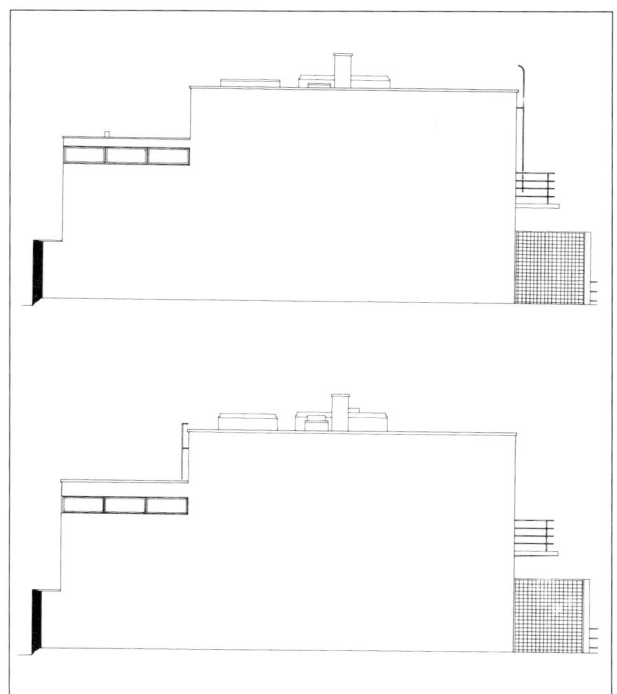

4.08 03 Ansichten von Osten, 1927 und 1987.
M 1:200

4.08 04 Ansichten von Westen, 1927 und 1987.
M 1:200

4.08 05 Küchenplan von 1927 mit Fließenspiegel

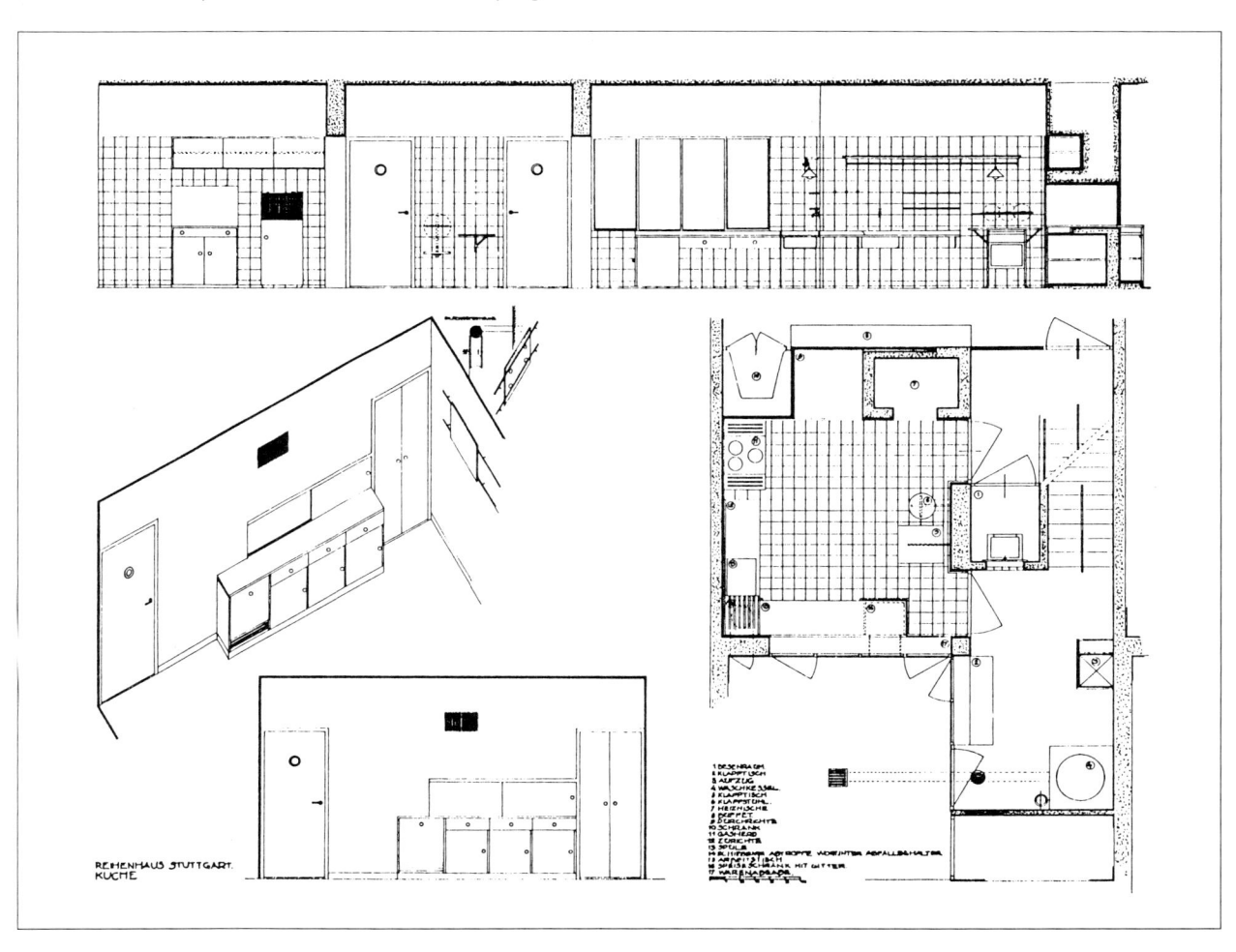

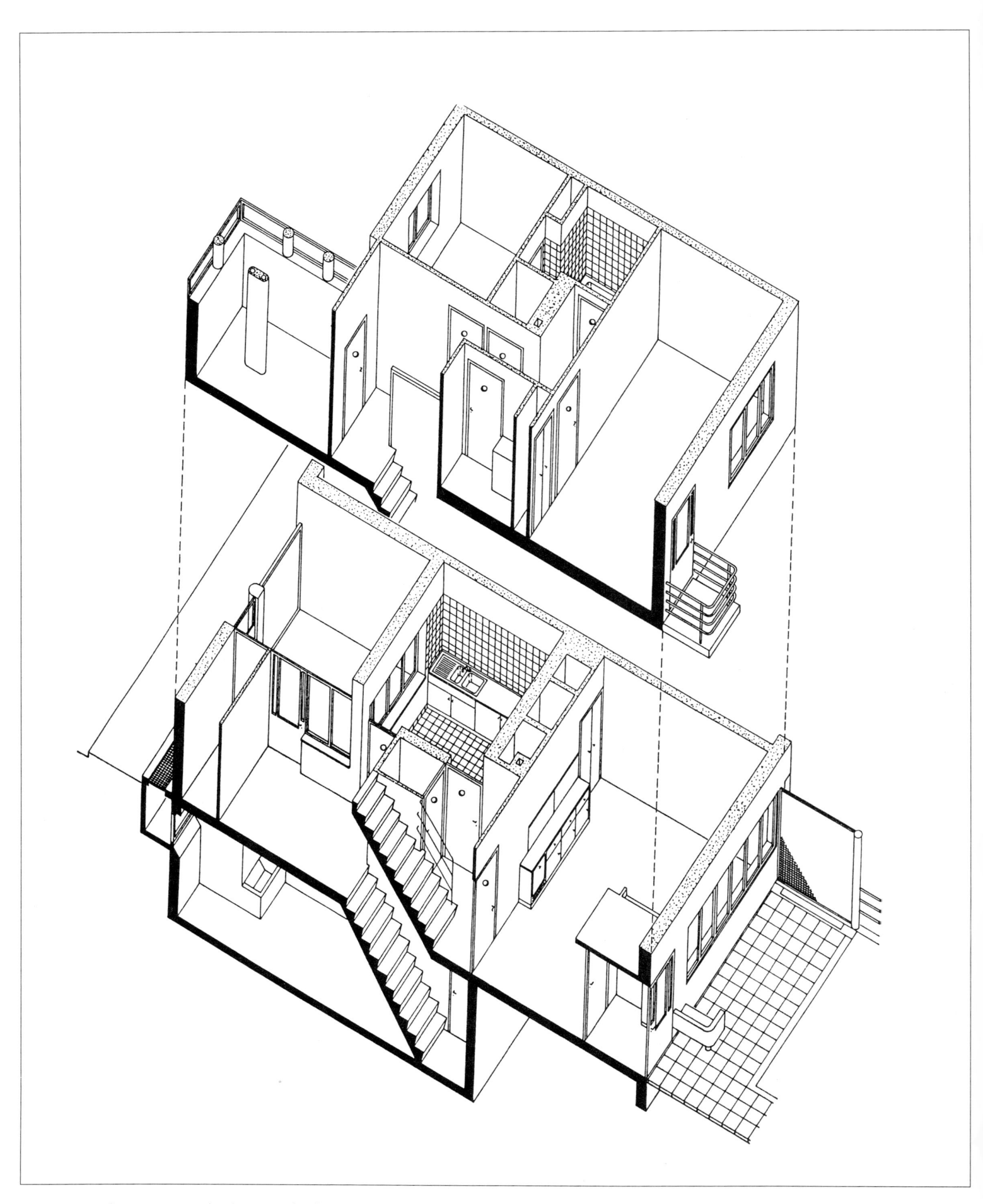

4.08 06 Schnittisometrie durch ein Reihenhaus.

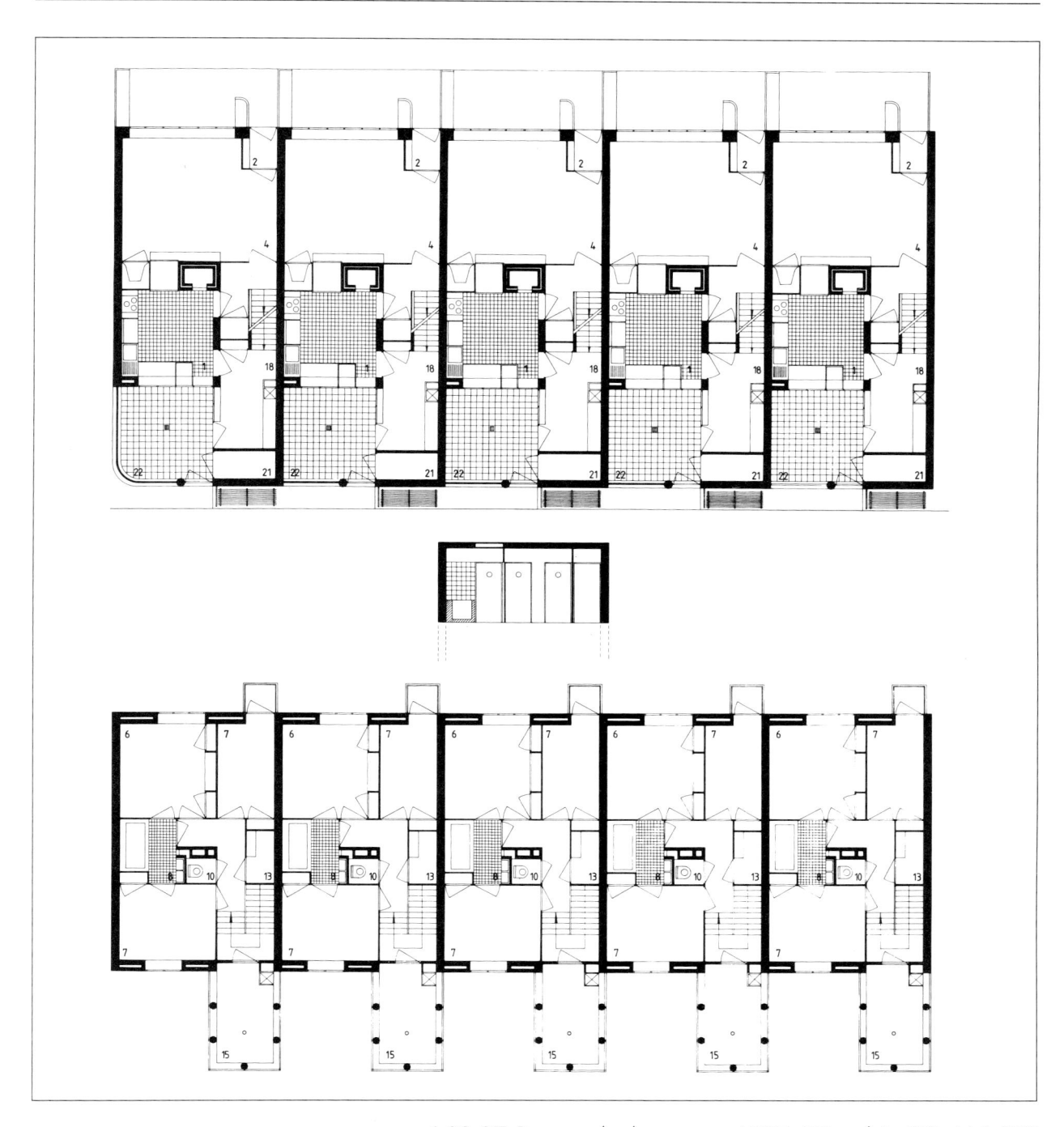

4.08 07 Baugesuchsplanung von 1927, EG und 1. OG. M 1:200

4.08 08 Fassadenstudie ohne Datum (wahrscheinlich 1927)

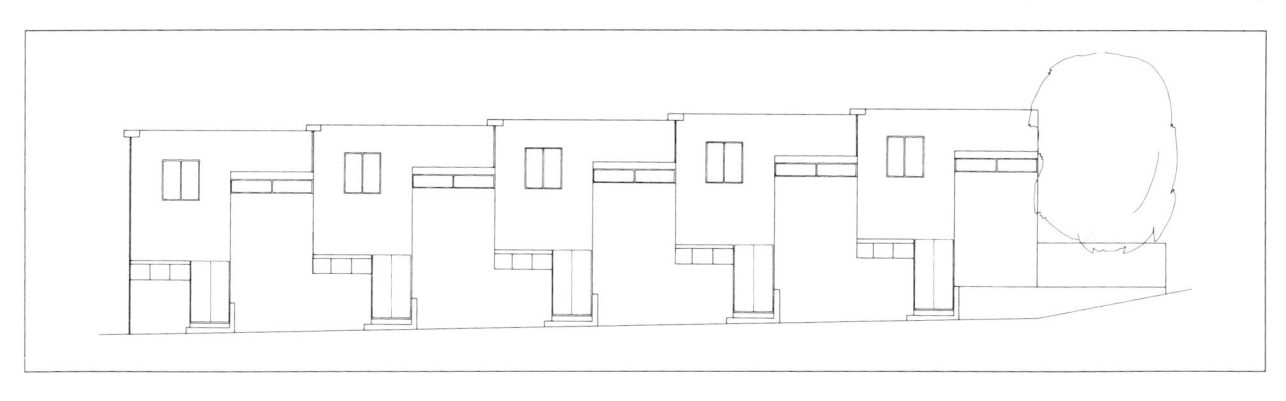

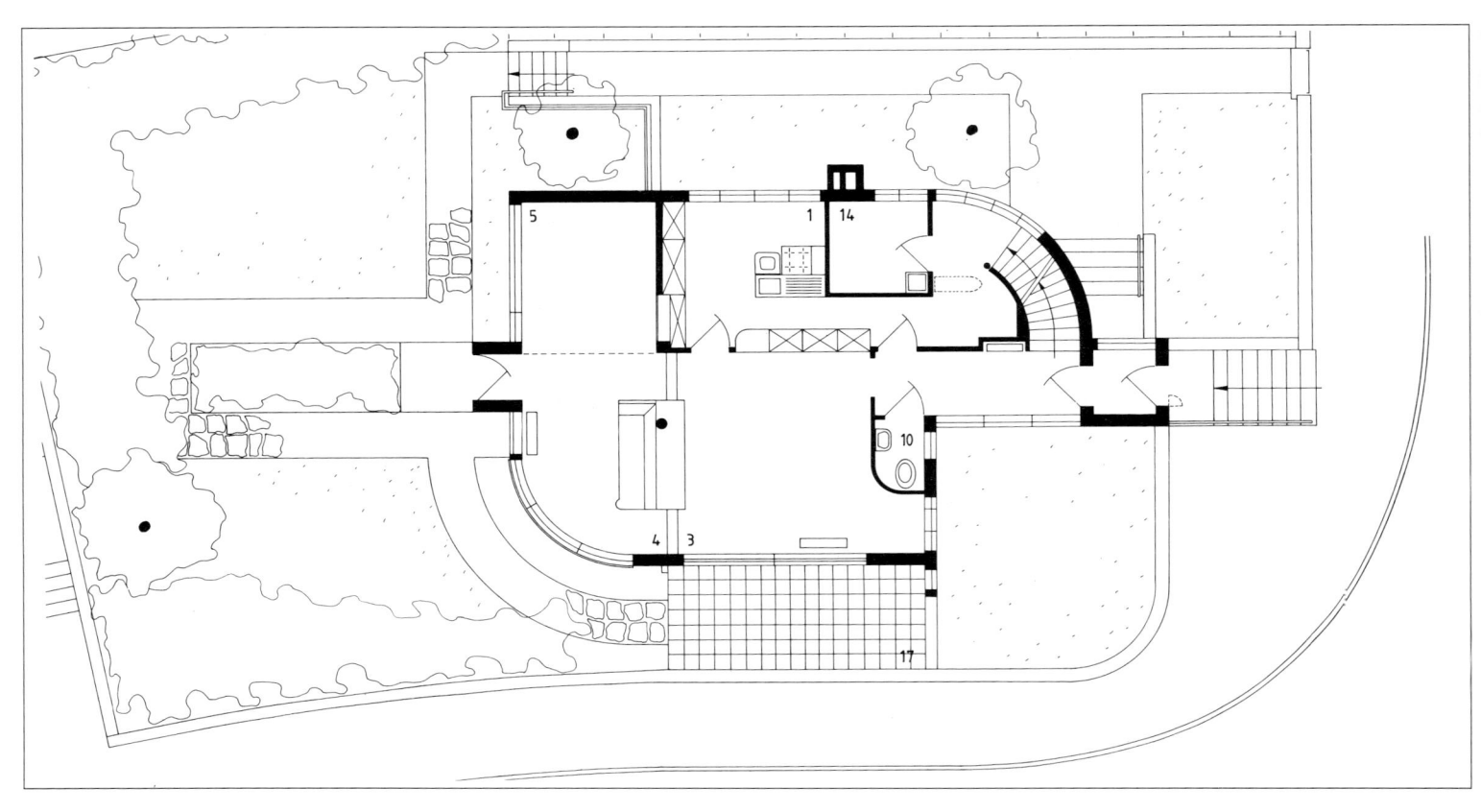

4.09 Gebäude von Hans Scharoun

4.09 01 EG-Grundriß mit Gartenanlage, 1927.
M 1:150

4.09 02 EG-Grundriß mit Gartenanlage, 1981.
M 1:150

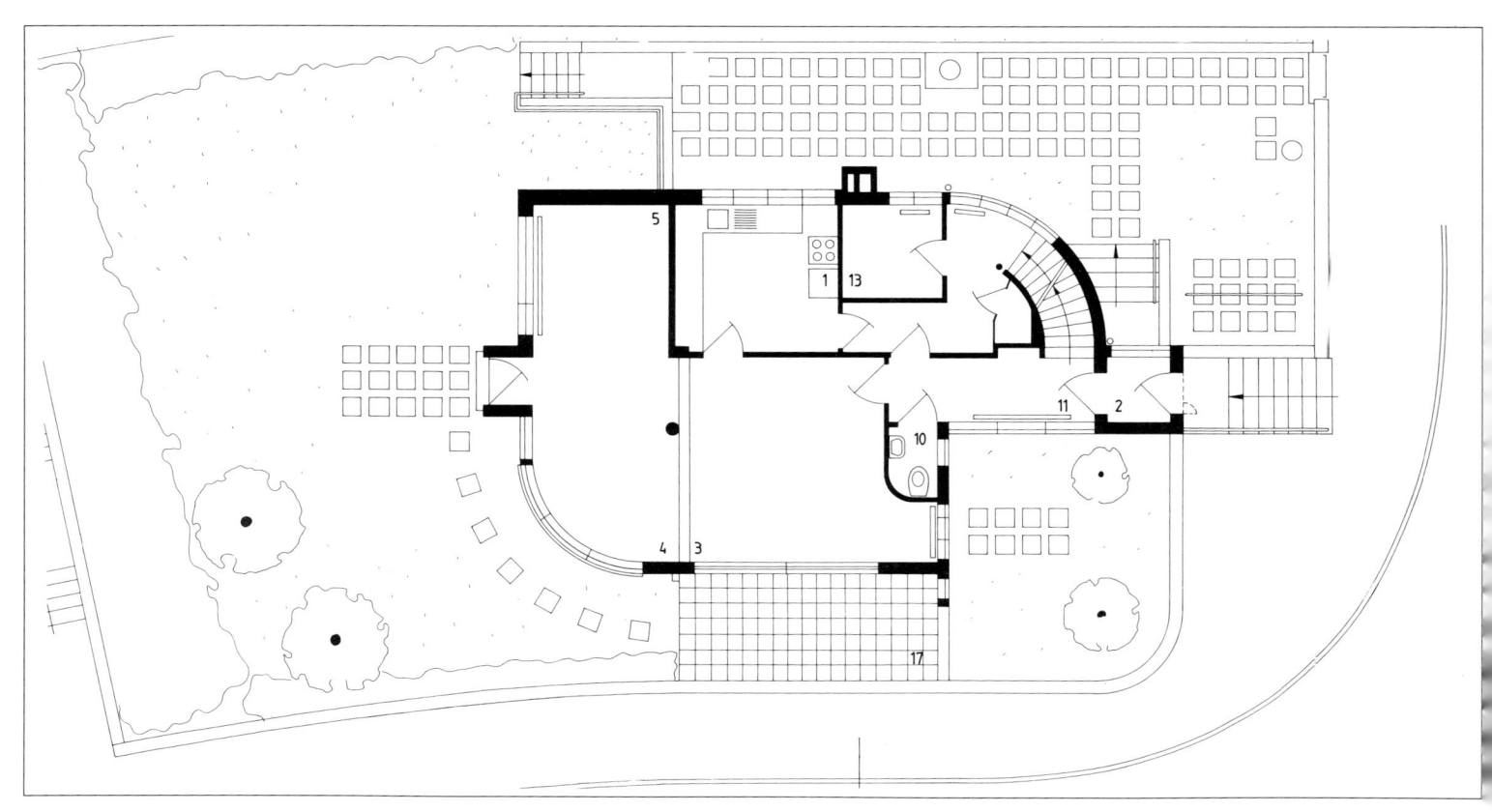

4.09 03 1. OG Grundrisse 1927 und
1981. M 1:150. (Rechts)

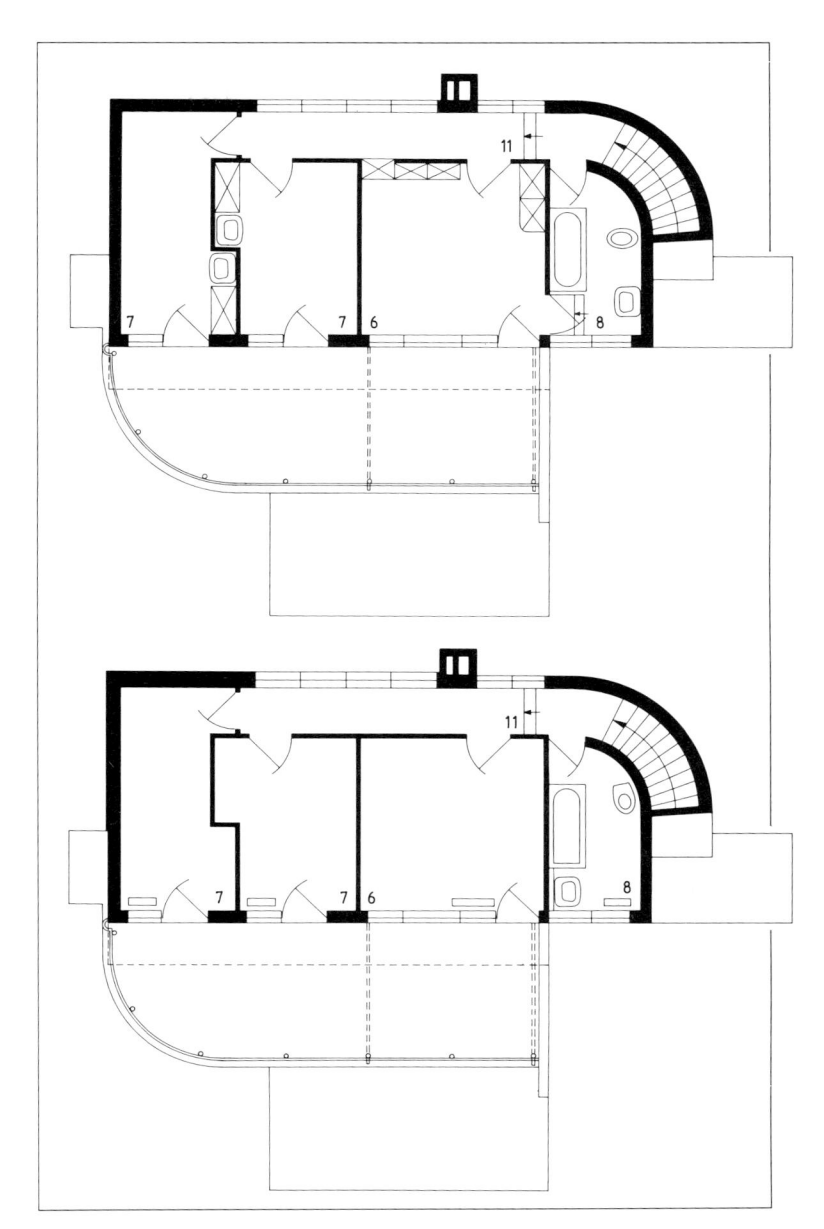

4.09 04 Ansichten von Osten, 1927
wie 1981 (unten links) und
1979 (unten rechts). M 1:150

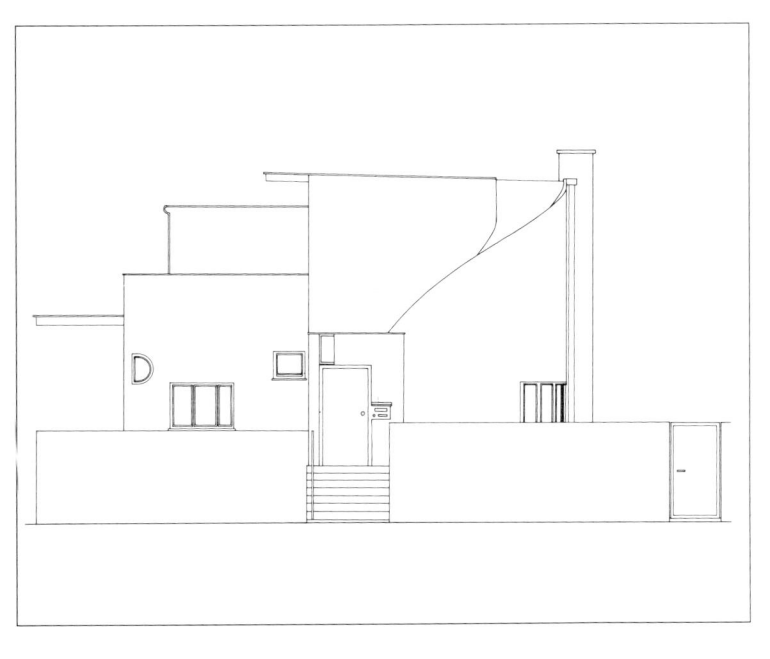

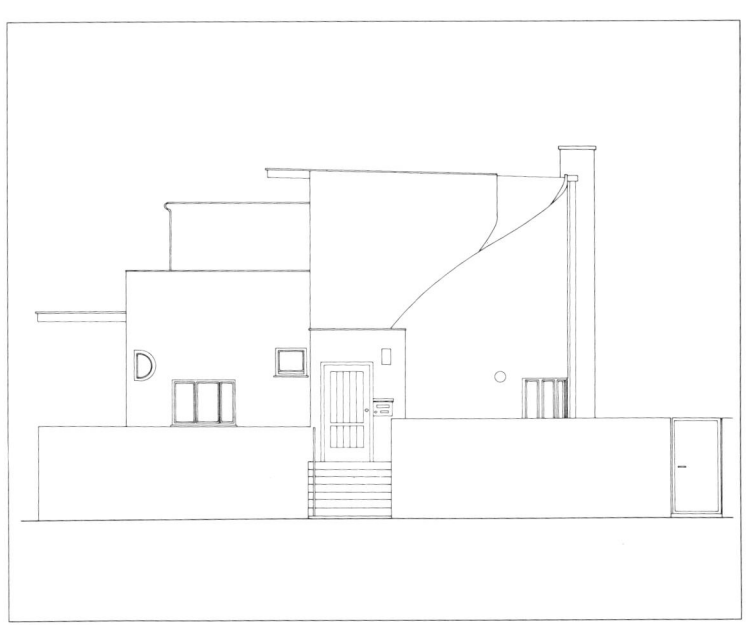

4.09 05
Ansichten von Süden,
1927 und 1981.
M 1:150

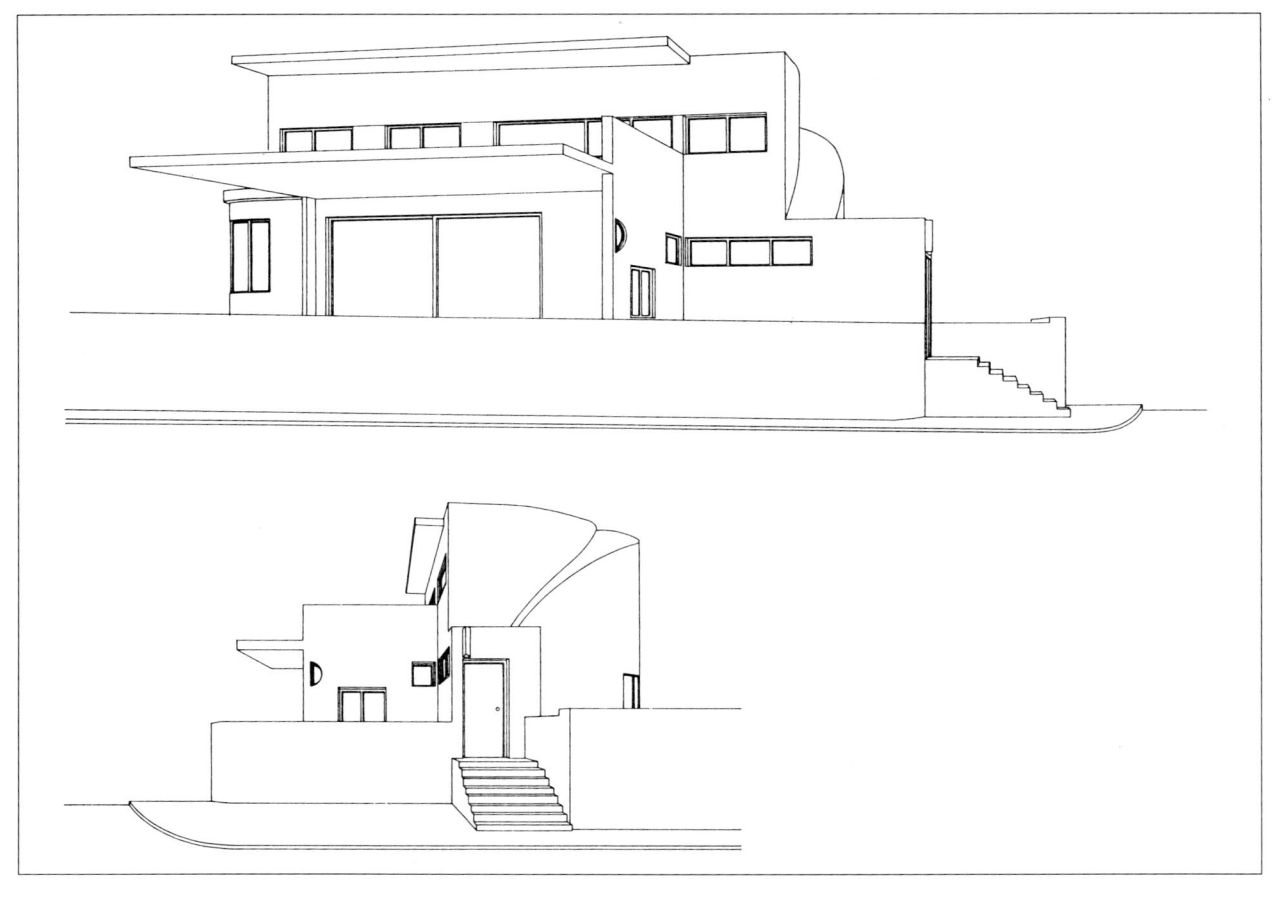

4.09 06
Perspektiven von Osten
und Süd-Osten

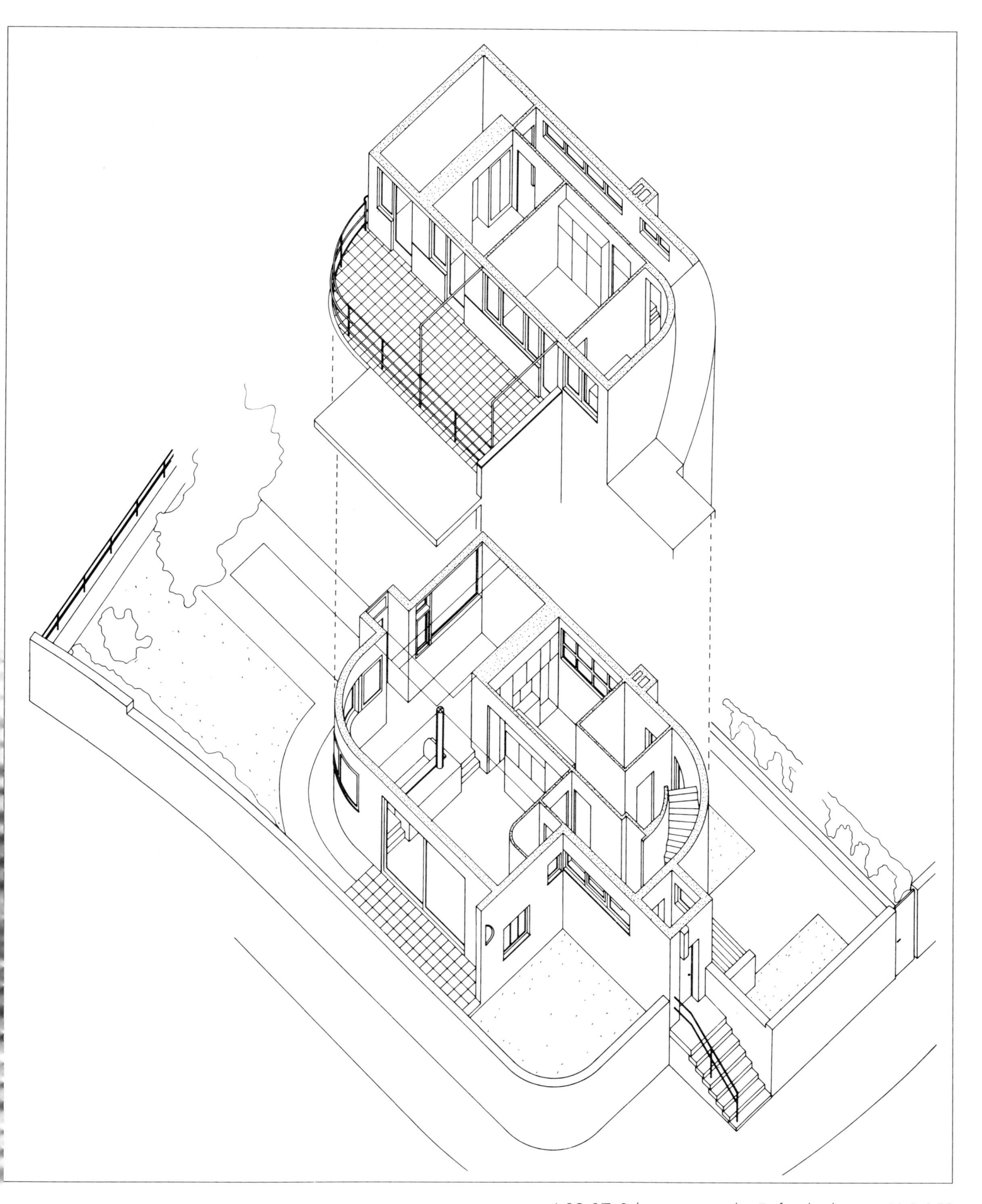

4.09 07 Schnittisometrie des Einfamilienhauses. M 1:150

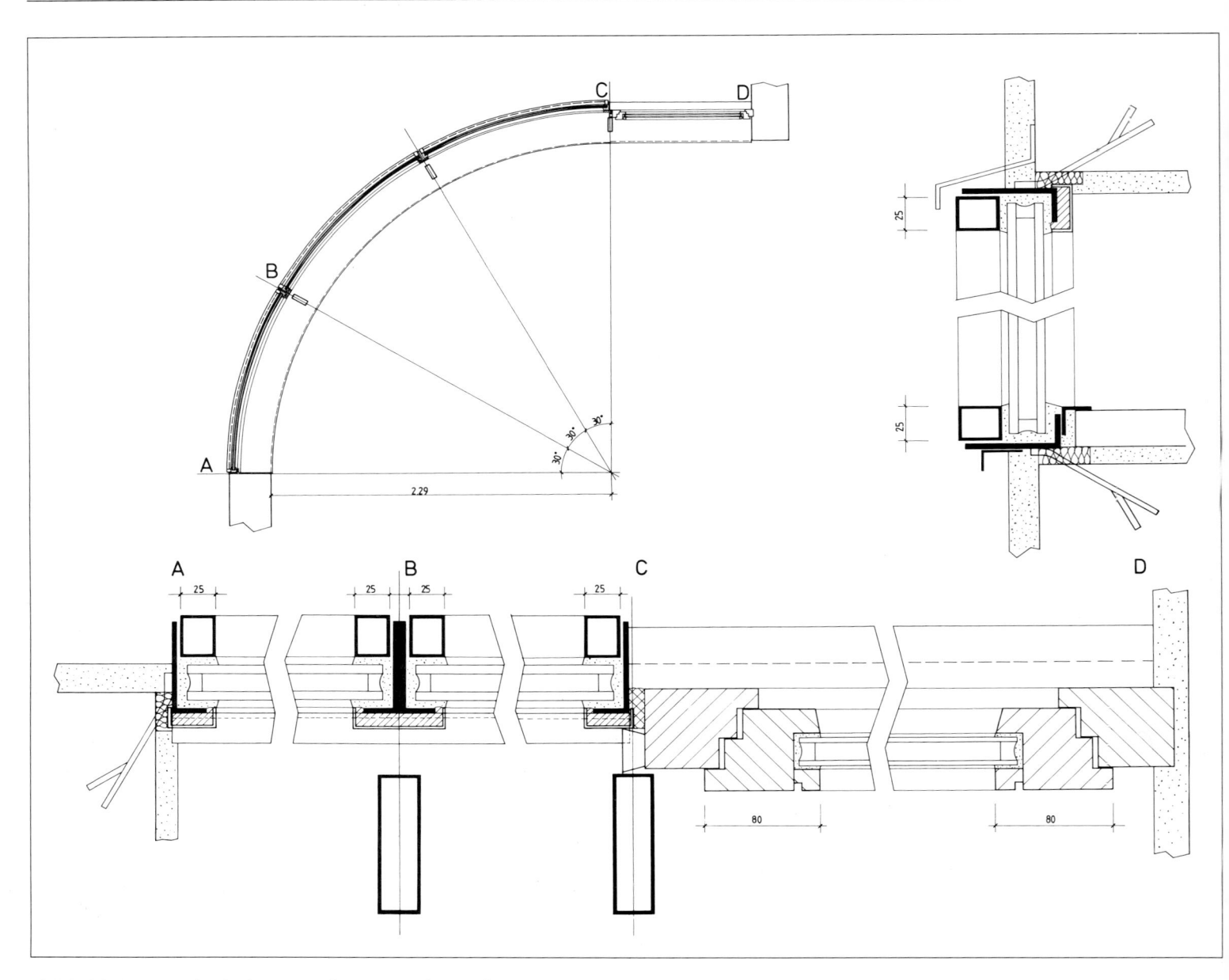

4.09 08 Das runde Wohnzimmerfensters, Rekonstruktion von 1981. M 1:4

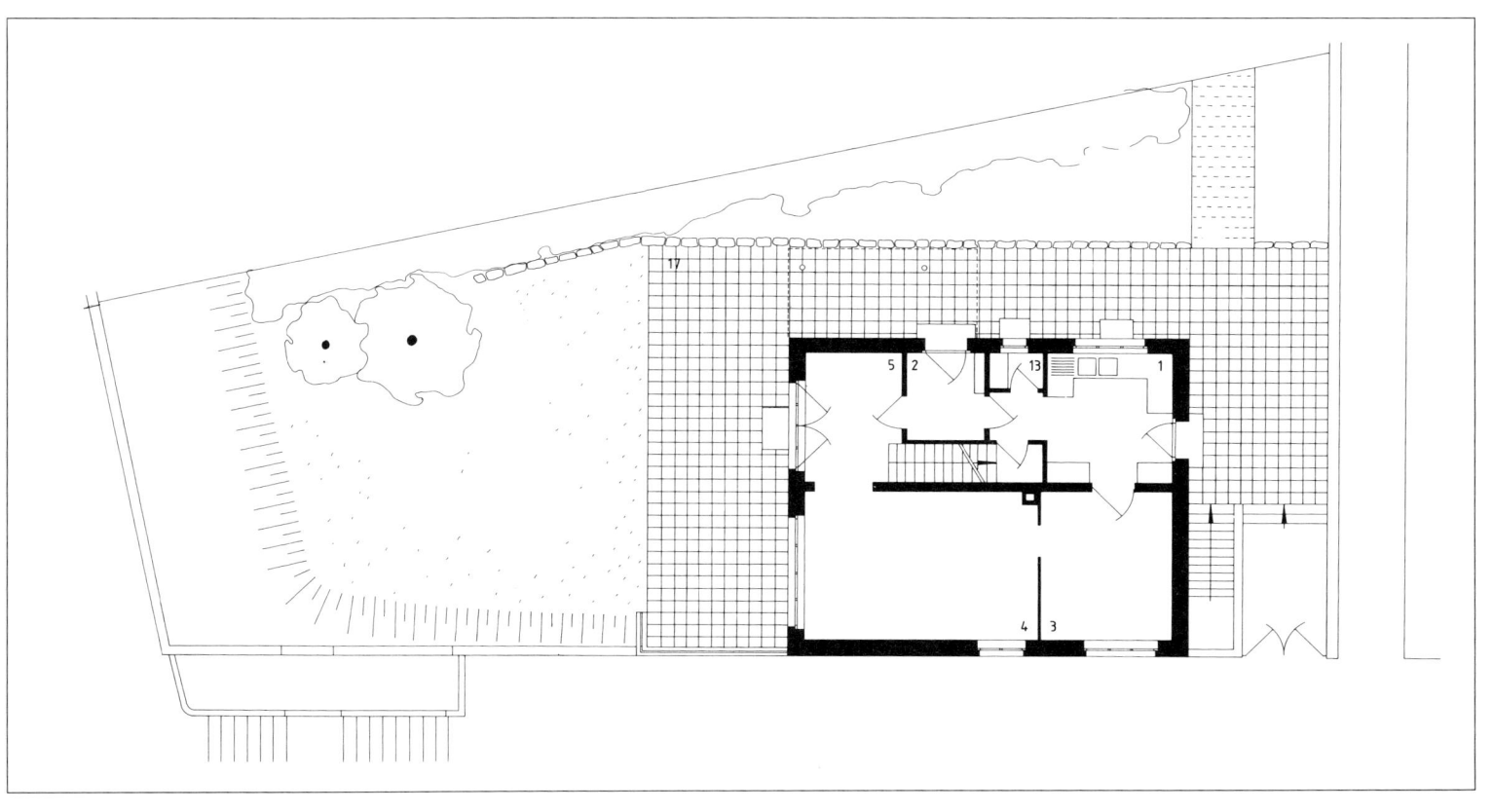

**4.10 Gebäude von Adolf G. Schneck,
Bruckmannweg 1**

4.10 01 EG-Grundriß mit Gartenanlage, 1927.
M 1:175

4.10 02 EG-Grundriß mit Gartenanlage, 1987.
M 1:175

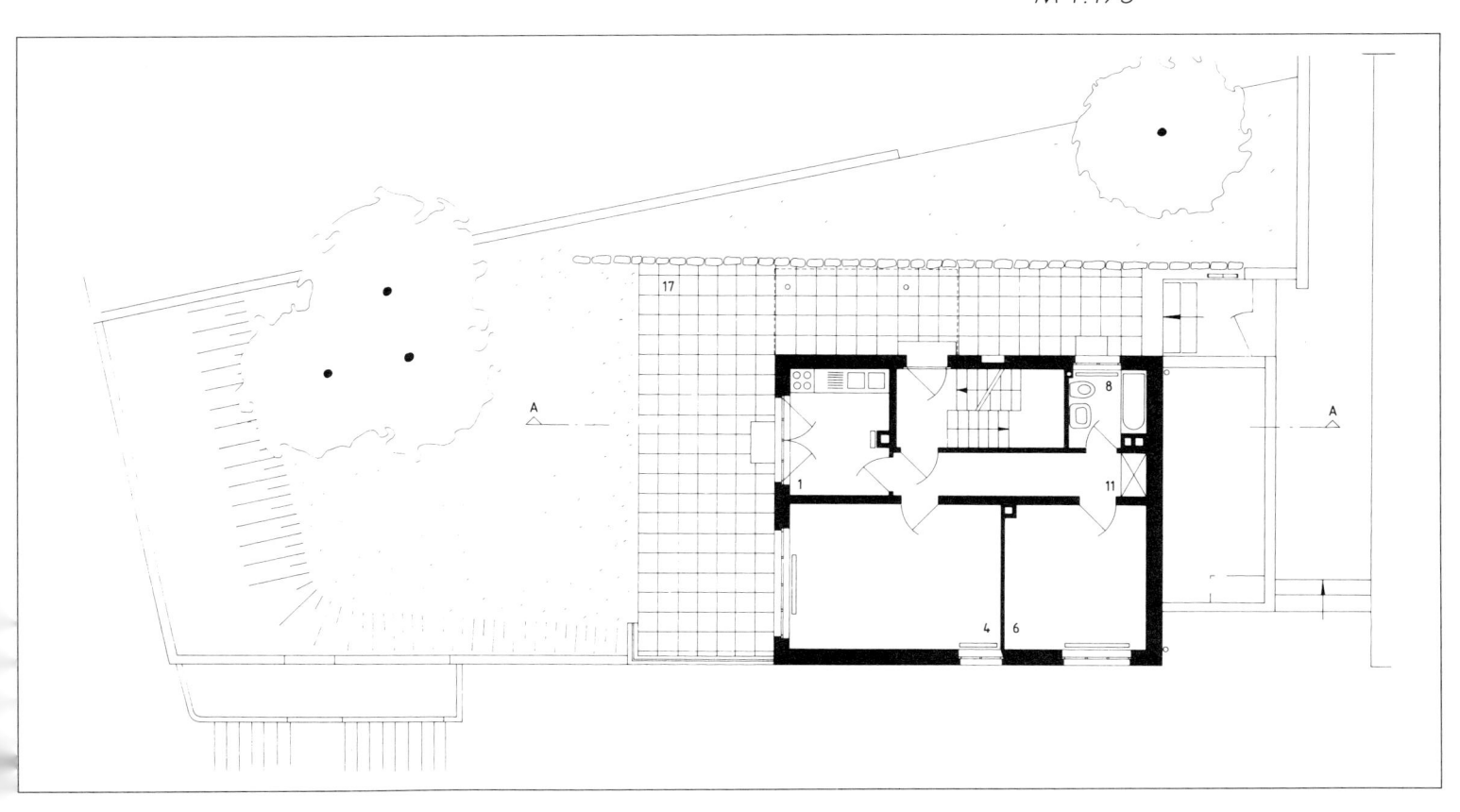

4.10 03 UG-Grundrisse 1927 und 1987, M 1:175

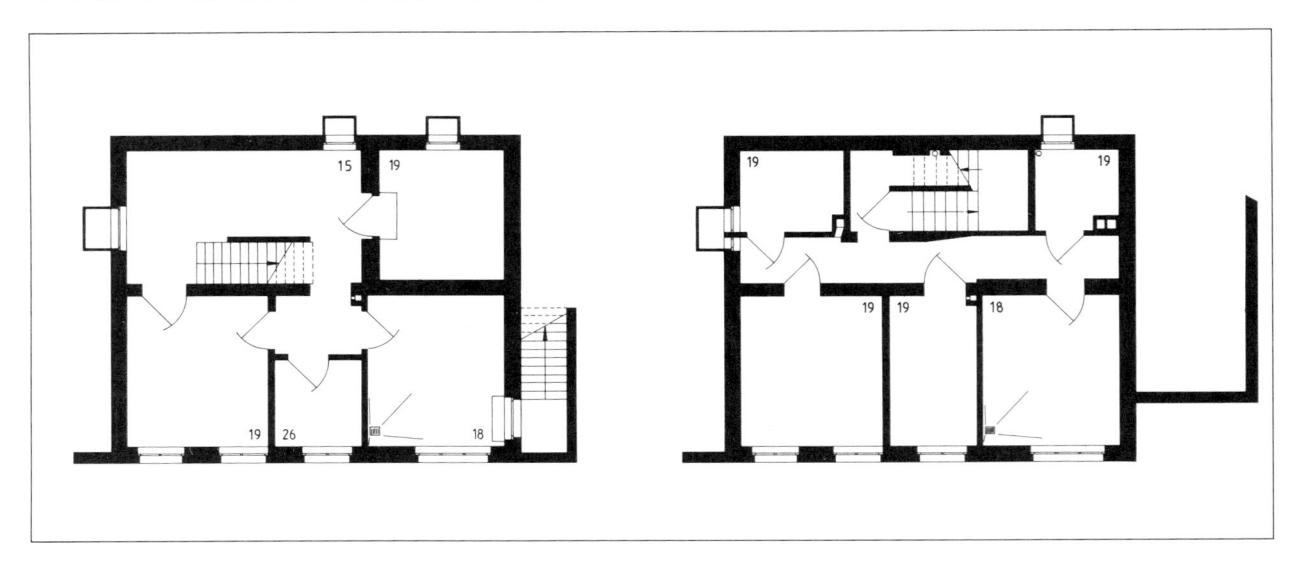

4.10 04 1. OG Grundrisse 1927 und 1987, M 1:175

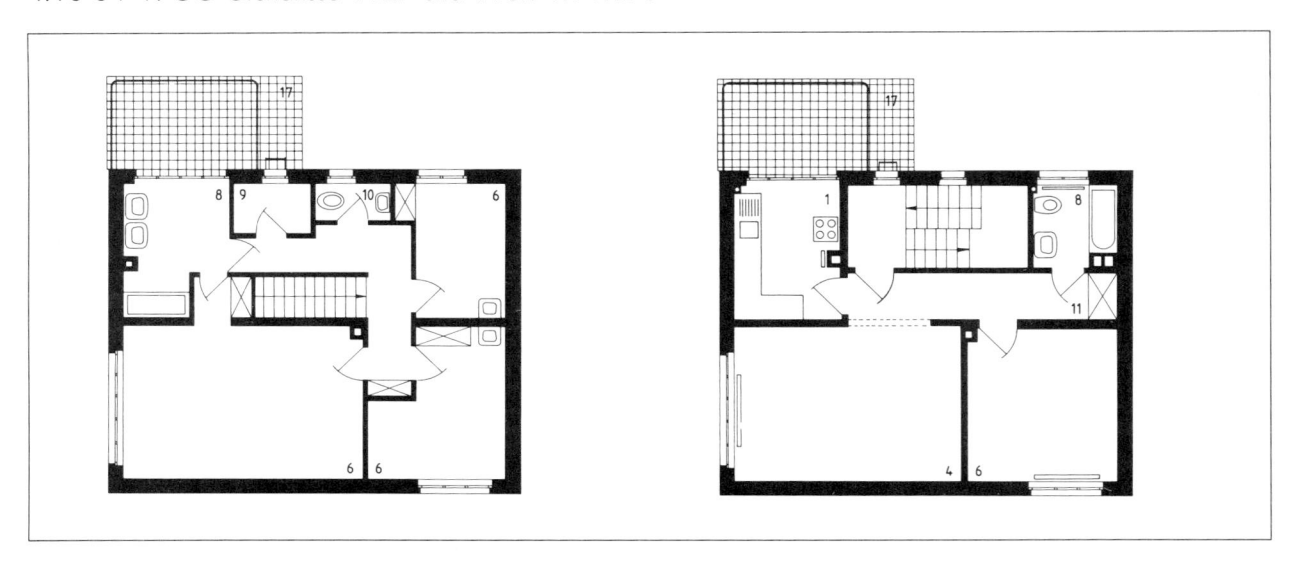

4.10 05 Vertikalschnitt, 1927 und 1987, M 1:175

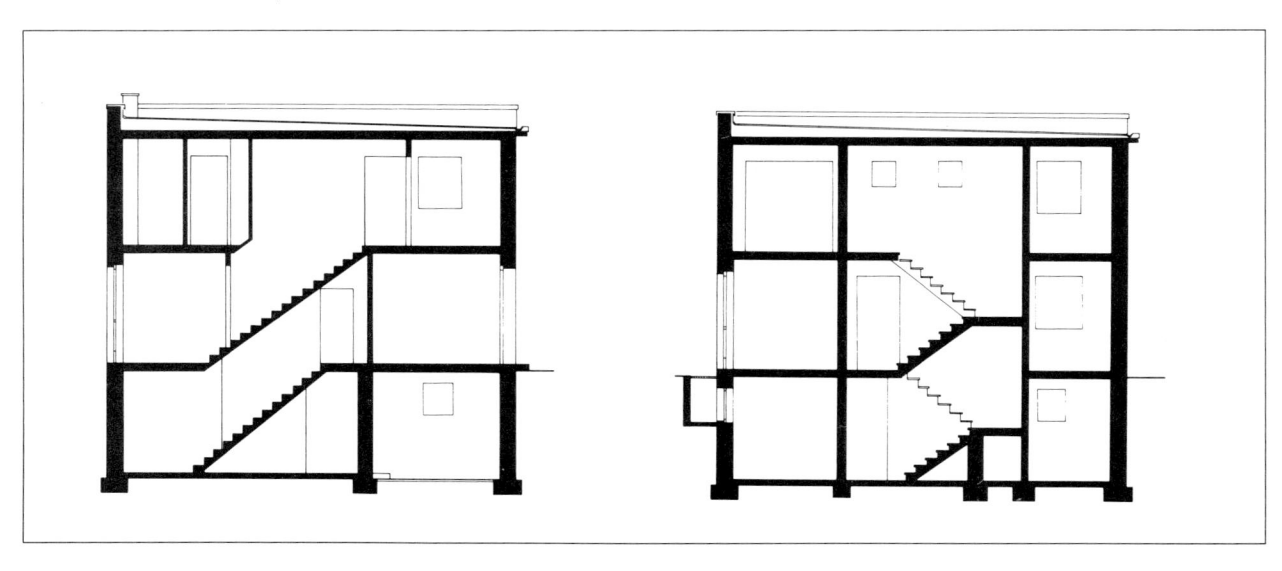

179

4.10 06 Ansichten von Süden, 1927 und 1987. M 1:175

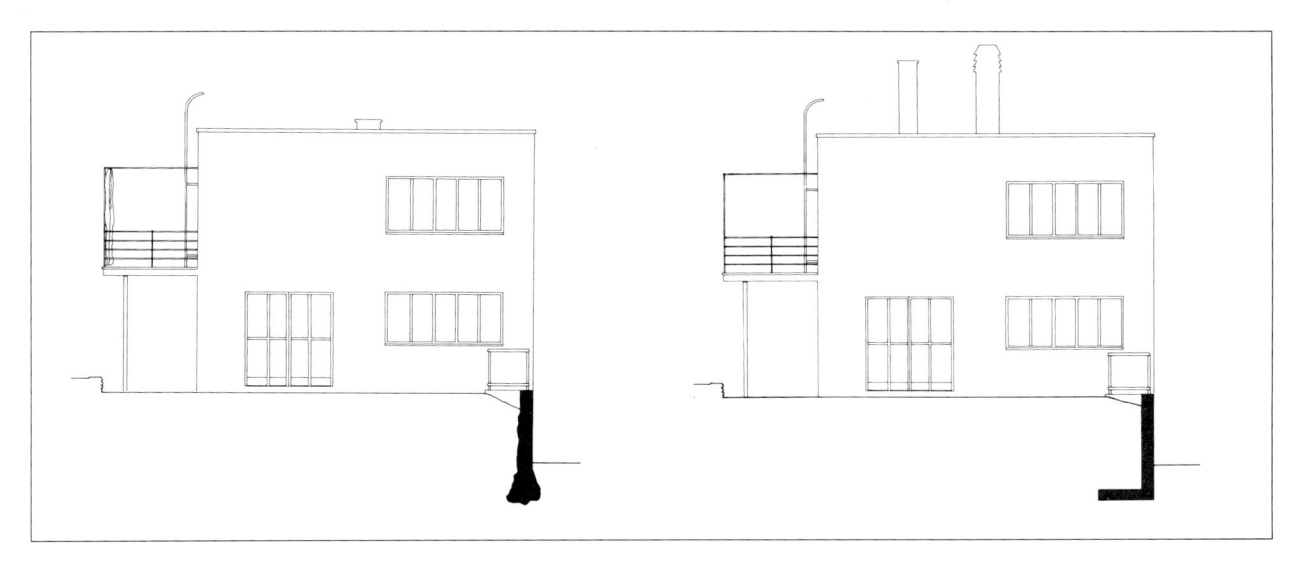

4.10 07 Ansichten von Norden, 1927 und 1987. M 1:175

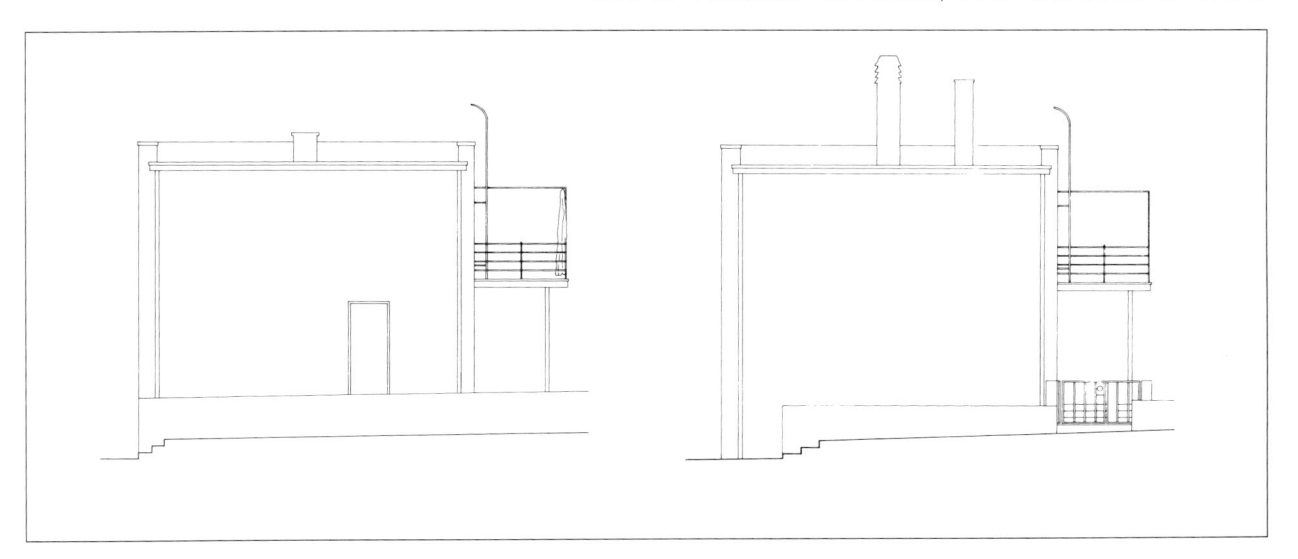

4.10 08 Ansichten von Westen, 1927 und 1987. M 1:175

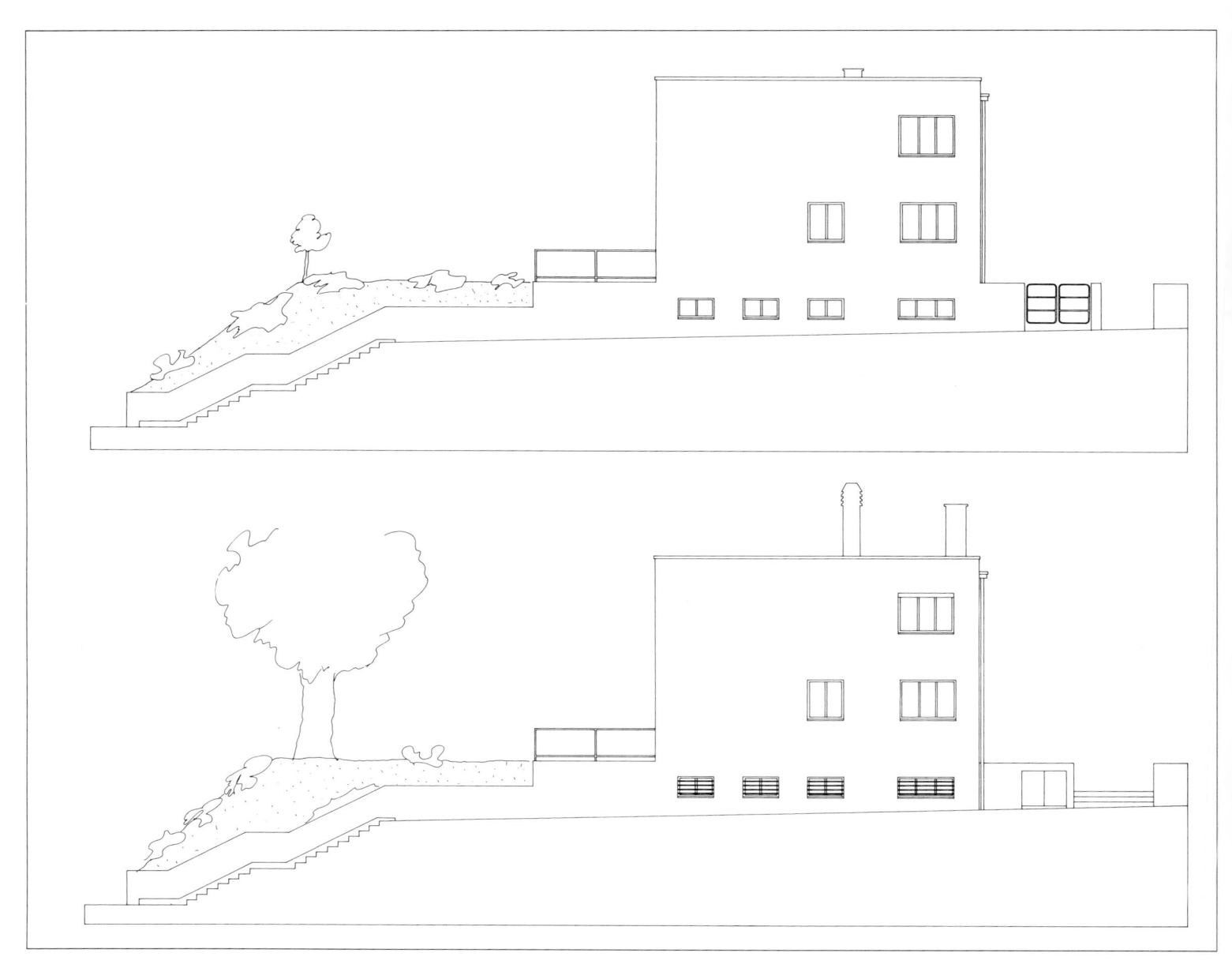

4.10 09 Ansichten von Osten, 1927 und 1987. M 1:175

4.10 10 Systemgrundrisse, Bruckmannweg 1, Friedrich-Ebert-Straße 114. M 1:175

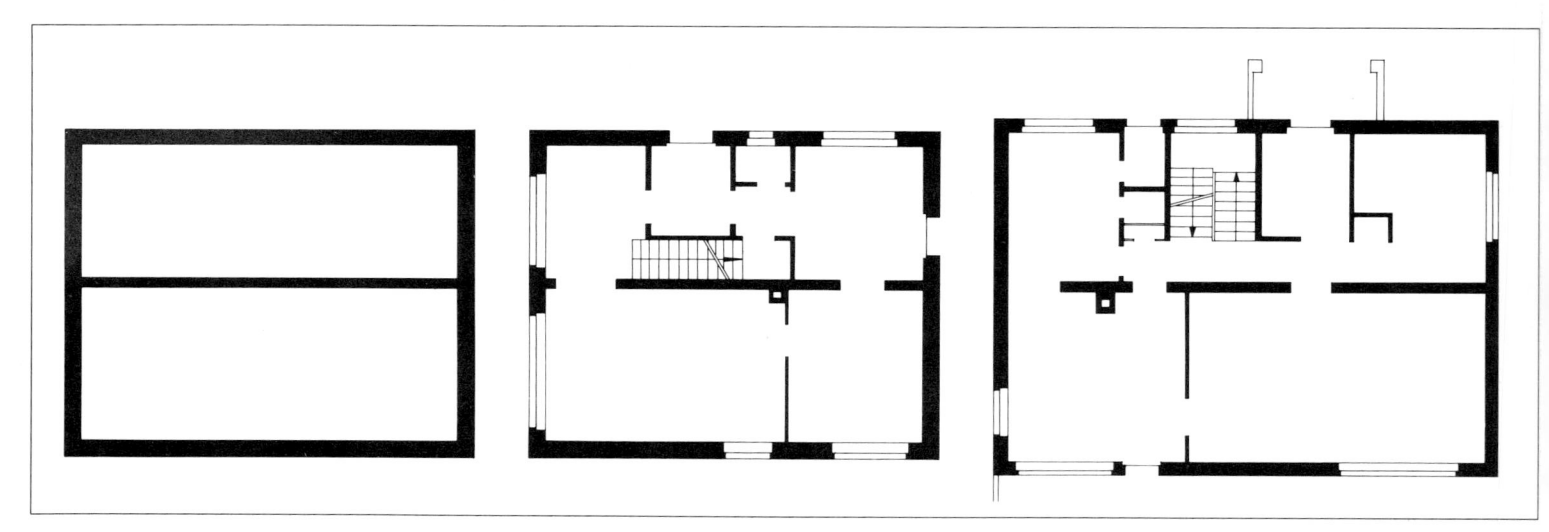

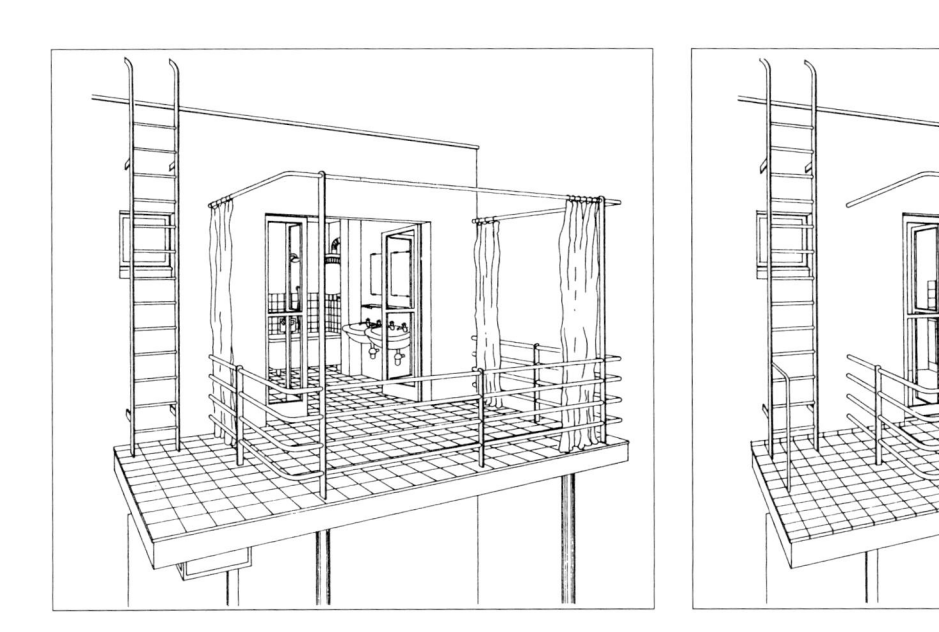

4.10 11 Balkon und Außenfassade, 1927 (oben links) und 1987 (oben rechts)

4.10 12 Horizontal- und Vertikalschnitte eines dreiflügeligen Holzfensters, 1927 und 1987. M 1:4,5

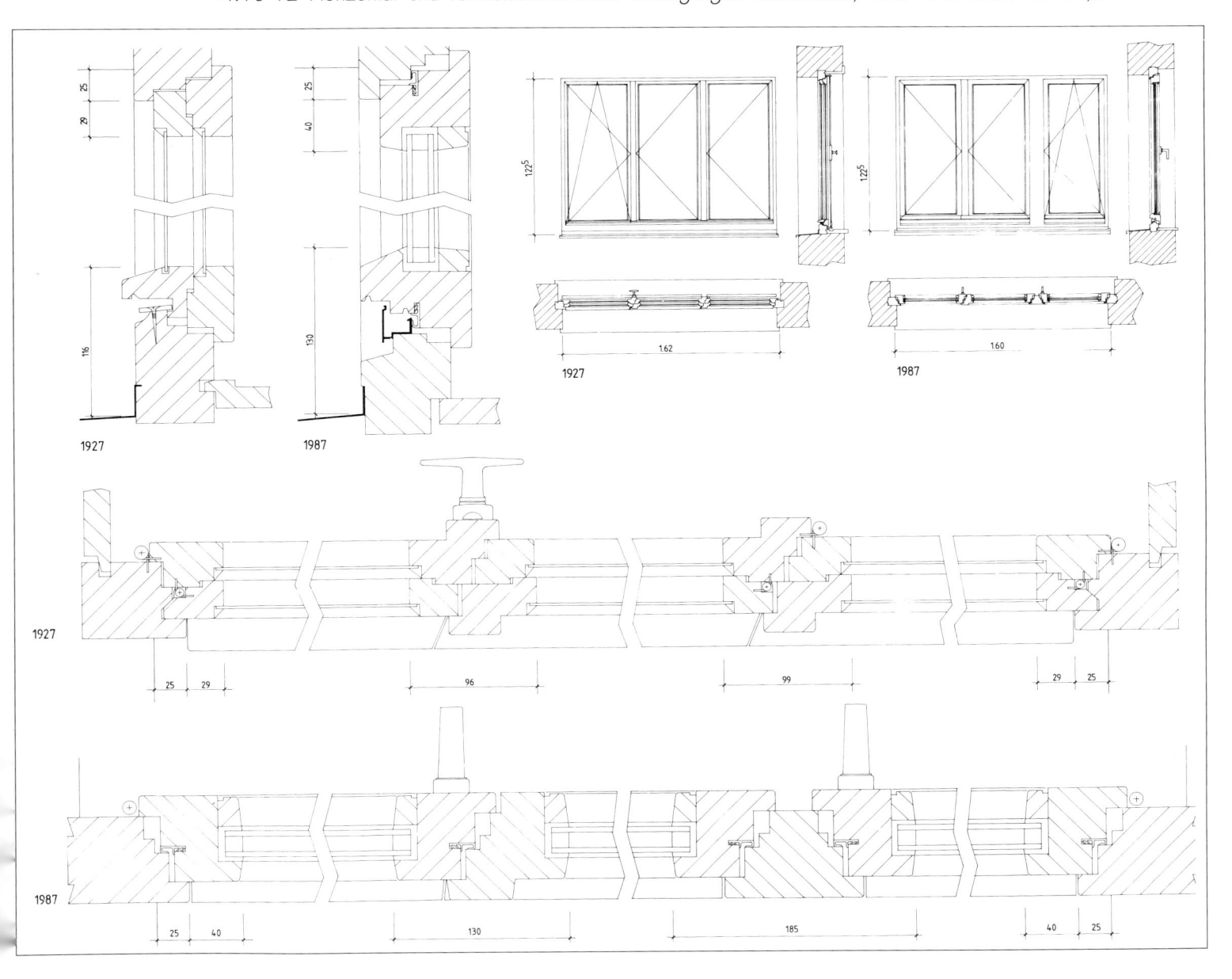

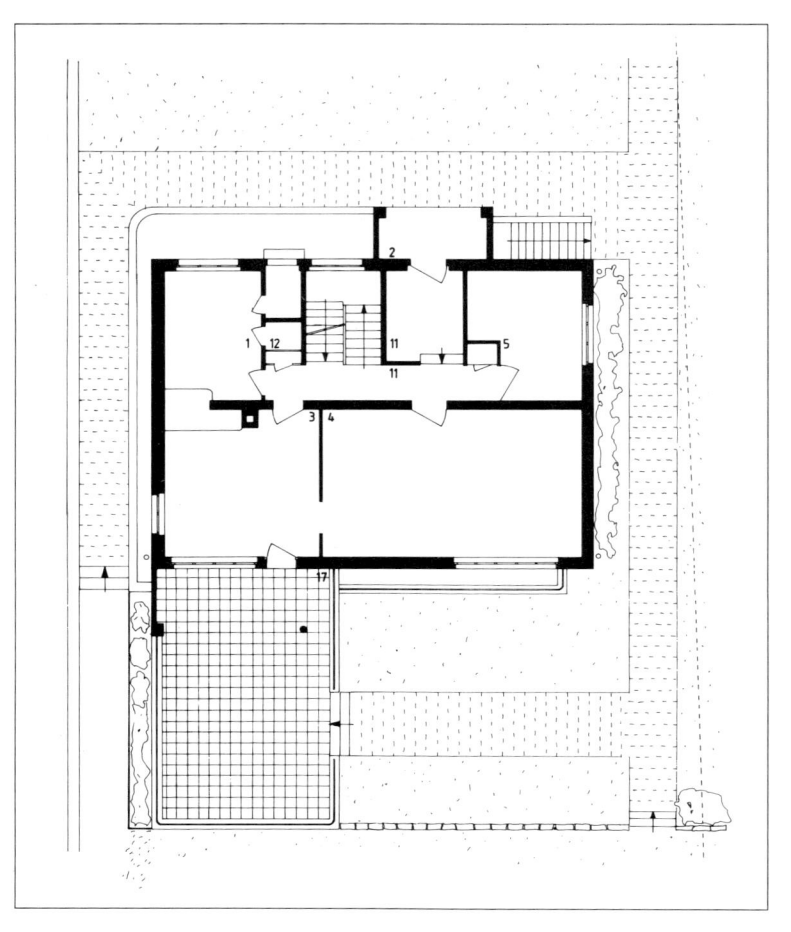

**4.11 Gebäude von
Adolf G. Schneck,
Friedrich-Ebert-Straße 114**

4.11 01 EG-Grundriß mit Gartenanlage, 1927. M 1:200

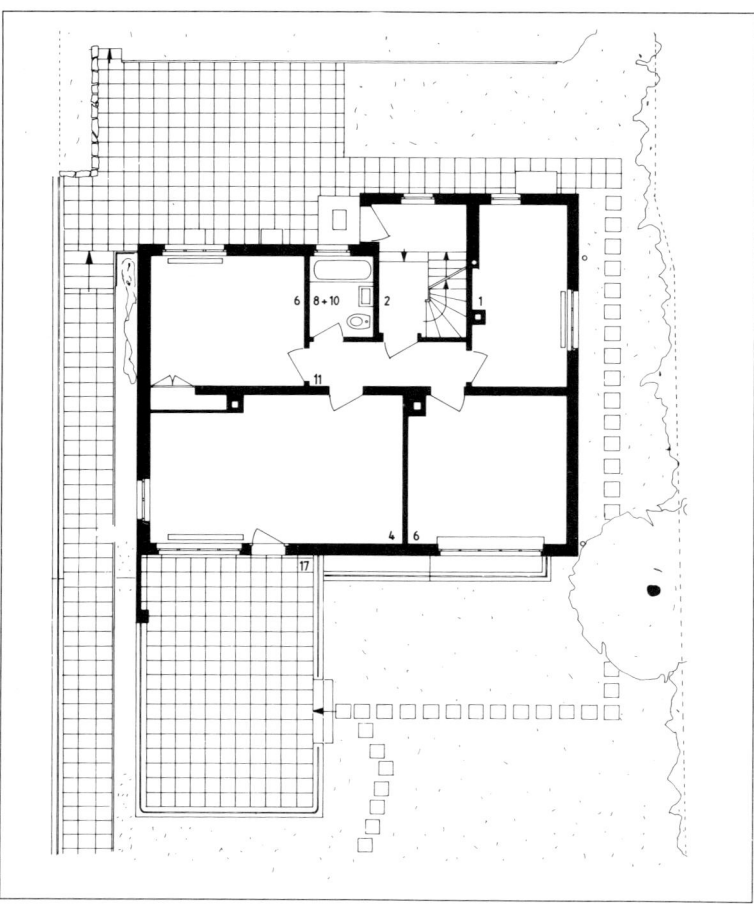

4.11 02 EG-Grundriß mit Gartenanlage, 1987. M 1:200

4.11 03 UG-Grundrisse 1927 und 1987. M 1:200

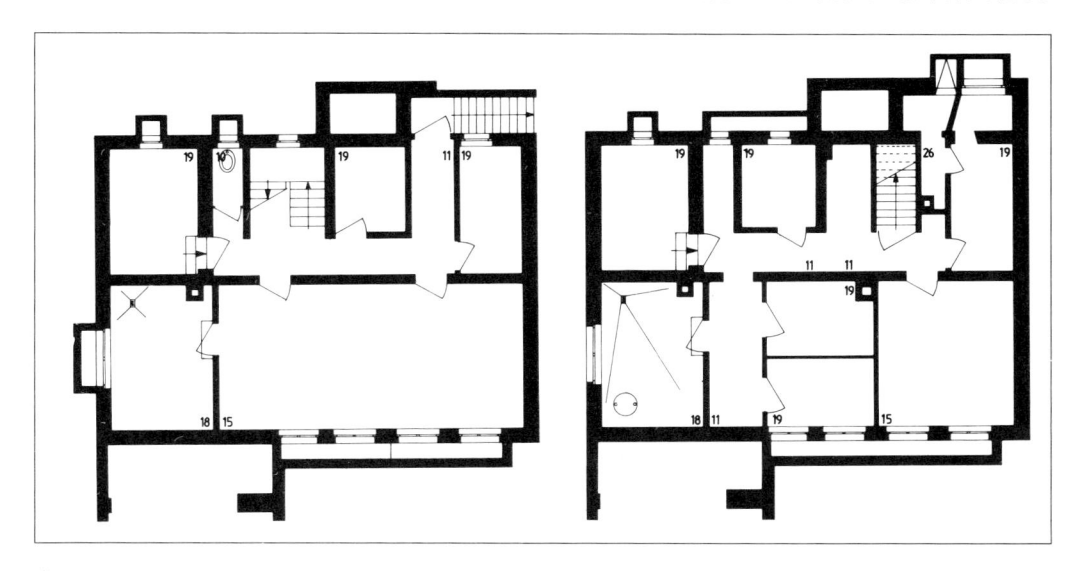

4.11 04 1. OG Grundrisse 1927 und 1987. M 1:200

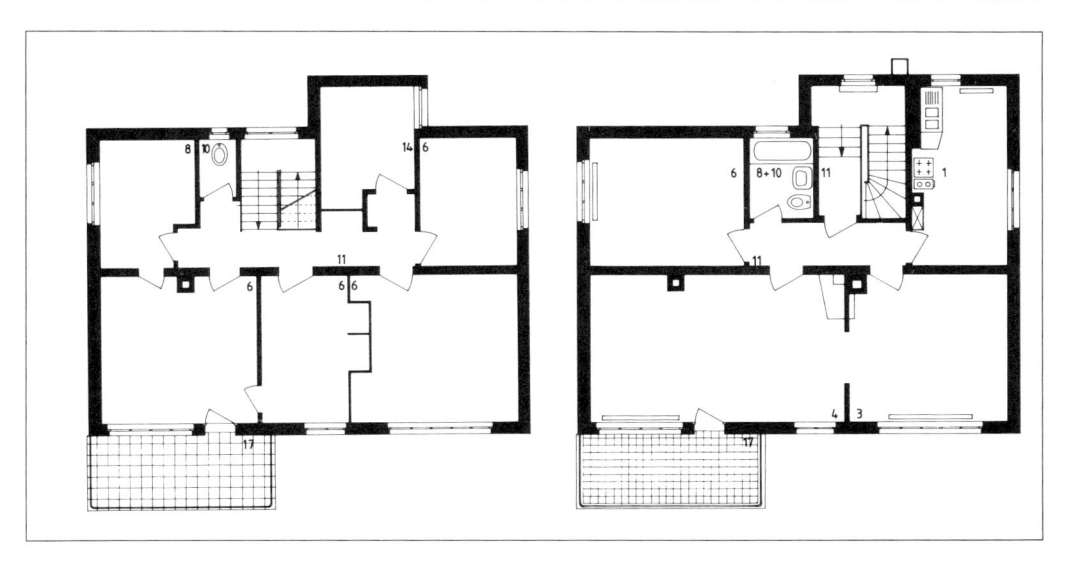

4.11 05 Ansichten von Süden, 1927 und 1987. M 1:200

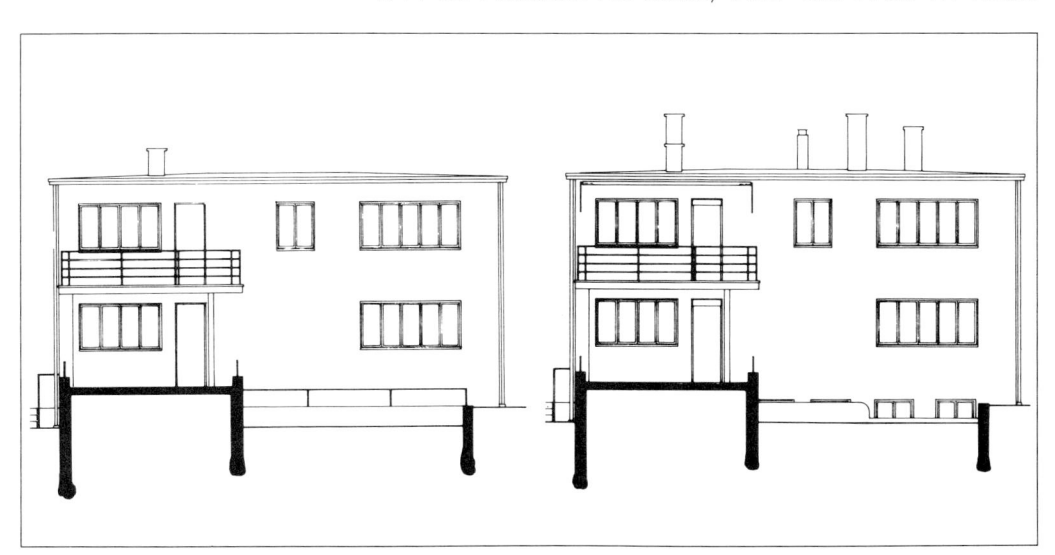

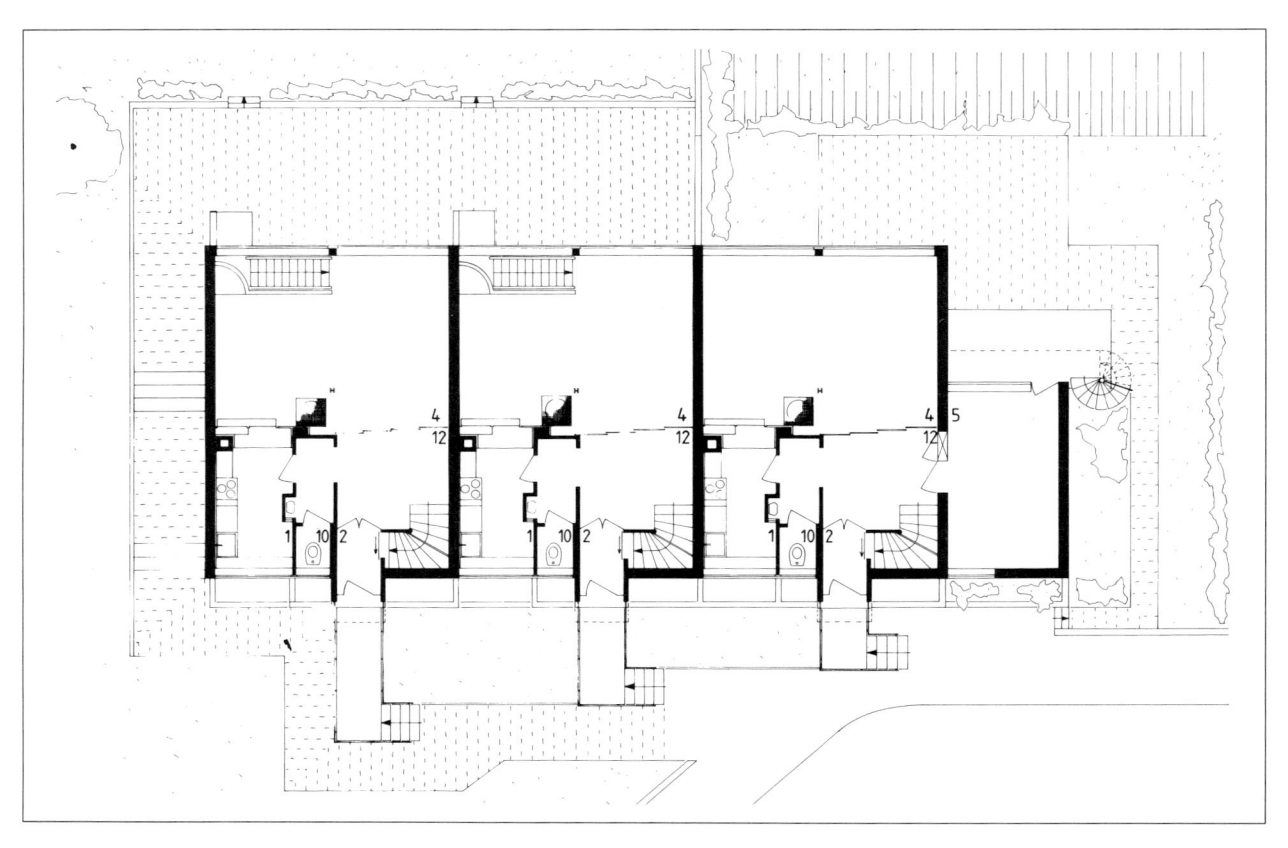

4.12 Gebäude von Mart Stam

4.12 01 EG-Grundriß mit Gartenanlage, 1927.
M 1:200

4.12 02 EG-Grundriß mit Gartenanlage, 1987.
M 1:200

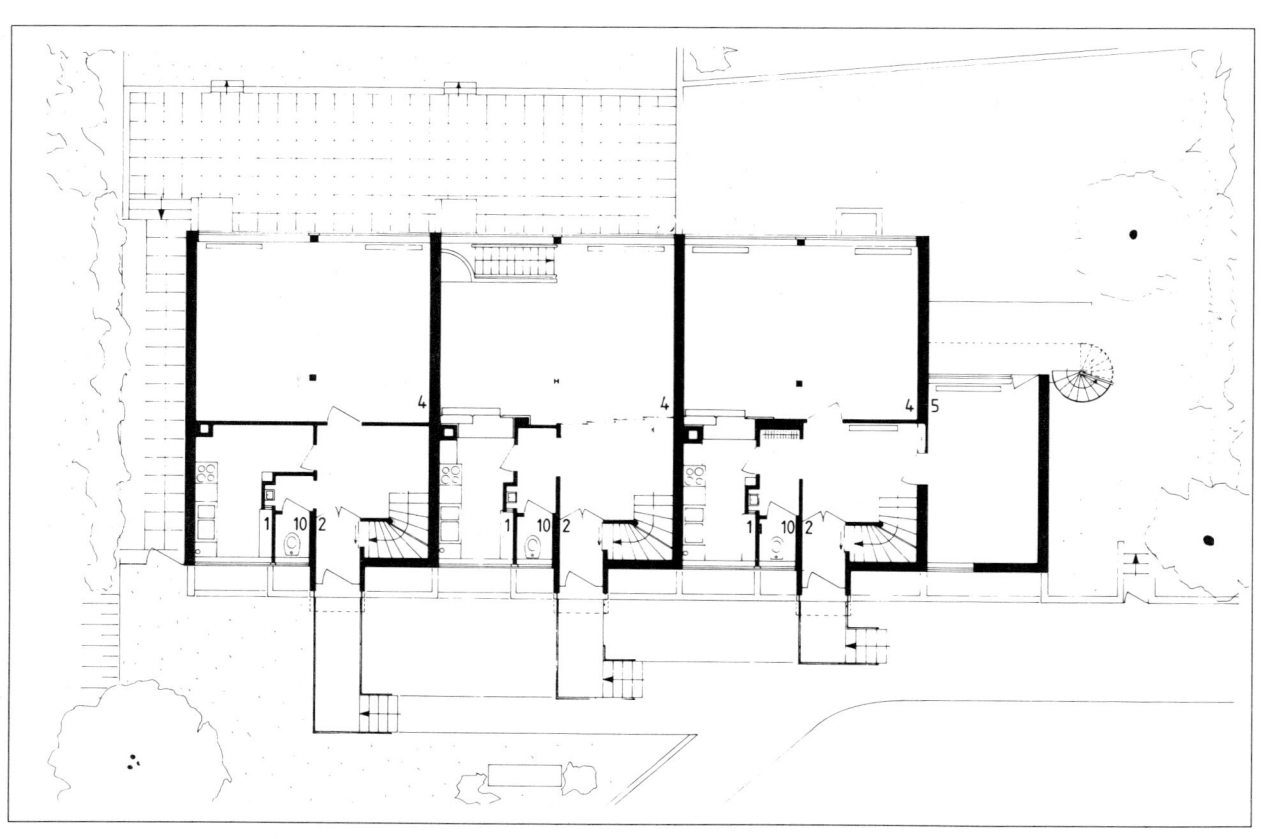

4.12 03
Gartengeschoß
Grundrisse,
1927 und 1987.
M 1:200

4.12 04
Ansichten
Straßenseite,
1927 und 1987.
M 1:200

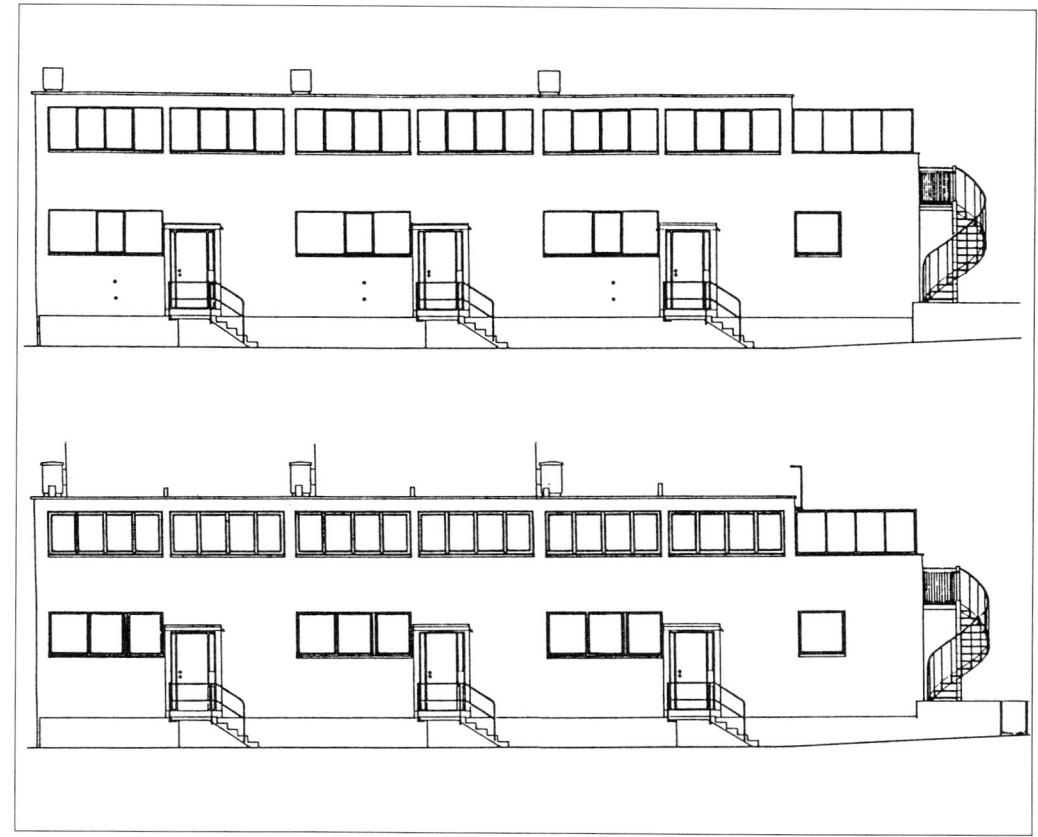

4.12 05
1. OG Grundrisse 1927 und 1987. M 1:200

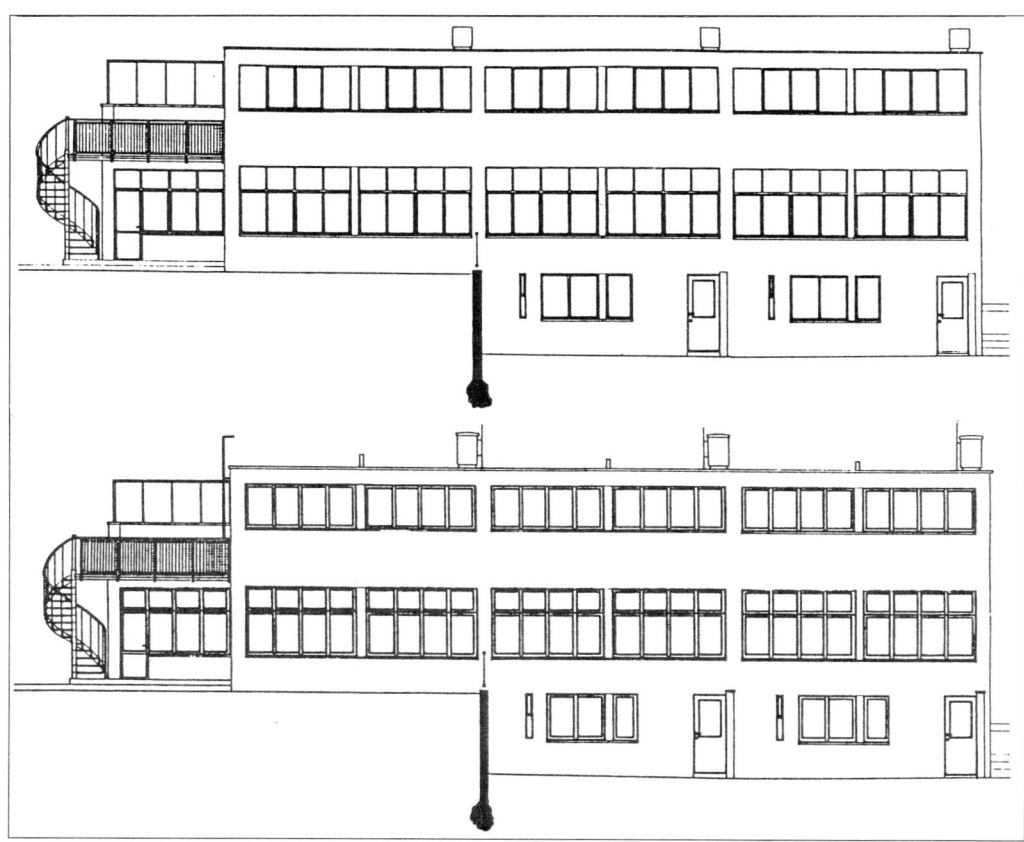

4.12 06
Ansichten Gartenseite, 1927 und 1987. M 1:200

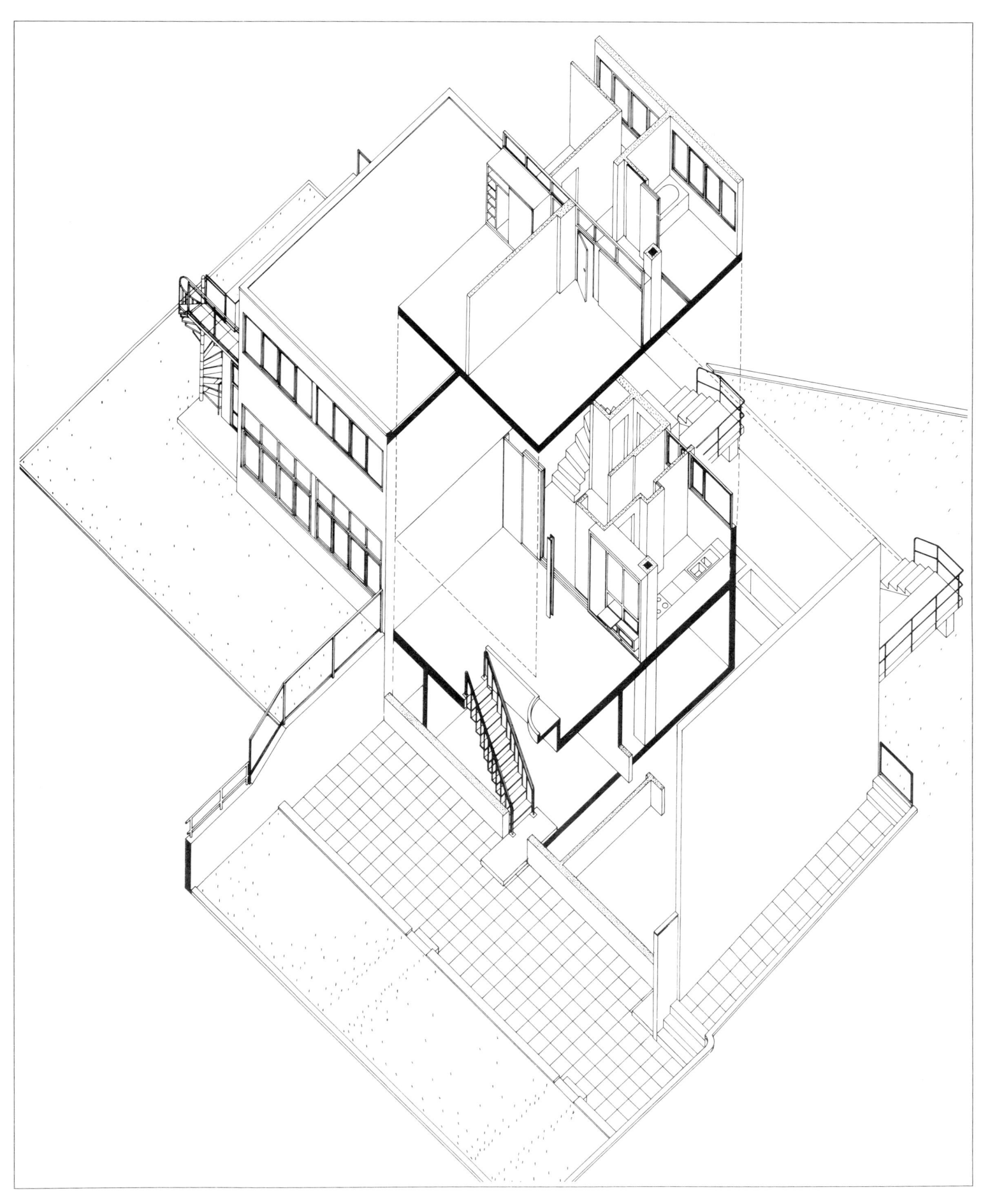

4.12 07 Schnittisometrie des mittleren Reihenhauses. M 1:150

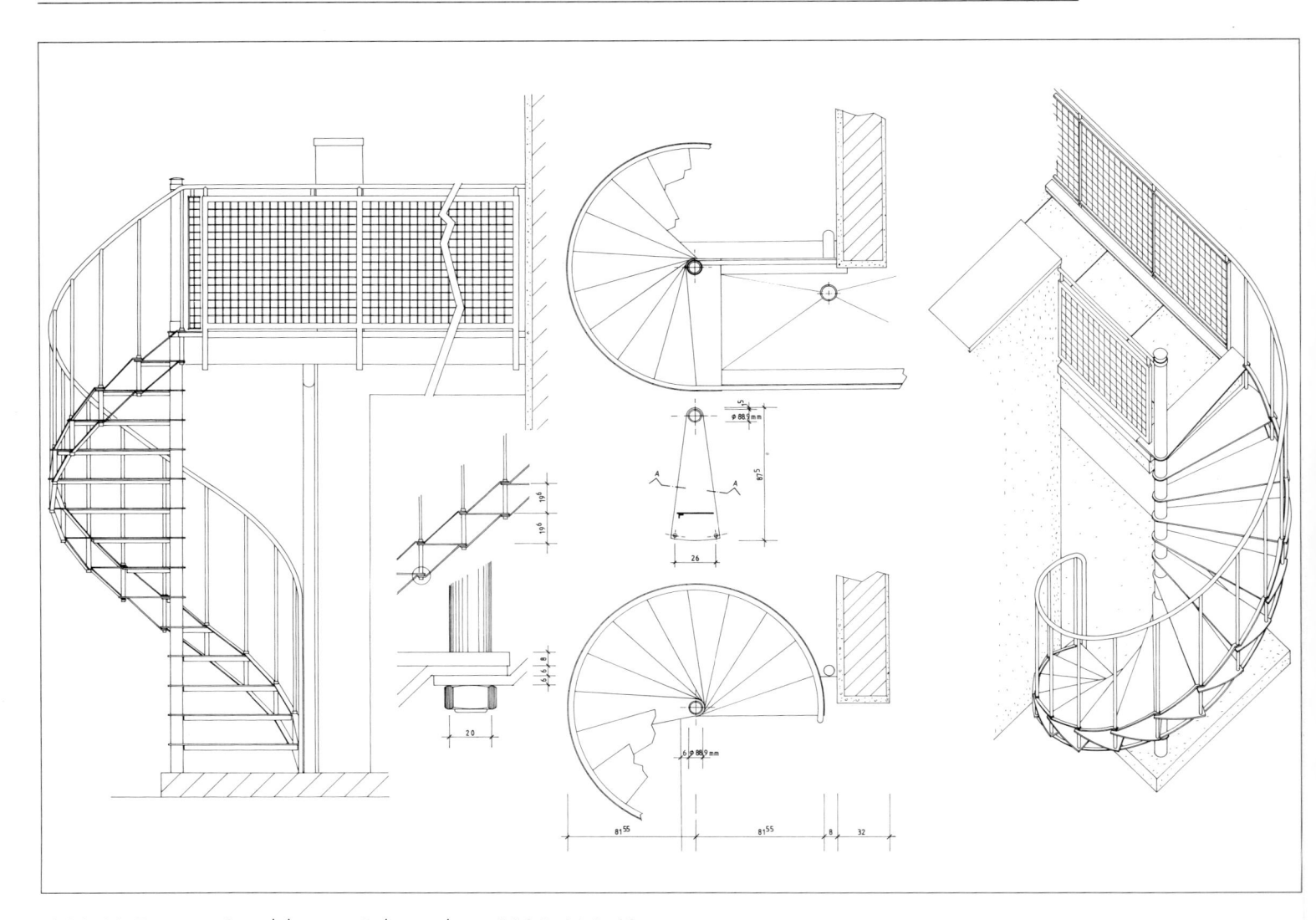

4.12 08 Terrassen-Spindeltreppe, Rekonstruktion 1985. M 1:40

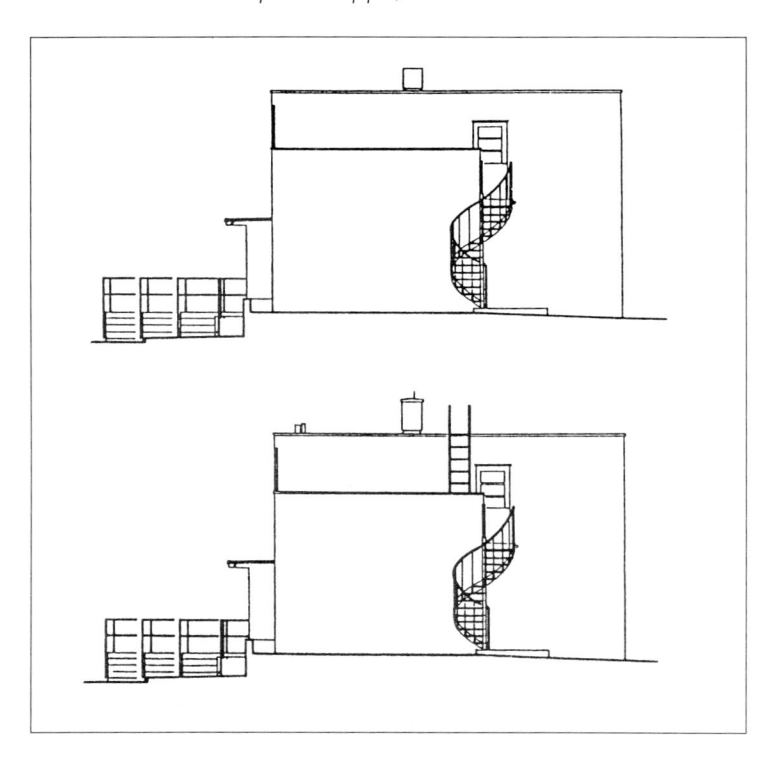

4.12 09 Ansichten von Süden, mit Wendeltreppe 1927 und 1987. M 1:200

4.12 10 Verbindungstreppe Wohn-Gartenzimmer aus Stahl, mittleres Haus, Rekonstruktion 1985. M 1:30

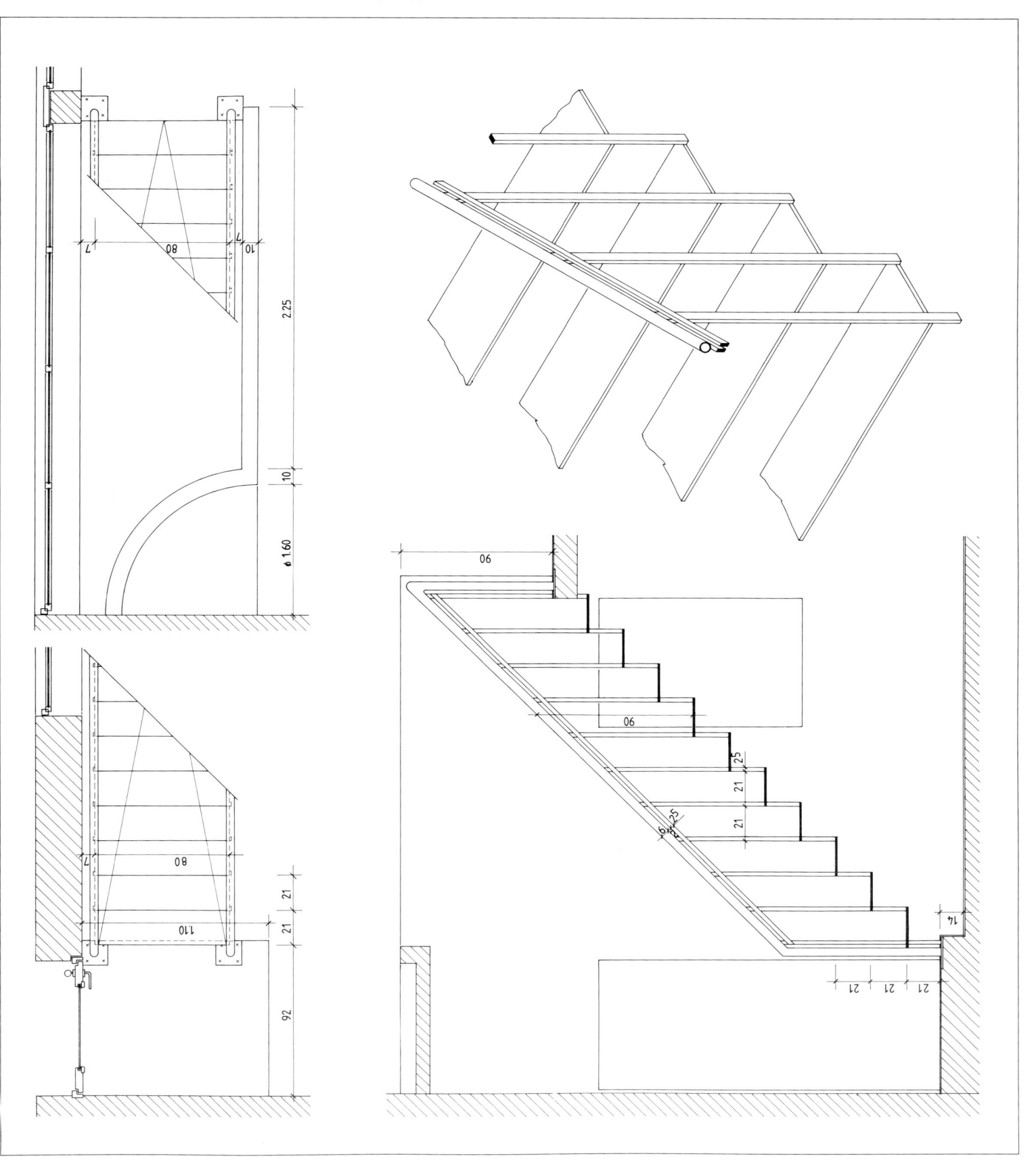

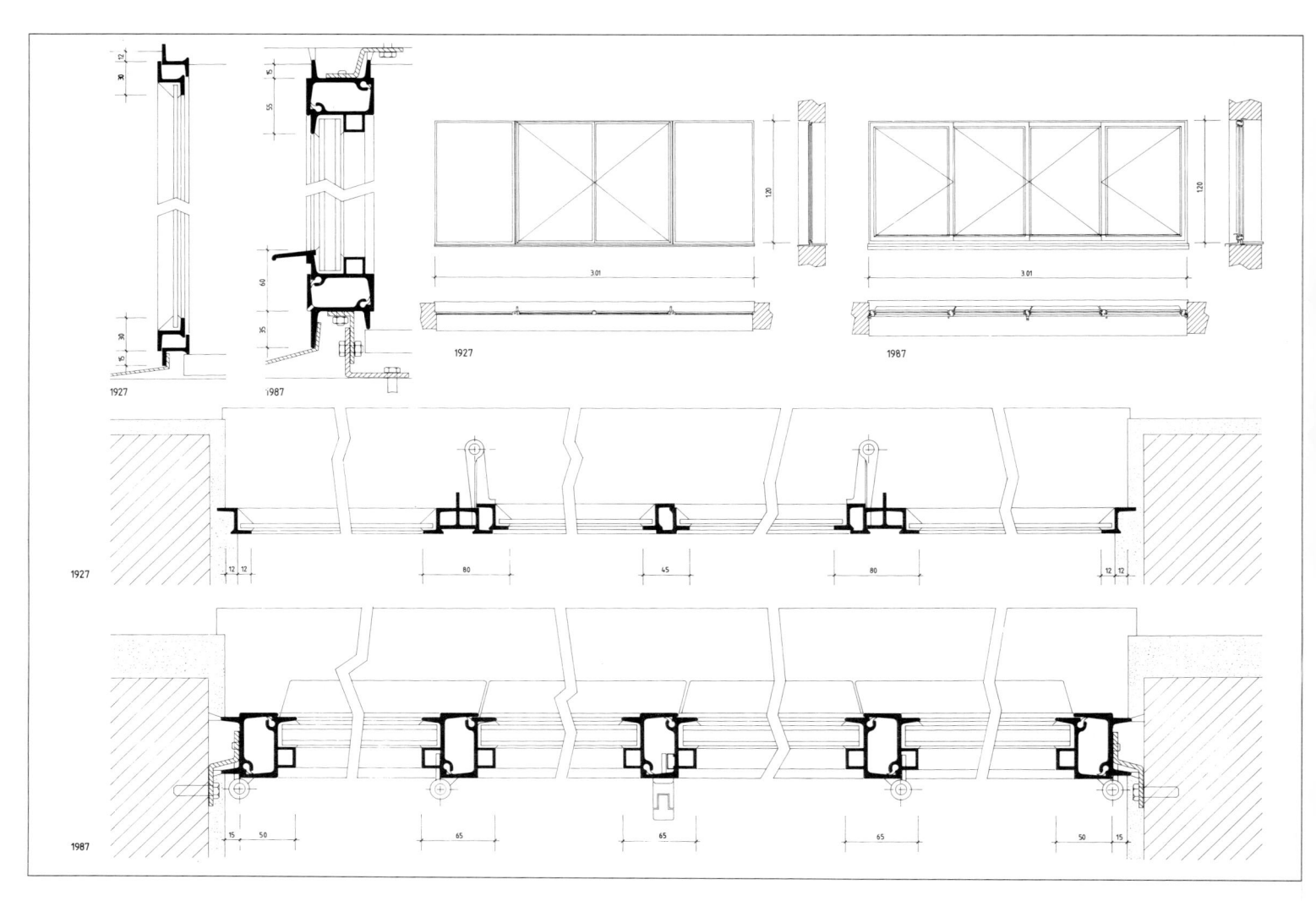

4.12 11 Horizontal- und Vertikalschnitte der Eisenfenster, 1927 und 1977. M 1:6

4.12 12 Baugesuchsplanung von 1927. M 1:270

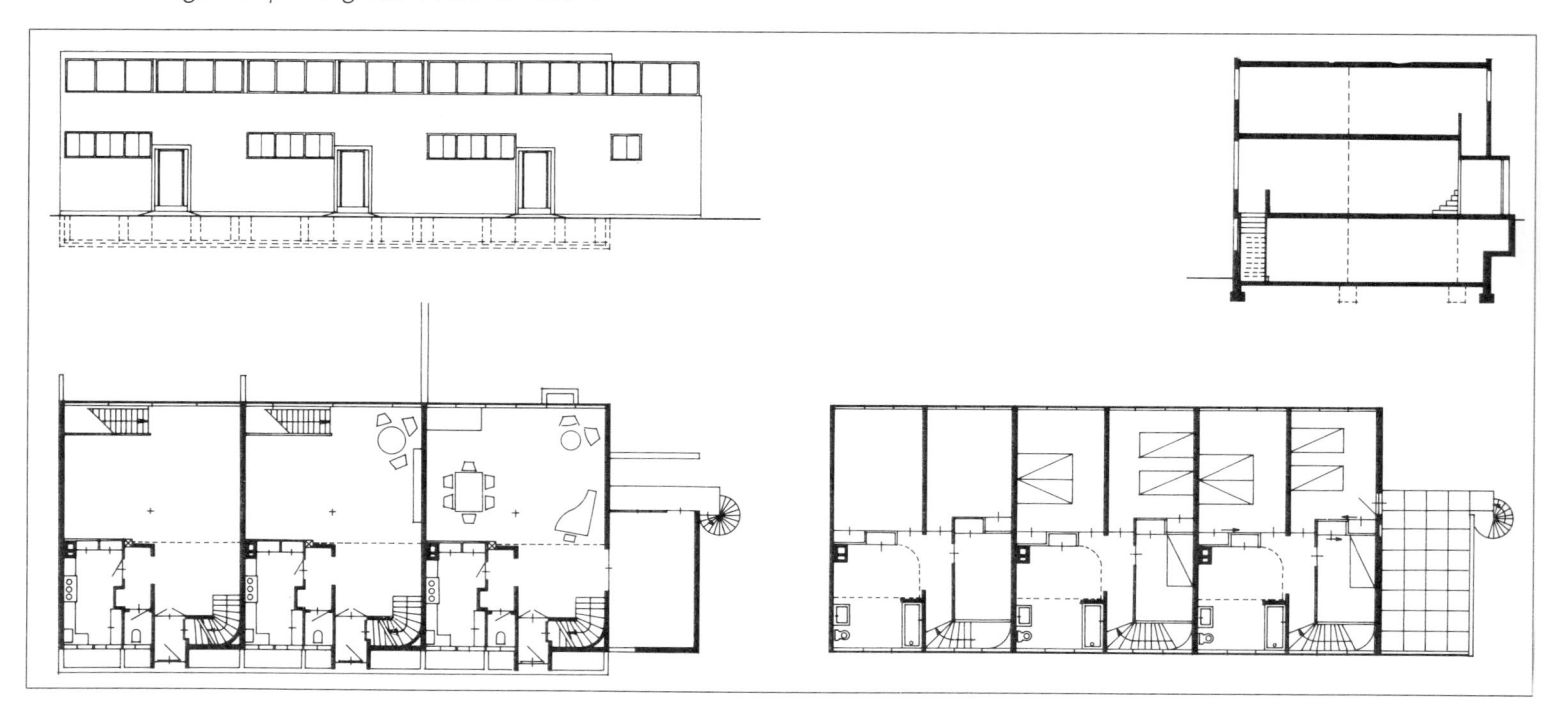

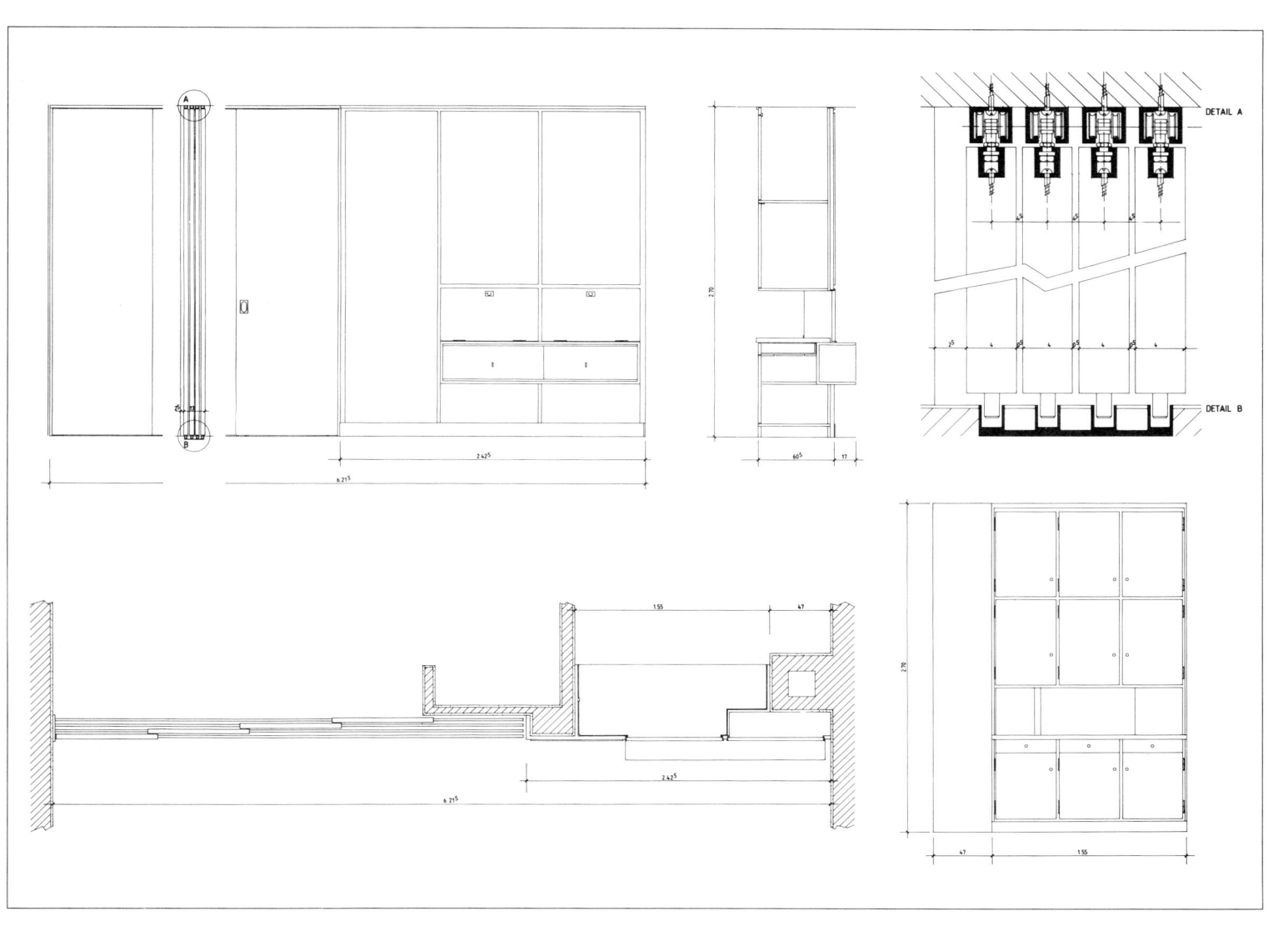

4.12 13 Vierteilige Schiebetürwand im Wohnzimmer, Rekonstruktion 1985. M 1:5 bzw 1:50

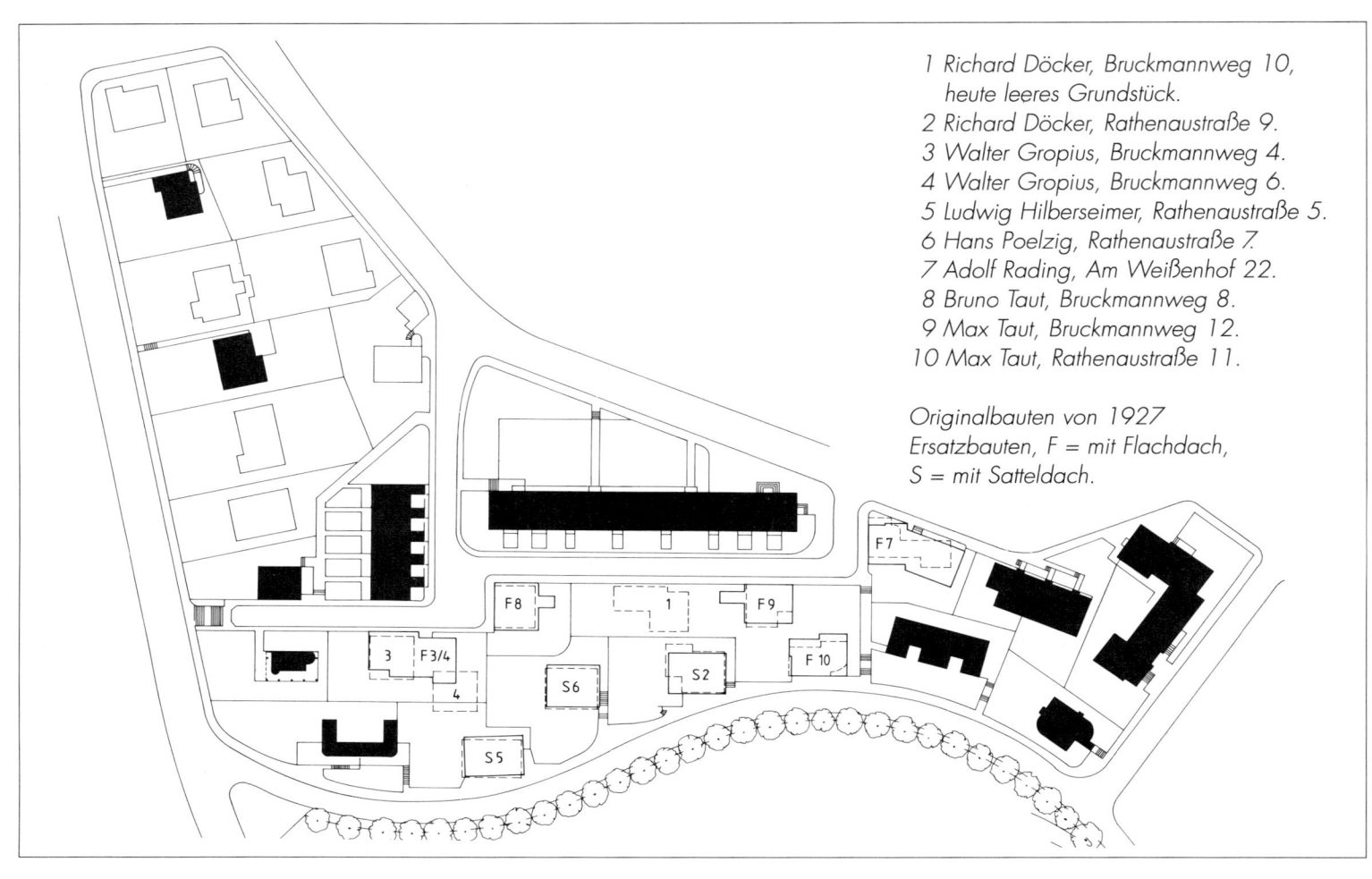

1 Richard Döcker, Bruckmannweg 10,
   heute leeres Grundstück.
2 Richard Döcker, Rathenaustraße 9.
3 Walter Gropius, Bruckmannweg 4.
4 Walter Gropius, Bruckmannweg 6.
5 Ludwig Hilberseimer, Rathenaustraße 5.
6 Hans Poelzig, Rathenaustraße 7.
7 Adolf Rading, Am Weißenhof 22.
8 Bruno Taut, Bruckmannweg 8.
9 Max Taut, Bruckmannweg 12.
10 Max Taut, Rathenaustraße 11.

Originalbauten von 1927
Ersatzbauten, F = mit Flachdach,
S = mit Satteldach.

4.13 Die Ersatzbauten

4.13 01 Lageplan mit Eintragung der im Krieg zerstörten Originalbauten und ihr Ersatz. M 1:1500

4.13 02 Gebäude von Richard Döcker, Bruckmannweg 10, 1927. M 1:400

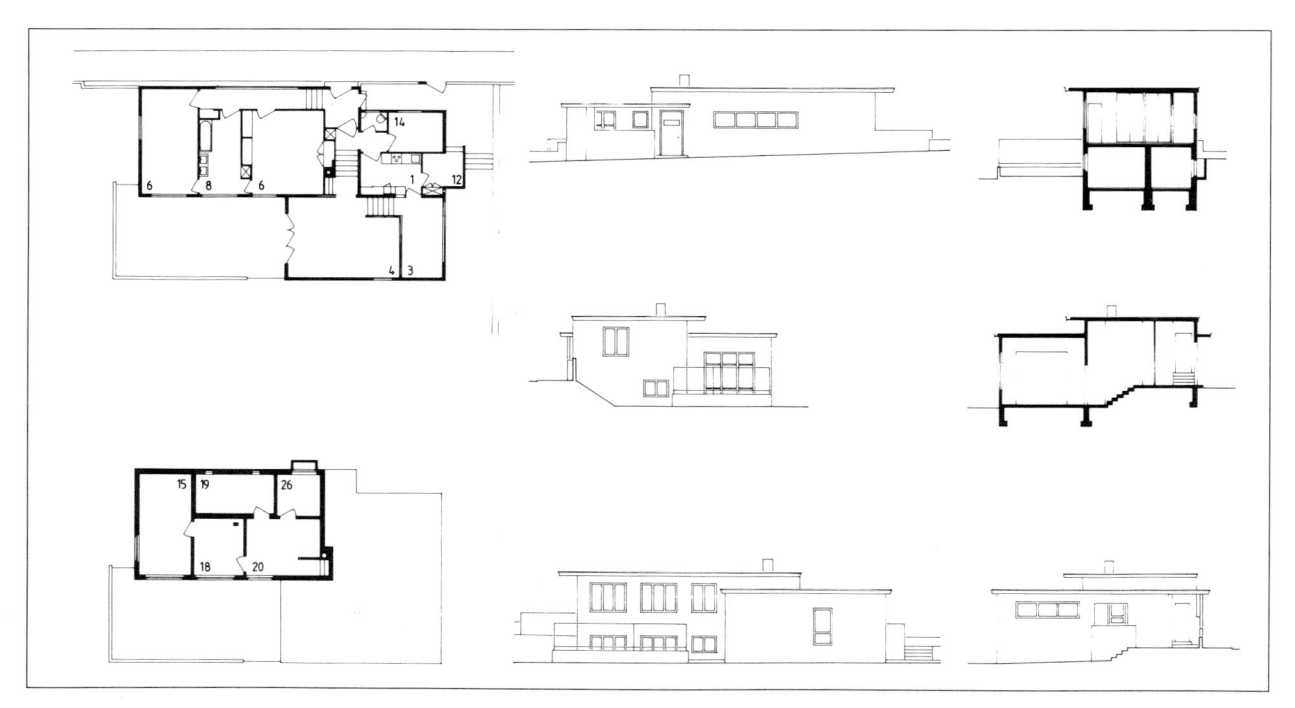

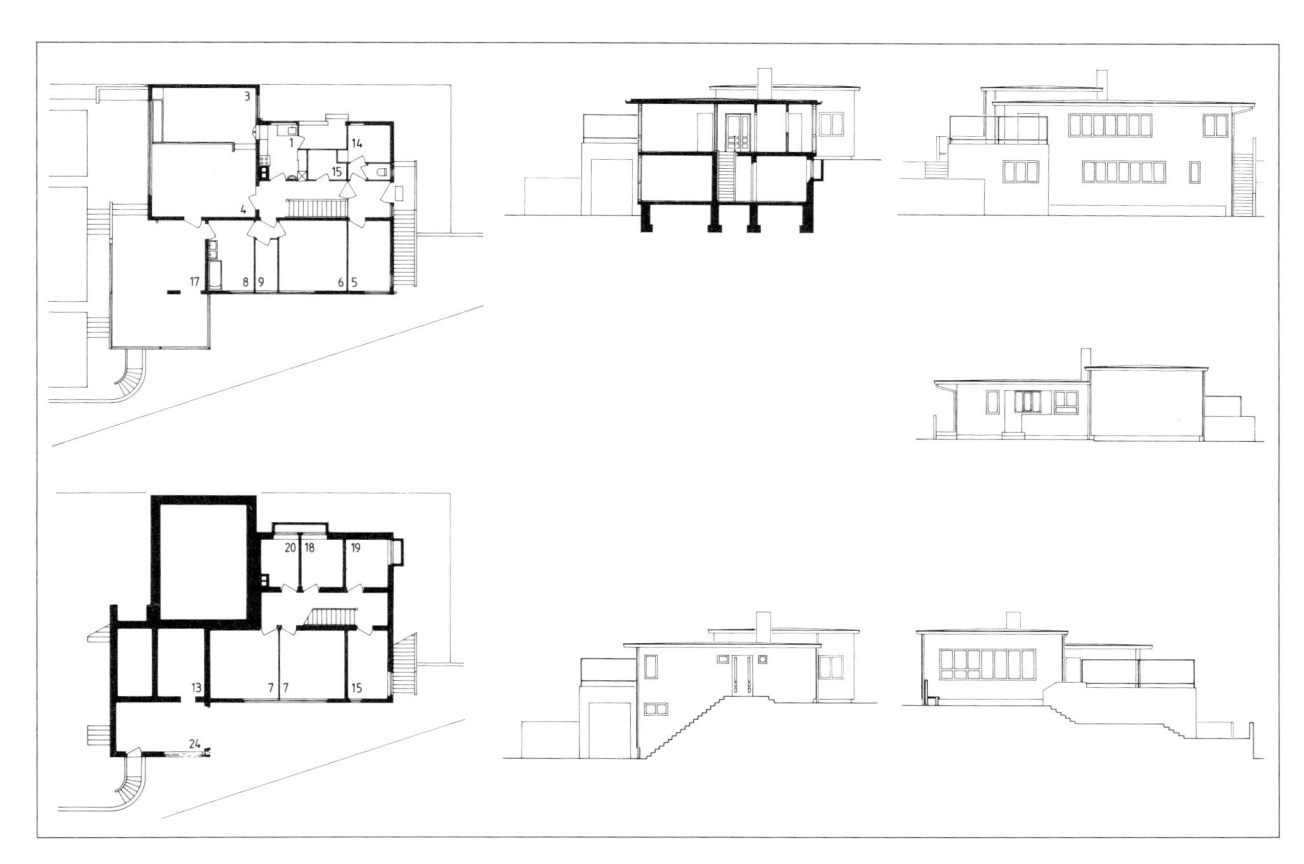

4.13 03 Gebäude von Richard Döcker, Rathenaustr. 9, 1927. M 1:400

4.13 04 Ersatzbau, Rathenaustr. 9, 1951. M 1:400

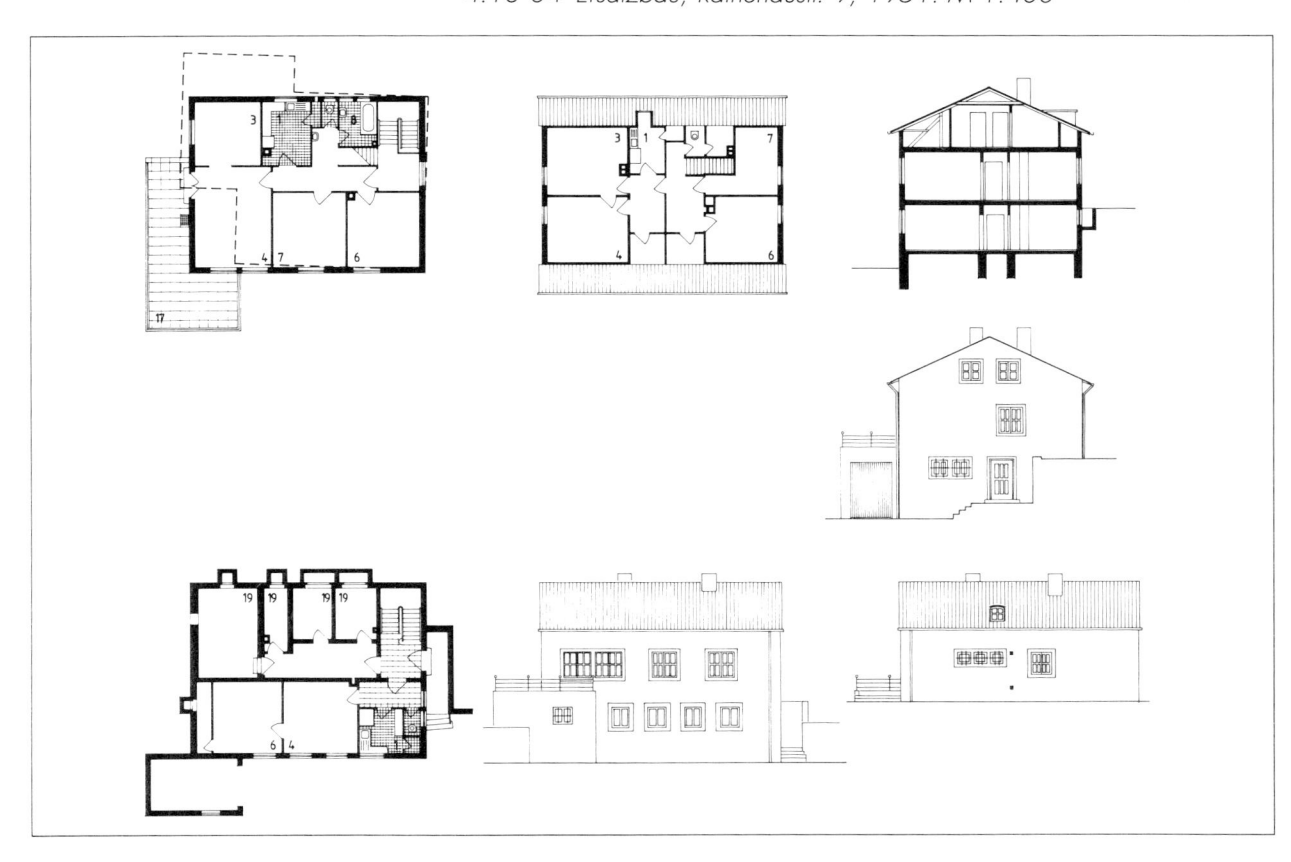

194

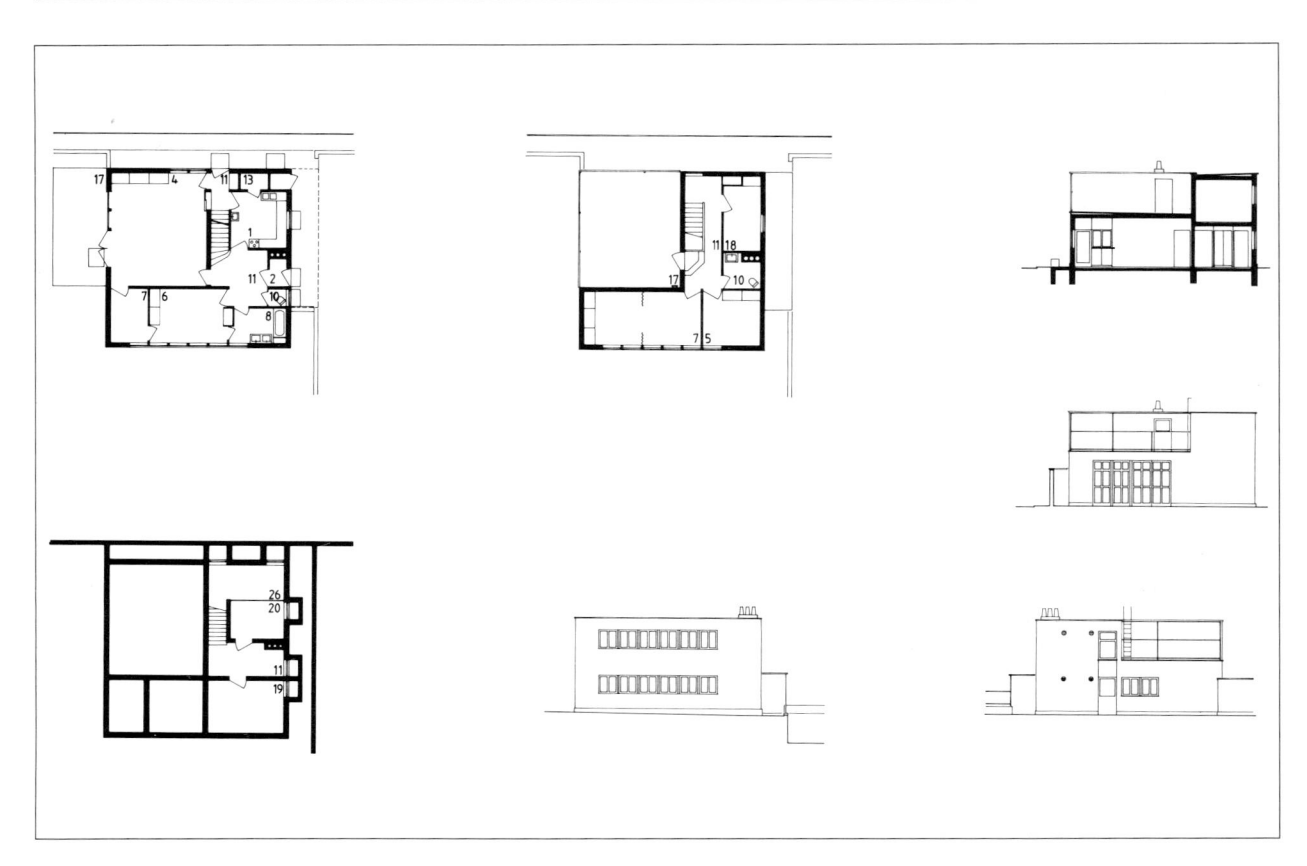

4.13 05 Gebäude von Walter Gropius, Bruckmannweg 4, 1927. M 1:400

4.13 06 Gebäude von Walter Gropius, Bruckmannweg 6, 1927. M 1:400

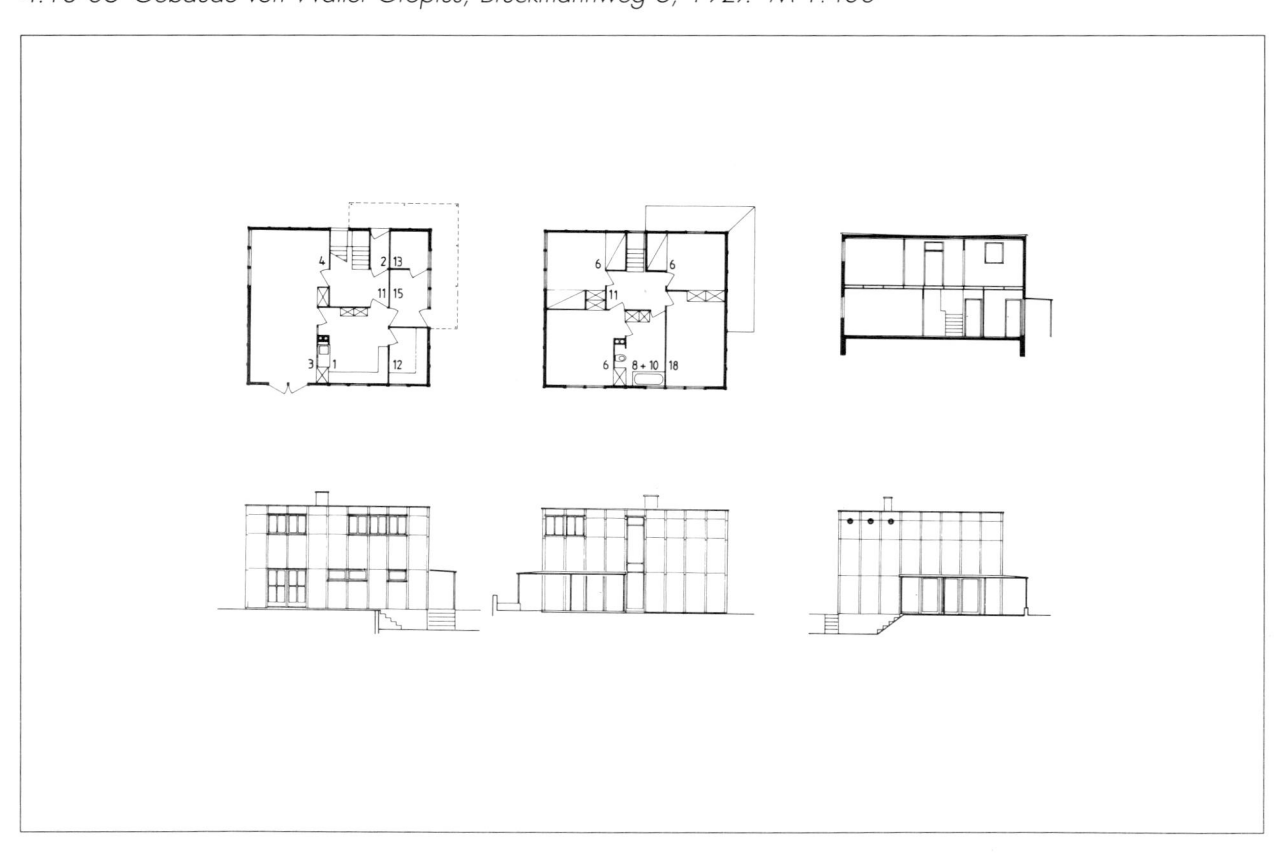

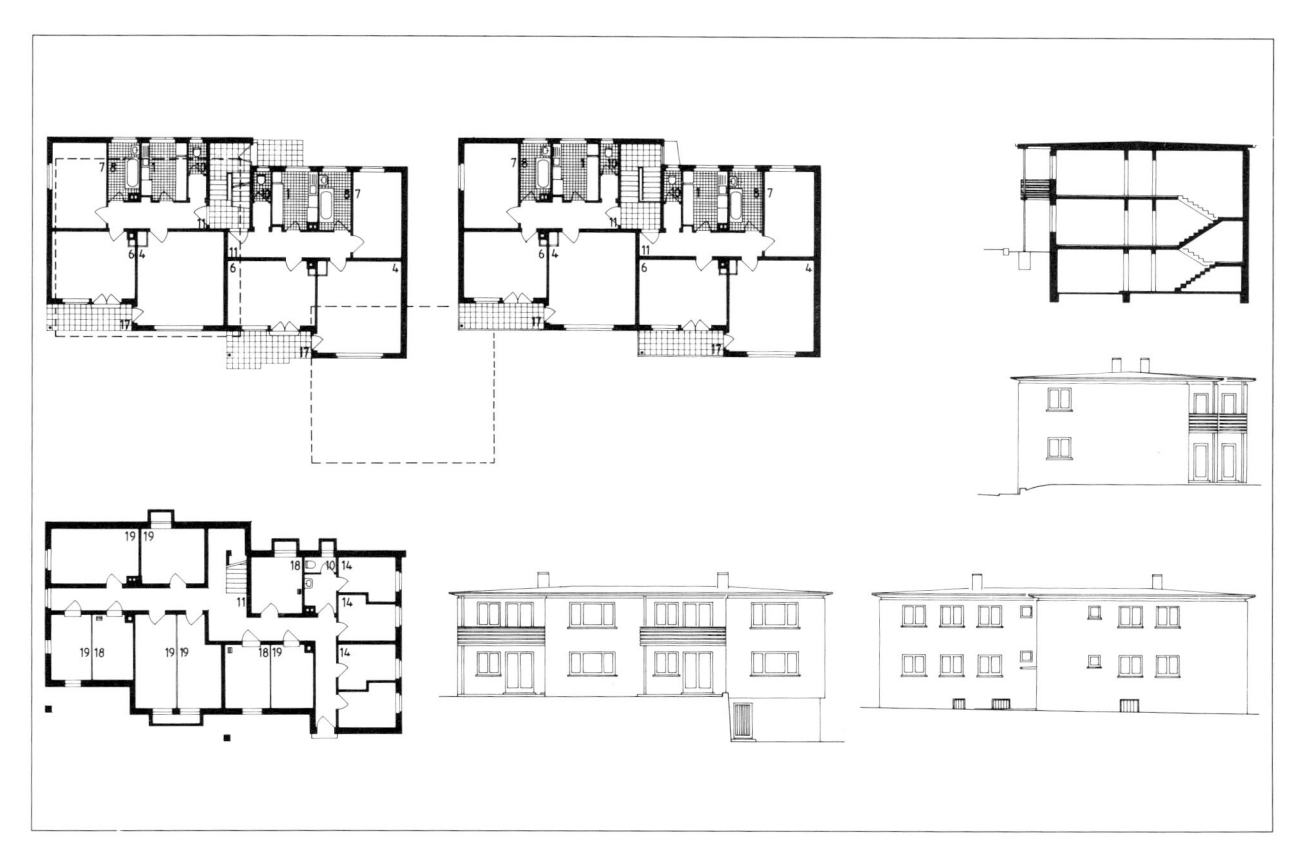

4.13 07 Ersatzbau, Bruckmannweg 4, 1955. M 1:400

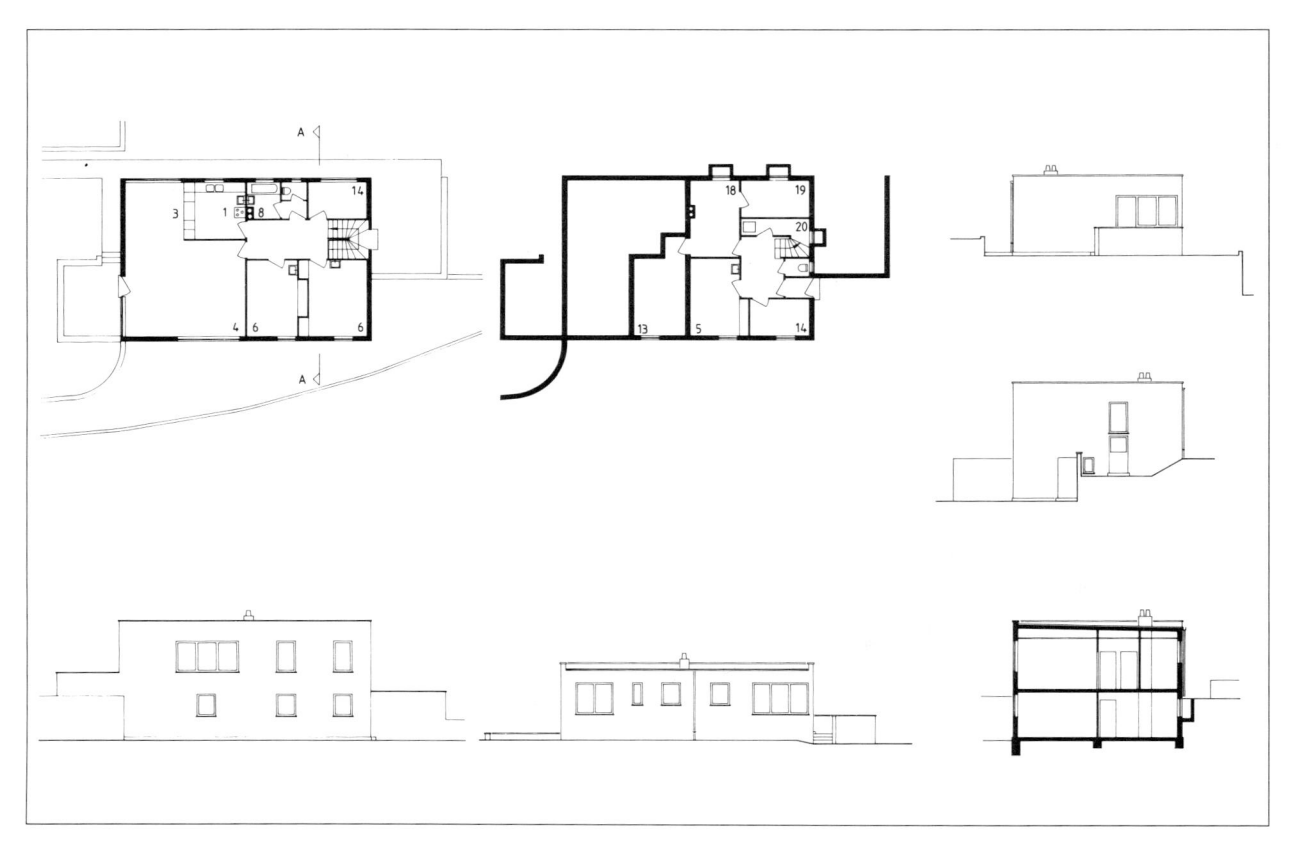

4.13 08 Gebäude von Ludwig Hilberseimer, Rathenaustr. 5, 1927. M 1:400

4.13 09 Ersatzbau, Rathenaustr. 5, 1954. M 1:400

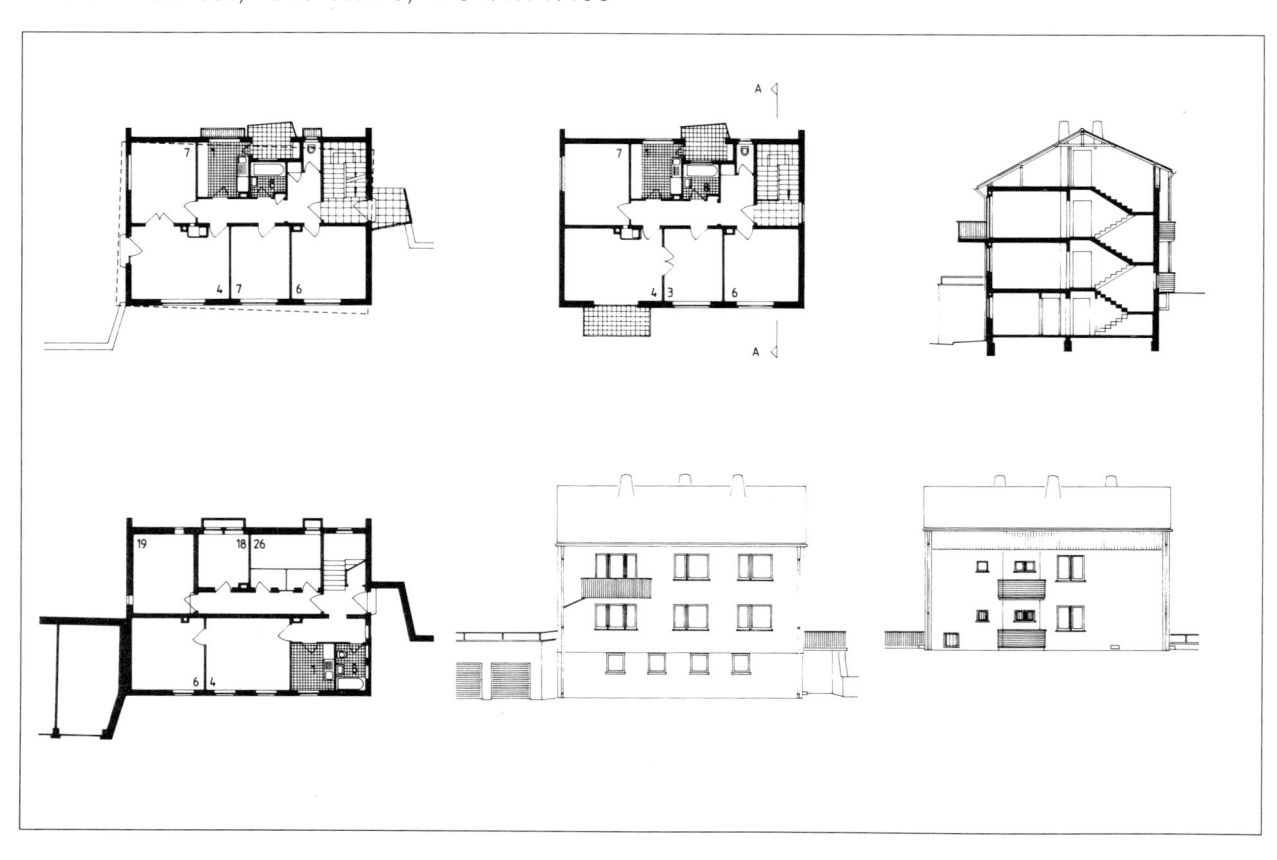

4.13 10 Gebäude von Hans Poelzig, Rathenaustr. 7, 1927. M 1:400

4.13 11 Ersatzbau, Rathenaustr. 7, 1949. M 1:400

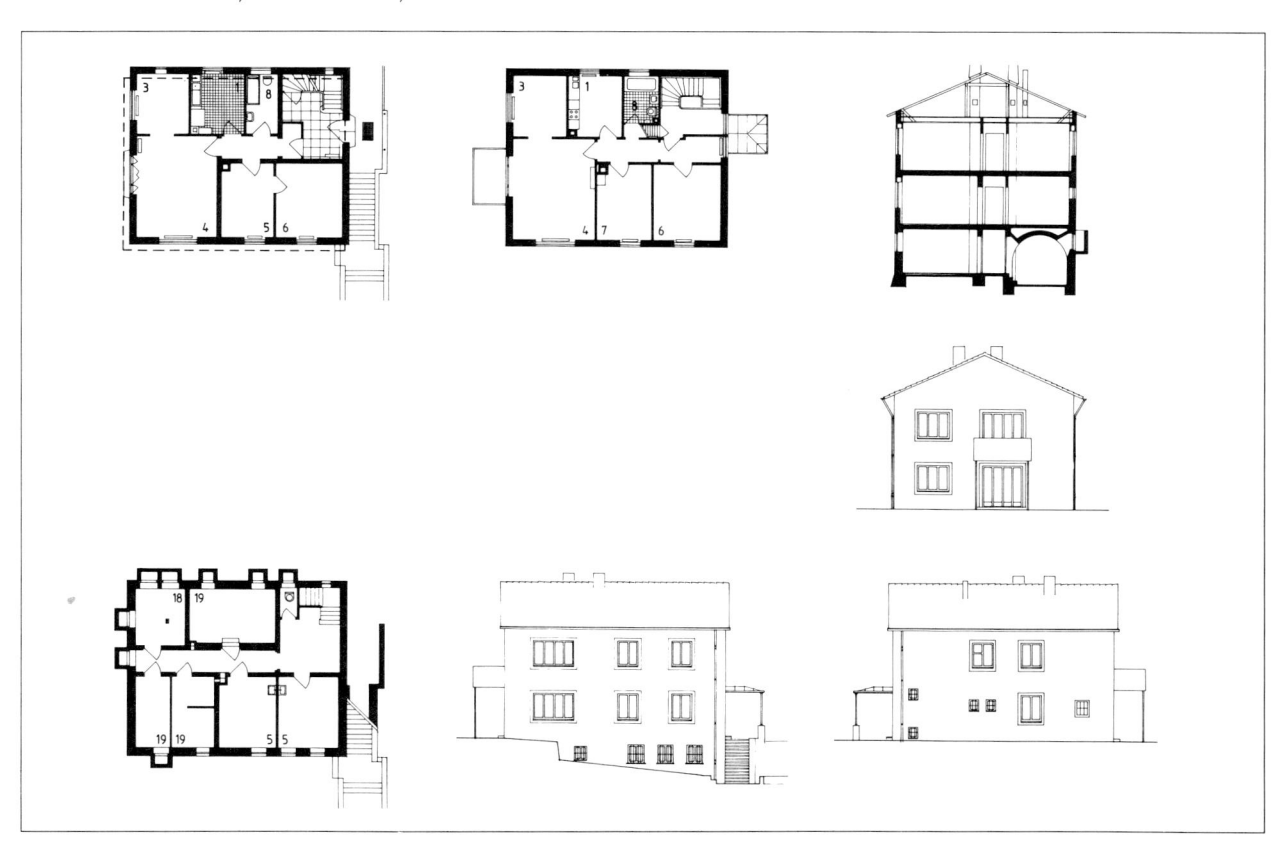

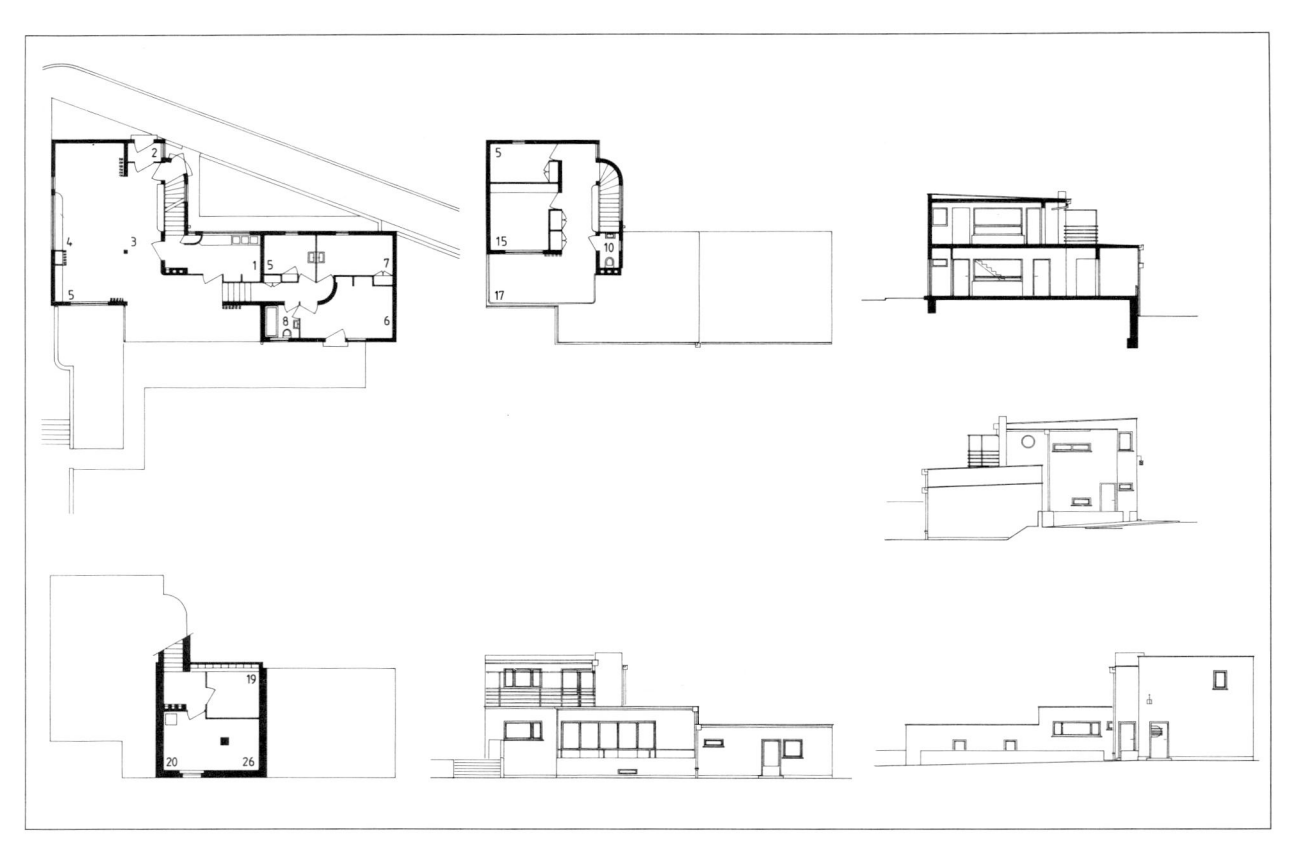

4.13 12 Gebäude von Adolf Rading, Am Weißenhof 22, 1927. M 1:400

4.13 13 Ersatzbau, Am Weißenhof 22, 1956. M 1:400

4.13 14 Gebäude von Bruno Taut, Bruckmannweg 8, 1927. M 1:400

4.13 15 Ersatzbau, Bruckmannweg 8, 1959/60. M 1:400

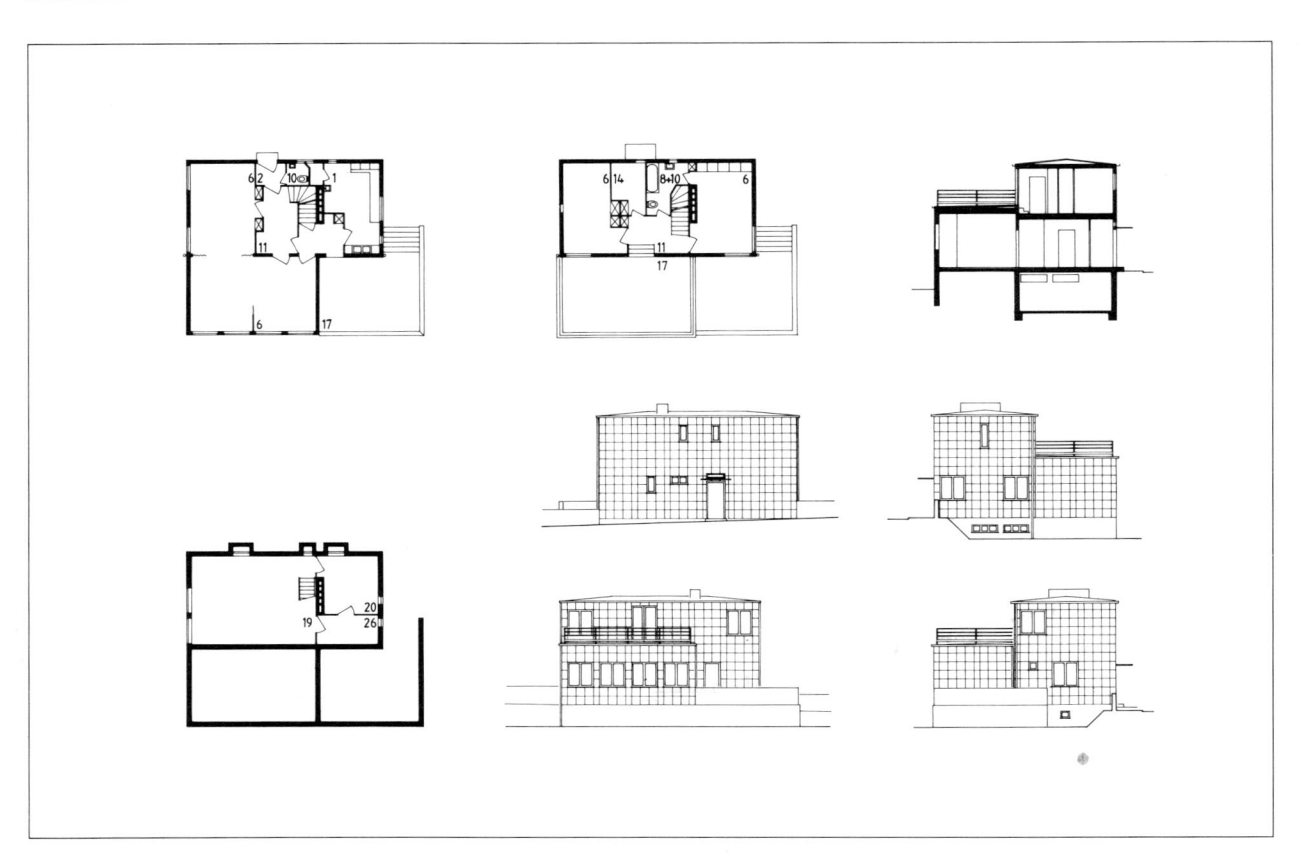

4.13 16 Gebäude von Max Taut, Bruckmannweg 12, 1927. M 1:400

4.13 17 Ersatzbau, Bruckmannweg 12, 1959/60. M 1:400

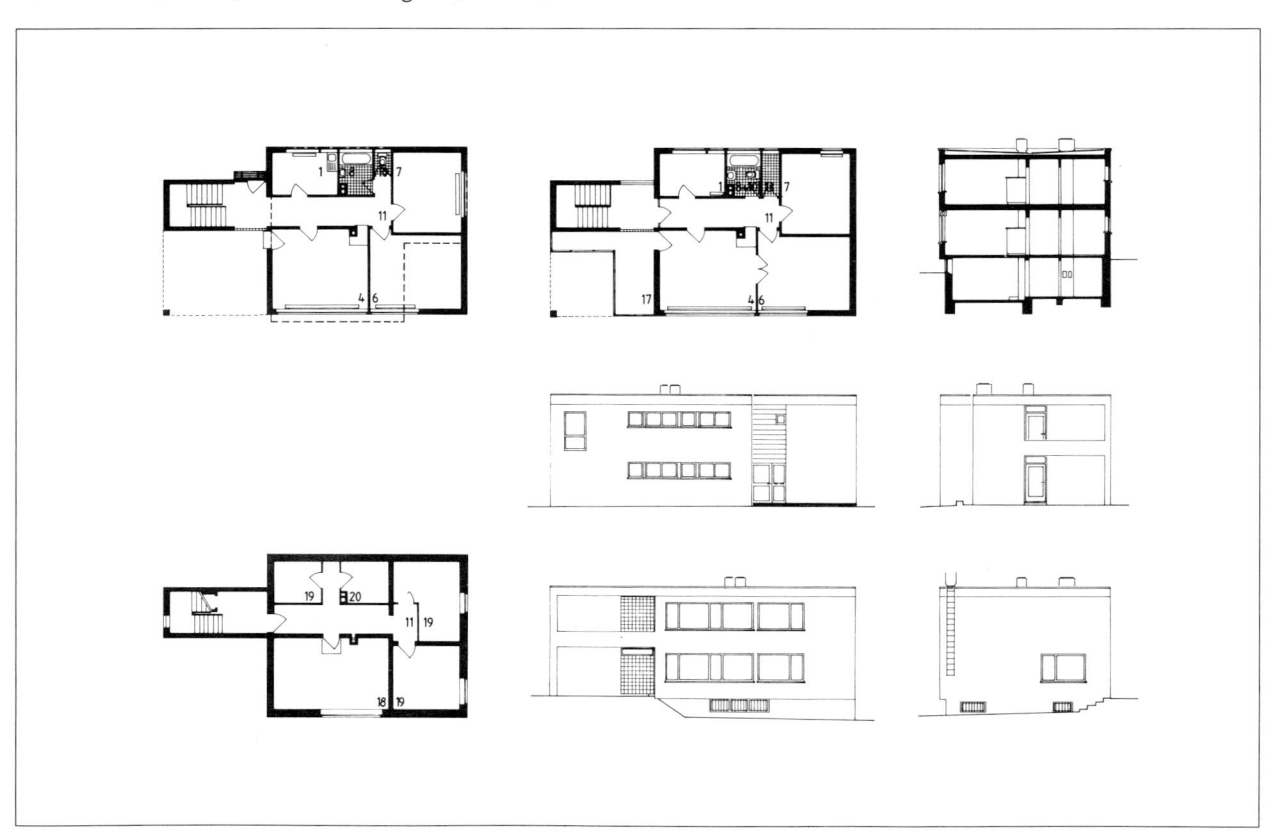

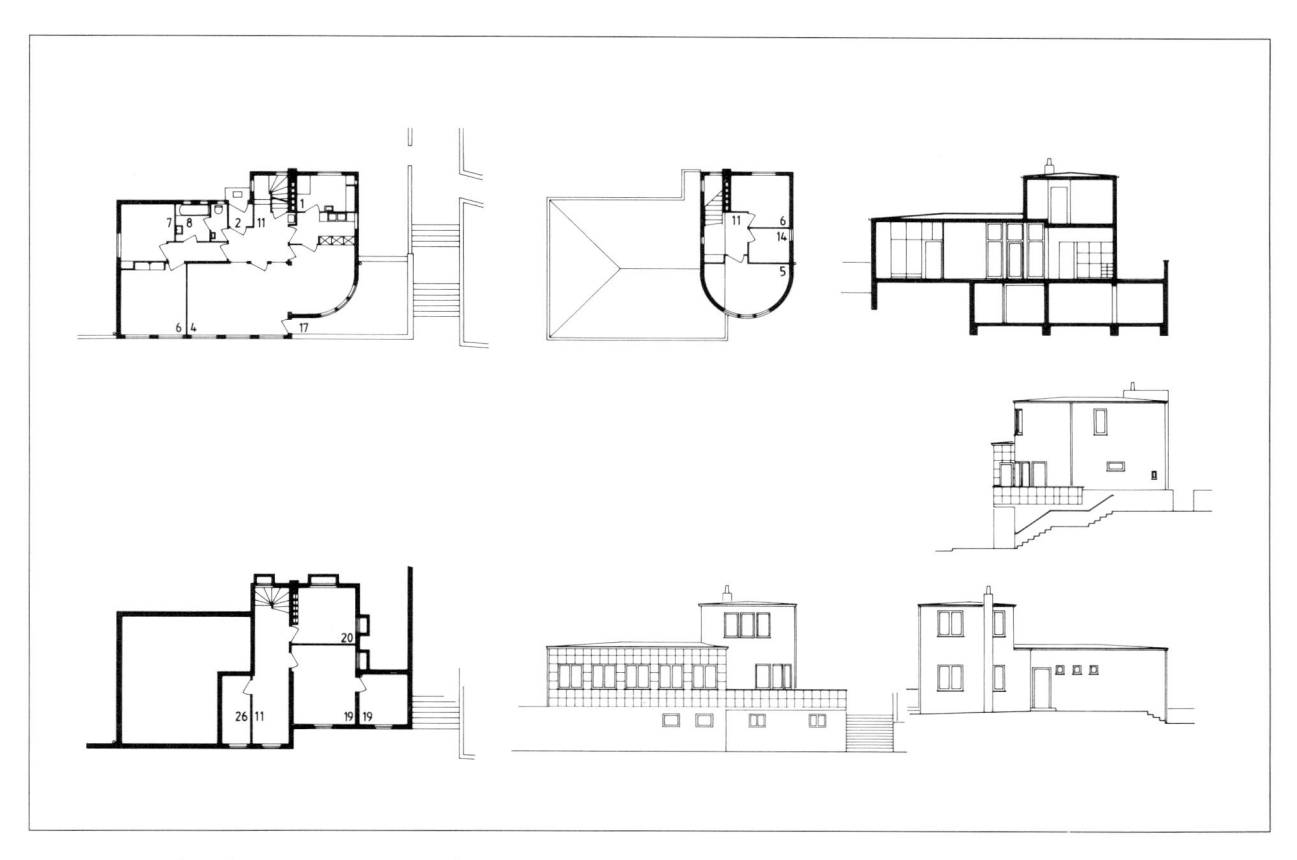

4.13 18 Gebäude von Max Taut, Rathenaustr. 11, 1927. M 1:400

4.13 19 Ersatzbau, Rathenaustr. 11, 1956. M 1:400

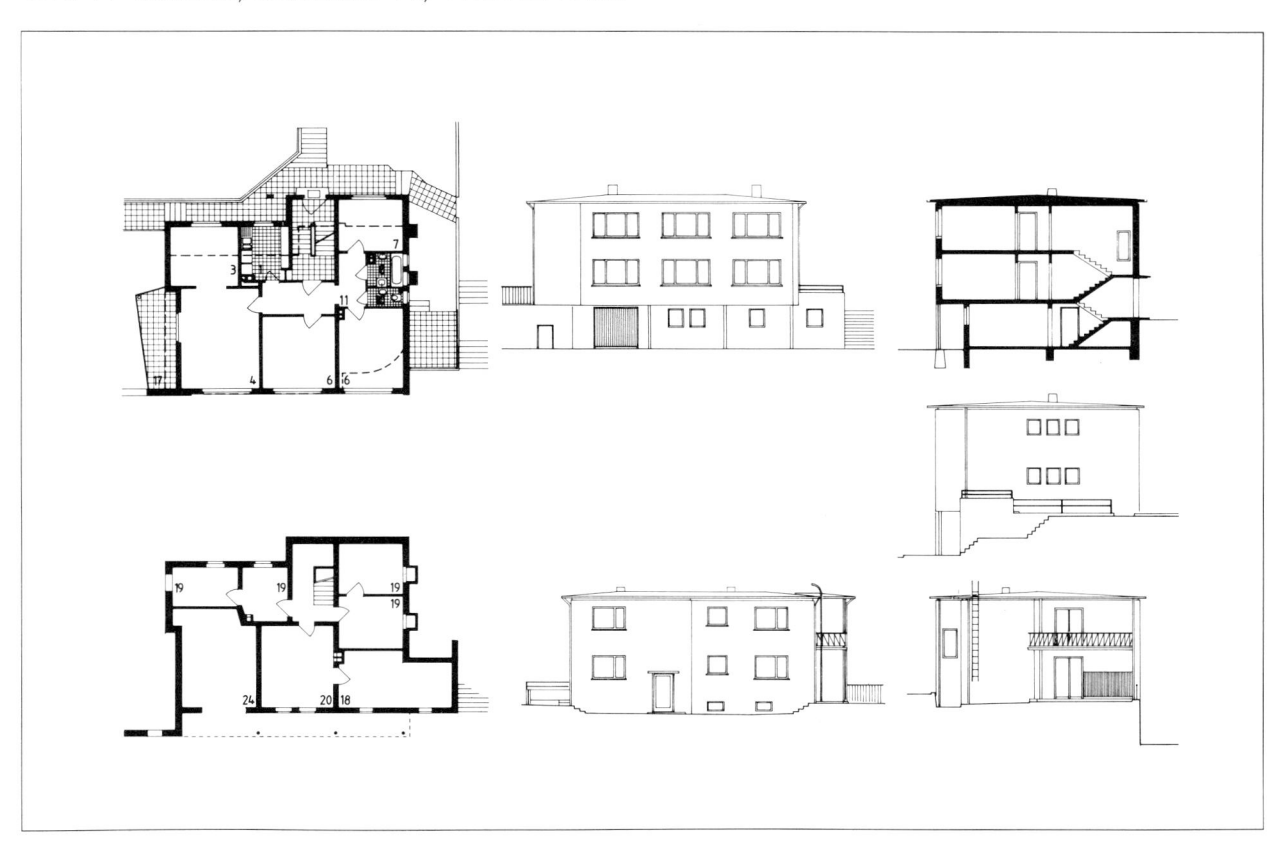

4.14 Zeichenerklärung zu den Grundrissen.

1 Küche
2 Windfang
3 Eßzimmer
4 Wohnzimmer
5 Arbeitszimmer
6 Schlafzimmer
7 Schlafzimmer / Gästezimmer
8 Bad
9 Schrankraum
10 WC
11 Flur
12 Vorraum
13 Vorratsraum / Trockenraum
14 Mädchenzimmer
15 Trockenkammer
16 Kammern
17 Balkon / Dachterrasse
18 Abstellraum / Waschküche
19 Kellerraum
20 Heizraum
21 Fahrradraum
22 Wirtschaftshof
23 Laden

Einfamilienhaus von Hans Scharoun nach der Sanierung 1981